L'archipel français

Du même auteur

En immersion
Enquête sur une société confinée
(en collab. avec Marie Gariazzo, Gaspard Jaboulay, François Kraus, Sarah Wolber)
Seuil, 2020

Le Nouveau Clivage
Éditions du Cerf, 2018

À la droite de Dieu
Le réveil identitaire des catholiques
Éditions du Cerf, 2018

La Nouvelle Question corse
Nationalisme, clanisme, immigration
Éditions de l'Aube, 2017

Accueil ou Submersion ?
Regards européens sur la crise des migrants
Éditions de l'Aube, 2016

L'An prochain à Jérusalem ?
Les juifs de France face à l'antisémitisme
(avec S. Manternach)
Fondation Jaurès et Éditions de l'Aube, 2016

Karim vote à gauche et son voisin vote FN
Sociologie électorale de l'immigration
(en collab.)
Fondation Jaurès et Éditions de l'Aube, 2015

Jérôme Fourquet
avec la collaboration de Sylvain Manternach

L'archipel français

Naissance d'une nation multiple et divisée

PRÉFACE INÉDITE

Éditions du Seuil

ISBN 978-2-7578-8635-9
(ISBN 978-2-02-140602-3, 1re publication)

Aux générations de paysans sarthois
et catalans qui m'ont précédé,
À mes grands-parents et mes parents
qui ont ouvert la voie,
À Bénédicte,
À Constance et Jean qui vont grandir
dans l'archipel français.

Préface
à l'édition de poche

14 juillet 2019, Champs-Élysées, Paris. En trois actes successifs, l'archipélisation de la société française s'est spectaculairement donnée à voir en ce jour, ô combien symbolique, de fête nationale. Respectant une unité de temps et de lieu, digne du théâtre classique, cette allégorie de la fragmentation de la France s'est déroulée, en l'espace de quelques heures seulement, sur la plus prestigieuse avenue du pays – et sous le regard de millions de Français.

Conformément à la tradition, la journée avait débuté par le défilé militaire – acte Ier de la pièce. Tout ce que le pays compte de corps constitués et d'autorités était rassemblé à la tribune pour regarder passer les différentes composantes de l'armée française. Cette matinée, parfaitement maîtrisée, fut comme toujours inspirée par le respect des traditions et le souci du protocole. Changement radical de scénographie et de public dès 15 heures, à l'ouverture de l'acte II. Plusieurs centaines de manifestants se revendiquant des gilets jaunes ou appartenant à la mouvance de l'ultragauche investirent les Champs-Élysées, dégradèrent le mobilier urbain, érigèrent des barricades de fortune et affrontèrent les forces de l'ordre, là où, quelques heures plus tôt, l'élite de l'armée française défilait solennellement devant des dizaines de milliers de spectateurs et le gotha du pays.

En ce jour de commémoration de la fête de la Fédération de 1790, qui avait célébré l'union de la nation nouvellement constituée, le contraste entre les images prises à quelques heures d'intervalle au même endroit illustrait cruellement le fossé qui sépare la « France d'en haut » et une partie de la « France d'en bas ». Plusieurs prédécesseurs d'Emmanuel Macron avaient certes essuyé des sifflets sur les Champs-Élysées à l'occasion d'autres 14 Juillet, mais jamais une manifestation de rue virant à l'émeute ne s'était jusqu'alors produite ce jour-là, en ce lieu-là.

Après le retour au calme en fin d'après-midi, l'acte III de cette journée si particulière se déroula dans la soirée – et pendant toute une partie de la nuit. Plusieurs dizaines de milliers de supporters de l'équipe de football algérienne se massèrent alors sur les Champs-Élysées pour fêter la victoire des « Fennec » (le nom donné par leurs supporters à la sélection nationale algérienne) en finale de la Coupe d'Afrique des nations. L'avenue sur laquelle avait défilé le matin même l'armée française se couvrit alors d'une mer de drapeaux algériens. La symbolique était puissante, et les scènes de liesse de la population franco-algérienne ne furent pas sans rappeler celles qui avaient immortalisé cinquante ans plus tôt, dans les rues d'Alger, la proclamation de l'Indépendance de l'Algérie. Le jour de la fête nationale française, une foule immense brandit ainsi un drapeau étranger et acclama à Paris, mais aussi dans de très nombreuses villes de province, une équipe nationale qui n'était pas française. Comme pour souligner l'état de tension latente caractérisant le pays, les débordements et les affrontements qui accompagnèrent ces vastes rassemblements contrastèrent avec les scènes de joie paisibles et bon enfant qui devaient se dérouler le soir même en Algérie.

Allégorie, donc, de la France d'aujourd'hui, et que résume le sous-titre de ce livre : *Naissance d'une nation multiple et divisée…*

La poursuite du processus de décomposition/recomposition du paysage électoral

Quelques mois après la parution de *L'Archipel français* se déroulèrent les élections européennes de juin 2019. Elles témoignèrent de ce que le phénomène de décomposition/recomposition du paysage électoral français, qui s'était manifesté avec tant de force au printemps 2017 (présidentielle et législatives) et que nous avions décrit dans le livre, s'était accentué.

Si l'avènement d'un nouveau clivage opposant un bloc macronien à un bloc frontiste a bien été confirmé par la position de leaders occupée par la liste du Rassemblement national (23,4 %) et celle de la République en marche (22,4 %), la tectonique des plaques s'est remise en mouvement, et le scrutin européen de 2019 a constitué une violente réplique du séisme de 2017. C'est ainsi que la droite, qui avait mieux résisté que le Parti socialiste au big-bang macronien, a littéralement implosé. La liste des Républicains, emmenée par François-Xavier Bellamy, n'a en effet recueilli que 8,5 % des voix contre près de 20 % pour François Fillon au premier tour de l'élection présidentielle deux ans auparavant. Ne s'adressant qu'à son noyau catholique et conservateur, la droite a spectaculairement accéléré le processus de rétrécissement de son assise sociologique entamée lors de la présidentielle. Après avoir vampirisé deux ans auparavant une bonne partie de la composante modérée de la droite, Emmanuel Macron aura donc poussé son avantage, parvenant, d'une part, à décrocher du bloc de droite la frange la plus européenne de son électorat en tenant un discours décomplexé sur la relance de la construction européenne, et, d'autre part, dans le sillage de la crise des gilets jaunes et de son cortège de violences contre les forces de l'ordre, les commerces et les bâtiments publics, à rallier à la majorité présidentielle la droite des beaux quartiers.

Face à Emmanuel Macron, Marine Le Pen et François Fillon, Jean-Luc Mélenchon était lui aussi parvenu à constituer une coalition électorale rassemblant près de 20 % des électeurs lors de l'élection présidentielle. Je m'étais alors interrogé sur la solidité de cet attelage sociologiquement assez hétéroclite. Deux ans plus tard, les urnes ont livré leur verdict, violent cette fois encore. Le « quatrième bloc » s'est en effet révélé bien vulnérable. Le score de la France insoumise s'effondrant à 6,3 % des voix quand le Parti communiste pointait de son côté à 2,5 %. La gauche socialiste ne profita pas de cette débâcle et confirma que la crise très profonde dans laquelle elle était entrée à la fin du quinquennat de François Hollande était loin d'avoir achevé son cycle : la liste « canal officiel » emmenée par Raphaël Glucksmann obtint ainsi 6,3 % des voix contre 3,3 % à celle de Benoît Hamon (ex-candidat socialiste à la présidentielle ayant quitté le PS depuis).

Dans cet univers marqué par la poursuite des processus de décomposition touchant les vieilles familles partisanes, la bonne performance d'Europe-Écologie-les Verts (13,5 % des voix) aura constitué la seule manifestation d'un mouvement de recomposition. Les Verts nous avaient certes habitués à des percées électorales à l'occasion des scrutins européens (en 1999 et en 2009), mais elles étaient restées sans lendemain. Cette fois, il semblerait que nous soyons en présence d'un phénomène plus consistant et plus solide politiquement, sociologiquement et culturellement.

En effet, ce courant d'opinion ne s'exprime pas seulement dans les urnes. Il s'accompagne de changements significatifs dans les modes de vie et les habitudes de consommation de toute une frange de la population, comme en témoigne, par exemple, l'engouement non démenti depuis plusieurs années pour l'alimentation bio, les produits cosmétiques naturels ou le vélo. Ces inflexions manifestes dans la pratique quotidienne des Français ne doivent pas être négligées par les analystes, car elles en disent beaucoup sur les systèmes de valeurs qui les sous-tendent.

Signe supplémentaire de la montée en puissance du courant écologiste dans la société, les listes « vertes » ont obtenu d'excellents résultats dans plusieurs communes au premier tour des municipales de 2020, où elles ont remporté toute une série de villes de première importance comme Lyon, Bordeaux, Strasbourg, Poitiers, Tours ou Besançon.

Ces élections municipales ont par ailleurs, un an après le scrutin européen, confirmé la persistance de la déstructuration du paysage électoral. C'est ainsi que la République en marche, clairement incarnée par Emmanuel Macron au niveau national, n'est pas parvenue à s'implanter au niveau local (à l'instar du Rassemblement national qui peine à conquérir des villes en dépit de sa victoire à Perpignan), quand les formations politiques traditionnelles, les Républicains et le PS, ont sauvegardé leur imposant réseau de mairies sans être pour autant en mesure de jouer un rôle politique majeur sur la scène nationale.

On notera à ce propos que la plupart des maires qui ont été réélus l'ont été sur leur nom et leur bilan, et non pas sur leur étiquette (PS ou LR) – la majorité d'entre eux l'ayant même escamotée durant la campagne. Autre caractéristique de ces élections municipales, le nombre très important de listes au premier tour, symptôme de la fragmentation du corps social et de la difficulté à fédérer et à agréger dans une société archipélisée.

Décembre 2019, ou l'échec du remake de novembre-décembre 1995

Cette incapacité à bâtir un large front à vocation majoritaire s'est également manifestée sur le terrain social avec l'échec du mouvement contre la réforme des retraites. Alors que ce projet de réforme réputée « universelle » visait l'ensemble de la société, ses opposants ne sont pas parvenus à mobiliser au-delà des traditionnels bastions de la fonction publique. L'essentiel de l'effort de la grève reconductible a reposé sur les épaules de 20 000 à 30 000 conducteurs de trains et de métros de la SNCF et de la RATP, soit une base beaucoup trop étroite pour pouvoir prétendre l'emporter. Si la grève a duré près de cinquante-cinq jours, battant ainsi le record de novembre-décembre 1995, elle s'est soldée par un échec. Contrairement au mouvement de 1995, souvent cité en référence, les cheminots et les agents de la RATP ont souffert du manque de soutien des étudiants, des postiers ou des fonctionnaires des impôts qui avaient, à l'époque, activement participé à la mobilisation et permis son extension à de nombreux secteurs du monde du travail. En l'espace de vingt-cinq ans, l'archipélisation de la société a gagné bien du terrain, isolant les corporations les plus syndiquées dans leur réduit et les privant de toute capacité d'entraînement dans les autres îles de l'archipel. Même au sein de la SNCF, la diversification des statuts et des contrats a fragmenté le corps social et a rendu plus difficile la mobilisation. Si la catégorie des agents de conduite s'est encore massivement impliquée dans le mouvement en 2019, elle a vite été isolée. Après deux semaines de conflit en 1995, près de six cheminots sur dix (58 %), tous métiers confondus, étaient encore en grève contre à peine plus d'un sur dix (13,6 %) après la même durée en 2019.

La grande parenthèse du confinement

Quelques mois après ce mouvement social, la France, comme une bonne partie de la planète, a été frappée par le coronavirus, l'épidémie de Covid-19 provoquant une mise à l'arrêt inédite du pays pendant près de deux mois et demi. Dans un premier temps, les appels au civisme et l'exposition de chacun au risque de contamination ont rapproché les citoyens. Les applaudissements en faveur des soignants tous les soirs à 20 heures et de nombreuses expressions de solidarité au quotidien ont montré que la pandémie avait ravivé dans toute une partie de la population un sentiment de fraternité. Contrairement aux États-Unis, le pays ne s'est pas divisé ni affronté sur le bien-fondé du confinement ni sur le degré de dangerosité réel ou supposé du Covid-19. En France, un large consensus s'est fait jour très rapidement sur ces questions. Mais, si l'épidémie et le confinement ont bien constitué une épreuve collective, toutes les composantes de l'archipel français ne l'ont pas vécue de la même manière. La crise du coronavirus a en effet également fait office de révélateur des fractures préexistantes, tant en matière de décrochage scolaire et d'inégalités de logement que de conditions de travail : d'un côté, les cols bleus (qui ont été souvent en première ligne ou mis au chômage partiel) ; de l'autre, les cols blancs (qui, pour beaucoup, ont fait l'expérience du télétravail prolongé). On a également assisté à un véritable phénomène de sécession d'une fraction des élites (parties se confiner à la campagne ou au bord de la mer) et d'intensification des tensions récurrentes dans certaines banlieues (où il a parfois été difficile de mettre en œuvre le confinement en raison du risque d'émeute).

Au plan idéologique, la ligne de fracture qui s'était dessinée au moment de la crise des gilets jaunes s'est aggravée à l'occasion de la polémique autour du recours à la chloroquine. S'il est classique que, en période de crise, les porteurs de bonnes nouvelles suscitent intérêt et sympathie, le soutien au professeur Raoult a mobilisé des composants déjà parfaitement identifiés lors de la révolte des « ronds-points » : une défiance très forte à l'égard des autorités constituées, la valorisation du pragmatisme « de terrain » face à l'arrogance des élites « déconnectées », mais aussi la province (Marseille) contre Paris, etc.

Les événements qui ont scandé l'actualité post-confinement, qu'il s'agisse de la mobilisation du personnel hospitalier réclamant une revalorisation salariale, des affrontements communautaires à Dijon ou bien encore du débat sur les violences policières, ont montré que, quelques semaines à peine après le déconfinement, le cours « normal » des choses avait repris ses droits. Battant en brèche le discours du « rien ne sera jamais plus comme avant » tant de fois entonné durant le confinement, ces faits d'actualité semblent indiquer que la crise sanitaire n'aura pas marqué de rupture mais représenté plutôt une parenthèse.

Les résultats de différents sondages entrepris par l'Ifop depuis la mi-mai 2020 vont dans ce sens, dans la mesure où ils donnent à voir une grande stabilité de l'opinion – et, à l'occasion, une évidente permanence – sur de nombreux sujets, comme l'indiquent nombre d'enquêtes réalisées avant le déclenchement de l'épidémie. Tout se passe comme si le surgissement brutal du Covid-19 avait imposé à la société française d'appuyer collectivement sur la touche « pause ». La parenthèse du déconfinement passée, nous nous retrouvons confrontés à l'ensemble des problématiques et des fractures qui avaient abouti à la constitution progressive de l'archipel français.

La situation qui se dessine aujourd'hui n'est cependant pas identique à celle qui prévalait au début de l'année 2020. Si les lignes de force n'ont guère évolué, la pandémie n'a pour autant pas été sans impact. La mise à l'arrêt du pays pendant près de deux mois a provoqué une crise économique dont les conséquences seront majeures. Nous avons ainsi basculé en quelques semaines de l'état d'urgence sanitaire à l'état d'urgence économique et sociale.

Par ailleurs, si la période du confinement n'a pas marqué de rupture, elle a, en revanche, servi d'incubateur à des tendances préexistantes. Il en va ainsi, par exemple, de la digitalisation de nos modes de vie (e-commerce, télétravail, recours aux réseaux sociaux, etc.) et de la sensibilité accrue au discours écologique. Il semble se dessiner d'ailleurs, à ce propos, une polarisation accentuée de la société : une partie de la population souhaite consommer moins mais consommer mieux et aspire à une accélération de la transition écologique, la crise du Covid-19 ayant été perçue comme un « ultime avertissement » quant à la nécessité de changer nos façons de vivre ; face à elle, un autre groupe, numériquement important, et souvent socialement plus modeste, reste attaché au mode traditionnel de consommer et de vivre. Qu'il s'agisse des arbitrages que les pouvoirs publics devront inévitablement rendre sur les secteurs économiques à soutenir en priorité, sur la place de la voiture dans notre société ou sur la mise en place d'une fiscalité écologique plus ou moins lourde, les tensions culturelles et idéologiques devraient s'accroître entre ces deux populations dans les mois et les années qui viennent. Au sein de l'archipel français, qui était déjà parcouru par de nombreuses lignes de faille, cette polarisation croissante constituera sans doute l'une des principales séquelles laissées par la crise du coronavirus.

Jérôme Fourquet,
le 1er juillet 2020.

Introduction

La victoire d'Emmanuel Macron à l'élection présidentielle de 2017 procède d'un big-bang politique sans précédent. On a non seulement vu, pour la deuxième fois depuis 2002, le Front national accéder au second tour, mais surtout un candidat, encore inconnu du grand public trois ans avant le scrutin, s'imposer en s'appuyant sur un parti constitué de toutes pièces en vue de l'élection. Dans le même temps, les deux grands partis de gouvernement mordaient la poussière, l'un d'entre eux, le Parti socialiste, se retrouvant même totalement marginalisé. Toutes les lois de la pesanteur électorale se sont retrouvées défiées.

S'agissait-il d'un accident ou d'un concours de circonstances ? Nous ne le croyons pas. À l'heure où nous écrivons ces lignes, le macronisme présidentiel connaît certes des déboires sérieux et doit faire face à une impopularité massive, à l'instar de ses prédécesseurs. Pour autant, rien n'indique que nous nous apprêtions à retourner au *statu quo ante* sur fond de paysage électoral bien ordonné autour de l'opposition gauche/droite. Il semble en effet que nous soyons au contraire durablement entrés dans une période de flottement électoral qui peine à s'organiser et à se structurer autour de lignes de clivages claires.

Comment expliquer cette situation chaotique et hautement instable ? La science politique américaine accorde une place centrale au processus d'agrégation des intérêts émanant des différents segments de la société[1]. À travers l'élaboration d'un programme, les partis s'efforcent de bâtir des coalitions électorales, en amalgamant différents groupes sociaux aux intérêts divers, et de parvenir à maintenir cette agrégation dans la durée. Apparemment, en France, ils n'y arrivent plus. Le paysage électoral est ainsi marqué par une grande volatilité et le parti ayant remporté l'élection voit très rapidement toute une partie de ses soutiens se détourner de lui après seulement quelques mois d'exercice du pouvoir. Or, si notre système politique dysfonctionne et qu'il est sujet à des embardées et des secousses aussi rapprochées et brutales, cela s'explique par la fragmentation de plus en plus marquée de notre société : c'est elle qui rend l'agrégation des intérêts insurmontable.

Nous sommes ainsi confrontés à un processus d'« archipelisation » croissante du corps social. De multiples lignes de faille – éducative, géographique, sociale, générationnelle, idéologique et ethnoculturelle – s'entrecroisent, engendrant autant d'îles et d'îlots plus ou moins étendus. Nous reviendrons, tout au long de ce livre, sur la constitution de ces îles et îlots multiples. Mais avant de tenter de dresser la carte de l'archipel France et d'évaluer les répercussions électorales de cette fragmentation, nous devrons explorer les causes du grand basculement : la dislocation de la matrice catholique de la société française.

1. Voir, par exemple : Gabriel A. Almond, G. Bingham Powell JR, Russell J. Dalton et Kaare Strom, *Comparative Politics Today. A World View*, Londres, Pearson, 2009.

Si nous avons choisi d'opérer ce détour historique et de commencer notre investigation par une enquête sur les pratiques religieuses, c'est parce que l'influence du catholicisme a été déterminante dans la constitution de notre pays. Plus exactement, le fonctionnement profond de la société française, durant le XIXe siècle et une bonne partie du XXe, a été structuré par l'opposition catholicisme/anticléricalisme. Exemple parmi tant d'autres du caractère fondamental de cette opposition, dans *La Guerre des boutons*, l'écrivain Louis Pergaud précisait en ces termes le soubassement et la cause première de la rivalité entre les deux villages : « [...] car on était rouge à Longeverne et calotin à Velrans[1] ». Ce clivage a certes pu évoluer au fil du temps en une opposition entre le camp catholique et le camp républicain, mais il est demeuré premier en ce sens qu'il constituait en quelque sorte l'ossature sur laquelle s'organisait en dernière instance la dualité politique. Comme l'ont montré les travaux de Maurice Duverger[2], le champ politique, pour fonctionner, doit par essence s'organiser sur un couple de forces dont l'opposition est centrale et structurante. En France, le clivage gauche/droite a incontestablement joué ce rôle. Mais sur quels fondements reposait-il ?

Selon leurs sensibilités, différents auteurs l'ont fait procéder tantôt d'une opposition sociologique (le conflit de classes), tantôt d'une opposition entre deux systèmes idéologiques. Sans nier la pertinence et l'utilité de ces grilles de lecture, on constate qu'elles ne permettent d'embrasser qu'une partie de la réalité. Prenons

1. Louis Pergaud, *La Guerre des boutons, roman de ma douzième année*, Paris, Le Mercure de France, 1912.

2. Maurice Duverger, *Les Partis politiques*, Paris, Armand Colin, 1951.

l'exemple de la victoire du Front populaire lors des élections législatives de 1936, moment historique symbolisant parfaitement la polarisation totale de la société française autour de l'affrontement entre la gauche et la droite. Beaucoup y ont vu la traduction électorale d'un affrontement de classes. Il est vrai que la période était marquée par une grave crise économique et par d'intenses luttes sociales, qui déboucheront d'ailleurs sur des grèves ouvrières sans précédent. D'autres observateurs ont davantage insisté sur la dimension idéologique de cette élection, qui s'est déroulée dans un contexte politique très tendu avec en toile de fond la montée des fascismes en Europe et en France, l'activisme des ligues avec, comme acmé, le 6 février 1934. Tous ces éléments ont incontestablement joué leur rôle lors de ce scrutin historique. Pour autant, la répartition des voix et la géographie du vote en faveur des partis composant le Front populaire (*versus* celles des partis de droite), telles qu'elles ont cristallisé, ne correspondaient que très imparfaitement à la répartition des différentes catégories sociales sur le territoire. À quoi renvoyait donc cette topographie politique ?

Au terme d'une analyse minutieuse de cette élection, Georges Dupeux parvint à la conclusion que la carte qui correspondait le mieux à la géographie de l'opposition Front populaire/bloc de droite était celle de la pratique religieuse. L'auteur écrivait ainsi :

« La distribution géographique des suffrages et la distribution géographique des catégories sociales présentent certains traits communs ; mais on ne manque pas d'être frappé par l'ampleur des divergences. En ne retenant que les principales, nous constatons que, dans l'Est de la France, la classe ouvrière vote à droite, en même temps que les paysans propriétaires ; que, sur le versant nord du Massif central, population agricole et population ouvrière mêlées accueillent très favorablement les candidatures d'extrême gauche [c'est-à-dire du PC] ; que sur le littoral méditerranéen, petits propriétaires exploitants, ouvriers d'industrie et ouvriers agricoles assurent au Front populaire une écrasante majorité[1]. »

Et l'auteur de conclure : « Tout se passe comme si des particularismes régionaux rejetaient à l'arrière les différenciations sociales. »

Un facteur plus puissant permettait donc au plan régional l'agrégation dans un même bloc politique de groupes sociaux divers et était suffisamment déterminant pour que, d'une région à l'autre, une même classe sociale vote différemment. Après avoir passé en revue différents paramètres démographiques, Georges Dupeux identifia cette variable structurante : « La concordance de la pratique religieuse et de l'opinion politique de droite[2] est, de toutes celles que nous avons tenté découvrir jusqu'ici, la plus satisfaisante. »

Le caractère déterminant de la variable religieuse est d'autant plus remarquable aux yeux de Georges Dupeux que, « contrairement aux élections précédentes, les problèmes religieux, et particulièrement le problème scolaire, sont restés à l'arrière-plan des débats ». Si les thématiques de la campagne furent effectivement autres, l'affrontement entre un bloc laïque ou athée et un bloc catholique surplombait pourtant le débat. Pour preuve,

1. Georges Dupeux, *Le Front populaire et les élections de 1936*, Cahiers de la Fondation nationale de sciences politiques, n° 99, 1959.

2. Et, symétriquement, de l'athéisme et de la faible ferveur catholique avec le vote en faveur du Front populaire.

quand le leader communiste Maurice Thorez lança un appel demeuré célèbre pour rallier les électeurs du camp opposé, c'est d'abord aux catholiques qu'il s'adressa : « Nous te tendons la main, catholique, ouvrier, employé, artisan, paysan, nous qui sommes laïques, parce que tu es notre frère[1]... »

La société était traversée par des intérêts divers et composée par des classes sociales hétérogènes. Pensons aux paysans, à l'époque très nombreux mais dotés de statuts fortement différenciés entre propriétaires, fermiers et métayers ; au monde ouvrier, historiquement fort composite avec, d'un côté, le prolétariat des bassins industriels (sidérurgie, mines) et, de l'autre, les ouvriers des petites villes ou des zones rurales ; mais aussi à cette « couche sociale nouvelle », théorisée au début de la IIIe République par Léon Gambetta, et qui correspondait à nos classes moyennes d'aujourd'hui, catégorie elle aussi très hétérogène. Pour que le dualisme politique fonctionne dans un tel contexte, il fallait impérativement que les différents groupes sociaux s'agrègent.

Certes, le mode de scrutin majoritaire à deux tours permettait à divers intérêts politiques de s'allier. C'est ainsi que les communistes, les socialistes et les radicaux, électorats pourtant sociologiquement très divers, pratiquaient le désistement républicain. De la même façon, paysans, indépendants, commerçants comme ouvriers catholiques faisaient bloc et apportaient leur soutien aux partis conservateurs. Si le scrutin à deux tours rendait plus facile la constitution de ces deux coalitions sociologiquement hétéroclites, il fallait une matrice puissante pour assurer sur la durée la solidité et

1. Discours prononcé sur les ondes de Radio-Paris en avril 1936, et publié dans *L'Humanité* du 18 avril 1936.

la persistance de l'agrégation des divers intérêts. Cette matrice, on l'a dit, était religieuse et opposait les catholiques aux laïcs et aux athées.

Signe du caractère premier et structurant de cette opposition, en Angleterre et en Allemagne – pays n'ayant pourtant pas adopté le scrutin majoritaire à deux tours –, le clivage gauche/droite s'est également structuré sur la base de cette matrice religieuse. En Angleterre, le mouvement travailliste s'est développé pour l'essentiel dans les régions protestantes quand les *Tories* recevaient le soutien des zones anglicanes. De la même façon, l'opposition SPD/CDU en Allemagne renvoie à la distinction entre régions protestantes et régions catholiques. Et si l'on remonte à l'entre-deux-guerres, des chercheurs ont montré, dans une étude passionnante, comment l'essor électoral du parti nazi a prioritairement concerné les régions protestantes, les zones catholiques demeurant relativement réfractaires[1].

Pourtant, comme l'a finement analysé Marcel Gauchet, les sociétés européennes ont été frappées par un processus de sortie de la religion[2]. Gauchet a mis en lumière le fait que les causes philosophiques et métaphysiques de ce mouvement étaient intrinsèquement présentes dans les fondements mêmes du monothéisme chrétien. Ce processus a maturé pendant des siècles, avant de connaître une extraordinaire accélération au cours du XXe siècle. Mécaniquement, le déclin du christianisme a considérablement affaibli la matrice structurante que l'on nommera ici « catho-laïque ».

1. Voir Jörg L. Spenkuch et Philipp Tillmann, https://www.kellogg.northwestern.edu/faculty/spenkuch/research/religion_nazis.pdf.

2. Marcel Gauchet, *Le Désenchantement du monde*, Paris, Gallimard, 1985.

De nombreux travaux de sociologie religieuse se sont penchés sur la chute très spectaculaire de la pratique religieuse qu'a connue notre pays dans la seconde partie du XXe siècle. Or il ne s'agit plus aujourd'hui d'étudier le rythme du phénomène, mais bien plutôt de prendre acte du fait que nous sommes désormais parvenus au terme du processus. Certes, le culte catholique continue de revêtir une réalité sociologique dans la France du début du XXIe siècle, mais il n'est plus que l'ombre de ce qu'il a été. Certes, un certain nombre de nos concitoyens se définissent toujours comme catholiques, mais ils représentent une minorité restreinte qui n'est plus en mesure de peser significativement sur le débat public. Dans un pays qui fut longtemps considéré comme la fille aînée de l'Église, il s'agit d'une rupture historique de taille. Dans *Le Mystère français*[1], livre très éclairant, Emmanuel Todd et Hervé Le Bras ont notamment développé le concept de « catholicisme zombie ». C'est sous ce terme que les deux auteurs décrivent l'action persistante au plan sociologique d'un catholicisme disparu au plan métaphysique. Nous adhérons pleinement à leur analyse, quand ils décrivent, par exemple, les meilleures performances éducatives ou la plus grande cohésion sociale régnant dans le Grand Ouest comme l'ombre portée du catholicisme, dont la flamme est désormais éteinte. Mais si des effets indirects et différés se manifestent encore ainsi, ils n'en sont que plus parcellaires. La puissance structurante et holistique de la matrice catholique n'est plus. Pour tenter de paraphraser Todd et Le Bras sur le terrain des formules frappantes, on pourrait ainsi dire que « le lointain souvenir du fantôme produit encore quelques effets, mais il a lui-même

1. Hervé Le Bras et Emmanuel Todd, *Le Mystère français*, Paris, Éditions du Seuil, 2013.

fini par s'en aller ». Nous sommes ainsi entrés dans une nouvelle ère que l'on pourrait qualifier de « post-chrétienne ». Le constat apparaît, certes, comme bien radical, mais de nombreux symptômes nous semblent attester de la réalité de cette situation nouvelle – et sans précédent.

Il en va ainsi, bien évidemment, de la pratique religieuse elle-même, les « messalisants » (personnes se rendant à l'église au moins une fois par semaine) ne représentant plus qu'une infime minorité de la population, y compris dans les régions de tradition catholique. Mais l'effacement de l'empreinte chrétienne séculaire va bien au-delà et touche tous les compartiments de la vie sociale et des pratiques humaines. On verra ainsi comment, au cœur même des familles, les références à la foi et à la culture catholiques se sont évanouies, comme en témoigne la quasi-disparition d'un prénom comme Marie. Les données d'enquêtes de l'Ifop nous permettront, par ailleurs, de mesurer avec quelle rapidité la société a évolué, en l'espace d'une quarantaine d'années, sur des sujets comme l'IVG ou l'homosexualité, en s'affranchissant très clairement de la doctrine catholique en la matière. De la même façon, la montée en puissance de phénomènes aussi distincts que la crémation, le tatouage ou l'animalisme et le véganisme ne doivent pas être analysés comme de simples phénomènes de mode, mais comme les symptômes d'un basculement civilisationnel et anthropologique majeur. Au travers de ces nouvelles pratiques, des pans entiers du référentiel judéo-chrétien, qu'il s'agisse du rapport au corps ou de la hiérarchie entre l'homme et l'animal, apparaissent comme battus en brèche et obsolètes. Si les générations les plus anciennes demeurent encore fidèles à cette matrice séculaire, les plus jeunes adhèrent majoritairement à cette nouvelle vision post-chrétienne du monde.

Ces deux matrices culturelles cohabitent actuellement au sein de la société française. Mais compte tenu du phénomène de renouvellement des générations, la matrice séculaire judéo-chrétienne, déjà très fortement affaiblie, a vocation à disparaître à l'horizon d'une génération. Cette disparition pure et simple ou cette dislocation terminale entraînera des bouleversements anthropologiques, sociologiques et idéologiques majeurs car, à l'instar de la topographie gallo-romaine qui a structuré et organisé les paysages ruraux pendant près de deux millénaires, cette matrice constituait le soubassement invisible ou inconscient de notre société.

Parallèlement à cette dislocation de la matrice catholique structurante qui s'est accélérée au cours des dernières décennies, entraînant dans son sillage de nombreuses réactions en chaîne, notre pays a également connu, sur la même période, une immigration significative. Ce phénomène s'est traduit par le passage d'une société démographiquement homogène (jusque dans les années 1970) à une société ethnoculturellement diversifiée. Ce changement de fond, survenu en l'espace d'une quarantaine d'années seulement, a constitué un autre fait sociologique et politique majeur.

Pour rendre compte de l'ensemble de ces processus, de nature et de temporalités différentes, nous nous sommes appuyés sur plusieurs outils empruntant aux différentes sciences sociales. Nous avons ainsi eu recours à une double approche combinant à la fois les enquêtes d'opinion et la cartographie. Cette dernière, dans la continuité des travaux pionniers d'André Siegfried, s'attache à décrire l'espace et les spécificités territoriales ; elle permet de prendre en compte les permanences historiques, et parfois les effets de rupture.

Les sondages, tels qu'ils ont été développés en France par Jean Stoetzel, rendent possible, quant à eux, une analyse fine par catégories socioprofessionnelles ou tranches d'âge, ce que la cartographie siegfriedienne n'autorise pas. Mais, à l'inverse, les enquêtes d'opinion aplanissent et évacuent le territoire, car elles sont réalisées la plupart du temps auprès d'échantillons nationaux dont la taille n'autorise pas les lectures régionales. Ces deux outils qui, bien combinés, permettent de procéder à une coupe verticale (analyse par sondage selon les couches socioprofessionnelles, le niveau de diplôme ou l'âge) et à une coupe horizontale (analyse cartographique des différentes régions ou territoires) de la société française devaient être employés de concert ici tant ils sont complémentaires. Ayant été formé par Yves Lacoste et Béatrice Giblin à la géopolitique et à la géographie électorale, et travaillant depuis des années à l'Ifop, nous avions à cœur de réconcilier le fondateur de notre institut[1] et l'auteur du magistral *Tableau politique de la France de l'Ouest*.

Parallèlement à une approche mêlant analyse spatiale *via* la cartographie et analyse sociodémographique au travers des sondages, il nous est apparu que, dans le contexte de fragmentation croissante que connaît la société française, il fallait adopter une démarche qui permette d'articuler l'étude de la sphère individuelle et familiale et l'observation des tendances de fond, culturelles et démographiques, engageant de larges groupes sociaux. Pour ce faire, nous avons choisi de nous appuyer sur une branche de l'anthroponymie (étude des noms de personnes), qui s'attache plus particulièrement à l'analyse des prénoms. Dans l'esprit des travaux pionniers menés par l'historien Louis Pérouas

1. C'est Jean Stoetzel qui a créé l'Ifop, en 1938.

et son équipe, nous pensons en effet que l'étude des prénoms permet d'« ouvrir une brèche dans l'analyse profonde des comportements et des mentalités de toute une population[1] ». Le corpus anthroponymique que nous exploitons dans ce livre provient d'un fichier de l'INSEE recensant l'occurrence de l'ensemble des prénoms donnés en France depuis 1900 à 83 millions de nouveau-nés. De par la mine d'informations qu'il recèle, ce champ d'investigation se révèle extrêmement riche. Nous avons mobilisé cette gigantesque base en « fil rouge » tout au long de notre investigation, afin de mettre en évidence différents phénomènes comme, par exemple, la montée en puissance d'un individualisme de masse, l'affranchissement idéologique et culturel des catégories populaires, le regain identitaire dans certaines régions ou la diversification sans précédent de la composition ethnoculturelle de la population française, soit autant de facteurs à l'œuvre dans le processus d'« archipelisation » de notre société.

L'étude de la prénomination avait, jusqu'à présent, été plutôt l'apanage des historiens. Ces derniers avaient parfaitement décelé la vertu heuristique de l'analyse des prénoms. John Dickinson écrivait ainsi :

« Le prénom est un marqueur culturel. Il est partie intégrante d'un complexe sociologique, qui renvoie à des sensibilités régionales (ou nationales), à des logiques familiales, à des modèles de conduite, à des genres de vie. Par voie de conséquence, les transformations de la prénomination se présentent à nous comme un élément

1. Louis Pérouas, Bernadette Barrière, Jean Boutier, Jean-Claude Peyronet et Jean Tricard, *Léonard, Marie, Jean et les autres. Les prénoms en Limousin depuis un millénaire*, Paris, Éditions du CNRS, 1984.

notable et un indicateur précis des changements vécus par une société[1]. »

Nous avons choisi d'appliquer cette méthode très féconde non pas sur un matériau datant de plusieurs siècles, mais sur une matière issue d'une période beaucoup plus contemporaine au cours de laquelle des bouleversements culturels et démographiques sans précédent se sont produits.

Ainsi lesté de ce triple bagage méthodologique, nous avons complété notre information en procédant à une analyse minutieuse de l'évolution de certains territoires au cours des quarante dernières années. En mobilisant différentes sources, au premier rang desquelles la presse régionale, nous avons retracé l'histoire de plusieurs communes et départements. Ces zooms ponctuels ont permis d'affiner le diagnostic sur l'état et l'évolution du tissu sociologique français.

1. John Dickinson : « La prénomination dans quatre villages de la plaine de Caen. 1670-1800 », in *Annales de Normandie*, n° 1, 1998.

PREMIÈRE PARTIE

Le grand basculement

1

Dislocation de la matrice catholique

Le déclin de la pratique religieuse

Si l'irruption de nouvelles religions ou sensibilités (musulmanes, évangéliques, etc.) sur notre territoire constitue assurément un phénomène important, le spectaculaire déclin du catholicisme n'en demeure pas moins le fait religieux marquant des cinquante dernières années. En octobre 2012, à l'occasion des cinquante ans du concile de Vatican II, l'Ifop a reposé pour *La Croix*[1] les mêmes questions sur le rapport à la religion catholique que celles qui avaient été posées en octobre 1961, à l'occasion d'une précédente enquête. Cette mise en regard est particulièrement intéressante, car elle nous permet d'observer de quelle manière le rapport au catholicisme a évolué depuis la fin de l'année 1961, autrement dit, de la veille de Vatican II jusqu'à aujourd'hui.

Si le processus de déchristianisation a débuté dans certaines régions dès le XVIIIe siècle (dans le grand Bassin parisien et le Limousin notamment), le mouvement

1. « Les Français et le catholicisme cinquante ans après Vatican II », sondage Ifop pour *La Croix* réalisé par téléphone les 27 et 28 septembre 2012 auprès d'un échantillon national représentatif de 969 personnes.

s'est généralisé et s'est considérablement accéléré au cours de ces cinquante dernières années. Ce processus, dont on n'a pas pris toute la mesure sur le moment, a radicalement transformé le visage de la société française et a abouti à une rupture séculaire. Nous sommes aujourd'hui quasiment au terme du processus, et la France, qui fut, on l'a dit, la « fille aînée de l'Église », est majoritairement devenue un pays déchristianisé – ou redevenue une terre « achrétienne ».

Pratique et rites catholiques : le décrochage terminal

Dans un livre magistral[1], l'historien Guillaume Cuchet revient sur la chronologie et les mécanismes qui ont présidé à l'effondrement de la pratique de la religion catholique. En vertu d'une enquête extrêmement serrée et d'une compilation minutieuse de la très abondante littérature sociologique et historique sur le sujet, l'auteur met en évidence le fait que, contrairement à ce qui est souvent avancé, le décrochage, notamment au sein des jeunes générations, a précédé non seulement Mai 68 mais également juillet 1968, date de la publication de la fameuse encyclique *Humanae vitae*, dans laquelle le pape Paul VI rappelait l'interdiction de la contraception. Cette précision chronologique est d'importance car elle vient invalider la lecture (de droite ou conservatrice) qui fait porter aux événements de Mai 68 le début du déclin du catholicisme et la lecture (de gauche ou progressiste) qui voit dans cette encyclique la cause de la rupture avec l'Église de pans entiers d'une société française en voie de modernisation sur le plan des mœurs.

1. Guillaume Cuchet, *Comment notre monde a cessé d'être chrétien*, Paris, Éditions du Seuil, 2018.

À la façon d'un enquêteur reconstituant minutieusement la chronologie et l'enchaînement des faits, Guillaume Cuchet date le premier décrochage majeur de l'année 1965, mouvement qui s'amplifiera par la suite, notamment en 1968. Ce premier palier est le fruit, selon l'historien, de la tenue du concile Vatican II. Les principales décisions issues de ce concile sont en effet entrées en vigueur dès le mois de décembre 1963, et elles ont produit très rapidement leurs effets. Plus que la modification de la liturgie, c'est, aux yeux de Guillaume Cuchet, la fin du caractère obligatoire de la pratique qui a joué, au plan collectif, un rôle fondamental dans le décrochage. Si l'on suit Guillaume Cuchet, le concile n'a pas provoqué la rupture, qui était déjà en gestation notamment avec l'arrivée à l'âge adolescent des générations issues du baby-boom, mais il l'a déclenchée et amplifiée. Dans une société en cours de transformation profonde, l'abandon du caractère obligatoire de rites comme la communion solennelle, la confession, l'assistance à la messe dominicale, ou bien encore du « maigre » du vendredi, éléments qui avaient structuré un catholicisme populaire, a eu de profonds effets déstabilisants, sachant de surcroît que ces changements sont intervenus en l'espace de quelques années seulement.

Guillaume Cuchet met ainsi en évidence une érosion manifeste de la pratique religieuse au cours de la seconde partie des années 1960, notamment au sein des générations du baby-boom, le décrochage post-communion de la pratique, constaté de tout temps par le clergé, atteignant une ampleur jusqu'alors inédite. Le phénomène s'amplifiera par la suite, d'une génération à l'autre, et la fracture ne cessera de s'élargir.

Les chiffres issus des deux enquêtes de l'Ifop permettent ainsi de prendre la mesure du basculement qui s'est produit en l'espace de cinquante ans. La proportion de baptisés n'a certes pas tant diminué au cours de cette période, puisque l'on est passé de 92 % de baptisés dans la religion catholique en 1961 à 80 % aujourd'hui. Mais le baptême, il faut l'avoir en tête, constitue un marqueur assez « mou » de l'attachement au catholicisme : dans l'écrasante majorité des cas, les baptisés l'ont été rapidement après leur naissance, ce qui indique certes un certain degré d'attachement des familles à la religion, mais ne garantit pas que les baptisés développeront par la suite une foi ardente. En outre, une telle variable est toujours soumise à une forte inertie, à un « effet de stock » important : les plus de 50 ans en 2012, c'est-à-dire les personnes nées avant 1961 (date de la première enquête), représentent 46 % de la population actuelle[1] ; or, du fait qu'ils sont nés à une époque où 92 % de la population étaient baptisés, la proportion de baptisés dans leur génération doit être du même ordre de grandeur. De fait, on constate, dans les ventilations par âges de l'enquête de 2012, que les 50-64 ans (qui avaient entre 0 et 13 ans lors du sondage de 1961) déclarent être baptisés à 89 % et que les 65 ans et plus (qui avaient 14 ans ou plus en 1961) le sont à 88 %, quand 92 % de la population l'étaient en 1961.

Le graphique ci-dessous montre que le taux de baptisés décroche de 10 points dans la génération suivante (signe que le début des années 1960 a bien constitué un moment charnière du point de vue de l'accélération de la déchristianisation), puis encore de 10 points dans la tranche d'âge des 25-34 ans, où « seules » 70 % des personnes sont baptisées, le taux tombant à 65 % parmi les 18-24 ans.

1. Sur la base de la population âgée de 18 ans et plus, la plupart des sondages étant réalisés sur l'univers des 18 ans et plus.

Graphique 1. La proportion des personnes baptisées par tranche d'âge en 2012

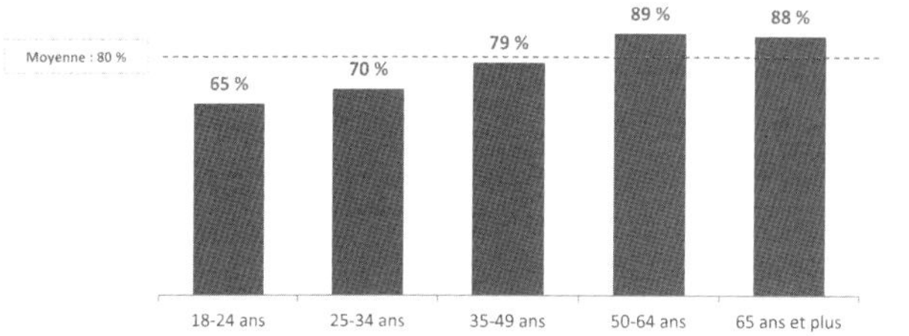

Sources : Ifop-*La Croix*.

On voit donc que, derrière une relative stabilité du taux global de baptisés dans l'ensemble de la population (qui s'explique donc par cet « effet de stock » dû à la longévité et au poids des générations du début du baby-boom, baptisées dans leur écrasante majorité), un décrochage par paliers s'est produit depuis le début des années 1960. Et l'on peut prédire que la prochaine descente de marche sera brutale quand la génération de 65 ans et plus, baptisée à 88 %, sera remplacée par une génération montante baptisée à 65 % ou moins. Ainsi, derrière une apparente stabilité des choses, le processus de renouvellement des générations, porteuses d'un système de valeurs très différent, va se traduire dans les années qui viennent par un basculement majeur. La France qui vient s'inscrira ainsi en rupture profonde avec la France d'aujourd'hui, héritière pour l'essentiel de la France d'hier.

Cette érosion très sensible de l'un des sacrements de la religion catholique depuis le début des années 1960 s'observe dans les résultats d'une deuxième question de l'enquête de 2012. Si, en mars 1961, 89 % des personnes elles-mêmes baptisées interrogées déclaraient avoir fait baptiser leurs enfants ou en avoir l'intention, ce taux n'était plus, en 2012, que de 72 %, soit 17 points de moins. Et le recul est plus important encore si l'on considère l'ensemble de la population, ce qui permet de prendre en compte la diminution du nombre de baptisés déjà intervenue parmi les adultes. On constate en effet que 82 % des Français avaient baptisé leurs enfants en 1961, ou envisageaient de le faire, contre seulement 58 % en 2012. Ce recul de 24 points est déjà en soi un phénomène notable. Mais le plus significatif, selon nous, réside dans le fait qu'il y a cinquante ans faire baptiser ses enfants relevait quasiment de la norme sociale, alors que cette pratique ou ce désir ne sont plus partagés en 2012 que par moins de 6 Français sur 10.

Des chiffres diffusés par la Conférence des évêques de France confirment, par ailleurs, l'accélération du recul de la pratique du baptême au cours des dernières années. Si l'on fait le ratio entre le nombre de baptêmes annuel d'enfants de 0 à 7 ans et le nombre de naissances comptabilisés chaque année[1], on obtient les résultats suivants : 48,8 baptêmes d'enfants de 0 à 7 ans pour 100 naissances en 1999, 40 en 2005, 34 en 2010 et seulement 30 en 2015. Ces données laissent augurer, pour les prochaines années, une amplification du mouvement de chute enregistré par les sondages.

Mais le rapport à l'Église catholique ne se noue pas seulement au moment du baptême. Même si des travaux de sociologie religieuse ont insisté sur la multiplicité des façons de vivre sa foi catholique, on considère toujours que la fréquentation de la messe demeure un bon critère pour évaluer le degré de ferveur religieuse d'un

1. Ce ratio ne donne certes pas la proportion de baptisés au sein d'une même tranche d'âge, mais constitue néanmoins un indicateur utile.

individu et l'influence de la religion catholique sur un territoire ou une population, *via* la mesure du taux de « messalisants », à savoir les personnes qui se rendent à l'église au moins une fois par semaine. Or les chiffres dont on dispose, grâce aux deux enquêtes menées par l'Ifop à cinquante ans d'intervalle, font ressortir une perte d'influence du catholicisme plus marquée encore que ne l'indiquait le taux de baptisés. Comme on peut le constater sur le tableau ci-dessous, la proportion des personnes qui déclarent se rendre à la messe tous les dimanches ou plus a fondu comme neige au soleil au cours des cinquante dernières années.

En mars 1961, près de quatre baptisés sur dix (38 %) déclaraient se rendre « le plus souvent possible » ou « tous les dimanches » à la messe. En 2012, ce n'est plus le cas que pour 7 % des baptisés. Ramenés à l'ensemble de la population, ces chiffres nous informent sur l'ampleur du décrochage intervenu ces cinquante dernières années, avec une proportion de « messalisants » passée de 35 % des Français, soit une forte minorité, à 6 %, taux quasiment résiduel.

Tableau 1. La fréquentation de la messe

Question posée : « Allez-vous à la messe le plus souvent possible, tous les dimanches, quelquefois dans l'année ou jamais ? »

	mars 1961	septembre 2012	***Évolution en points***
Tous les dimanches ou plus	35 %	6 %	***– 29***
Quelquefois dans l'année	33 %	28 %	***– 5***
Jamais	24 %	46 %	***+ 22***
Non-baptisés	8 %	20 %	***+ 12***
Total	100 %	100 %	

De la messe à Ikea : la banalisation du jour du Seigneur

La nature ayant horreur du vide, l'effondrement de l'assistance à la messe dominicale, qui, dès le milieu des années 1980, ne concernait plus qu'une faible minorité de Français, s'est progressivement accompagné d'un changement de statut du dimanche. Certes, il demeure le jour des activités en famille ou sportives, mais on a assisté ces dernières années à la montée en puissance de nouvelles pratiques, avec une extension au dimanche du temps dévolu aux achats. Si le débat sur le travail le dimanche anime encore les politiques, la question a été clairement tranchée dans la population. En octobre 2013, 69 % des personnes interrogées se disaient ainsi favorables à l'ouverture des magasins le dimanche, dont un fort contingent (36 %) de « tout à fait favorables[1] ». L'adhésion était plus forte en Île-de-France (82 %), où le rythme de vie impose souvent de faire les courses le dimanche, mais une nette majorité des provinciaux (66 %) y étaient également favorables. La grande région Nord-Ouest, regroupant la Bretagne, les Pays de la Loire et la Basse-Normandie, affichait un score identique (64 %), signe d'une désanctuarisation du dimanche, y compris dans les territoires de tradition catholique.

Le débat sur l'assouplissement de la législation sur l'ouverture des magasins le dimanche a initialement été lancé par Nicolas Sarkozy, qui l'envisageait comme une déclinaison concrète et parlante de son « Travailler plus pour gagner plus ». Mais, très rapidement, cette thématique a rencontré un écho dans la population. En

1. Sondage Ifop pour *Metronews*, réalisé *on line* auprès d'un échantillon de 990 personnes, du 1er au 3 octobre 2013.

2004, seuls 46 % des Français s'y disaient favorables. La proportion monta à 57 % en 2008, pour s'établir à 72 % en 2013. La rapidité avec laquelle cette proposition s'est installée dans l'opinion constitue un symptôme supplémentaire de la dislocation de la matrice culturelle et religieuse que constituait le catholicisme en France.

Les prêtres catholiques : une population en voie d'extinction

En l'espace de seulement deux générations, la fréquentation de la messe dominicale a cessé d'être une pratique de masse pour quasiment disparaître du paysage social. Cet effondrement de la pratique de la religion catholique a été accompagné par celui du nombre de prêtres et de religieux et religieuses dans notre pays. La prise de recul historique permet de mesurer l'ampleur et la brutalité du phénomène. Alors qu'on comptait en 1950 le même nombre de prêtres, religieux et religieuses (177 000) qu'au déclenchement de la révolution de 1789 (170 000), ce chiffre n'était plus que de 51 500 en 2015, soit une division par plus de 3 en seulement soixante-cinq ans, alors que le nombre de prêtres et de religieux et religieuses était demeuré stable au cours des deux siècles précédents, et ce, en dépit des troubles révolutionnaires et des deux guerres mondiales[1].

Compte tenu de l'élévation de l'âge moyen des prêtres et du faible nombre d'ordinations, la diminution

1. On pourra objecter que le maintien du nombre de gens d'église sur cette longue période est intervenu dans un contexte où le nombre d'habitants a augmenté dans le pays. Mais la population française a également sensiblement crû depuis 1950 et, dans ce contexte de croissance démographique, le nombre de prêtres, religieuses et religieux s'est tout de même effondré.

Graphique 2. 1990-2015 : Évolution du nombre de prêtres diocésains en France

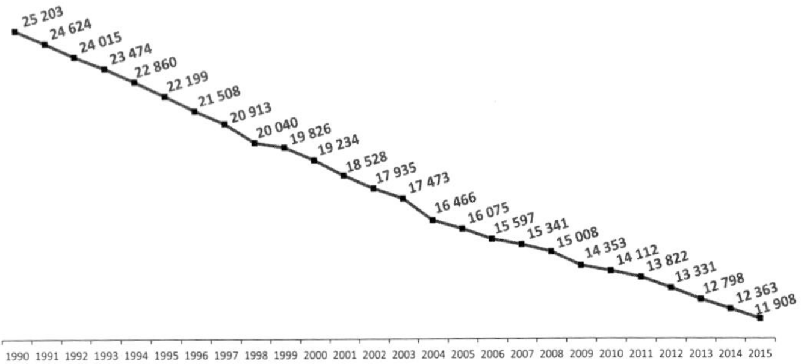

Sources : CEF.

du nombre de prêtres s'est accélérée ces dernières années, comme le montre le graphique ci-dessus. En l'espace de vingt-cinq ans seulement, le nombre de prêtres diocésains a ainsi été divisé par deux, avec un solde net (ordinations de nouveaux prêtres – décès) d'environ moins 400 ou moins 500 prêtres par an. Ramené à l'échelle d'un département, cela représente en moyenne 4 ou 5 prêtres en moins chaque année.

L'église catholique est ainsi confrontée à un déclin sans précédent de la pratique religieuse, ce mouvement s'accompagnant d'une raréfaction des vocations et d'une désertification des séminaires. En retour, l'encadrement clérical de la population s'étiole à grande vitesse, ce phénomène alimentant encore davantage le processus de déchristianisation avancée de la société française.

Sans inversion de tendance, et l'on voit mal à ce jour ce qui pourrait la provoquer, si l'on établit une projection linéaire basée sur le rythme de l'érosion du stock de prêtres diocésains, d'ici trente ans, la France ne comptera plus un prêtre catholique. Cette échéance fatale pour l'Église pourrait même intervenir un peu plus tôt si l'on intègre dans la projection le paramètre du vieillissement avancé de cette population qui devrait aboutir mécaniquement à une hausse de la mortalité dans les prochaines années. Dans cette hypothèse, l'extinction définitive de la population des prêtres diocésains pourrait se produire d'ici vingt-cinq ans, soit une génération.

Pour ralentir ce processus inexorable, l'Église a recours au recrutement de prêtres issus des pays du Sud ; mais l'on voit, à la lumière de ces chiffres, que cette pratique devra être considérablement intensifiée si l'objectif est de maintenir un effectif d'au moins 7 000 à 8 000 prêtres en France. Dans cette hypothèse, nous assisterions alors à une inversion de perspective comme l'histoire en a le secret. Alors que la France catholique a fourni, de la fin du XIXe siècle au début du XXe siècle, environ trois quarts des missionnaires partis évangéliser l'Afrique et l'Asie au nom de Rome (on sait le rôle majeur que joua, à cet égard, l'institution des Missions étrangères), elle dépendrait cent cinquante ans plus tard du soutien massif de prêtres catholiques venus du Sud pour ne pas voir disparaître totalement son clergé. Pour reprendre l'expression de Guillaume Cuchet, l'Église de France était encore à la fin des années 1950 et au début des années 1960 « à l'échelle de l'État ». En tant qu'institution, elle disposait d'une infrastructure très étoffée lui assurant une réelle emprise sociale et un maillage très serré du territoire avec le réseau des paroisses, des diocèses et des séminaires. Soixante ans plus tard, cette ossature n'est plus que l'ombre d'elle-même, et sa présence sur le terrain s'est considérablement réduite. L'Église en tant qu'institution et corps social ne joue plus du tout dans la même division que l'État.

Les Marie s'en sont allées

Un fichier de l'INSEE répertorie depuis 1900 l'ensemble des prénoms donnés chaque année par les parents à leurs nouveau-nés. Ces données sont d'une grande richesse et fournissent quantité d'informations. De par l'ampleur de la période couverte par ce fichier, l'analyse des prénoms donnés à la naissance permet notamment de compléter historiquement les observations réalisées à partir des sondages de l'Ifop sur le déclin du catholicisme. Les données d'enquêtes d'opinion dont nous disposons sur le sujet remontent aux années 1960, mais grâce au fichier de l'INSEE, il est possible de remonter jusqu'en 1900. Encore faut-il identifier un ou des prénom(s) qui constituerai(en)t le bon marqueur de la prégnance du catholicisme. Nous avons retenu Marie : on sait la place centrale occupée par la sainte Vierge dans la culture catholique. Le comptage, réalisé sur l'univers des naissances des filles année par année, aboutit à des chiffres qui illustrent spectaculairement le déclin de l'influence du catholicisme depuis cette date. Ces données montrent ainsi que le déclin ne date pas des années 1960 et 1970 mais qu'il s'apparente à un processus de long terme déjà très fortement amorcé au début du XXe siècle. En s'appuyant lui aussi sur l'analyse anthroponymique, l'historien Jacques Dupâquier fait même remonter aux années 1870 le recul de l'occurrence du prénom Marie[1].

Les sociologues et les historiens des religions ont longtemps débattu des critères pertinents à retenir pour mesurer la prégnance du catholicisme dans la société française.

1. Voir Jacques Dupâquier, Jean-Pierre Pelissier, Danièle Rebaudo, *Le Temps des Jules. Les prénoms en France au XIXe siècle*, Paris, Éditions Christian, 1987.

La fréquence d'assistance à la messe est, nous l'avons vu, généralement considérée comme un indicateur fiable. Mais pour les périodes historiques caractérisées par une pratique élevée, la question est de savoir si l'assistance à la messe dominicale ne relève pas d'un conformisme social qui ne dit rien de la ferveur religieuse ou de la profondeur de la culture catholique. Certes, donner à sa fille le prénom de Marie traduit également le poids d'un conformisme social, mais il constitue aussi, selon nous, un marqueur précieux permettant d'appréhender la prégnance de la culture catholique : ce n'est évidemment pas par hasard que Louis Pérouas, historien spécialiste du catholicisme, a entrepris des travaux pionniers sur l'anthroponymie des prénoms afin d'établir le lien entre matrice culturelle religieuse et choix des prénoms.

Le déclin du prénom Marie comme symptôme de la déchristianisation

Signe de la forte imprégnation du catholicisme dans la société et jusqu'au cœur des familles françaises, pas moins d'une petite fille sur cinq qui naquit en 1900 fut prénommée Marie[1]. À l'époque, la proportion de baptisés était sans doute supérieure à 90 %. Le fait de choisir comme prénom à l'état civil, et donc comme prénom de baptême pour sa fille, Marie, la mère de Jésus, était un acte symbolique fort, qui traduisait le degré d'ancrage de la religion catholique dans la société française. Pour autant, et comme l'illustre le graphique suivant, ce choix allait devenir très rapidement de moins en moins automatique. La proportion de Marie allait atteindre

1. Chez les garçons, on observe également une très forte prévalence d'un prénom lié à la religion catholique avec 16 % de Jean parmi la classe d'âge née en 1900.

Graphique 3. 1900-2016 : Évolution de la proportion de nouveau-nées portant le prénom Marie ou un prénom composé comportant Marie

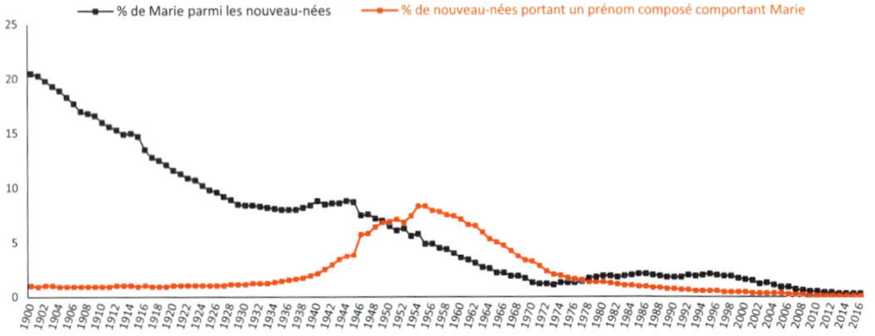

Sources : INSEE.

15 % lors de la Première Guerre mondiale, puis passer sous la barre des 10 % au milieu des années 1930, lors de la victoire du Front populaire. En à peine deux générations, l'influence du catholicisme et de l'Église, mesurée à l'aune de la propension des parents à prénommer leur fille Marie, avait été divisée par deux, l'espace ainsi libéré permettant l'expansion des gauches, farouchement anticléricales à l'époque.

La proportion de Marie au sein d'une classe d'âge se maintint ensuite autour de 8 %, avec une légère remontée durant la Seconde Guerre mondiale et sous le régime de Vichy. Ce mouvement s'observe tant en zone libre qu'en zone occupée, les trois départements alsaciens et mosellan annexés au Reich se caractérisant, quant à eux, par une remontée un peu plus marquée dans les trois premières années du conflit.

Après cette pause d'une petite vingtaine d'années (de la fin des années 1920 à la Libération), la courbe reprend sa trajectoire baissière, et l'inclinaison de sa pente est aussi prononcée qu'entre 1900 et 1925. La

« descente aux enfers » va se poursuivre jusqu'au début des années 1970, où l'on atteindra le score symbolique de 1 % de Marie parmi les petites filles. Sans doute sous l'influence d'un effet de mode, à travers lequel un prénom ancien et assez peu porté revient au goût du jour, la courbe connaît un léger rebond, au-dessus du seuil des 1 %, du milieu des années 1970 à 2000. Mais l'on peut faire l'hypothèse que ce léger regain n'a pas grand-chose à voir avec une quelconque reprise des pratiques religieuses… (On notera ainsi que *Petite Marie*, le premier tube de Francis Cabrel, sortit en 1977.) La phase terminale de la chute sera actée par une proportion de Marie inférieure à 1 % au milieu des années 2000, le score résiduel de 0,3 % étant atteint en 2016 en dépit de l'appel lancé en 2011 par le pape Benoît XVI en direction des parents afin qu'ils optent pour un prénom chrétien et non pas pour des prénoms « à la mode ». Selon le souverain pontife, tout nouvel adhérent à la foi acquiert en effet « la personnalité d'un fils ou d'une fille de l'Église en commençant par un nom chrétien[1] ».

Le graphique précédent présente également une autre courbe, celle du pourcentage de prénoms composés comportant le prénom Marie dans l'ensemble des prénoms donnés aux petites filles nées et recensées chaque année. La trajectoire de cette courbe diffère très clairement de la précédente : elle en est même, jusqu'au milieu des années 1960, le symétrique inversé. Alors que le prénom Marie, bien qu'en perte de vitesse, était encore massivement choisi entre les années 1900 et 1930, les prénoms composés de type Anne-Marie, Marie-Françoise, etc., n'étaient donnés qu'à 1 % des petites filles. Ces prénoms vont ensuite connaître une

1. Voir « Le pape encourage les parents à donner des prénoms “chrétiens” », in *Le Monde*, 10 janvier 2011.

vraie vogue à partir de la fin des années 1930 jusqu'au milieu des années 1950, où 8 % des petites filles seront ainsi prénommées.

Il est intéressant de constater que l'essor de ces prénoms a correspondu chronologiquement avec la phase ultime de chute du prénom Marie. On peut alors formuler l'hypothèse que l'attrait pour ces prénoms composés intégrant Marie est le symptôme d'une prise de distance progressive avec le catholicisme. On ne baptisait plus sa fille Marie, mais on optait encore pour un prénom conservant quelque chose de son origine catholique… avant d'effacer définitivement toute référence chrétienne. À l'appui de cette thèse, on observe que l'engouement en question n'aura été que de courte durée, et qu'après le pic du milieu des années 1950 ces prénoms composés vont eux aussi, à l'instar de Marie, connaître un mouvement de décrochage rapide qui les conduira au seuil de 1 % au début des années 1980. La phase d'attrait pour ces prénoms n'aura donc duré qu'une trentaine d'années, de 1940 à la fin des années 1960, période ayant constitué en quelque sorte un sas au cours duquel la société et les familles françaises ont achevé en douceur leur mouvement de sortie du catholicisme.

Le fichier de l'INSEE sur les prénoms donnés à la naissance comportant une entrée par département, il est possible d'observer comment la vague de déchristianisation s'est déployée géographiquement. Pour ce faire, on peut cartographier, par exemple, la proportion de Marie dans chaque département à différentes périodes.

Conformément à ce que des travaux d'histoire religieuse nous enseignent, la carte pour l'année 1900 indique que le processus de déchristianisation est déjà bien amorcé dans un Bassin parisien élargi, avec seulement 5 à 10 % de Marie[1] dans un bloc de départements allant de l'Eure à la Marne et de l'Oise au Loiret. Dans la couronne de départements limitrophes (Basse-Normandie, Sarthe, vallée de la Loire, Nièvre, Côte-d'Or, Haute-Marne et la majeure partie des actuels Hauts-de-France), la proportion de Marie se situe entre 10 et 20 %, soit en dessous de la moyenne nationale. On repère également quelques zones isolées à plus faibles scores dans le sud du pays. À l'inverse, les bastions catholiques de Bretagne, des Pyrénées occidentales, du Massif central et du Grand Est affichent des taux de Marie parfois largement supérieurs à 30 % (47 % dans le Finistère, 43 % en Haute-Loire, 42 % dans les Vosges) au sein d'une classe d'âge, signe de la très forte influence ou de l'emprise, pour parler comme André Siegfried, du catholicisme dans ces territoires à l'époque. En 1936, le décrochage global se traduit spatialement par une dilatation de la zone déchristianisée du Bassin parisien et une rétraction des fiefs catholiques sur le cœur des bastions qui sont, pour l'essentiel, des zones périphériques : Grand Ouest, Alsace-Moselle, Pyrénées occidentales, Savoie et Corse, ou difficiles d'accès (sud du Massif central). Cette carte des Marie correspond en négatif à la carte du vote en faveur des partis du Front populaire, cette correspondance illustrant bien le caractère primordial de l'opposition catholicisme/républicanisme sur les structures idéologiques de la société française. En 1965, à l'issue du concile de Vatican II, « la messe est dite », si l'on ose dire, avec un

1. Cette convergence entre nos observations et d'autres travaux utilisant des méthodes ou des approches différentes nous renseigne sur la pertinence de l'indicateur de l'occurrence du prénom Marie pour évaluer l'importance de la culture catholique dans un territoire ou à une époque donnée.

effondrement généralisé de la proportion de Marie et un arasement des contrastes régionaux. Le stade terminal est atteint, avec un taux résiduel, dans quasiment tous les départements en 2015.

Carte 1. La proportion de Marie parmi les nouveau-nées dans chaque département, de 1900 à 2015

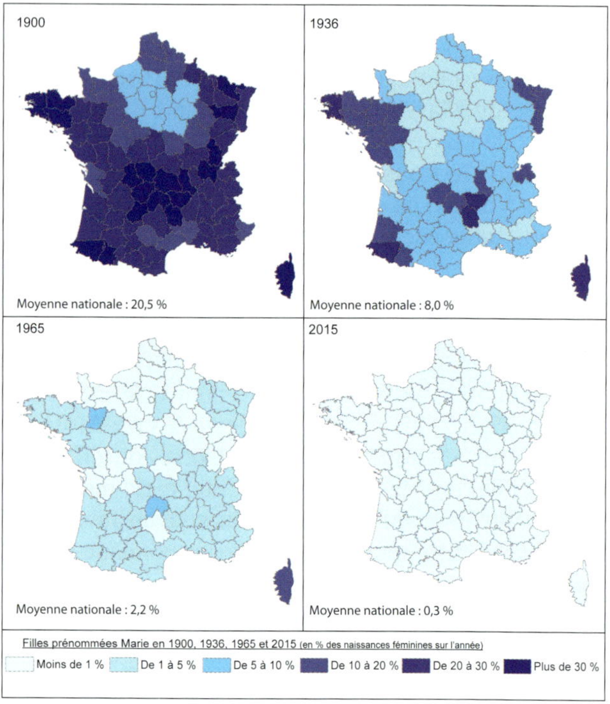

Sources : INSEE.

Choix des prénoms et mobilisation patriotique

L'analyse de l'évolution de l'occurrence de certains prénoms ou types de prénoms à travers le temps et l'espace constitue, comme nous le constaterons tout au long de ce livre, une méthode intéressante et efficace pour mettre au jour les mutations sociologiques et culturelles, mais aussi pour cerner l'état d'esprit et les valeurs qui animent une société ou un groupe démographique à un moment donné. Après l'étude de la fréquence d'attribution du prénom Marie depuis 1900, le cas d'un autre prénom hautement connoté comme « France » l'illustre bien.

L'analyse de l'occurrence du prénom France au cours de la première partie du XXe siècle met en lumière deux périodes atypiques. Alors que ce prénom a été tendanciellement très peu donné durant ce demi-siècle, l'option va devenir nettement plus fréquente durant les deux guerres mondiales, comme le montre le graphique ci-dessous. Ainsi, si l'état civil n'avait enregistré en 1913 que 254 France, cette proportion

Graphique 4. 1900-1950 : Vivent les France !
Proportion de nouveau-nées portant le prénom France

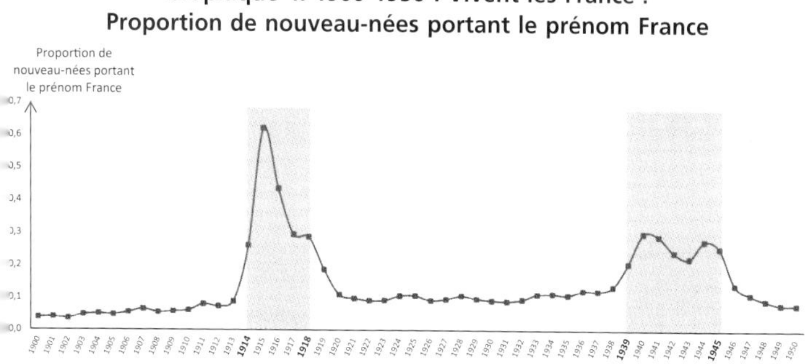

Sources : INSEE.

va grimper subitement à 735 en 1914 puis à 1132 en 1915. Cette année-là, du fait de la présence sur le front de millions de conscrits, le nombre total de naissances baissa d'un tiers par rapport à 1913, quand le nombre de naissances de petites « France » était multiplié par 4,5 !

À partir de 1916, la proportion de nouveau-nées portant le prénom France va demeurer nettement plus élevée qu'au début du siècle mais, le conflit s'éternisant, la tendance s'inscrit en retrait par rapport au pic de 1915[1]. Très rapidement, à l'issue du conflit, l'engouement pour le prénom France, porté par le climat de mobilisation patriotique, va retomber. On dénombra ainsi en 1922 le même nombre de France qu'en 1913.

On observe les mêmes phénomènes, mais de manière moins marquée, durant le second conflit mondial. La proportion de France augmente ainsi sensiblement en 1939, puis en 1940. Les années 1942-1943, période au cours de laquelle, selon les travaux des historiens, le moral des Français est au plus bas du fait de l'absence de perspectives de victoire des Alliés sur l'Allemagne nazie, voient la proportion de France se tasser quelque peu avant de connaître un rebond en 1944 et 1945. Et une nouvelle fois, en quelques années seulement après la fin de la guerre, la courbe des France retourne bientôt à son étiage : en 1948, on enregistra autant de naissances de petites France qu'en 1938, alors même que, du fait du baby-boom, le nombre total de naissances augmentait de plus de 50 %.

1. De la même façon, la fréquence du prénom Victoire allait connaître une hausse significative en début de conflit en 1914 et 1915, puis en 1918 et 1919 à la fin de la guerre. Le nombre de nouveau-nées portant ce prénom fut toutefois sensiblement moins élevé que celui des petites France.

En prenant l'exemple d'une autre période particulièrement troublée de notre histoire, Jacques Dupâquier avait déjà montré comment la conjoncture politique pouvait influer sensiblement sur le choix des prénoms donnés dans les familles. Il constatait, en effet, un fort recul de l'occurrence des prénoms chrétiens dans les années qui avaient suivi la période révolutionnaire, puis une remontée à partir de 1810, à l'occasion de la restauration religieuse[1].

1. Jacques Dupâquier *et al.*, *Le Temps des Jules, op. cit.*

2

Vers un basculement anthropologique

La reconfiguration des structures familiales

Parmi les institutions structurant la vie sociale, le mariage a pendant très longtemps occupé une place centrale. Or, parallèlement au déclin du catholicisme, ce pilier sociétal a lui aussi connu un affaiblissement sans précédent depuis un peu plus d'une quarantaine d'années. Alors que le mariage correspondait encore, jusqu'à la fin des années 1960, à une norme sociale hégémonique, il n'a cessé depuis de perdre du terrain.

Mariages et divorces

Dans l'immédiat après-guerre, on célébrait en moyenne plus de 300 000 mariages civils chaque année. Le rappel du contingent pour servir en Algérie en 1955 se soldera par un recul momentané du nombre de mariages du fait de l'absence de plusieurs dizaines de milliers de jeunes hommes mobilisés sur le théâtre algérien. Mais, comme le montre le graphique suivant, la fin du conflit en 1962 se traduira par une hausse sensible du nombre de mariages dès l'année suivante. Du fait de l'arrivée à l'âge adulte des premières générations du baby-boom, et sous l'effet de la prospérité économique, la hausse du nombre de mariages allait s'accélérer durant toute la décennie heureuse des années 1960. Les événements de Mai 68, au cours desquels le mariage fut fustigé comme une « institution bourgeoise », n'allaient pas enrayer ce mouvement qui allait atteindre un record historique de plus de 400 000 mariages en 1972. Comme le montre la courbe, il s'agit d'un climax : le déclenchement de la crise économique consécutif au choc pétrolier de 1973 amorce une inversion de tendance historique et brutale : bien que les générations fournies du baby-boom continuent d'arriver après cette date sur le marché matrimonial, le nombre de mariages s'inscrit en fort recul. À la dégradation de la situation économique s'ajoute l'effet d'une mutation profonde du rapport à la famille et des représentations du couple. Hormis quelques phases passagères de rebond correspondant à des périodes de reprises économiques (1989-1990 puis 1997-2001, avec pour cette période un effet « an 2000 » ayant encore stimulé davantage la décision de se marier à l'occasion du changement de millénaire), la tendance baissière s'est poursuivie, accentuée par un effet démographique : l'arrivée à l'âge adulte de classes d'âge moins fournies nées après l'arrêt du baby-boom.

Graphique 5. 1950-2014 : Évolution du nombre de mariages

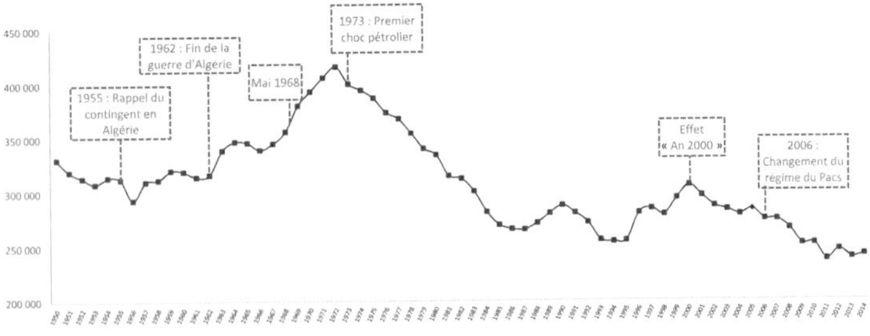

Sources : INSEE.

Ainsi, en l'espace d'à peine quarante ans, une norme sociale encore très massivement ancrée dans les esprits durant les années 1960 va connaître un affaiblissement sans précédent. Pour tenir compte de ce changement sociétal majeur, les pouvoirs publics vont adapter le cadre législatif en instituant le Pacs en 1998, contrat moins impliquant et moins solennel que le mariage, puis en le modifiant et en lui conférant en 2006 plus d'avantages fiscaux et juridiques. Cette modification du cadre législatif aura des conséquences sociologiques non négligeables, comme en témoignent, dans les années qui ont suivi, une hausse significative du nombre de Pacs et un nouveau recul du nombre de mariages.

Concomitamment, ces dernières décennies ont été marquées par la montée en puissance d'un autre phénomène majeur : le divorce. Non seulement les Français se sont de moins en moins mariés, mais leur propension à rompre cette union est allée *crescendo*. On tient là deux symptômes d'une rupture sociologique et anthropologique majeure provoquée, de manière sous-jacente, par l'effondrement du catholicisme. Comme on peut le voir sur le graphique suivant, le nombre de divorces était demeuré, des années 1950 au milieu des années 1960, sous la barre des 40 000 par an – soit un ratio annuel d'un divorce pour huit mariages. Se marier était la règle, et divorcer « ne se faisait pas », y compris entre camarades du Parti. Mai 68 ne se traduira pas, là non plus, par un effet significatif sur la courbe des divorces, qui poursuivra sa progression au cours des années 1970. Le phénomène s'accroissant et la demande sociale s'intensifiant, la législation fut adaptée avec le vote, en 1975, d'une loi introduisant le divorce par consentement mutuel. Cette modification du cadre législatif va considérablement amplifier

Graphique 6. 1950-2014 : Évolution du nombre de divorces

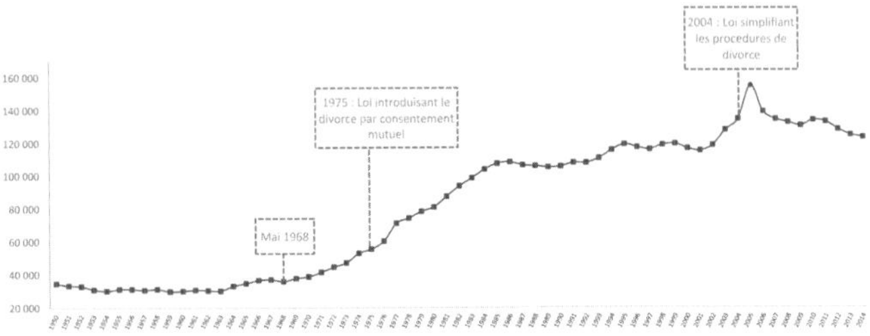

Sources : INSEE.

le phénomène sociologique qui l'avait motivée : le nombre de divorces prononcés annuellement va ainsi connaître une forte hausse entre 1975 et 1985, avant d'atteindre un plateau au cours des deux décennies suivantes avec plus de 100 000 divorces par an contre, en moyenne, 250 000 mariages annuels, soit un ratio tombé à un divorce pour 2,5 mariages (contre un pour huit, trente ans avant, période correspondant *grosso modo* au moment où la génération précédente s'était mariée).

Ces quelques chiffres illustrent l'ampleur des mutations sociologiques intervenues en l'espace d'à peine deux générations. Le nombre de divorces allait de nouveau reprendre sa marche en avant au milieu des années 2000, sous l'effet de la loi simplifiant encore les procédures de divorce. Mais l'impact de cette décision législative fut moindre qu'en 1975. Il y eut certes un pic de divorces en 2005, mais celui-ci s'explique par un « effet de stock », un certain nombre de procédures qui avaient été retenues dans l'attente du vote de la loi s'étant débloquées cette année-là. La courbe du nombre de divorces reflua ensuite, tout en se maintenant à un niveau historiquement élevé.

Un autre indicateur de l'ébranlement qu'a subi l'institution du mariage au cours des dernières décennies réside dans le fait que la proportion de couples divorçant rapidement après leur mariage n'a cessé de croître. D'après les données de l'INSEE, la durée de cinq ans constitue un seuil statistique significatif, à partir duquel les divorces ont tendance à se multiplier. Si l'on considère cette échéance de cinq ans comme pertinente, il est utile de calculer le taux de divorces survenus pour 1 000 mariages célébrés cinq ans plus tôt. Le résultat est spectaculaire : comme le montre le graphique ci-dessous, la solidité des unions prononcées n'a cessé de se dégrader. Ainsi, pour 1 000 mariages contractés en 1965, seuls 7,7 se sont soldés par un divorce cinq ans plus tard. En dix ans, ce taux a doublé pour passer à 14,5 pour 1 000 mariages célébrés en 1975, et l'on a ensuite rapidement atteint le taux de 26,5 divorces pour 1 000 mariages scellés en 2005. Depuis, ce taux a légèrement reflué, puisqu'il était de 24,6 divorces pour 1 000 mariages célébrés en 2009. Cette solidité un peu plus forte du mariage constaté au cours de la dernière période est à mettre en regard avec la diminution continue du nombre de mariages enregistrés chaque année. On peut alors faire l'hypothèse que le mariage devenant moins que par le passé un passage obligé et l'effet d'une norme sociale, mais davantage le fruit d'un choix véritable, la solidité de telles unions est un peu plus forte sans que la tendance de fond enclenchée il y a une quarantaine d'années soit pour autant enrayée.

Graphique 7. Évolution du taux de divorce cinq ans après le mariage

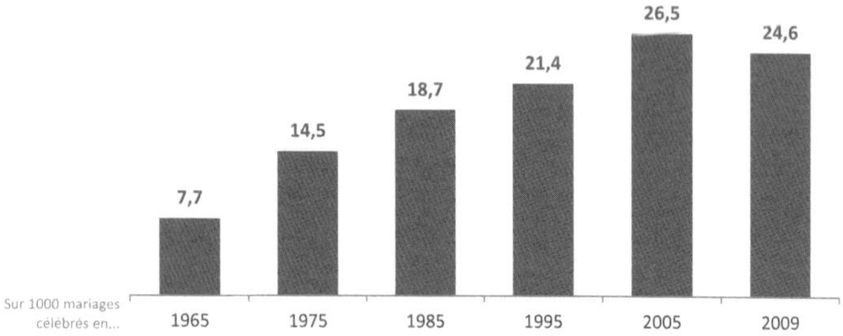

Sources : INED.

Note de lecture : sur 1 000 mariages célébrés en 1965, 7,7 se soldaient par un divorce cinq ans après.

Les naissances hors mariage sont devenues la norme

Conséquence mécanique de la désaffection pour le mariage et de l'explosion des divorces, la proportion des naissances hors mariage a connu elle aussi une augmentation sans précédent, bien qu'on observe un décalage dans le temps. De la sortie de la guerre jusqu'à la fin des années 1970, la proportion d'enfants nés hors mariage demeure d'une grande stabilité et reste cantonnée à un niveau inférieur à 10 % des naissances. Signe de la persistance et du poids des normes sociales et morales traditionnelles prévalant dans la société française, ces enfants nés « dans le péché » sont demeurés rares jusqu'à l'orée des années 1980. Comme on l'a vu précédemment, le nombre annuel de mariages chuta très fortement au milieu des années 1970, alors même que les jeunes parvenant à l'âge de se marier étaient encore très nombreux. Dans la seconde moitié des années 1970, de très nombreux couples se formèrent donc sans pour autant se marier. Les naissances arrivant généralement quelques années après la mise en ménage, c'est donc au début des années 1980 que le phénomène des naissances hors mariage connut une hausse spectaculaire. Le taux passa de 11,4 % en 1980 à 19,6 % en 1985, soit un quasi-doublement en cinq ans seulement, alors que cette proportion n'avait quasiment pas bougé en trente-cinq ans[1]... Ce taux va s'établir à 30,1 % en 1990. En l'espace de dix ans, la proportion d'enfants nés hors mariage était ainsi passée d'un sur dix à un sur trois ! Ce mouvement va ensuite se poursuivre, en vertu d'une dynamique très soutenue, comme le montre la courbe ci-dessous. En 2007, le seuil symbolique des 50 % était franchi, et les dernières données disponibles de l'INSEE indiquent

Graphique 8. 1946-2017 :
L'évolution de la proportion de naissances hors mariage

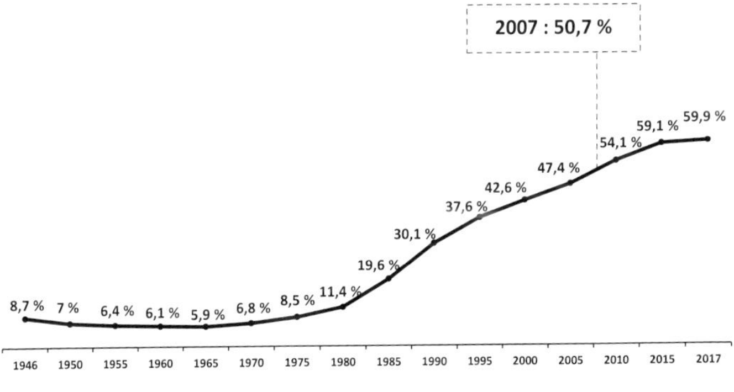

Sources : INSEE.

1. Voire sur une plus longue période encore, car les naissances hors mariage étaient historiquement marginales en France.

que nous en sommes désormais à six naissances sur dix hors mariage. C'est ainsi qu'en moins de quarante ans une situation hors norme s'est complètement banalisée et est devenue largement majoritaire. Cette échelle de temps correspond peu ou prou à la durée de la carrière d'un enseignant. Commençant sa carrière au début des années 1980, un instituteur a ainsi enseigné à des classes dont quasiment tous les enfants avaient des parents mariés alors que, juste avant de quitter l'Éducation nationale, la dernière classe qui lui a été confiée comptait une large majorité d'enfants nés hors mariage.

La carte des naissances hors mariage a correspondu, jusqu'en 1990, à la carte traditionnelle de l'implantation catholique : le taux de naissances hors mariage était un peu moins élevé dans les bastions catholiques (Bretagne, Pays de la Loire, sud du Massif central, Loire, Rhône, Alsace-Moselle). À l'inverse, les régions précocement déchristianisées comme le Bassin parisien, la Picardie, la Champagne-Ardenne, le Centre et bon nombre de départements méditerranéens affichaient les taux de naissance hors mariage les plus hauts. L'influence du catholicisme se faisait donc encore partiellement sentir en ralentissant cette tendance de fond dans certaines régions. Mais, vingt ans plus tard, les départements anciennement catholiques s'étaient alignés sur la tendance nationale.

L'IVG est entrée dans les mœurs

L'évolution de l'opinion sur la question de l'IVG illustre également le phénomène de basculement des représentations culturelles profondes engendrées par le renouvellement des générations et la perte d'influence du catholicisme depuis une quarantaine d'années. En 2014, l'Ifop a reposé à l'identique une question posée[1] en septembre 1974, quelques mois avant l'adoption de la loi Veil du 17 janvier 1975. Alors qu'en 1974, moins de la moitié des Français (48 %) était favorable à ce que l'on autorise l'IVG sur demande de la femme quand celle-ci estimait ne pas être en mesure d'élever un enfant (à cause de ses « conditions matérielles ou morales d'existence »), cette position est aujourd'hui partagée par une très large majorité (75 %). Moins d'un quart des personnes interrogées en 2014 considèrent qu'il faut poser des limites au droit à l'avortement. Pour 19 % des Français, cela passe par n'autoriser l'interruption de grossesse que dans certains cas limités et précis (contre 25 % en 1974), alors que 6 % déclarent que l'IVG ne devrait être autorisée que lorsque la vie de la femme est en danger. On notera que c'est sur cette position la plus restrictive que le recul a été le plus important : – 18 points, 24 % des Français adhérant à cette position en 1974.

Cette évolution du rapport à l'IVG traduit notamment la perte d'influence de l'Église catholique sur la société française et sur ses propres ouailles. Conformément aux prises de position de la hiérarchie catholique, seuls 37 % des catholiques pratiquants étaient favorables à une autorisation de l'IVG en 1974. Mais depuis lors, la proportion de pratiquants s'est, comme on l'a vu, littéralement effondrée. De surcroît, les rangs catholiques n'ont pas été hermétiques aux évolutions sociétales, et si les pratiquants demeurent aujourd'hui

1. Sondage Ifop pour *Sud-Ouest Dimanche* réalisé *on line* du 5 au 7 février 2014 auprès d'un échantillon national représentatif de 1 016 personnes.

nettement plus réfractaires que la moyenne des Français à l'autorisation de l'IVG, l'adhésion y est désormais symboliquement majoritaire (53 % de catholiques pratiquants favorables à l'IVG sans restriction), alors même que le pape François a pourtant procédé à un rappel au dogme en octobre 2018, en comparant l'IVG au recours à un tueur à gages…

Si l'on quitte le registre des opinions pour celui du recours effectif à l'IVG, on constate d'ailleurs que les régions historiquement catholiques affichent des taux d'IVG moins élevés que les régions déchristianisées. On comptait ainsi, en 2016, 10,3 IVG pour 1 000 femmes de 15 à 49 ans dans les Pays de la Loire, et 10,9 en Bretagne, contre 16,4 en Île-de-France et 20,1 en PACA[1]. L'influence du catholicisme se fait donc encore sentir dans certaines régions, mais, même dans les bastions de l'Ouest, le recours à l'IVG est aujourd'hui fréquent et banalisé – et peu éloigné de la moyenne nationale (13,9 pour 1 000 femmes).

En quarante ans, l'adhésion au recours à l'IVG s'est donc considérablement renforcée. Si la législation a accompagné et alimenté cette évolution des mentalités, le renouvellement générationnel en a été un des principes actifs. C'est ainsi qu'en 1974 les positions divergeaient très sensiblement selon l'âge, avec une courte majorité de jeunes d'ores et déjà acquise alors que les seniors se disaient réfractaires pour les deux tiers d'entre eux. Cette cohorte, âgée à l'époque de plus de 65 ans, a aujourd'hui disparu, et les seniors d'aujourd'hui sont ceux qui avaient moins de 30 ans lors du vote de la loi.

1. « 211 900 interruptions volontaires de grossesse en 2016 », *Études et résultats de la DREES*, n° 1013, juin 2017.

Tableau 2. 1974-2014 : L'évolution de l'adhésion à l'interruption de grossesse par tranche d'âge

	1974	2014	*Évolution*
Ensemble des Français	**48 %**	**75 %**	***+ 27 pts***
Moins de 35 ans	53 %	77 %	*+ 24 pts*
35-49 ans	49 %	73 %	*+ 24 pts*
50-64 ans	42 %	76 %	*+ 34 pts*
65 ans et plus	35 %	77 %	*+ 42 pts*

Cette génération a vécu sa vie d'adulte dans une société ayant adopté cette loi, ce qui a renforcé son adhésion « initiale » à l'IVG. Les générations suivantes n'étaient, quant à elles, soit pas nées lors du vote de cette loi, soit enfants ou adolescents en 1975. Elles ont donc grandi dans un cadre juridique et moral très différent de celui qui avait prévalu jusqu'au début des années 1970, et l'IVG s'est trouvée pour elles banalisée de telle sorte qu'aujourd'hui un large consensus générationnel existe sur cette question, ce qui n'était évidemment pas le cas en 1974.

Une décrispation rapide de la société sur l'homosexualité

Parallèlement à l'acceptation de l'IVG, la France a connu une autre évolution majeure sur le plan des valeurs et des mœurs, traduisant également la perte d'influence de la vieille matrice catholique. En l'espace d'une petite trentaine d'années, depuis le milieu des années 1980 jusqu'à la veille du débat sur le mariage pour tous en 2013, le regard porté sur l'homosexualité a considérablement évolué, mouvement qui n'est pas sans lien avec l'affaissement du catholicisme, historiquement hostile à l'homosexualité. Les propos du pape François en août 2018 suggérant de recourir à la psychiatrie lorsqu'un jeune enfant présente des « tendances homosexuelles » traduisent la persistance du malaise du monde catholique face à l'homosexualité présentée, notamment dans la Bible puis dans les écrits de saint Paul, comme contre nature – et donc des plus condamnables[1].

En 1986, un quart des Français considérait encore l'homosexualité comme une « maladie que l'on doit guérir », et 16 % comme « une perversion sexuelle à combattre ». En 2012, seules 13 % des personnes interrogées adhéraient à l'une de ces représentations, et le fait même de proposer aux interviewés ces items de réponse, issus d'enquêtes historiques, ont posé problème aux responsables de l'Ifop en 2012, signe supplémentaire que la réflexion et le débat sur ce sujet ont énormément bougé en vingt-cinq ans.

Tableau 3. Question posée :
« Pour vous, l'homosexualité, est-ce plutôt… ? »

	1986	1992	1996	2012
Une maladie que l'on doit guérir	25 %	23 %	16 %	6 %
Une perversion sexuelle à combattre	16 %	13 %	15 %	7 %
Une manière comme une autre de vivre sa sexualité	54 %	60 %	67 %	87 %
Ne se prononcent pas	5 %	4 %	2 %	–
total	100	100	100	100

1. Voir Christian-Georges Schwentzel https://theconversation.com/le-christianisme-a-t-il-un-probleme-avec-lhomosexualite-102271.

Cette période de vingt-cinq ans peut sembler *a priori* assez importante mais, de fait, elle est bien courte pour avoir enregistré un mouvement d'opinion d'une telle ampleur. Ce mouvement n'a pas, en effet, résulté d'un basculement ou d'un retournement brutal de l'opinion à l'occasion d'un événement particulier, mais a correspondu à une vraie tendance de fond et à une mutation progressive puisque, comme le montrent les chiffres du tableau, à chaque coup de sonde donné par les enquêteurs de l'Ifop au cours de ces vingt-cinq années, la proportion de personnes ayant une vision négative de l'homosexualité était plus faible que quelques années auparavant.

Cette évolution du regard porté sur l'homosexualité depuis le milieu des années 1980 s'observe également à un niveau plus personnel, ce qui indique bien un changement en profondeur. Ainsi, alors qu'en 1995 58 % des personnes interrogées déclaraient qu'elles accepteraient mal que l'un de leurs enfants soit homosexuel, cette proportion n'était plus que de 54 % en 1996, pour devenir minoritaire en 2000 (41 %) et plus encore en 2003 (36 %). Si l'évolution a été mesurée enquête après enquête, on constate néanmoins, grâce à cette série de données, qu'une inflexion majeure est intervenue entre 1996 et 2000. Cette période charnière correspond au débat, puis au vote, instaurant le Pacs (Pacte civil de solidarité).

Le débat autour du Pacs a accéléré le mouvement

Voté en 1999, le Pacs a suscité un vif débat dans la société française. Le vote de ce texte et les controverses qui l'ont accompagné ont contribué à faire sensiblement évoluer les mentalités et les représentations en matière de droits des couples gays en particulier, et plus généralement à propos de l'homosexualité.

Ainsi, en septembre 1998, alors que le débat est déjà engagé, l'opinion publique est coupée en deux, 49 % approuvant le Pacs pour les couples homosexuels et 48 % s'y disant opposés. Mais, en juin 2000, c'est-à-dire à peine deux ans après ce premier sondage et un an après l'adoption du texte par le Parlement, le rapport de force a sensiblement évolué puisque 64 % des Français se disent désormais favorables. Ce basculement va encore s'amplifier, puisqu'en juin 2003 70 % des personnes interrogées (soit 21 points de plus qu'avant le vote du texte) se déclarent favorables au Pacs pour les couples homosexuels. Tout se passe comme si, une fois la loi adoptée, la polémique était retombée et que son application et son entrée en vigueur avaient rapidement dissipé les inquiétudes et bon nombre des réticences préalables, dans la mesure où aucun bouleversement majeur de l'ordre social et familial n'était à constater.

Si, donc, l'opinion a très rapidement évolué sur le Pacs lui-même, le débat et le vote de la loi ont également joué le rôle de catalyseur dans le changement déjà engagé des représentations sur l'homosexualité. On constate, en effet, en reprenant les chiffres présentés précédemment, que le mouvement s'est particulièrement intensifié après le vote. Ainsi, par exemple, la proportion de personnes acceptant mal que l'un de ses enfants soit homosexuel passe de 54 % en 1996 (trois ans avant le vote de la loi) à 41 % en 2000 (un an après la loi), soit une évolution de 13 points et une inversion du rapport de force, alors que les évolutions enregistrées par les autres enquêtes avant et après ces dates, si elles allaient bien dans le sens d'une meilleure acceptation, étaient moins marquées.

L'adhésion à l'ouverture de nouveaux droits pour les couples homosexuels a suivi le même processus

L'approbation de nouveaux droits pour les couples homosexuels s'est, elle aussi, inscrite dans une tendance à la hausse (et parfois de manière très spectaculaire) à la suite du vote du Pacs. Concernant la possibilité d'hériter l'un de l'autre, la progression a été assez faible au moment du vote du Pacs pour se renforcer ensuite, mais nous partions déjà d'un niveau très élevé en 1995, puisque près de 8 Français sur 10 étaient déjà favorables à cette disposition (aux répercussions symboliques peu importantes pour la société) en faveur des couples homosexuels. « L'effet Pacs » a été beaucoup

Graphique 9. Évolution de l'adhésion au droit au mariage et à l'adoption pour les couples homosexuels

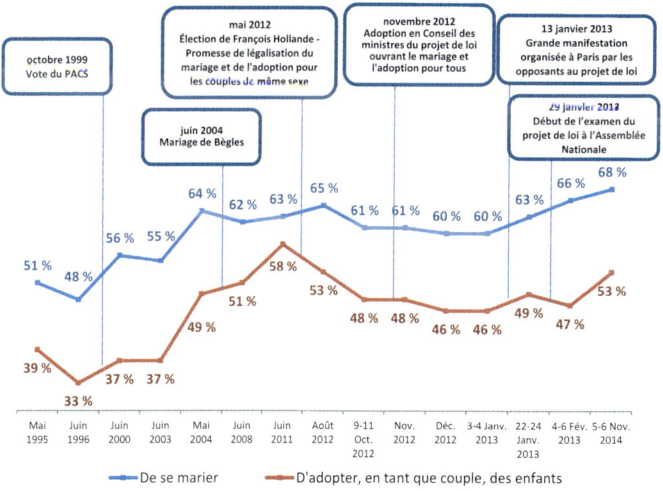

plus visible sur le fait de savoir si les couples homosexuels pouvaient bénéficier des mêmes avantages que les couples hétérosexuels en matière d'impôts, puisque entre 1996 et 2000 la progression a été de 14 points. Le fait que le Pacs, à l'instar du mariage, soit notamment perçu dans les représentations collectives comme un moyen pour un couple de lisser le montant des impôts payés explique sans doute cet effet.

D'ailleurs, un mouvement a également été observé sur le droit au mariage au cours de cette période charnière, entre 1996 et 2000, puisque, alors que l'adhésion se situait autour de 50 % avant le débat sur le Pacs, elle a ensuite progressé de 8 points pour se fixer symboliquement nettement au-dessus de la barre des 50 %, à 56 % exactement, dès juin 2000. L'analyse de cette courbe est intéressante puisqu'elle permet de montrer que le basculement au moment du Pacs n'est pas un événement isolé, mais bien le point de départ d'une tendance de plus long terme qui s'est ensuite affirmée progressivement, l'adhésion au droit au mariage augmentant de nouveau de 8 points en 2004 (au moment notamment de la polémique autour du mariage célébré illégalement par Noël Mamère dans sa mairie de Bègles). L'adhésion allait ensuite fléchir de quelques points (sans jamais descendre sous le seuil des 60 %) à l'été 2012, à l'occasion du débat et de la mobilisation des opposants au mariage pour tous, pour remonter ensuite à 66 % en février 2013, avant l'adoption de la loi Taubira.

Sur la question du droit à l'adoption (contenu lui aussi dans la loi Taubira), l'évolution de l'opinion ne s'est pas faite selon le même tempo et nous n'avons jamais atteint les mêmes niveaux d'adhésion. Au milieu des années 1990, environ un tiers seulement des Français y est favorable et le vote du Pacs ne modifie pas instantanément les perceptions, la thématique apparaissant alors largement décorrélée du droit au mariage. Ce cheminement dans l'opinion, sans doute néanmoins initié ou préparé à ce moment-là, fera sentir ses effets, quelques années après. Entre 2003 et 2011, l'adhésion au droit à l'adoption va ainsi enregistrer une très forte progression (de 37 à 58 %). Le Pacs pour les couples gays ayant été avalisé par l'opinion, le mariage a suivi, puis avec quelques années de retard et par un phénomène de rattrapage, ou un « effet domino », il en a été de même avec l'adoption. En 2011, l'ouverture à ces nouveaux droits est acceptée par une large majorité de la population, et jamais l'écart entre les deux items n'a été aussi faible (5 points seulement).

Comme le montre le graphique de la p. 71, ce mouvement de convergence des deux courbes (signifiant que les deux dispositions sont apparues de plus en plus associées et acceptées dans l'esprit des Français) a connu un coup d'arrêt – et même un renversement de tendance brutal – à partir d'août 2012, période correspondant au début de la mobilisation des opposants au projet de loi Taubira, avec notamment l'appui de l'épiscopat français qui fera lire dans toutes les paroisses un texte opposé au projet de loi gouvernemental lors de la messe du 15 août. Si, comme on l'a vu, la proportion de personnes favorables au droit au mariage pour les couples gays ne fléchit pas, en dépit de l'intensité du débat, l'adhésion au droit à l'adoption (sur lequel les opposants ont habilement concentré l'essentiel de leurs critiques) va nettement décrocher pour passer sous la barre des 50 % en octobre 2012, lors des manifestations d'ampleur organisées par la Manif pour tous. Et quand l'Ifop testa l'adhésion au projet de loi Taubira en précisant que les deux dispositions (mariage et adoption) étaient liées, on constata que la position de l'opinion s'alignait à la baisse sur le jugement porté sur la mesure la moins populaire, à savoir l'adoption. Ainsi, en avril 2013, 46 % des Français se disaient favorables à la loi Taubira quand, en février, 66 % étaient favorables au mariage et 47 % à l'adoption.

Au cours des trente dernières années, le regard de la société sur l'homosexualité a donc beaucoup évolué, le débat autour du Pacs ayant accéléré ce mouvement. Dans la foulée, l'adhésion à la reconnaissance de nouveaux droits pour les couples gays a sensiblement progressé, notamment à propos du mariage. Mais cette mutation n'était pas totalement achevée quand s'est ouvert le débat sur l'adoption. À l'époque, une majorité de Français n'était pas encore prête à en approuver le principe, contrairement au mariage homosexuel, auquel deux tiers des Français se disaient favorables. Les représentations n'étant jamais figées, à l'instar d'un « effet Pacs », on constata par la suite un « effet loi Taubira », qui vit l'opinion publique française poursuivre progressivement son évolution sur cette question sensible une fois le texte voté. En novembre 2014, 53 % des Français se déclaraient ainsi favorables à l'adoption pour les couples gays.

Des clivages plus ou moins structurants sur ces questions

Si l'opinion a évolué sur l'homosexualité et sur les droits à accorder aux couples homosexuels, on observe dans le même temps la permanence d'un certain nombre de clivages sur ce sujet, au premier rang desquels intervient la variable de l'âge. Comme le montre le tableau suivant, depuis le Pacs jusqu'au débat sur la loi Taubira, l'adhésion a toujours décru linéairement avec l'âge, et les écarts générationnels ont toujours été très marqués.

Tableau 4. L'adhésion au Pacs et au droit au mariage pour les couples homosexuels selon l'âge

Âge	Pacs 1998	Mariage 2003	Mariage 2012	*Évolution 1998-2012*
	%	%	%	*en points*
18-24 ans	81	76	83	+ *2*
25-34 ans	67	70	85	+ *18*
35-49 ans	50	60	69	+ *19*
50-64 ans	33	47	53	+ *20*
65 ans et plus	19	28	43	+ *24*
Ensemble	**49**	**55**	**65**	**+ *16***

On constate néanmoins, notamment sous l'effet du renouvellement des générations, que c'est parmi les plus âgés que l'évolution a été la plus forte. Autrement dit, aujourd'hui comme hier, c'est parmi les seniors que l'opposition au droit au mariage est la plus répandue, mais les seniors d'aujourd'hui apparaissent nettement moins fermés sur la question que ceux de 1998.

On constatera également que, si la présence de nombreux jeunes dans les cortèges de la Manif pour tous en 2012-2013 a marqué les esprits et fait réagir de nombreux commentateurs, les 18-24 ans et les 25-34 ans constituaient les tranches d'âge les plus massivement favorables à ce projet, à hauteur de 80 %, contre seulement 43 % parmi les 65 ans et plus, de telle sorte que les jeunes militants de la Manif pour tous se trouvaient très minoritaires dans leur génération.

On a également entendu durant ce débat que les milieux populaires auraient été plus attachés au modèle familial traditionnel et moins favorables au droit au mariage pour les couples homosexuels que les CSP +, par définition plus ouvertes sur la question. Or les chiffres de l'Ifop ne permettent absolument pas de valider cette hypothèse, comme le montre le tableau suivant, ni au moment du Pacs ni au moment du débat sur la loi Taubira.

Tableau 5. L'adhésion au Pacs et au droit au mariage pour les couples homosexuels selon les CSP

CSP	Pacs 1998	Mariage 2003	Mariage 2012	*Évolution 1998-2012*
	%	%	%	*en points*
Professions libérales, cadres supérieurs	63	65	74	+ *11*
Professions intermédiaires	62	72	77	+ *15*
Employés	59	70	71	+ *12*
Ouvriers	57	61	70	+ *13*
Ensemble	**49**	**55**	**65**	**+ *16***

On a donc là affaire à un stéréotype inopérant, dont l'origine provient sans doute d'une analogie entre le positionnement sur le mariage gay, d'un côté, et sur des sujets sociétaux comme la dépénalisation du cannabis ou le droit de vote pour les étrangers, par exemple[1], de l'autre. Si, sur ces deux enjeux renvoyant à la question du « libéralisme culturel », les cadres et les professions

1. Cette erreur d'analyse a peut-être aussi été causée par le fait que certains ont confondu le niveau d'intérêt pour ce débat et l'adhésion au projet. Sur le premier point, en janvier 2013, les milieux populaires, davantage préoccupés par les questions économiques et sociales, étaient certes plus nombreux (66 %) que les CSP + (« seulement » 55 %) à trouver que la place accordée à ce débat était trop importante, mais cela ne traduisait pas pour autant une opposition plus forte à ce projet en tant que tel.

intellectuelles apparaissent bien, dans différentes enquêtes, comme plus ouverts et « tolérants » que les employés et les ouvriers, force est de constater que ce schéma ne fonctionne pas sur la question des droits à accorder aux couples homosexuels : celle-ci semble structurée par d'autres variables, dont l'une (qui a rarement été évoquée au cours du débat) est la distinction homme/femme. En effet, de vraies différences homme/femme se font jour sur cette question, les femmes apparaissant plus ouvertes dans leur rapport à l'homosexualité que les hommes. En témoigne, par exemple, la réponse à la question de ce que serait la réaction du sondé s'il (ou elle) apprenait que l'un de ses enfants est homosexuel.

Tableau 6. La réaction comparée des hommes et des femmes à l'égard d'un enfant homosexuel : pourcentage de réponses « réagirait bien »

	2000	2003
Hommes	47 %	51 %
Femmes	64 %	71 %
Différentiel hommes/femmes	+ 17	+ 20

Un même phénomène de cliquet-domino s'est produit sur la PMA

Rétrospectivement, on voit ainsi se mettre en place un processus où les évolutions de l'opinion et les modifications de la législation, accompagnées d'un large débat public, interagissent les unes sur les autres[1]. Prenant acte

1. On a observé la même dialectique entre tendances sociologiques de fond et évolution du cadre juridique sur le divorce. Toutes choses égales par ailleurs, Vatican II a accéléré et catalysé le décrochage de la pratique catholique. On repérera le même

de l'évolution progressive de l'opinion sur le sujet, le législateur fait alors voter un texte. Cette adoption et le débat qui l'entoure ont, en retour, un effet d'accélération sur la « maturation » de l'opinion, dont une partie des franges initialement hostiles finissent par se ranger rapidement, par réflexe légitimiste, au texte en vigueur qui ne sera plus remis en question, l'opinion ayant définitivement basculé. C'est « l'effet-cliquet ». On l'a constaté sur la question du Pacs et celle du droit au mariage pour les couples homosexuels. Mais cet effet-cliquet s'accompagne d'un « effet-domino ». L'adoption d'une loi ouvrant un droit nouveau pour les homosexuels se traduit, en effet, par une hausse de l'adhésion à une revendication supplémentaire correspondant à ce que l'on pourrait appeler « l'étape d'après ». Ainsi, comme on l'a vu, dans les années qui avaient suivi le vote du Pacs, l'adhésion au droit au mariage pour les couples homosexuels est devenue majoritaire dans le pays. De la même façon, le vote de la loi Taubira sur le droit au mariage pour les couples homosexuels s'est très rapidement traduit par une progression sensible de l'approbation de l'ouverture de la procréation médicalement assistée (PMA) pour les couples de lesbiennes. Seulement 47 % de Français y étaient favorables en janvier 2013, soit quelques mois avant l'adoption de la loi Taubira. Cette proportion a symboliquement franchi la barre des 50 % en octobre 2014 et, en décembre 2017, ce ne sont pas moins de 6 Français sur 10 qui s'y déclaraient favorables.

Le niveau d'adhésion s'est révélé être identique concernant une autre disposition en débat : l'ouverture du droit à la PMA pour les femmes célibataires. 57 %

phénomène sur le choix des prénoms : la variété et le nombre des prénoms utilisés augmenteront significativement après l'adoption d'une loi autorisant une liberté totale de choix.

s'y déclaraient ainsi favorables en décembre 2017, contre 60 % pour la PMA en faveur des lesbiennes[1]. Est-ce qu'au regard de ces résultats une large majorité de Français s'est mis à considérer qu'il n'y a aucun problème qu'un enfant naisse sans père, ou bien cette adhésion s'explique-t-elle d'abord par l'attachement au principe d'égalité selon lequel toutes les femmes, et pas uniquement celles vivant en couple avec un homme, ont le droit d'avoir un enfant ? Afin d'apporter des éléments de réponse à cette question, l'Ifop a réalisé un autre sondage comportant une question sur le souhait d'ouverture de la PMA aux couples de lesbiennes et aux femmes célibataires, en mentionnant explicitement dans le libellé que « les enfants nés dans ce contexte n'auraient pas de père ». Ainsi formulée, la question faisait la balance entre le droit *à* l'enfant (sous-tendant l'extension de la PMA à ces deux types de public) et le droit *de* l'enfant (à avoir un père).

L'introduction de cet élément, qui « durcissait » objectivement l'énoncé, a eu comme effet de faire baisser la proportion de réponses positives. Pour autant, même sous cette formulation faisant explicitement référence à l'absence de père pour les enfants ainsi conçus, 50 % des sondés se sont déclarés favorables à une telle législation.

Il s'agit d'un résultat majeur, dans la mesure où il rend compte du profond basculement qui se produit sous nos yeux. Si la condition d'un enfant n'ayant pas connu son père du fait d'une non-reconnaissance, d'un abandon, d'un divorce ou d'un décès n'est pas une expérience nouvelle, elle avait été la plupart du temps le fait d'un « accident » de la vie. Or, désormais, un

1. Sondage Ifop réalisé par Internet du 8 au 11 décembre 2017 auprès d'un échantillon national représentatif de 1 010 personnes pour *La Croix* et le Forum européen de bioéthique.

Français sur deux envisage sans restriction que la loi puisse permettre la naissance d'un enfant sans père. Compte tenu du nombre restreint de donneurs de spermatozoïdes, on peut penser que le nombre d'opérations médicales de ce type demeurera *de facto* limité dans les années à venir. Pour autant, le fait que, sur le principe même, un Français sur deux y soit favorable consacre un basculement des représentations associées à des notions anthropologiquement aussi fondamentales que la procréation, la cellule familiale et la place du père.

Si, avec cette formulation, on obtient des résultats parfaitement partagés (50 % favorables, 50 % opposés) au niveau de l'ensemble de la population, les résultats varient en revanche très fortement selon l'âge des répondants, au point de s'inverser entre les plus jeunes et les plus âgés. L'équilibre global entre les deux points de vue masque le fait que coexistent actuellement dans la société française des conceptions « anthropologiques » différentes, voire opposées. Comme le montre le tableau ci-dessous, deux tiers des 65 ans et plus (personnes nées dans l'immédiat après-guerre ou avant) demeurent attachés à une vision ancestrale, conditionnant une naissance à l'existence d'un père et d'une mère. La génération suivante des 50-64 ans (nés entre 1953 et 1967) est déjà plus partagée. Symboliquement, il est intéressant d'observer que le point de bascule s'opère dans la tranche d'âge suivante, qui est née entre 1968 et 1982. L'inflexion est majeure puisqu'au sein de cette génération post-68 l'adhésion à l'ouverture à la PMA pour les couples de lesbiennes et les femmes célibataires gagne 9 points par rapport à la génération précédente, et s'établit à 55 %. Avec les générations les plus jeunes, ce basculement s'amplifie à tel point que, parmi les 18-24 ans, un tiers seulement (36 %) semble encore partager la vision traditionnelle…

Tableau 7. L'adhésion à la PMA pour les couples de lesbiennes et les femmes célibataires en précisant que les enfants ainsi conçus n'auraient pas de père

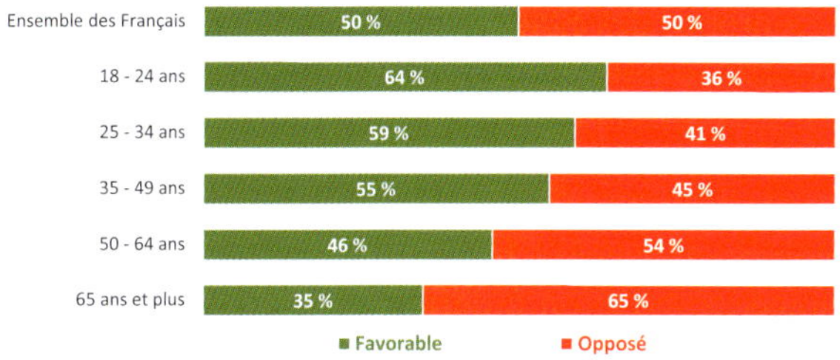

Sources : Ifop.

Alors que cette « vision anthropologique » est demeurée stable pendant des siècles, nous sommes donc en train d'assister à son éviction au profit d'une autre, radicalement différente. À l'instar de ce que l'on observe dans les réactions chimiques, nous en sommes au stade de l'équilibre instable, les deux visions pesant encore d'un poids égal dans la société. Mais il est clair que la situation actuelle n'est que transitoire : compte tenu des tendances dessinées par les chiffres présentés précédemment et du renouvellement des générations, l'achèvement du basculement s'accélérera dans les prochaines années. De ce point de vue, les évolutions constatées dans le rapport à l'homosexualité constituent un symptôme supplémentaire de la sortie définitive de la société française de la matrice catholique.

Dans ce contexte de déchristianisation très avancée de la société française et des évolutions sur le plan des mœurs survenues au cours des dernières décennies, les cadres de références traditionnels ont sauté et ne sont plus à même de guider ou d'orienter les débats et les consciences, laissant place au relativisme. Le refus de fixer un cadre ou de donner des repères s'observe à tous les niveaux de la société. Jean-François Delfraissy, président du Conseil consultatif national d'éthique (CCNE), déclarait ainsi, par exemple, dans une interview accordée à propos des États généraux de la bioéthique organisés par le gouvernement au premier semestre 2018, qu'il s'interdisait tout jugement d'ordre éthique puisque « chacun a sa vision de l'éthique[1] ». Se disant sensible au « droit de l'enfant », il indiquait cependant ne pas savoir ce qu'étaient « le bien et le mal ». Alors que cette instance a vocation à définir ou à convoquer morale ou éthique, son président se contente ainsi de suivre le mouvement. Pour lui, le rôle du CCNE est notamment de s'enquérir de ce que « la science pense et de ce qu'elle a envie de faire bouger ». Ce refus de prendre position et le choix de s'en tenir à observer et accompagner les évolutions en cours s'expriment à un autre moment de l'interview :

« Parfois, c'est la science qui avance très vite et la société qui est en retard, parfois la société avance plus vite. Entre les innovations de la science et celles de la société, il n'y a pas de bien et de mal. Il y a un équilibre à trouver qui doit s'inscrire dans la notion de progrès. [...] On a une société qui évolue, il y a donc une série de valeurs qui peuvent évoluer. La notion de valeur est relative. Il n'y a pas de valeur absolue. »

1. François Delfraissy, « Je ne sais pas ce que ce sont le bien et le mal », in *Valeurs actuelles*, mars 2018.

Incinération, tatouage, sexualité : un nouveau rapport au corps

La conception du couple, de la famille, de l'homosexualité et de la procréation a donc été profondément modifiée au cours des dernières décennies, avec une amplification du phénomène au cours de ces vingt dernières années. Sur fond de dislocation terminale de la matrice catholique, cette modification constitue l'un des symptômes majeurs du basculement anthropologique auquel nous sommes en train d'assister, processus très profond et qui se décline de multiples manières. Il en va ainsi, par exemple, du rapport que nous entretenons avec notre corps.

Et l'incinération devint tendance

L'accélération, ces dernières années, de la perte d'influence de la culture catholique sur la société française se lit notamment, on l'a vu, dans le recul de la pratique du baptême, qui intervient généralement peu après la naissance des individus. Mais qu'en est-il de la fin de vie ? On constate que le décrochage se révèle très spectaculaire dans le cas des obsèques, et il est culturellement et anthropologiquement lourd de sens. Alors que la société française a enterré ses morts durant des centaines d'années, la crémation a connu ces quatre dernières décennies un développement fulgurant. On peut voir sur le graphique suivant que la proportion de Français souhaitant se faire incinérer est désormais majoritaire[1]. Cette pratique devrait donc à terme supplanter l'enterrement.

1. Sondage Ifop pour Atlantico.fr, réalisé par téléphone du 29 au 31 octobre 2012 auprès d'un échantillon national représentatif de 1 013 personnes.

Graphique 10. Le souhait d'être incinéré gagne du terrain sur l'enterrement

Question posée : « Préféreriez-vous être enterré ou "crématisé", c'est-à-dire incinéré ? » (en pourcentage)

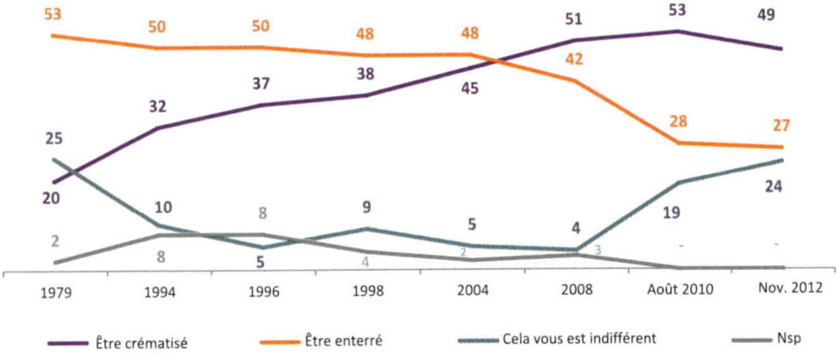

De nombreux facteurs peuvent expliquer ce basculement historique, au premier rang desquels le déclin du catholicisme. Si cette religion ne condamne plus l'incinération[1], elle s'y est longtemps opposée et préconise toujours l'enterrement. Mais cette prescription est manifestement de moins en moins entendue. Les résultats de l'enquête Ifop indiquent que les catholiques pratiquants demeurent (avec les musulmans) le seul groupe au sein duquel la préférence pour l'inhumation reste majoritaire, mais ce groupe est aujourd'hui démographiquement très minoritaire. Parallèlement à ce facteur religieux, le fait d'appartenir à une société urbaine dans laquelle les individus ne résident plus à proximité des villages où sont enterrés leurs ancêtres constitue une autre cause manifeste de

1. L'Église catholique romaine tolère la crémation depuis le décret *De cadaverum crematione* du 5 juillet 1963, et une publication du Saint-Office, *Instructio de cadaverum crematione*, parue le 24 octobre 1964.

cette évolution. Citons aussi au rang des facteurs le coût de la cérémonie de crémation, généralement moins élevé, un changement du rapport à la mort et au défunt, mais également une montée en puissance d'un discours hygiéniste et écologiste plaidant contre l'enterrement.

Le tatouage : une pratique banalisée

Un autre symptôme de l'évolution de notre rapport au corps réside dans l'essor du tatouage. Alors que jusqu'aux années 1980 et 1990 cette pratique était en France quasiment inexistante et l'apanage de milieux très typés et restreints (artistes, gens du voyage, repris de justice, marins, militaires, etc.), elle s'est considérablement propagée depuis les années 2000. Un salon international du tatouage se tient, par exemple, à Paris tous les ans, et l'on compte, dans de très nombreuses petites villes de province, un ou deux salons de tatouage. Le Syndicat national des artistes tatoueurs recense ainsi 4 000 établissements en France[1].

Le tatouage fait donc désormais partie de notre paysage quotidien. D'après une enquête de l'Ifop[2] datant de 2016, 13 % de la population âgée de 18 ans et plus est en effet tatouée, soit 1 Français sur 8. Mais il s'agit là d'une moyenne qui masque en réalité le caractère émergent de cette pratique. Comme le montre le graphique suivant, le tatouage est quasiment inexistant parmi les 65 ans et plus, dont seulement 1 % est tatoué. Cette proportion est à peine plus élevée (7 %) au sein

1. Voir « Qui n'a pas son tatouage ? », in *Les Échos*, 18 décembre 2015.

2. Sondage Ifop réalisé par Internet du 14 au 15 novembre 2016 auprès d'un échantillon national représentatif de 1 002 personnes pour le Syndicat national des artistes tatoueurs.

Graphique 11. La proportion de personnes tatouées selon les générations

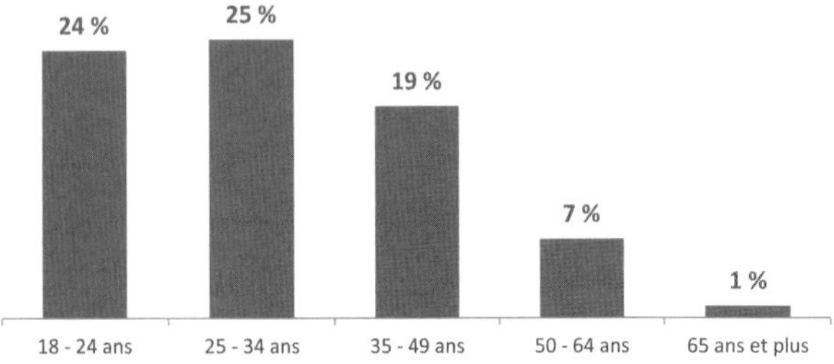

Sources : Ifop.

des 50-64 ans, dont les plus jeunes avaient une vingtaine d'années à la fin des années 1980. De marginale, la pratique du tatouage devient nettement plus fréquente dans la tranche d'âge suivante : 19 % des 35-49 ans, par exemple, sont tatoués. La bascule sociologique a donc eu lieu au cœur de cette génération, qui est entrée à l'âge adulte (période durant laquelle la décision de se faire tatouer intervient le plus souvent) dans les années 1990. Depuis lors, le phénomène a encore gagné en intensité, puisqu'un quart des 18-34 ans est désormais tatoué.

On peut faire un lien entre l'essor de la pratique du tatouage dans notre société et le déclin de la matrice catholique, dont il serait l'une des manifestations. L'Ancien Testament interdit en effet tout tatouage[1], d'une part parce que cette pratique renvoie aux rituels païens et, d'autre part, car l'être humain étant à l'image de Dieu, il est proscrit de transformer son corps. Hormis cette injonction contenue dans l'Ancien Testament,

1. *In* Lévitique 19:28 : « Vous ne ferez point d'incisions dans votre chair pour un mort, et vous n'imprimerez point de figures sur vous. Je suis l'Éternel. »

l'Église n'a pas développé de position totalement arrêtée sur la question. Mais certains intellectuels catholiques se sont penchés sur le sujet, y décelant une dimension sacramentelle (à l'instar du sacrement, il est très difficile de revenir en arrière, il y a un « avant » et un « après » tatouage), mais aussi rituelle : le tatouage pouvant souvent consacrer les étapes « manquantes » de la vie[1]. Le père Bertrand Monnier prend l'exemple d'une mère venant d'accoucher et se faisant tatouer le prénom de son enfant au lieu de le faire baptiser : c'est ainsi que les rites catholiques disparaissent et sont remplacés par des pratiques issues de cultures pré- ou achrétiennes. On rappellera, par ailleurs, que les empires grec et romain, puis celui de Charlemagne, interdirent le tatouage afin de lutter contre le tribalisme et de fédérer les différents peuples et tribus en un empire unique. Sans trop extrapoler, on peut considérer d'un point de vue historique et anthropologique que l'essor du tatouage signe le déclin d'une matrice unifiante commune.

Parmi les moins de 35 ans, le tatouage s'est banalisé puisqu'un quart de cette population est d'ores et déjà tatoué et que 39 %, autre chiffre impressionnant issu de l'enquête, envisagent de se faire ou de se refaire tatouer. Le tatouage n'est pas encore une norme, mais c'est devenu une démarche banale dans la jeunesse alors qu'elle demeure incongrue (voire taboue) dans les générations les plus âgées. Pour le sociologue David Le Breton, « le tatouage est presque un signe de conformité à une culture de classe d'âge[2] », mais il s'agit aussi d'une

1. Voir père Bertrand Monnier, « Ceci est mon corps ! Un phénomène massif : le tatouage », *L'Observatoire Foi et Culture*, n° 41, 2015.

2. David Le Breton, « Les jeunes prennent leur autonomie par le piercing », in *Le Monde*, 25 mars 2004.

façon de s'approprier pleinement son corps et de chercher à se différencier. De manière paradoxale, on peut y voir une illustration du développement de l'individualisme dans les sociétés contemporaines mais aussi du poids des stéréotypes véhiculés par les *mass media*. Le tatouage est très présent dans l'univers du *show-business* et du sport, dont de nombreuses stars sont des icônes pour les jeunes, et c'est en partie au travers de leur image que cette tendance s'est diffusée – y compris en France. On serait là en présence d'une des manifestations de l'entrée progressive de la société française dans cette *world culture* d'inspiration américaine. À noter à ce propos que le taux de tatoués en France est désormais proche de celui que l'on observe en Grande-Bretagne mais qu'il demeure inférieur à celui prévalant aux États-Unis, où plus de 25 % de la population s'adonnent à cette pratique.

Le tatouage peut enfin être analysé comme l'une des illustrations les plus symptomatiques d'un phénomène majeur de nos sociétés contemporaines : le narcissisme de masse. La promotion de soi deviendrait un leitmotiv absolu et répondrait au besoin de distinction sans limites, le corps se prêtant particulièrement bien à la modification en vertu de cette quête. L'explosion de la variété des prénoms donnés à ses enfants, nous y reviendrons, témoignerait du même besoin.

Une sexualité de moins en moins en ligne avec la morale chrétienne

Il est un autre domaine dans lequel le rapport au corps a fortement évolué, notamment dans les jeunes générations, c'est celui de la sexualité. Alors que la culture catholique liait traditionnellement acte sexuel et procréation, on assiste depuis une vingtaine d'années à une diffusion très rapide de pratiques sexuelles n'étant pas franchement prônées par la morale chrétienne… Plusieurs enquêtes menées par l'Agence nationale de recherches sur le Sida, l'INSERM puis l'Ifop auprès des jeunes ont ainsi pris la mesure d'évolutions assez spectaculaires dans les pratiques. La part des jeunes garçons âgés de 18 à 19 ans ayant déjà pratiqué un cunnilingus est passée de 59 % à 76 % entre 1992 et 2013, la part des jeunes filles du même âge déclarant avoir déjà pratiqué une fellation passant durant la même période de 42 % à 78 %. Dans le même ordre d'idées, la proportion de jeunes garçons entre 20 et 24 ans déclarant avoir déjà pratiqué une sodomie passait de 27 % en 1992 à 40 % en 2013, la progression s'établissant de 23 % à 41 % parmi les jeunes filles, soit un quasi-doublement en l'espace de vingt ans, c'est-à-dire moins d'une génération. Cette diffusion de pratiques « non conventionnelles » s'explique notamment par l'exposition et la consommation de plus en plus répandue du porno (notamment *via* Internet) au sein des jeunes générations, dont la sexualité est fortement influencée par cet univers. On peut également y voir un symptôme supplémentaire de l'effacement du cadre de référence issu de la culture chrétienne, sans doute définitif dans ces classes d'âge.

Quand la hiérarchie des espèces est remise en cause

La remise en cause de la matrice culturelle et anthropologique traditionnelle qui avait structuré les représentations collectives, mais aussi les valeurs, les comportements et le rapport au monde se lit également dans l'évolution très nette de la place et du statut accordés aux animaux dans la société d'aujourd'hui.

Qu'il s'agisse de la montée en puissance du veganisme, de la sensibilité accrue au bien-être animal, de la remise en cause de la chasse ou de certaines pratiques traditionnelles, c'est notre rapport à l'animal, hérité d'une histoire très ancienne, qui semble aujourd'hui en train d'évoluer très rapidement. On peut, sur ce plan aussi, faire le lien avec la perte d'influence de la matrice culturelle et philosophique chrétienne. En effet, en vertu de la conception chrétienne, les animaux sont certes des créatures de Dieu, qui doivent pour cela être respectés, mais ils ont été créés pour être au service de l'homme. Or cette frontière entre l'homme et l'animal et la hiérarchie des espèces, qui conféraient à l'animal un statut et des droits très inférieurs à ceux de l'humain, sont de plus en plus remises en cause, notamment par les antispécistes.

Ces points de repère anthropologiques immémoriaux ont été considérablement brouillés depuis une vingtaine d'années. Illustration parmi d'autres de ce brouillage, l'association Paris Animaux Zoopolis a milité, dans le cadre des débats sur le centenaire de l'armistice de 1918, pour la création d'un monument commémorant les animaux de guerre (chevaux, pigeons, etc.) morts « sous les drapeaux ». Les élus écologistes de Paris ont soutenu cette demande.

Renouvellement générationnel et bouleversement du système de valeurs

Les données issues des sondages révèlent, d'une part, une opinion de plus en plus sensible à la cause animale et témoignent, d'autre part, de ce que la vision du rapport à l'animal, qui avait prévalu depuis les temps anciens, n'est plus ancrée aujourd'hui que parmi les seniors (65 ans et plus). Cette génération, socialisée jusque dans les années 1960, serait en quelque sorte la conservatrice (au sens muséologique du terme) de la conception « classique » du rapport entre l'homme et l'animal. Mais dès lors que l'on s'éloigne de cette butte témoin sociologique, la conception conservatrice semble obsolète et très minoritaire : toutes les autres générations ont en effet basculé dans un autre rapport à l'animal, qu'il soit sauvage ou d'agrément.

Le cas du loup constitue un exemple assez révélateur de cette modification intervenue dans les représentations collectives. Alors que l'animal fut activement pourchassé pendant des siècles en France, jusqu'à son éradication totale à la veille du second conflit mondial, une enquête de l'Ifop réalisée en 2013 indiquait qu'une écrasante majorité de Français (76 %) adhéraient à l'item suivant : « Un animal comme le loup a sa place dans la nature en France[1]. » En quelques décennies, le loup, jadis ennemi et figure menaçante, obtenait droit de cité sur notre territoire. L'analyse des résultats par

Graphique 12. L'adhésion des différentes générations à l'idée selon laquelle « un animal comme le loup a sa place dans la nature en France »

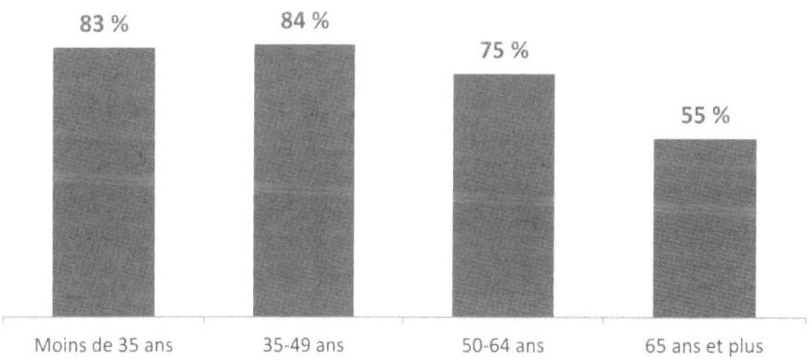

Sources : Ifop.

1. Sondage réalisé par Internet du 24 au 27 septembre 2013 auprès d'un échantillon national représentatif de 1 000 personnes pour l'ASPAS et *One Voice*.

tranches d'âge illustre bien le changement de regard intervenu. Si les classes d'âge les plus jeunes sont quasiment unanimement acquises, le retour du loup en France rencontre encore une opposition très importante au sein de la génération la plus âgée.

Pour ce qui concerne la réintroduction de l'ours dans les Pyrénées, un autre segment de la société française, parallèlement aux seniors, manifeste une forme de résistance. Il s'agit de la population résidant en « zone massif » (selon la terminologie de la loi montagne de 1985) dans les départements les plus concernés par la présence de l'ours et par sa réintroduction. Dans ces trois départements situés dans les Pyrénées centrales (Ariège, Haute-Garonne et Hautes-Pyrénées), les « montagnards » se caractérisent, en effet, par une opposition majoritaire à la réintroduction d'ours. Dans ces vallées, où le pastoralisme représente l'une des seules activités économiques praticables, les attaques du prédateur sur les troupeaux sont très mal vécues. Parallèlement à cette nuisance, on peut penser que l'attention et les moyens financiers accordés par les pouvoirs publics à l'ours, alors que la situation économique et sociale de la population locale est précaire, choquent et interpellent.

Tableau 8. L'adhésion à l'introduction d'ours supplémentaires dans les Pyrénées centrales en 2008

Département	Habitants en zone massif	Habitants hors zone massif	*Écart*
Haute-Garonne	43 %	59 %	***+ 16 pts***
Hautes-Pyrénées	36 %	46 %	***+ 10 pts***
Ariège	29 %	48 %	***+ 19 pts***

Sources : Ifop-DIREN Midi-Pyrénées.

Dans ces communautés villageoises, qui ont eu de tout temps à combattre les ours et autres prédateurs comme les loups, la traditionnelle conception anthroponormée de la hiérarchie des espèces et la légitimité de l'homme à s'approprier les espaces naturels pour pratiquer ses activités demeurent encore majoritaires. Mais cette population est âgée et peu nombreuse. La vision qu'elle porte est donc amenée à s'effacer progressivement au profit de celle, très *animal friendly,* diffusée par la France urbanisée. La Haute-Garonne constitue un exemple emblématique de ce basculement philosophique et culturel quasi achevé, la vision urbaine et moderne s'imposant démographiquement au travers du poids grandissant de la métropole toulousaine sur la vision rurale et traditionnelle, celle-ci déclinant au même rythme que la population des marges montagneuses du département. Le sort de cette population montagnarde, et plus spécifiquement de sa composante agricole qui subit les impacts négatifs de la réintroduction d'ours sur son territoire, fait indéniablement penser à la célèbre formule d'André Laignel utilisée dans un autre contexte : « Vous avez juridiquement tort parce que vous êtes politiquement minoritaires », que l'on pourrait paraphraser ainsi : « Vous avez philosophiquement tort car vous êtes sociologiquement et démographiquement minoritaires. » Dans le même registre, Jean-Pierre Le Goff décrit avec finesse le sentiment de dépossession ressenti par les vieux chasseurs de Cadenet dans le Lubéron face à la montée en puissance d'un discours antichasse dans leur village natal[1].

Alors que la France de l'après-guerre s'accommodait parfaitement de la disparition du loup et de l'ours

1. Jean-Pierre Le Goff, *La Fin du village. Une histoire française*, Paris, Gallimard, 2012.

dans ses montagnes et ses forêts, la présence d'animaux sauvages dans les spectacles de cirque enthousiasmait le public et était socialement parfaitement acceptée. Ce n'est plus le cas aujourd'hui : plus des deux tiers des Français (67 %) se disent favorables à l'interdiction des animaux sauvages dans les cirques[1]. Un tiers de nos concitoyens (35 %) y sont même « tout à fait favorables ». L'intensité de l'adhésion à cette interdiction est deux fois plus importante parmi les moins de 35 ans (48 % de « tout à fait favorables ») que parmi les 65 ans et plus (26 %), qui ont grandi et vécu dans une société au sein de laquelle cette pratique était totalement avalisée alors qu'elle est désormais fortement contestée par les générations émergentes. La proportion de « tout à fait favorables » s'établit à un niveau intermédiaire de 35 % parmi les 35-64 ans. On constate donc une variation progressive des réponses selon l'âge des interviewés, indice d'une transformation des opinions au cours des dernières décennies. Ce mouvement d'opinion n'est pas encore parvenu à son terme et, à mesure du passage des générations, il est clair que la pression sociale s'exerçant sur ce secteur d'activité afin d'imposer un renouvellement dans les pratiques ira *crescendo*.

La montée en puissance de la cause animale

La même enquête indique qu'un autre spectacle mettant en scène des animaux, la corrida, est encore davantage menacé par l'évolution des mentalités. 74 % des personnes interrogées se disent ainsi favorables à son interdiction en 2018, et cette demande a gagné

1. Sondage Ifop réalisé par Internet du 6 au 7 février 2018 auprès d'un échantillon national représentatif de 1 010 personnes pour *30 Millions d'amis*.

beaucoup de terrain ces dernières années. Les Français n'étaient, en effet, que 50 % à réclamer l'interdiction de la corrida en 2007, et 66 % en 2010. Une fois encore, c'est parmi les générations les plus jeunes que l'attention à la condition animale est la plus aiguë : 57 % de « tout à fait favorables » à l'interdiction parmi les moins de 35 ans contre 45 % au sein des 65 ans et plus. Sur cette question, l'écart générationnel n'est pas aussi marqué et les seniors se montrent également largement acquis à l'éradication de la tauromachie. Cela peut s'expliquer par le fait que la corrida a toujours été perçue comme une pratique cruelle par toute une partie de la population de notre pays, notamment dans les nombreuses régions où elle n'était pas pratiquée. Quoi qu'il en soit, le basculement générationnel, traduisant un changement des mentalités et du rapport entre l'homme et l'animal, est donc moins manifeste sur cette question mais il s'observe néanmoins dans la mesure où les jeunes générations se montrent les plus engagées en faveur de son interdiction.

La sensibilité à la cause animale ne s'explique pas principalement par un réflexe d'identification à des espèces sauvages non domestiquées : elle se manifeste également, en effet, en faveur de la défense des animaux d'élevage, dont le statut n'a pourtant jamais été valorisé. Il en va ainsi, par exemple, des canards ou des oies, dont 70 % de nos concitoyens réclament l'interdiction du gavage[1]. Et sur ce terrain encore, des écarts de réponse se font jour selon les générations : 76 % des moins de 35 ans y seraient favorables, contre 70 % des 35-64 ans et 59 % des 65 ans et plus.

1. Sondage Ifop réalisé par Internet du 4 au 7 janvier 2016 auprès d'un échantillon national représentatif de 1 006 personnes pour la Fondation Brigitte-Bardot.

Dans un ouvrage intitulé *Trois utopies contemporaines*[1], le philosophe Francis Wolff parle d'« animalisme » pour qualifier ce courant de pensée émergent qui vise à abolir toute domination de l'homme sur l'animal, au nom d'une nature commune et donc de l'égalité entre les êtres. Identifiant le foyer de cette idéologie dans les universités américaines, qui ont créé des chaires spécialisées, Francis Wolff retrace les grandes étapes de sa diffusion, avec l'apparition de revues spécialisées puis la constitution d'une association comme L214[2], qui s'est fait connaître par la diffusion d'images volées sur la maltraitance des animaux dans des abattoirs. L'écho certain de ces thèses dans le grand public, mesuré par les sondages précédemment cités, a été attesté en 2016 par les succès en librairie d'*Antispéciste* d'Aymeric Caron et de *L'animal est une personne* de Franz-Olivier Giesbert, tous deux leaders d'opinion à l'importante surface médiatique.

La montée en puissance de la sensibilité à la cause animale s'observe également au plan électoral. En mars 2017, à quelques semaines du premier tour de l'élection présidentielle, 9 % des Français déclaraient que les prises de position des différents candidats en matière de protection animale auraient « certainement » une influence sur leur choix électoral[3]. À ce noyau dur de près d'un électeur sur dix très sensible à cet enjeu s'agrégeait un cercle plus lâche de 30 % de personnes indiquant qu'elles pourraient « probablement » tenir

1. Francis Wolff, *Trois utopies contemporaines*, Paris, Fayard, 2017.

2. Du nom de l'article du code rural portant sur la protection de la condition animale.

3. Sondage Ifop réalisé par Internet du 10 au 13 février 2017 auprès d'un échantillon national représentatif de 1 000 personnes pour le collectif Animal Politique.

compte du programme des candidats sur cette thématique au moment de passer dans l'isoloir. Bien évidemment, ces 39 % d'électeurs ne se sont pas déterminés principalement en fonction des positions de chacun des candidats sur la cause animale, mais ce chiffre témoigne du poids pris aujourd'hui par cette thématique, qui fait partie désormais des critères de choix d'une partie significative et en augmentation de la population. En 2012, lors de la précédente élection présidentielle, seuls 29 % des personnes interrogées avaient répondu par l'affirmative à la même question.

Autre indicateur du poids croissant de la problématique de la condition animale dans la société, et partant dans le champ politique, un parti animaliste est parvenu à présenter une centaine de candidats lors des élections législatives de juin 2017, recueillant en moyenne 1 % des voix au premier tour dans les circonscriptions où il se présentait. Cela peut paraître assez faible, mais à titre de comparaison, notons qu'il s'agit d'un score équivalent à celui obtenu par le parti de Christine Boutin, le Parti chrétien-démocrate, dans la centaine de circonscriptions où il alignait des candidats…

Les catholiques : une île désormais minoritaire dans l'archipel français

Ce score de 1 % ne dit rien, bien entendu, de l'audience du catholicisme en France. D'après les enquêtes, les messalisants représentent 6 % de la population, et les catholiques pratiquant 12 %. Les catholiques conservant un lien véritable et effectif avec l'Église et la foi chrétienne représentent donc aujourd'hui entre 6 et 12 % de la population française. Il s'agit bien sûr d'un groupe non négligeable, mais dont l'assise s'est à l'évidence très nettement rétractée et qui ne représente plus une masse critique.

La prise de conscience du statut de minoritaire

C'est ainsi, par exemple, qu'en dépit d'une mobilisation importante la mouvance de la Manif pour tous n'est pas parvenue à faire obstacle à l'adoption de la loi Taubira[1]. Le catholicisme, comme force sociologique et idéologique, n'est plus à même, en France, de peser significativement et d'emporter la décision. C'était encore le cas en 1984, quand la mobilisation de la France catholique fit reculer la gauche sur l'école libre. En l'espace de trente ans, le processus d'érosion de l'influence du catholicisme (déjà bien amorcé) s'est donc considérablement accéléré. De force centrale et structurante, la France catholique est devenue une minorité parmi d'autres.

Pour beaucoup de catholiques, la prise de conscience de ce changement de statut est intervenue lors du débat sur le mariage pour tous. Ce choc brutal a suscité désarroi et raidissement dans des rangs de plus en plus clairsemés. C'est dans ce contexte qu'il faut interpréter la mobilisation de la Manif pour tous. Les catholiques ayant perdu leur droit d'aînesse et étant ravalés au rang de simple composante parmi d'autres de la société française, un examen de conscience collectif s'est engagé. C'est qu'en effet le fait d'être devenu très nettement minoritaire expose désormais le catholicisme à subir des évolutions

1. On rappellera que si les catholiques ont constitué une part importante des sympathisants de la Manif pour tous, tous ses soutiens n'étaient pas issus des rangs catholiques. Et inversement, environ un tiers des catholiques n'étaient pas opposés au mariage pour tous.

légales et sociétales contraires à ses valeurs. La prise de conscience de la rupture est douloureuse. Et elle implique, pour de nombreux catholiques, un changement d'attitude.

On ne pourra plus se contenter de gérer en bon père de famille le déclin progressif de la rente de situation léguée par le poids historique du catholicisme en France. En témoigne Matthieu Rougé, curé à Paris et ancien responsable de l'aumônerie des parlementaires : « Nous sommes à un croisement. D'un côté, nous assistons à l'effondrement d'un catholicisme de convention, et de l'autre, à l'émergence d'un catholicisme d'adhésion. Cela se vit sur des modes très différents d'un catholique à l'autre. Les lignes de partage ont évolué[1]. » Pour de nombreux catholiques, il s'agit désormais d'adopter une attitude beaucoup plus énergique et de revendiquer ses valeurs et sa foi, car l'essentiel est en jeu. Le vote de cette loi a en effet signifié que le point de rupture – la société française menaçant de basculer dans un univers totalement affranchi de certains fondements spirituels centraux – est proche. Comme l'indique l'abbé Grosjean, bloggeur influent et animateur du Padreblog : « Les catholiques ont pris conscience de leur responsabilité politique et ont exprimé une volonté de s'engager pour défendre un modèle de société qui leur semblait le bon mais n'était plus partagé par tous[2]. » L'heure est donc à la mobilisation, il faut sonner le tocsin avant qu'il ne soit trop tard et agir en se mobilisant dans la rue, en votant ou en pratiquant le lobbying et l'entrisme comme d'autres groupes ont su le faire pour pousser leurs intérêts. Mais cette bataille a été perdue.

1. Matthieu Rougé, « À la recherche du catho perdu », in *Libération*, 12 juin 2017.

2. Abbé Grosjean, « Des catholiques dans la cité », in *Valeurs actuelles*, 22 décembre 2016.

Cette période a consacré un changement de paradigme pour de nombreux catholiques. Pendant très longtemps, ils avaient vécu leur foi d'une manière discrète et ne sentaient pas la nécessité de se mobiliser car, bien que les églises se vident, la République et la société ne remettaient pas en cause leur socle de valeurs fondamentales. Désormais la donne a changé, tant au plan démographique que culturel et religieux. Hier encore matrice structurant les piliers fondamentaux de la société, le catholicisme n'est plus aujourd'hui que le cadre religieux et culturel d'une île parmi d'autres au sein de l'archipel français, une île dont les rivages se rétractent, ne laissant plus émerger que les sommets des reliefs de jadis.

Catholicisme zombie et cathos tradis

Sous l'appellation de « catholicisme zombie », Hervé Le Bras et Emmanuel Todd[1] ont souligné la persistance dans certaines régions d'une ombre portée du catholicisme qui, bien qu'ayant très fortement décliné, continue d'imprimer sa marque. Cela se manifeste aussi bien, par exemple, par la prédominance de la CFDT sur la CGT que par une orientation pro-européenne et des taux de réussite au bac élevés dans les anciens bastions catholiques. Ces legs du catholicisme vont sans doute perdurer encore un moment dans ces régions. Mais par-delà ces effets indirects localisés, que l'on peut qualifier de résiduels à l'échelle de l'ensemble de la société française, l'influence matricielle du catholicisme est véritablement en train de disparaître. Le renouvellement des générations en cours annonce, on l'a vu,

1. In *Le Mystère français*, *op. cit.*

un basculement anthropologique menant à une sortie définitive du référentiel catholique.

Cette évolution de fond, extrêmement puissante, n'a pas échappé à la frange la plus conservatrice et traditionnelle des catholiques français. Ces milieux, qui ont toujours entretenu leur singularité, sont aujourd'hui enclins à cultiver l'entre-soi et à évoluer en vase clos face à une société qu'ils perçoivent comme à la dérive et de plus en plus en rupture avec leurs valeurs et leurs modes de vie. On constate ainsi, par exemple, le développement des écoles privées catholiques hors contrat depuis quelques années. L'analyse de l'occurrence de certains prénoms permet également de mettre au jour cette tendance. Après consultation de sites et de forums spécialisés, nous avons ainsi établi une liste non exhaustive de plus d'une centaine de prénoms féminins socialement et culturellement assez typés et prisés par les familles catholiques conservatrices. On peut citer notamment : Aliénor, Bertille, Clarisse, Diane, Eulalie, Isaure, Ombeline ou bien encore Sixtine[1]. La proportion de petites filles portant l'un de ces prénoms a décliné au fil du temps de manière assez parallèle avec la courbe des Marie. Certes, la courbe des prénoms BCBG traditionnels partait historiquement de plus bas car ils ont toujours été socialement assez typés et étaient surtout choisis dans les milieux catholiques aisés alors que, comme on l'a vu, le prénom Marie, marqueur de l'influence du catholicisme, était donné très largement au début du XXe siècle dans toutes les classes sociales.

1. Nous avons exclu de cette liste d'autres prénoms (comme Agathe, Alice, Ambre ou Camille) qui, bien que donnés dans ces milieux, le sont aussi assez significativement dans d'autres groupes sociaux, ce qui les rendait moins « chimiquement purs ».

Graphique 13. 1900-2016 : Évolution de la proportion de nouveau-nées portant le prénom de Marie ou un prénom BCBG traditionnel

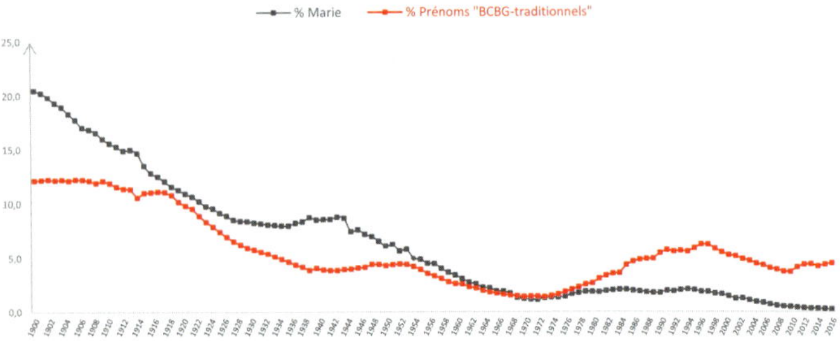

Sources : INSEE.

L'accélération de la déchristianisation au lendemain de la Seconde Guerre mondiale a touché tous les milieux sociaux, et les deux courbes ont plongé de concert pour atteindre un même point bas au début des années 1970. Mais alors que la proportion de petites Marie allait poursuivre sa descente après une très timide remontée, pour atteindre le score résiduel de 0,3 % des naissances en 2016, la courbe des prénoms BCBG traditionnels allait reprendre des couleurs et diverger sensiblement pour atteindre en 2016 le niveau de 4,5 %. Il n'est certes pas exclu que ce regain d'intérêt s'explique en partie par le cycle de vie des prénoms, qui veut qu'un vieux prénom revienne à la mode soixante-dix à quatre-vingts ans plus tard (quand les personnes qui l'avaient porté dans les générations précédentes ont disparu[1]). Mais l'on ne constate pas ce phénomène pour le prénom

1. Sur ce sujet, voir notamment Guy Desplanques et Philippe Besnard, *Un prénom pour toujours. La cote des prénoms, hier, aujourd'hui et demain*, Paris, Balland, 1986.

Marie. Ce découplage nous incite à penser que nous sommes en présence d'un phénomène de réaffirmation identitaire de certains milieux qui, dans une société très profondément déchristianisée, optent davantage qu'il y a une quarantaine d'années pour des prénoms très typés. L'analyse des chiffres au niveau départemental confirme cette hypothèse : on constate, en effet, que les taux les plus élevés sont relevés à Paris, dans les Hauts-de-Seine, les Yvelines (mais pas dans le reste de l'Île-de-France), en Bretagne et dans l'Ouest intérieur, mais aussi dans des départements comme le Nord ou la Gironde (on devine, à travers eux, le poids de la bourgeoisie catholique à Lille et à Bordeaux). À l'inverse, la prévalence de ce type de prénoms BCBG traditionnels est marginale, voire résiduelle, dans tout le reste du pays, et particulièrement dans les zones les plus anciennement déchristianisées et/ou les plus populaires.

Autre indice d'une réaffirmation identitaire de ces milieux passant notamment par le choix de certains prénoms, de nombreux jeunes interrogés par les journalistes dans les cortèges de la Manif pour tous portaient de tels prénoms. On put ainsi croiser une Bérengère et une Sixtine dans tel article de *Libération*[1], une Colombe et une Foulque dans tel reportage du *Monde*[2], ou bien encore une Anne-Sixtine dans les colonnes du *Pèlerin*[3]. Signe de l'enclavement sociologique encore plus étroit du courant boutiniste (qui ne représente qu'une frange de la mouvance de la Manif pour tous), sur les

1. Voir « Manif pour tous : "Un papa, une maman" et "Poisson, président" », *Libération*, 16 octobre 2016.

2. Voir « Témoignages de jeunes manifestants "La Manif pour tous" », *Le Monde,* 13 janvier 2013.

3. Voir « Les opposants au mariage pour tous restent mobilisés », *Le Pèlerin*, 30 mai 2013.

91 candidats présentés aux législatives par le Parti chrétien-démocrate, 15 d'entre eux portaient une particule, soit 16 % de l'effectif.

DEUXIÈME PARTIE

L'« archipelisation » de la société française

Le décrochage très brutal de l'influence du catholicisme observé au cours des dernières décennies constitue un fait social de première importance. Comme le souligne Emmanuel Todd : « Dans un pays comme la France, la présence d'une Église catholique minoritaire, mais socialement importante, donnait un sens à l'incroyance, à l'athéisme ou, comme on dit pudiquement, à l'affirmation laïque. La disparition de ce point de repère a détruit l'ensemble de l'organisation idéologique de la France[1]. » Avec le déclin accéléré du catholicisme suivi de l'effondrement de la contre-société communiste, c'est tout l'édifice idéologique de la société française qui s'est trouvé déstabilisé.

1. Emmanuel Todd, *Après la démocratie*, Paris, Gallimard, 2008.

3

Fragmentations

L'effondrement de l'Église rouge

En effet, si la matrice judéo-chrétienne structurait en profondeur la société française, une autre force a joué pendant des décennies un rôle également très significatif : le Parti communiste et son idéologie. À l'instar de l'Église catholique, le PC jouissait d'une influence majeure sur des pans entiers de la population française, et il avait érigé, au fil des années, une véritable contre-société. Des années 1930 à la fin des années 1970, l'antagonisme entre ces deux piliers a organisé toute la vie politique, sociale et intellectuelle de notre pays. En se définissant comme le parti le plus fidèle à l'héritage de la Révolution française, le PC incarnait la pointe avancée du camp républicain poursuivant son combat contre les forces conservatrices, au premier rang desquelles se trouvait l'Église catholique.

Ralliant au lendemain de la Seconde Guerre mondiale, et jusqu'à la fin des années 1970, entre 20 et 25 % des voix, le PC était une force centrale, susceptible de faire pièce à l'Église catholique qui, de son côté, comptait encore de nombreux fidèles. Chacun de ces deux acteurs disposait de sa presse, de ses intellectuels, de ses martyrs et de sa liturgie, de ses organisations de jeunesse, de ses structures d'aide sociale et de ses antennes locales.

La répartition de chacun des deux blocs sur le territoire national était clairement établie et structurait la carte électorale de manière pratiquement immuable. Aux bastions catholiques de l'Ouest, des Pyrénées-Atlantiques, du sud du Massif central, de Savoie et de l'Est faisaient face les citadelles rouges du Nord-Pas-de-Calais, du Bassin parisien, du Limousin et du Midi méditerranéen.

Du fait de l'existence d'un maillage organisationnel dense et serré, mais aussi du poids de l'idéologie et de la culture communistes dans un climat international surdéterminé par la guerre froide, le PC exerçait sur ses membres et ses électeurs une influence et une emprise comparables à celles de l'Église catholique sur ses fidèles. De nombreux témoignages et travaux d'historiens ont bien décrit le lien quasi religieux que les communistes entretenaient avec le Parti. Dans les années 1950 et 1960, se faire exclure du Parti équivalait à une excommunication ou à un bannissement.

Or cette Église rouge allait connaître, avec quelques années de retard, le même sort que l'Église catholique. Le déclin sera amorcé par la prise de conscience progressive, à la fin des années 1960 et 1970, de l'échec du modèle soviétique et de la nature totalitaire et dictatoriale des régimes des démocraties populaires, URSS en tête. Parallèlement, les mutations sociologiques se produisant à cette époque dans la société française (avènement de la société de consommation, disparition de la petite paysannerie, montée en puissance des cols blancs au détriment des cols bleus) fragiliseront l'assise sociale et idéologique du PC. Hervé Le Bras et Emmanuel Todd avancent également une autre cause, plus systémique : « Né contre le christianisme, le communisme en dépendait, dans le rapport d'un effet à sa cause. Il est donc logique d'observer que, dans les années 1950-1970, la chute du religieux dans son espace périphérique français a précédé ou même causé celle du communisme dans son espace central et méditerranéen. La descente aux enfers du PCF n'a commencé qu'en 1981, le déclin terminal du catholicisme s'est amorcé dès les années 1950[1]. »

Tous ces éléments vont contribuer à une perte d'influence irrémédiable du Parti communiste. Sur le plan électoral, les scrutins présidentiels auront scandé le déclin électoral du Parti. Jacques Duclos avait obtenu 21,3 % des suffrages en 1969. Douze ans plus tard, en 1981, Georges Marchais faisait passer le score du PC sous la barre des 20 % (15,4 %) et était devancé, pour la première fois dans une présidentielle, par le PS. En 1995, Robert Hue enfonçait un autre palier à la baisse avec un score de 8,6 %. La chute finale intervint en 2007 avec les 1,9 % recueillis par Marie-George Buffet. En l'espace de quarante ans, le score du PC aura ainsi été divisé par dix… À l'issue de ce scrutin présidentiel désastreux, l'appareil communiste renoncera d'ailleurs à présenter un candidat sous ses propres couleurs et se ralliera, bon gré mal gré, à la candidature de Jean Luc Mélenchon.

Cette descente aux enfers électorale est spectaculaire, mais il faut bien comprendre qu'elle s'est accompagnée d'une dislocation de tous les éléments qui structuraient la contre-société communiste dans notre pays. Ainsi, *L'Humanité*, journal étendard du Parti, a vu ses ventes quotidiennes passer de 150 000 exemplaires en 1972 (année de la signature du Programme commun de gouvernement avec le Parti socialiste et le Parti radical de gauche) à 107 000 exemplaires en 1986, trois ans avant la chute du mur de Berlin, puis à 46 000 en 2002 et à 34 000 en 2017. Dans le même temps, le nombre de

1. *Le Mystère français*, *op. cit.*

villes dirigées par le PC s'est réduit comme peau de chagrin. Or les villes communistes constituaient traditionnellement un point d'appui essentiel pour le Parti, qui faisait vivre à travers elles, et *via* les nombreux leviers qu'elles procuraient (logement social, emplois municipaux, politique culturelle et associative, colonies de vacances, commandes publiques, etc.), le fameux « communisme municipal », élément fondamental de la contre-société communiste. En Île-de-France, qui, avec les trois départements de la ceinture rouge de Paris, constituait le cœur du dispositif communiste, l'hémorragie a été continue et violente depuis la fin des années 1970, le PC passant de 147 municipalités dirigées en 1977 à seulement 34 lors des élections municipales de 2014.

Les Jeunesses communistes, qui jouèrent longtemps, elles aussi, un rôle important dans la galaxie rouge en assurant une présence militante et une formation idéologique parmi les lycéens et étudiants, ont également été frappées par la même attrition. Leurs effectifs sont ainsi passés d'environ 100 000 adhérents revendiqués en 1986, au moment de la mobilisation contre la loi Devaquet, à seulement 15 000 en 2015.

Graphique 14. 1977-2014 : L'effondrement du communisme municipal en Île-de-France (nombre de villes détenues par le PC)

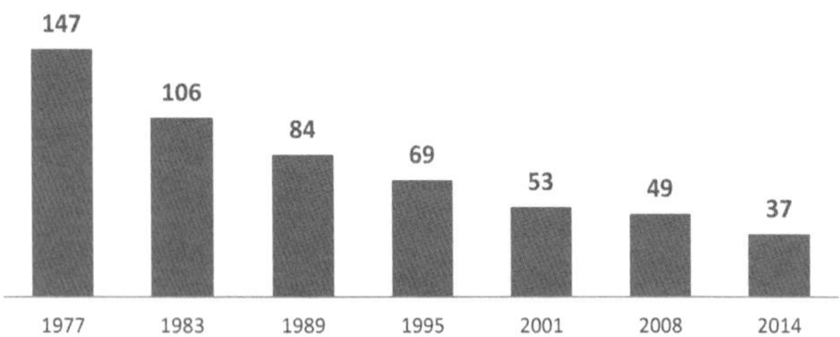

Sources : revue *Regards*.

Même si des liens historiques demeurent, la CGT s'est, quant à elle, progressivement autonomisée du giron communiste, ce qui lui a sans doute permis de limiter les dégâts. Du coup, la centrale de Montreuil, dont bon nombre des cadres demeurent membres ou proches du Parti, a mieux résisté, ce qui ne l'empêche pas de connaître elle aussi une fragilisation de ses positions, y compris dans ses bastions historiques. À La Poste, elle a ainsi vu son score passer de 35 % en 2005 à 26,5 % en 2014. La baisse a été de même ampleur à EDF (47 % en 2007 contre 35 % en 2016), mais un peu moins violente à la SNCF : 40 % en 2006 contre 34 % en 2014. On peut ajouter à ce sombre tableau la quasi-disparition du Modef, syndicat agricole d'obédience communiste, et la perte d'influence de la Confédération nationale du logement (CNL), qui encadrait les locataires, notamment dans le logement social. Progressivement, tous ces piliers se sont délités ou affaissés, entraînant la chute de l'Église rouge.

Intervenant à la suite de l'entrée dans sa phase terminale du catholicisme, la dislocation de cet écosystème, qui représentait et structurait entre un cinquième et un quart de la société française, a puissamment contribué à sa fragmentation. Le PC n'a certes pas disparu, mais il n'est plus que l'ombre de lui-même. Son audience se rétracte de plus en plus sur des bastions épars, et notamment à partir de son ancrage municipal, comme en témoigne le cas de la Seine-Maritime[1].

1. Lors des législatives de 2017, le PC est parvenu à remporter trois sièges dans ce département, mais dans ces trois circonscriptions, il était représenté par un maire : Hubert Wulfranc, maire de Saint-Étienne-du-Rouvray (banlieue de Rouen) dans la 3e, Sébastien Jumel, maire de Dieppe dans la 6e, et Jean-Paul Lecoq, maire de Gonfreville-L'Orcher (banlieue du Havre) dans la 8e.

Ces bastions rouges isolés, vestiges du communisme municipal, subsistent encore dans certaines banlieues populaires ou dans d'anciens bassins industriels et miniers. Ces territoires enclavés, où se perpétue un écosystème communiste, forment, à l'instar de ce qui reste de la France catholique, un autre îlot de l'archipel français.

Fragmentation de l'information et remise en cause des grands médias

Morcellement des audiences et perte d'influence des mass media

Parallèlement à l'effondrement du magistère des deux grandes Églises, une autre tendance de fond a contribué, au cours des vingt ou trente dernières années, à la fragmentation de la société française et a permis de l'illustrer. Il s'agit de la perte d'influence des grands médias de masse qui, avec leurs larges audiences, participaient à l'élaboration d'une vision du monde commune et partagée. Cela est particulièrement vrai de la télévision qui pénètre dans tous les foyers et qui, de par la diversité des programmes qu'elle propose (journaux télévisés, films, émissions de divertissement, sports, etc.), structure fortement les représentations, consolide des grilles de lecture et participe de leur diffusion dans l'opinion. On en a notamment fait reproche à TF1, première chaîne de télévision française et l'une des plus puissantes au plan européen. À son heure de gloire, cette chaîne était en effet hégémonique dans le paysage audiovisuel national et fédérait un très large public. Chaque jour, des millions de Français regardaient à la même heure le même programme. Cette consommation, notamment à l'occasion d'événements marquants (tel match de football de l'équipe de France, la première diffusion d'un film à la télévision, tel reportage-choc sur tel sujet d'actualité, etc.), avait un très fort pouvoir fédérateur, une part très importante de la population vivant la même expérience au même moment. Consciente de cette réalité, la chaîne a pleinement joué cette carte, comme en témoigne une campagne de communication orchestrée en 2009 autour du slogan : « On se retrouve sur TF1 ». Mais TF1 a perdu de sa superbe et n'a plus la puissance de feu d'antan. Sous l'effet de l'arrivée des nouvelles chaînes, du déploiement de la TNT et d'Internet, l'audience de la chaîne n'a cessé de reculer depuis trente ans. Au terme de ce processus d'érosion inexorable, TF1 a atteint le seuil symbolique de 20 % d'audience en 2017, alors qu'elle rassemblait près de 45 % des téléspectateurs en 1988.

Ce phénomène de fragmentation de l'audience ne concerne pas seulement la télévision. Les quotidiens enregistrent eux aussi un décrochage de leurs ventes depuis des années. C'est le cas notamment pour *Le Monde*, journal donnant le *la* sur l'actualité dans les milieux éduqués. Ce titre, on le sait, occupe une place

Graphique 15. 1988-2017 : Évolution de la part d'audience de TF1, en pourcentage

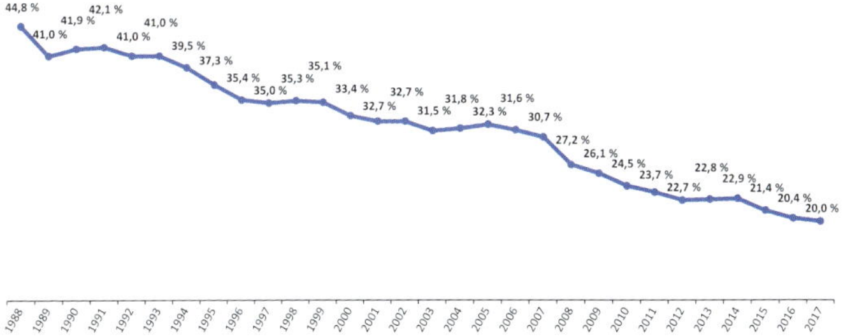

centrale dans le système médiatique : le « journal de référence », dit-on. Sa ligne éditoriale et sa vision du monde ont une grande influence auprès des CSP +. Mais son pouvoir prescriptif s'est lui aussi sensiblement érodé. À l'instar du reste de la presse écrite, le volume des ventes, et partant le nombre de lecteurs, s'est nettement rétracté avec environ 300 000 exemplaires vendus en 2017 contre plus de 400 000 en 2001. Comme le montre le graphique suivant, la publication d'un livre intitulé *La Face cachée du* Monde en 2003 est venue ternir sensiblement l'image du titre, induisant par la suite une baisse significative des ventes. Pour important qu'ait été cet événement, la diminution des ventes sur le long terme s'inscrit bien sûr dans un mouvement général de chute du marché de la presse. Certaines années électorales, périodes au cours desquelles l'actualité politique est très riche, voient les chiffres des ventes remonter, mais il s'agit toujours d'un effet passager qui n'est pas de nature à inverser la tendance baissière.

Avec le développement des abonnements sur Internet, *Le Monde* compense, certes, une partie du recul de ses ventes. Mais rien n'y fait : ce journal touche aujourd'hui

Graphique 16. 2001-2017 :
Évolution de la diffusion totale du *Monde*

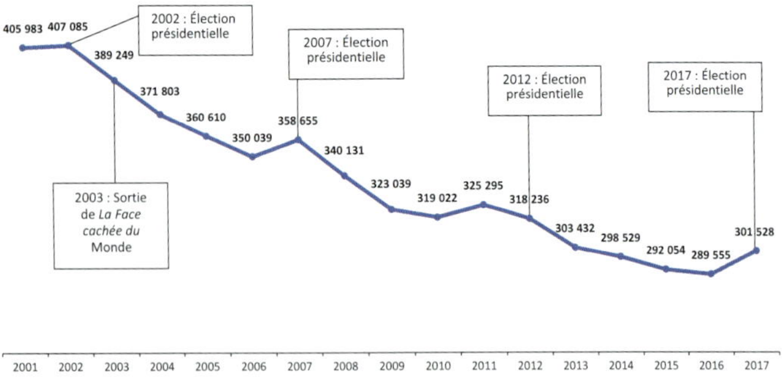

un public de fidèles assidus plus restreint que par le passé. À l'instar de TF1, son influence est moins étendue qu'hier, des pans entiers de la société s'autonomisant des *mass media* et développant leur propre grille de lecture ou optant pour une vision du monde véhiculée par des médias de niche ou moins puissants.

D'autres piliers du débat public et intellectuel que sont, par exemple, les grands hebdomadaires connaissent également une grave crise. *L'Express* a vu sa diffusion payée en France passer de 433 000 exemplaires en 2005 à 290 000 en 2017, soit une chute d'un tiers en douze ans. Le choc a été de même ampleur pour *L'Obs* : 511 000 exemplaires en 2005, et seulement 333 000 en 2017 (– 35 %). *Le Point*, qui partait de moins haut, a davantage limité les dégâts – mais la baisse est néanmoins sérieuse : – 15 % à 315 000 exemplaires en 2017. Ces magazines, qui contribuaient puissamment à structurer des familles de pensée diverses autour de lectorats sociologiquement et idéologiquement bien typés et homogènes, sont tous en perte de vitesse.

Ce processus participe sans conteste de l'archipelisation de la société française, dont toute une partie des membres ne sont plus réceptifs ni exposés aux grilles de lecture et aux visions du monde véhiculées par les grands médias. Si leur pouvoir prescriptif demeure bien ancré dans les générations les plus âgées, leur perte d'influence est particulièrement marquée dans les tranches d'âge les plus jeunes, qui s'informent différemment, principalement par Internet, d'où une exposition plus forte aux théories complotistes notamment. Sur ce plan aussi, à la faveur du renouvellement des générations, le paysage médiatique et informationnel qui se maintient avec difficulté risque d'être totalement bouleversé d'ici une quinzaine d'années, quand les générations du début du baby-boom, qui constituent le dernier carré des lecteurs de la presse et des téléspectateurs des chaînes historiques, auront disparu.

L'essor des théories du complot, notamment dans les jeunes générations

Si, comme on l'a vu, la religion catholique et le communisme ont vu leur audience décliner très fortement au cours des dernières décennies, un autre cadre de référence philosophique et intellectuel éminemment structurant semble également de plus en plus battu en brèche : le cartésianisme. Dans la continuité du combat des Lumières, puis sous l'effet de la révolution industrielle, de l'instruction obligatoire et de l'allongement progressif de la scolarité, la culture et le raisonnement scientifiques ont été grandement mis en valeur au pays de Descartes, Ampère et Pasteur. Dans un contexte de forte croissance économique, du fait de la reconstruction, et de progrès techniques majeurs, dont les effets bénéficiaient à l'ensemble de la population, le progrès et la science jouirent d'un très large crédit dans la France des Trente Glorieuses. Avec le déclenchement de la crise économique lors du choc pétrolier de 1973 et la montée en puissance des préoccupations environnementales, le mythe du progrès allait être contesté par les théories de la décroissance. Par capillarité, l'aura de la science allait progressivement être remise en question et les paroles institutionnelles fondées sur un discours rationnel allaient voir leur légitimité de plus en plus contestée. Dans ce climat marqué par les discours du doute et du soupçon, le relativisme gagne du terrain. Les grilles de lecture de type conspirationniste se répandent. Face à une réalité parfois complexe à appréhender et à comprendre, et dans la mesure où les discours officiels

Graphique 17. L'adhésion des différentes générations à des thèses complotistes

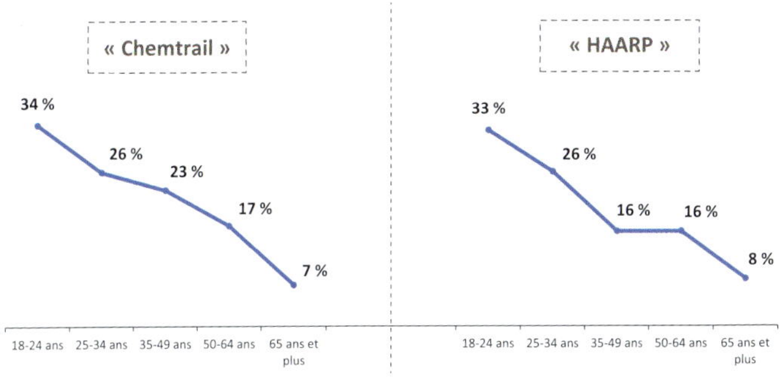

Sources : Ifop.
Légende :
« Chemtrail » : Certaines traînées blanches créées par le passage des avions dans le ciel sont composées de produits chimiques délibérément répandus pour des raisons tenues secrètes.
« HAARP » : Les États-Unis ont développé une puissante arme secrète capable de provoquer des tempêtes, des cyclones, des séismes et des tsunamis en n'importe quel endroit du monde.

et scientifiques sont de plus en plus sujets à caution, les récits alternatifs et complotistes prospèrent.

Ainsi, en décembre 2017[1], 32 % de nos concitoyens se déclaraient d'accord avec l'assertion suivante : « Le virus du sida a été créé en laboratoire et testé sur la population africaine avant de se répandre à travers le

1. Sondage Ifop pour la Fondation Jean-Jaurès et *Conspiracy Watch* réalisé par Internet du 19 au 20 décembre 2017 auprès d'un échantillon national représentatif de 1 000 personnes, complété par un échantillon de 252 personnes de moins de 35 ans, qui ont été remises à leur poids réel au sein de l'échantillon global lors du traitement statistique des résultats d'ensemble.

monde. » Plus spectaculaire, 20 % des sondés adhéraient à l'opinion selon laquelle « certaines traînées blanches créées par le passage des avions dans le ciel sont composées de produits chimiques délibérément répandus pour des raisons tenues secrètes ». Et de la même façon, 17 % se disaient « tout à fait d'accord » ou « plutôt d'accord » avec la proposition suivante : « Les États-Unis ont développé une puissante arme secrète capable de provoquer des tempêtes, des cyclones, des séismes et des tsunamis en n'importe quel endroit du monde. »

Ces chiffres en disent long sur le recul de la culture scientifique et d'une certaine vision cartésienne du monde encore dominante il y a quelques décennies. Comme le montre le graphique ci-dessus, la lecture des résultats à ces questions, selon le critère de l'âge de l'interviewé, révèle que l'adhésion à ces thèses complotistes est la plus forte dans les jeunes générations et qu'elle décline ensuite à mesure que l'on remonte la pyramide des âges.

Il est frappant de constater que ces thèses sont systématiquement et quasiment à l'unanimité réfutées par les personnes âgées de 65 ans et plus. Socialisés et instruits durant les années 1950 et 1960, ces individus semblent disposer d'une culture scientifique de base fournissant de solides anticorps face à ce type de croyances. Ces réflexes de défense sont également présents dans les générations suivantes, mais à des niveaux moindres et avec une intensité décroissante. Tout se passe comme si la transmission de cette culture scientifique et rationnelle était de moins en moins bien assurée dans la société et que le discours officiel était de plus en plus remis en question au profit de visions alternatives. Pas moins d'un tiers des 18-24 ans et d'un quart des 25-34 ans adhèrent ainsi, par exemple, aux deux assertions présentées ci-dessus.

Même si la disposition à prêter foi à des thèses complotistes du type *chemtrails* (relatives aux fumées des avions à réaction ou sur la mise au point d'une arme pouvant déchaîner les éléments) s'explique en partie par le poids de l'univers des séries américaines (de type *X-files* ou autres) dans les représentations collectives des jeunes générations, elle est aussi un indicateur de la perte de crédit du discours scientifique survenue progressivement au cours des dernières décennies. Un autre symptôme de ce processus réside dans la montée en puissance des positions antivaccinales dans notre société.

Dans la France de Pasteur, il ne se trouvait en 2016 que 52 % des personnes à penser que « les vaccins en général offrent plus de bénéfices que de risques » contre 33 % que « les vaccins présentent autant de risques que de bénéfices » et 13 % que « les vaccins présentent plus de risques que de bénéfices[1] ». À l'instar de ce que l'on observait pour les théories complotistes, c'est parmi les générations les plus jeunes que le discours antivaccinal rencontre le plus d'écho, quand les seniors continuent majoritairement de croire aux bienfaits de cette pratique médicale. Ainsi, seuls 45 % des moins de 35 ans optent pour la réponse « plus de bénéfices que de risques » contre 52 % de 35-54 ans et 57 % des 65 ans et plus. Cette défiance a d'ores et déjà des répercussions concrètes : on constate une recrudescence en France, ces dernières années, des cas de rougeole, maladie hautement contagieuse, du fait d'une insuffisante couverture vaccinale. Autre signe parmi d'autres

1. Sondage Ipsos réalisé par Internet du 9 au 16 juin 2016 auprès d'un échantillon national représentatif de 1 000 personnes pour le LEEM.

de la propagation d'une défiance et d'une remise en cause du progrès technologique et scientifique : plus de 800 conseils municipaux ont pris des arrêtés ou voté des motions s'opposant au déploiement des nouveaux compteurs électriques Linky dans leur commune.

La distinction à tout prix : montée en puissance de l'individualisation et dislocation de la matrice culturelle commune

Si l'on a donné plus haut, comme exemple concret des mutations intervenues au cours des dernières décennies, le cas des enseignants témoins au fil de leur carrière de la banalisation des naissances hors mariage parmi leurs élèves, on peut également y ajouter l'extraordinaire diversification des prénoms portés dans leurs classes. Le fichier INSEE que nous avons utilisé précédemment pour analyser le déclin du prénom Marie nous intéresse ici, car il permet aussi de comptabiliser, depuis le début du XXe siècle, le nombre de prénoms constatés année après année, et ce, sans même prétendre distinguer, à ce stade, les diverses origines géographiques des prénoms en question.

On constate, sur le graphique suivant, que, de 1900 à 1945, le nombre de prénoms différents donnés chaque année est demeuré remarquablement stable, avec en moyenne une palette de 2 000 prénoms. Un léger creux s'observe lors de la Première Guerre mondiale car, du fait du départ pour le front de millions d'hommes en âge de procréer, on enregistra alors une très forte diminution des naissances. Les nouveau-nés étant moins nombreux, la diversité des prénoms retenus fut mécaniquement tirée à la baisse. Hormis cette brève parenthèse, la grande stabilité observée dans le nombre de prénoms usités chaque année constitue un bon indicateur de l'homogénéité culturelle et de la permanence d'un socle commun se transmettant de génération en génération qui ont prévalu jusqu'à la fin des années 1950. Le choix d'un prénom pour un nouveau-né n'est pas, en effet, un acte anodin. Il a été pendant des siècles une façon d'inscrire un enfant dans une lignée (le prénom en question se transmettant de père en fils ou de grand-père en petit-fils) dans une société rurale comme l'était la France de l'époque. C'était également, dans certaines régions, on l'a vu, le moyen de marquer son attachement et sa fidélité à une religion, le catholicisme, de nombreux prénoms (Marie, Pierre, Jean, etc.) renvoyant à l'Évangile.

À ce propos, il est intéressant de relever que, jusqu'à la fin de la Seconde Guerre mondiale, le nombre moyen de prénoms pour 1 000 naissances ne sera pas plus élevé dans les régions déchristianisées que dans les régions catholiques, où les prénoms Marie et Jean étaient pourtant massivement donnés (avec, dans certains départements, 30 à 40 % de Marie au début du siècle). La très faible prévalence de ces deux prénoms dans les zones déchristianisées aurait pu mécaniquement y faire sensiblement augmenter le nombre de prénoms utilisés, or il n'en fut rien. Prenons le cas des départements de la Haute-Loire et de la Seine-et-Marne, où l'on comptait dans les deux cas autour de 2 000 naissances de petites filles chaque année durant la période 1900-1910. Dans le premier département, très catholique, 38 % de ces petites filles étaient appelées Marie contre seulement 6 % en Seine-et-Marne, précocement déchristianisée comme le reste du Bassin parisien. Dans ce département, le nombre de petites filles à être dotées d'un prénom autre que Marie était donc approximativement de 1 900 contre seulement 1 250 en Haute-Loire. Or, sur la décennie 1900-1910, le nombre de prénoms féminins utilisés chaque année était le même en Seine-et-Marne qu'en Haute-Loire (autour de 100 prénoms différents). Cela démontre qu'indépendamment de la matrice catholique, dont l'influence s'exerçait sur de nombreuses régions, il existait également une matrice culturelle commune à tout le territoire national, assurant une grande homogénéité. Or, avec un décalage de quelques décennies par rapport au déclin du catholicisme, cette matrice culturelle commune allait être elle aussi fragilisée puis se disloquer sous l'effet de la montée en puissance du processus d'individualisation qu'a connu la société française.

Ainsi, après la phase de grande stabilité ayant caractérisé la première partie du XXe siècle, le panel de prénoms communément usités par le plus grand nombre de familles et hérité de l'histoire va commencer à s'élargir au lendemain de la Seconde Guerre mondiale. En une dizaine d'années, on va ainsi voir la liste des prénoms donnés au cours d'une année s'étendre à 3 000, soit un bond de 50 %, après plus de cinquante ans d'une très grande stabilité. Une partie de ce phénomène de diversification accrue s'explique sans doute par le babyboom. Avec la très forte augmentation du nombre de

Graphique 18. Évolution du nombre de prénoms différents donnés chaque année en France

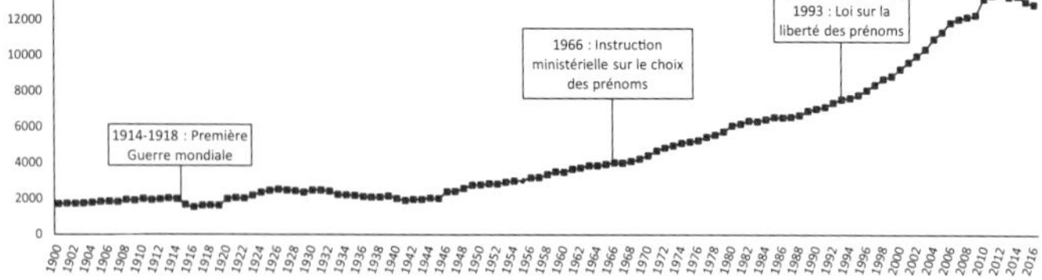

Sources : INSEE.

naissances, la probabilité de recourir à des prénoms nouveaux ou peu usités a mécaniquement augmenté. Mais nous ne tenons là qu'une partie de l'explication. Cette diversification du choix des prénoms est en effet également le symptôme d'un début d'affaiblissement du socle et des cadres culturels communs qui avaient prévalu pendant des siècles. En lien avec le processus d'autonomisation des individus, sous l'effet de la modification progressive des structures familiales et de l'exode rural, les familles ont peu à peu fini par s'affranchir du poids des traditions familiales et des conventions pour opter en faveur de prénoms moins « classiques », témoignant là d'une volonté de se distinguer. Ce processus est ensuite allé *crescendo* et l'on a très vite atteint le seuil des 4 000 prénoms utilisés par an au début des années 1960, puis celui des 6 000 au tout début des années 1980. La poursuite du baby-boom a sans doute favorisé ce mouvement. Mais le déclin de la civilisation agropastorale, le recul de la pratique et de la culture religieuses catholiques (qui avaient une réelle influence sur le choix des prénoms, comme on l'a vu), combinés à l'ouverture de la société française à une diversité culturelle croissante (influence de la culture anglo-saxonne) et à l'émancipation des individus des cadres familiaux traditionnels, ont puissamment accentué cette diversification des prénoms retenus. Comme le montre la courbe, le phénomène s'est ensuite emballé avec le franchissement de la barre des 8 000 prénoms différents au milieu des années 1990, puis 10 000 en 2001 et 12 000 en 2005, avant de se stabiliser autour des 13 000 prénoms différents répertoriés à l'état civil chaque année[1].

1. Sachant que ne sont comptabilisés ici que les prénoms donnés au moins trois fois en France au cours d'une année. Les autres prénoms, donnés seulement une ou deux fois sur une même

Une évolution de la législation qui accompagne et amplifie la tendance de fond

À l'instar de ce que l'on a observé pour les autres paramètres retenus (pratique religieuse catholique, nombre de mariages, de divorces et de naissances hors mariage), la stabilité par rapport à l'ordre ancien, tel qu'il prévalait encore dans l'après-guerre, a ainsi volé en éclats en l'espace de seulement quelques décennies[1]. La rapidité de ce bouleversement est d'autant plus spectaculaire que, comme l'historien Louis Pérouas l'a brillamment montré dans la monographie anthroponymique qu'il a consacrée au Limousin[2], l'univers des prénoms s'était structuré très lentement et très précocement au cours des siècles : un nom unique (sans distinction du nom et du prénom), souvent d'origine germanique au haut Moyen Âge puis, à partir des XIIe et XIIIe siècles, une « irrésistible ascension des prénoms chrétiens », s'effectuant en différentes étapes (prénoms de l'Ancien puis du Nouveau Testament, puis saints locaux), avant la stabilisation des XVIe et XVIIe siècles. Face à l'ampleur

---

année en France, sont comptabilisés à part par l'INSEE dans la rubrique des « prénoms rares ». Nous reviendrons sur ce point un peu plus loin.

1. Le recours à des outils quantitatifs (anthroponymie, sondages, données démographiques de l'INSEE) appliqués au plan national permet de mesurer l'ampleur de ces multiples processus mis en lumière et décortiqués avec une grande finesse par Jean-Pierre Le Goff à l'échelle d'une communauté villageoise observée de manière longitudinale pendant plusieurs décennies. Voir Jean-Pierre Le Goff : *La Fin du village*, *op. cit.*

2. Louis Pérouas *et al.*, *Léonard, Marie, Jean et les autres*, *op. cit.*

et à la rapidité des évolutions intervenues en seulement quelques décennies, on peut aussi, sur ce thème, s'interroger sur l'impact qu'ont eu les changements ou les modifications de la législation sur les dynamiques sociologiques et culturelles qui les ont sous-tendues.

La définition des prénoms autorisés par l'état civil était régie par une très ancienne loi du 11 germinal an XI (1er avril 1803). L'article 1er de cette loi stipulait que, « à compter de la publication de la présente loi, les noms en usage dans les différents calendriers, et ceux des personnages connus de l'Histoire ancienne, pourront seuls être reçus, comme prénoms, sur les registres de l'état civil destinés à constater la naissance des enfants : il est interdit aux officiers publics d'en admettre aucun autre dans leurs actes ». La liste des prénoms autorisés était donc définie de manière stricte, et elle était également figée puisque la loi interdisait toute « fantaisie » ou novation. Le Consulat, pourtant héritier de la Révolution française, incorporait ce faisant tout un pan de la culture chrétienne, qui était à l'origine de très nombreux prénoms présents dans les calendriers, puisqu'il s'agissait de saints et de saintes.

Cette matrice catho-républicaine[1] est restée valide pendant plus de cent cinquante ans, comme en témoigne la grande stabilité du nombre de prénoms donnés chaque année au cours de la première partie du XXe siècle. Le cadre juridique demeura également, pendant tout ce temps, d'une grande stabilité, puisqu'à l'exception d'une instruction ministérielle de 1966, qui élargissait le choix

1. Aux prénoms d'origine ou de culture chrétienne s'adjoignaient ceux qui étaient hérités de l'Antiquité ou de l'histoire de France, donnant à cette liste une dimension également « patriote » ou « républicaine » (l'imaginaire révolutionnaire puis républicain empruntant beaucoup à l'Antiquité).

possible aux prénoms régionaux ou tirés de la mythologie, il fallut attendre la loi du 8 janvier 1993 pour voir reconnu le principe de la liberté de choix des prénoms par les parents. Jusqu'à cette date relativement récente, la loi du 11 germinal an XI définissait le cadre juridique, et même si *de facto* il avait été assoupli, cette loi était l'une des plus anciennes parmi les textes usuels en vigueur.

Le graphique précédent confirme que la diversification des prénoms donnés chaque année a commencé à se manifester au début des années 1950. L'instruction ministérielle de 1966, qui visait sans doute à répondre à cette demande sociale croissante, n'a pas eu d'impact majeur mais elle a accompagné – et peut-être accentué à la marge – une tendance préexistante. L'inflexion de la courbe est, en effet, un peu plus marquée dans les années qui suivent la publication de cette instruction ministérielle. Ce schéma se reproduit de manière nettement plus prononcée avec la loi de 1993, qui eut, par nature, une portée juridique plus grande qu'une simple instruction ministérielle. Alors que le mouvement de diversification des prénoms avait déjà pris beaucoup d'essor dans les années 1970 et 1980, cette loi a fait définitivement sauter le « carcan » (ou cadre de référence) hérité de la matrice catho-républicaine. En effet, comme on peut le constater sur la courbe, une inflation spectaculaire du nombre de prénoms différents enregistrés par l'état civil chaque année s'en est ensuivie à partir du milieu des années 1990. On peut ici dresser un parallèle avec l'adoption des décisions de Vatican II qui, intervenant alors que le processus de déclin de la pratique catholique était déjà amorcé, est venue amplifier le mouvement de déprise.

Le spectaculaire essor des prénoms rares

Cette diversification tous azimuts dans le choix des prénoms donnés aux nouveau-nés apparaît de manière encore plus spectaculaire quand on analyse ce que l'INSEE appelle les prénoms rares. Nous sommes là en présence de la manifestation la plus poussée d'un narcissisme de masse et de la volonté de distinction manifestée par les parents, qui font preuve en l'occurrence d'une très grande originalité, puisque le prénom qu'ils retiennent ou inventent pour leur enfant ne sera donné au mieux que par un autre couple (puisque le prénom rare, rappelons-le, se définit d'après l'INSEE comme ayant été donné moins de trois fois) en France dans l'année durant laquelle, on le précise, le nombre moyen de naissances oscille autour de 750 000 à 800 000 pour ces dernières années… Rappelons par ailleurs que ces prénoms rares n'ont pas été comptabilisés dans la courbe et les chiffres présentés précédemment. Si on se penche donc sur cette catégorie particulière, la tendance à l'individualisation, symptôme de la dislocation d'une matrice culturelle commune, apparaît spectaculairement. On ne comptait ainsi qu'environ 4 000 naissances portant un prénom rare en 1945. Ce chiffre n'a pas beaucoup progressé jusqu'au début des années 1960 (5 800), puis il a très fortement augmenté dans les décennies suivantes pour atteindre 17 500 en 1990 avant de connaître une véritable explosion depuis vingt-cinq ans avec pas moins de 55 000 nouveau-nés portant un prénom rare répertoriés en 2016, et ce sur 762 000 naissances !

Il s'agit là d'une tendance de fond. Pour autant, la carte suivante permet de constater que tous les départements ne sont pas également concernés par ce phénomène. La carte fait ainsi apparaître un Bassin parisien élargi au sein duquel la proportion de nouveau-nés portant un prénom rare est supérieure à la moyenne. En dehors de cette vaste zone centrale courant de la Champagne jusqu'au Limousin, les départements périphériques (Nord-Pas-de-Calais, Bretagne, une partie du littoral méditerranéen, Savoie, Lorraine) semblent moins concernés. Tout se passe comme si le très grand Bassin parisien, territoire précocement déchristianisé et bastion de la famille nucléaire, constituait le foyer principal de cette appétence pour l'individualisation et la distinction à outrance. Dans ce cœur du pays, la désagrégation de la matrice catho-laïque est sans doute la plus accomplie, libérant ainsi un espace à une autonomisation accrue de l'individu affranchi du poids des traditions et des héritages[1]. L'état de dislocation de cette matrice est un peu moins avancé dans les départements périphériques (une culture régionale encore vivace, comme en Bretagne ou en Corse, par exemple, peut en être la cause) et la tendance à la distinction et à l'individualisation exacerbée, s'exprimant dans le choix d'un prénom très rare ou inventé spécialement pour son enfant, y est donc un peu moins prononcée, pour l'heure en tout cas.

Les données de l'INSEE étant exhaustives, on a également pu procéder à des comptages en fonction de l'origine culturelle, religieuse ou géographique des prénoms donnés. En lien avec l'histoire de l'immigration maghrébine, on constate, par exemple, que le nombre de prénoms arabo-musulmans utilisés en France commence à augmenter au milieu des années 1950, puis

1. On notera que la proportion de prénoms rares est un peu moins élevée dans les Hauts-de-Seine et les Yvelines, où la pratique catholique se maintient davantage que dans le reste de l'Île-de-France.

Carte 2. Proportion de nouveau-nés portant un prénom rare par département en 2014

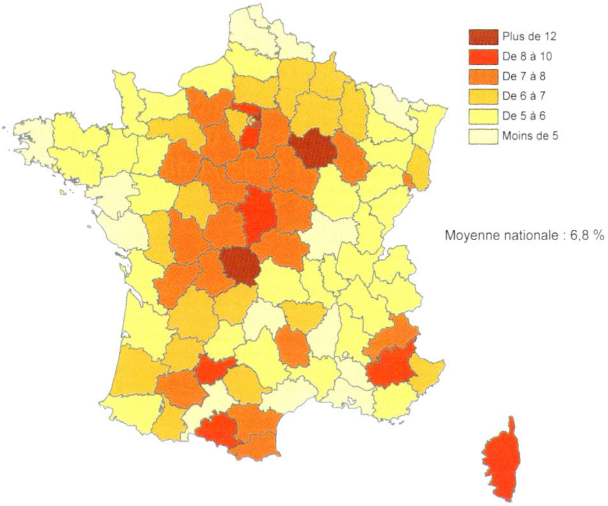

Sources : INSEE.

continue de croître dans les années 1960 et 1970. L'importation de ces prénoms a joué un rôle dans le processus général de diversification massive de la palette des prénoms choisis par les parents. Mais, comme le montre le graphique ci-dessous, le corpus des prénoms arabo-musulmans qui s'est rapidement étoffé sur notre territoire ne représente qu'une part minoritaire de l'extraordinaire panel de prénoms. Entre 1945 et 2014, le nombre total de prénoms différents donnés en une année (hors « prénoms rares ») est, on l'a dit, passé de 2 000 à 13 000, soit une hausse de 11 000. Dans le même temps, le nombre de prénoms d'origine arabo-musulmane répertoriés par l'état civil et l'INSEE passait de 100 à 3 800, soit une hausse de 3 700 prénoms, ce qui correspond seulement à un gros tiers de la hausse générale constatée. Si le passage d'une société ethno-culturellement homogène (jusque dans les années 1970) à une société devenue aujourd'hui hétérogène sur le plan démographique constitue assurément, comme nous le verrons un peu plus loin, l'une des principales métamorphoses françaises, ce phénomène n'a joué que secondairement dans le processus de montée en puissance de l'individualisation et de la dislocation de la matrice culturelle commune aboutissant à l'archipelisation de la société française.

Graphique 19. Évolution du nombre de prénoms différents donnés chaque année

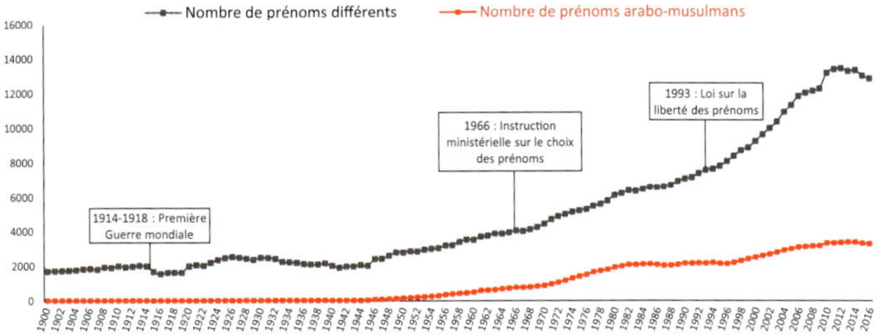

Sources : INSEE.

4

Une société-archipel

La sécession des élites

Ces dernières années, de nombreux observateurs ont souligné l'importance du repli ethnoreligieux dans certains quartiers. Si ce phénomène est bien réel et constitue un fait majeur, comme nous le verrons plus loin, la cohésion de la société française est également mise à mal par un autre processus, moins visible à l'œil nu, mais néanmoins lourd de conséquences. Il s'agit d'un mouvement de séparatisme social, qui engage une partie de la frange supérieure de la société. Christopher Lasch a étudié ce phénomène aux États-Unis[1], mais il est également à l'œuvre chez nous. Les occasions de contacts et d'interactions entre les catégories supérieures et le reste de la population se raréfient. De manière plus ou moins consciente et plus ou moins volontaire, les membres de la classe supérieure se sont progressivement coupés du reste de la population et se sont ménagé un entre-soi bien confortable pour eux.

Cette situation n'est certes pas totalement nouvelle, et il ne s'agit pas de lui opposer une prétendue période révolue, caractérisée par une osmose parfaite entre les

1. Christopher Lasch, *La Révolte des élites et la Trahison de la démocratie*, Paris, Climats, 1996.

élites et le peuple. Mais un processus protéiforme s'est mis en place depuis une trentaine d'années, creusant un fossé qui s'élargit entre la partie supérieure de la société et le reste d'une population parcourue par ailleurs par des lignes de faille.

Cette distance croissante explique le fait que les élites ont de plus en plus de mal à comprendre « la France d'en bas ». Mais elle aboutit également à l'autonomisation d'une partie des catégories les plus favorisées, qui se sentent de moins en moins liées par un destin commun au reste de la collectivité nationale, au point que certains de leurs membres ont fait sécession ou ont procédé à un *spin-off*[1], pour le dire avec les mots des milieux d'affaires.

Un des ressorts majeurs de ce processus est à rechercher dans la nouvelle stratification éducative de la société, engendrée par l'augmentation très significative de la proportion de diplômés du supérieur. Pour Emmanuel Todd, cette situation a abouti au fait que, « pour la première fois, les "éduqués supérieurs" peuvent vivre entre eux, produire et consommer leur propre culture. Autrefois, écrivains et producteurs d'idéologies devaient s'adresser à la population dans son ensemble, simplement alphabétisée, ou se contenter de parler tous seuls. L'émergence de millions de consommateurs culturels de niveau supérieur autorise un processus d'involution. Le monde dit supérieur peut se refermer sur lui-même, vivre en vase clos et développer, sans s'en rendre compte, une attitude de distance et de mépris vis-à-vis des masses, du peuple et du populisme qui naît en réaction de ce mépris[2] ».

1. Création d'une entreprise indépendante par scission d'avec la société-mère.

2. Emmanuel Todd, *Après la démocratie*, *op. cit.*

À cette émergence d'une nouvelle stratification éducative de la société française, caractérisée par l'existence d'une strate de diplômés du supérieur rassemblant environ 30 % de la population, se sont ajoutés d'autres processus de nature diverse aboutissant *in fine* à la sécession culturelle, géographique et idéologique des élites.

La densité de cadres vivant au cœur des métropoles ne cesse de se renforcer

Avec son modèle social fortement redistributif et un niveau de prélèvements obligatoires parmi les plus élevés du monde, la France est certes un pays où les inégalités sont moins fortes qu'ailleurs et où les écarts se sont moins rapidement accrus, par exemple lors de la crise économique de 2007-2008. Quoi qu'il en soit, notre propos ne porte pas sur le développement des inégalités mais sur le recul de la mixité sociale conduisant *de facto* à un repli, voire au séparatisme des catégories supérieures. De ce point de vue, l'analyse des choix résidentiels est l'un des indicateurs les plus manifestes de ce recul entamé au milieu des années 1980.

Comme l'ont montré notamment Éric Maurin[1] ou Christophe Guilluy[2], sous l'effet conjugué de la hausse des prix de l'immobilier, de la tertiarisation du tissu économique des principales métropoles françaises et de la « gentrification » (embourgeoisement) des anciens quartiers ouvriers, la diversité sociologique s'est considérablement réduite dans le cœur des grandes villes. Alors que la part des catégories populaires chutait

1. Éric Maurin, *Le Ghetto français. Enquête sur le séparatisme social*, Paris, Seuil/La République des idées, 2004.

2. Christophe Guilluy, *Fractures françaises*, Paris, François Bourin, 2010.

fortement, celle des cadres et des professions intellectuelles grimpait en flèche. Le cas de Paris est emblématique. Comme le montre le graphique suivant, les cadres et les professions intellectuelles représentaient seulement 24,7 % de la population active parisienne lors du recensement de 1982. Cette proportion est passée à 33 % en 1990 puis à 36,6 % en 1999, pour atteindre 46,4 % en 2013. En l'espace de trente ans, leur poids a donc quasiment doublé quand, dans le même temps, la proportion des employés et des ouvriers était quasiment divisée par deux.

À l'échelle d'une ville de la taille de Paris, ce changement dans la morphologie sociale est spectaculaire. Il est vrai qu'il a toujours existé des quartiers bourgeois et des quartiers populaires dans la capitale, et que les différents milieux sociaux ne se mélangeaient pas[1]. Mais, sous l'effet de cette modification très profonde des équilibres sociologiques et du poids pris par les catégories

Graphique 20. 1982-2013 : Évolution de la composition de la population active résidant à Paris

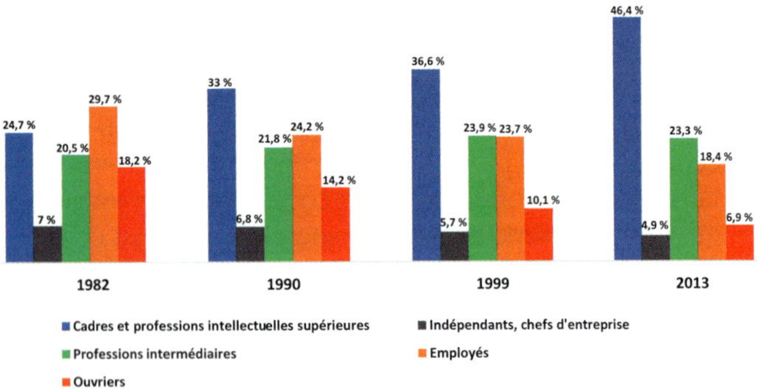

1. Voir notamment à ce sujet : Louis Chevalier, *Classes laborieuses et classes dangereuses*, Paris, Plon, 1958.

favorisées, leurs membres non seulement n'ont pas davantage qu'autrefois vocation à se mélanger avec les personnes issues de milieux populaires, mais, souvent, n'ont même plus l'occasion ou le besoin de les côtoyer ou de les croiser. Les ouvriers et les employés (en bonne partie issus de l'immigration) qui demeurent dans la capitale sont cantonnés dans les quartiers d'habitat social situés en bordure du périphérique ou dans une partie de l'Est parisien. Hormis ces enclaves populaires, l'espace de vie des catégories socioprofessionnelles favorisées (CSP +) s'est considérablement dilaté pour correspondre aujourd'hui à la majeure partie de la capitale et une partie de la banlieue ouest. Disposant, dans ce vaste territoire, à la fois de logements, de commerces, d'espaces culturels, de loisirs et de lieux de travail, les CSP + vivent de plus en plus en autarcie. Évoluant dans un environnement façonné en fonction de leurs besoins, les membres des classes favorisées développent un grégarisme social et un système de valeurs de plus en plus homogène.

Les résultats électoraux du premier tour de l'élection présidentielle de 2017 à Paris révèlent, certes, que les différences d'orientation idéologique demeurent. Les scores obtenus par deux candidats, Emmanuel Macron et François Fillon, y ont été néanmoins très élevés et, au second tour, le représentant d'En Marche ! a réalisé des scores hégémoniques oscillant entre 90 et 95 % sur un très vaste territoire. Cet écosystème est en effet très étendu. Il englobe la majeure partie des arrondissements de la capitale, mais aussi certaines communes aisées des Hauts-de-Seine et des Yvelines, soit plusieurs centaines de milliers de personnes au total. Comme le montre la carte suivante, un automobiliste qui part de la place de la Concorde à Paris peut faire plus de 30 kilomètres en direction de l'ouest et ne traverser que des communes dans lesquelles la proportion de cadres, de professions intellectuelles et de professions indépendantes est supérieure à 40 %, voire souvent 50 % de la population active. En partant du même point, on peut se livrer au même *road trip*, avec le même résultat, à travers la ceinture dorée francilienne en direction du sud-ouest, vers la vallée de Chevreuse.

Carte 3. Proportion de cadres et professions indépendantes en région parisienne en 2014 (en pourcentage des actifs)

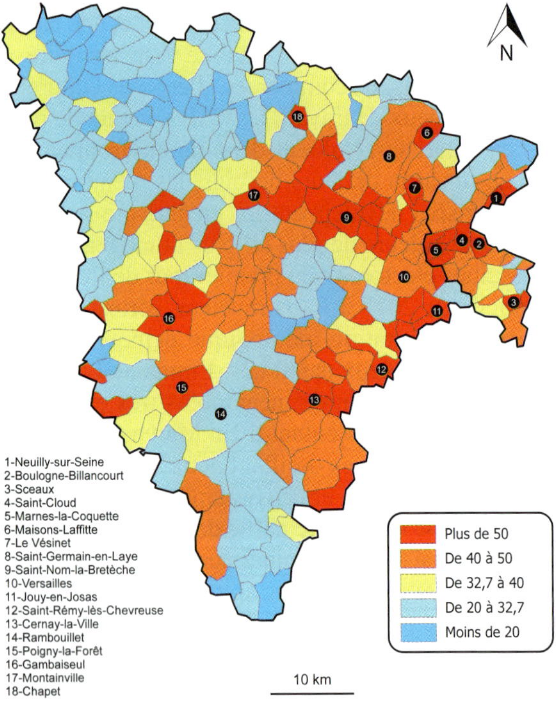

Sources : INSEE.

Cette zone de villégiature privilégiée couvre aujourd'hui plusieurs dizaines de kilomètres carrés, espace suffisamment vaste pour que ces populations puissent parfaitement vivre en vase clos. Même si la proportion de CSP + est un peu moins élevée, on constate le même phénomène sur une large aire géographique au nord-ouest de Lyon, dans les fameux et prisés Monts d'Or.

Carte 4. Proportion de cadres et professions indépendantes en région lyonnaise en 2014 (en pourcentage des actifs)

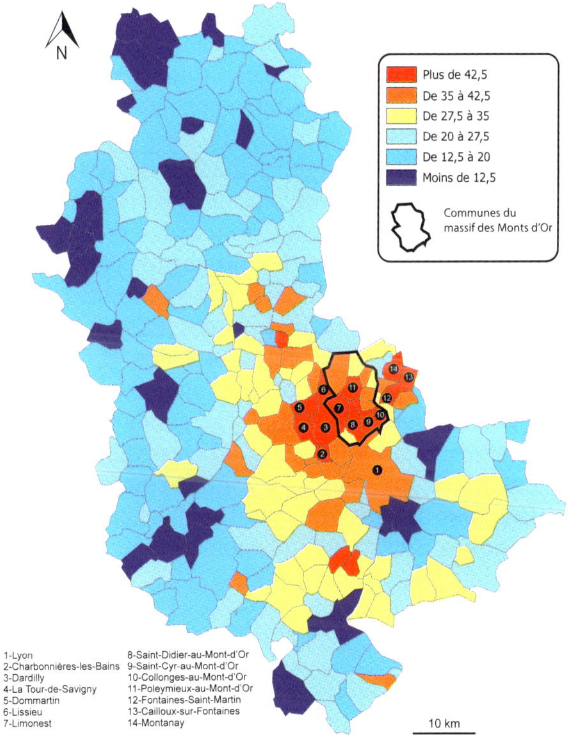

Sources : INSEE.

Cette carte montre au passage la très forte variation de la proportion de CSP + dans les différentes communes de Rhône, cette densité déclinant linéairement au fur et à mesure que l'on s'éloigne de la métropole, dont une vaste partie constitue une enclave aisée.

Ayant progressivement perdu le contact avec le reste de la société, et notamment avec les catégories populaires qu'elles côtoient peu, les classes favorisées ont de plus en plus de mal à appréhender la réalité du pays. Non seulement les différentes fractions des classes supérieures partagent les mêmes orientations sur les sujets essentiels, mais elles s'éloignent par conséquent mécaniquement des attentes et du système de valeurs des classes moyennes et des catégories populaires.

Le processus d'embourgeoisement et de gentrification est particulièrement spectaculaire à Paris et à Lyon, mais il engage également les principales métropoles françaises. Comme on peut le voir sur les graphiques suivants, cette mécanique implacable s'observe à Toulouse, à Strasbourg ou encore à Nantes. Partout, depuis le recensement de 1982, le poids des cadres et des professions intellectuelles n'a cessé d'augmenter quand, dans le même temps, la part des catégories populaires fondait comme neige au soleil. Si, en niveau comme en intensité, ce phénomène est moins marqué dans ces métropoles de province que dans la capitale, il est néanmoins très net, avec un phénomène d'accélération depuis le début des années 2000.

Graphique 21. 1982-2013 : Évolution comparée du poids des cadres et des catégories populaires dans la population active des différentes villes

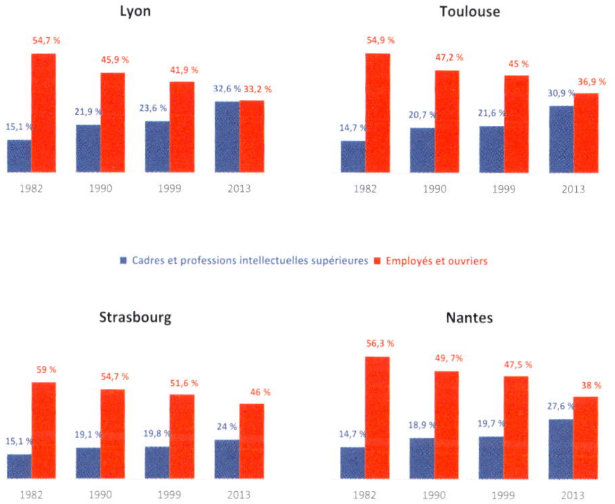

Quand les CSP + investissent massivement les écoles privées

Depuis une trentaine d'années, conséquence d'un accord tacite entre le ministère de l'Éducation nationale et l'enseignement privé, les parts de marché du public et du privé ont été figées. En dépit de la demande croissante pour le privé, ce dernier scolarise toujours la même proportion d'élèves, soit environ 15 %. Mais si ce pourcentage est demeuré à peu près le même, la composition de la population fréquentant l'enseignement privé s'est modifiée depuis une trentaine d'années. Du fait du déclin de la pratique religieuse, y compris dans les régions autrefois les plus catholiques, l'enseignement privé (très majoritairement catholique) recrute de moins en moins sur une base confessionnelle. Alors que la compétition scolaire s'intensifie et que la baisse du niveau dans le public est régulièrement dénoncée, un nombre croissant de familles se tournent vers le privé, davantage capable à leurs yeux d'offrir un cadre d'apprentissage exigeant et performant. Dans les grandes villes, choisir le privé pour ses enfants peut également s'inscrire dans une stratégie de contournement de la carte scolaire pour éviter de les envoyer dans un établissement-ghetto.

Dans ce contexte concurrentiel accru, les catégories favorisées bénéficient de ressources financières plus importantes, disposent d'un meilleur niveau d'information et accordent souvent une importance primordiale à l'acquisition d'un bon capital scolaire. Elles sont donc potentiellement plus enclines à frapper à la porte de l'enseignement privé. De ce fait, si, entre 1984 et 2012, la proportion des enfants issus de familles favorisées est demeurée stable dans le public, elle a augmenté très significativement dans l'enseignement privé, passant de 26 % en 1984 à 30 % en 2002, pour atteindre ensuite 36 % en 2012[1].

Tableau 9. 1984-2012 :
Évolution de l'origine sociale des enfants…

… scolarisés dans le public				
Origine sociale	**1984**	**2002**	**2012**	***Évolution***
Défavorisée	35 %	41 %	41 %	***+ 6 points***
Moyenne	47 %	41 %	40 %	***– 7 points***
Favorisée	18 %	18 %	19 %	***+ 1 point***
Total	100 %	100 %	100 %	

… scolarisés dans le privé				
Origine sociale	**1984**	**2002**	**2012**	***Évolution***
Défavorisée	22 %	24 %	19 %	***– 3 points***
Moyenne	52 %	46 %	45 %	***– 7 points***
Favorisée	26 %	30 %	36 %	***+ 10 points***
Total	100 %	100 %	100 %	

1. Sources : Gabriel Langouët et Alain Léger, *Public ou privé ? Trajectoires et réussites scolaires*, RERS-Ministère de l'Éducation nationale, 2017.

Les chiffres des tableaux ci-dessus montrent certes que la mixité sociale n'a pas disparu dans l'enseignement privé. Néanmoins, la proportion des enfants issus de familles favorisées y est désormais deux fois plus importante (36 %) que dans le public (19 %). L'écart était beaucoup moins marqué en 1984 : 26 % contre 18 %. En outre, ces statistiques nationales masquent des disparités plus tranchées encore dans certaines académies et dans les grandes agglomérations. Du fait de la sectorisation, la ségrégation sociale atteint ainsi des sommets à Paris. Comme l'ont montré les travaux de l'économiste Julien Grenet[1], les collèges scolarisant les plus faibles proportions d'enfants issus de milieux défavorisés appartiennent dans leur écrasante majorité à l'enseignement privé. À l'inverse, les collèges accueillant le public le plus défavorisé sont tous sans exception publics.

Ainsi, non seulement la mixité sociale a fortement reculé au plan géographique au cours des trente dernières années, avec une concentration des CSP + dans le cœur des grandes métropoles, mais cette ségrégation sociale s'est accompagnée d'une ségrégation scolaire renforcée, avec un choix de plus en plus fréquent des catégories favorisées pour l'enseignement privé.

Différents travaux de recherche ont par ailleurs mis en évidence une concentration qui devient massive des enfants des CSP + dans les grandes écoles. Selon Michel Euriat et Claude Thélot, la part des élèves d'origine modeste parmi les élèves des quatre plus grandes écoles (l'École polytechnique, l'ENA, HEC et l'ENS) est passée de 29 % en 1950 à 9 % au

1. Julien Grenet, *Renforcer la mixité sociale dans les collèges parisiens*, Paris, CNRS-École d'économie de Paris, juin 2016.

milieu des années 1990. À cette époque, les enfants de cadres et de professions intellectuelles supérieures ne représentaient pas moins de 85 % des effectifs de ces écoles[1]. Le public de ces établissements, où se forme l'élite de la nation, est donc devenu sociologiquement complètement homogène, ce qui n'était pas le cas dans les années 1960 et 1970. Travaillant non seulement sur ces quatre établissements les plus prestigieux, mais sur l'ensemble des grandes écoles, Valérie Albouy et Thomas Wanecq parviennent aux mêmes conclusions et constatent que « la base sociale de recrutement des grandes écoles semble se resserrer dans les années 1980 après avoir connu une relative démocratisation à l'image de l'ensemble de l'enseignement supérieur[2] ».

De la même façon, et ce n'est pas sans lien avec les résultats que nous venons d'évoquer, alors qu'entre les années 1970 et 2010 l'hétérogamie sociale a progressé très significativement dans la société française, ce n'est pas le cas parmi les diplômés des grandes écoles, où l'homogamie a gagné du terrain. Au terme d'une étude fouillée sur l'évolution de l'homogamie en France depuis le début des années 1970, Milan Bouchet-Valat concluait : « Nous semblons assister à une unification lente mais régulière de la société française, qui contraste avec un mouvement de repli décelable à son extrême sommet[3]. »

1. Michel Euriat et Claude Thélot, « Le recrutement social de l'élite scolaire en France. Évolution des inégalités de 1950 à 1990 », *Revue française de sociologie*, n° 36, 1995, p. 403-438.

2. Valérie Albouy et Thomas Wanecq, « Les inégalités sociales d'accès aux grandes écoles », *Économie et Statistique*, n° 361, 2003.

3. Milan Bouchet-Valat, « Les évolutions de l'homogamie de diplôme, de classe et d'origine sociales en France (1969-2011).

1996-2001 : la fin du service militaire sonne le glas du brassage social via *les chambrées*

Alors que le quartier (voire la ville) de résidence et l'école assuraient de moins en moins leur fonction de brassage social, une autre institution, qui avait permis durant des décennies aux membres des catégories supérieures de côtoyer leurs concitoyens issus des classes moyennes et des catégories populaires, a disparu à la fin des années 1990.

Du fait du changement de contexte géopolitique engendré par la disparition de la menace soviétique, Jacques Chirac a opté, en 1996, pour l'armée de métier, mettant ainsi fin à la conscription. Les casernes ont accueilli les derniers appelés en 2001. Or, même si sa durée avait été progressivement raccourcie et si les exemptions accordées s'étaient multipliées, le service militaire demeurait une période au cours de laquelle une culture patriotique était dispensée à tous les conscrits, où le sentiment d'appartenance à la nation se forgeait. D'autre part, même s'il avait perdu de son caractère universel au fil du temps et ne s'adressait qu'aux garçons, une fraction très importante de chaque génération passait sous les drapeaux et faisait l'expérience d'une vie partagée pendant de longs mois. Contrairement à une idée reçue, les plus diplômés (parmi lesquels les jeunes gens issus des catégories supérieures étaient surreprésentés) ne bénéficiaient pas d'un taux d'exemption plus important. D'après une enquête réalisée par Pierre Granier, Olivier Joseph et Xavier Joutard et portant sur différentes

---

Ouverture d'ensemble, repli des élites », *Revue française de sociologie*, vol. 55, 2014, p. 459-505.

« cohortes » de jeunes, au début des années 1990, 67 % des garçons d'une même classe d'âge accomplissaient leur service national. Cette proportion était quasiment identique parmi les plus diplômés (entre 60 % et 66 %)[1]. Avant sa suppression, le service national permettait ainsi à environ deux tiers des plus diplômés et des garçons issus des milieux les plus favorisés de côtoyer durant plusieurs mois, et sur un même pied d'égalité, des garçons venus d'autres univers sociaux. Cette expérience sociologique et humaine n'est désormais plus possible, alors même que les interactions entre les membres des classes les plus favorisées et le reste de la société, on l'a vu, sont devenues de moins en moins fréquentes au cours des trente dernières années. De ce point de vue, il n'est d'ailleurs pas anodin de constater qu'Emmanuel Macron, régulièrement présenté comme le Président de « la France qui va bien » et des catégories les plus favorisées, est le premier président de la Ve République à ne pas avoir accompli son service militaire.

Le lent déclin des colonies de vacances

Une autre institution assurant un certain brassage social a connu des mutations profondes au cours des trente dernières années. En 2016, les colonies de vacances n'ont accueilli que 800 000 enfants, contre plus d'un million en 2007 et 2 millions au début des années 1980[2]. Parallèlement à cette désaffection générale, l'univers des « colos » connaît, depuis la fin des

1. Pierre Granier, Olivier Joseph et Xavier Joutard, « Le service militaire et l'insertion professionnelle des jeunes suivant leur niveau d'étude. Les leçons de la suspension de la conscription », *Revue économique*, vol. 62, 2011, p. 651-686.

2. Et 4 millions dans les années 1960, à leur apogée.

années 1980, un phénomène de « spécialisation » autour de certains thèmes : équitation, astronomie, plongée, musique… Cette tendance a eu pour effet de renchérir le coût des séjours et de segmenter fortement le public concerné. Les colonies généralistes, organisées par les collectivités locales où l'on envoyait les enfants, quel que soit leur milieu social d'origine, de deux à quatre semaines, ont du plomb dans l'aile. Pour le sociologue Yves Raibaud, « la colo n'est plus ce lieu de brassage social[1] ». Une partie des familles les plus modestes continuent, certes, à envoyer leurs enfants en colonie de vacances grâce aux aides sociales et aux tarifs subventionnés par les mairies ou les départements. Quant aux catégories supérieures, elles ne les désertent pas non plus, mais orientent leurs enfants vers les colonies privées, proposant des séjours à thème (calés sur les attentes de ce public particulier). Les enfants y côtoieront essentiellement des jeunes issus du même milieu social qu'eux. Les classes moyennes, quant à elles, pas assez pauvres pour bénéficier des tarifs sociaux et des allocations spécifiques, et pas assez riches pour offrir à leurs enfants des séjours coûteux, se sont progressivement détournées des colonies de vacances.

De manière plus anecdotique, car les volumes de population concernés sont plus faibles, une sélection sociale est également à l'œuvre dans un autre secteur relevant des loisirs : le football. On considère généralement que ce sport fédère un large public au-delà des barrières sociales. Ce n'est d'ailleurs sans doute pas un hasard si de nombreux responsables politiques ou dirigeants d'entreprise affichent leur passion pour le ballon rond et se font volontiers photographier, écharpe du

1. Cité dans Mathilde Damgé, « Que reste-t-il de la mixité sociale des colonies de vacances ? », *Le Monde*, 2 août 2017.

club autour du cou, dans les stades. Ces clichés ont pour vocation de montrer que ces représentants de l'élite sont capables de s'« encanailler » et de venir au contact du public populaire.

Cette « plongée dans le peuple » doit toutefois être relativisée. D'une part, ces VIP assistent la plupart du temps aux matchs depuis les loges présidentielles. D'autre part, en raison de la financiarisation du football, les principaux stades français ne sont plus ce lieu de brassage social où les cadres feraient corps avec les ouvriers pour soutenir leur équipe de cœur. Les méthodes du marketing sont utilisées ici aussi pour segmenter l'offre : le prix des places varie en effet fortement d'une tribune à l'autre. Plus globalement, les tarifs des abonnements ont fortement augmenté : entre 2010 et 2013, l'abonnement au Parc des Princes s'est ainsi envolé de 191 %.

Dans ce stade, à l'abri des abonnés de base, le carré VIP (autrefois appelé « la corbeille »), correspondant aux 224 places situées idéalement au-dessus du banc des deux équipes, offre le spectacle d'un entre-soi où le mélange des genres entre sportifs, membres du show-biz, politiques et chefs d'entreprise est savamment dosé. Cette mise en scène remonte aux « années Canal » (1991-2006), quand la chaîne cryptée possédait le PSG, ainsi que le raconte Valérie de La Rochebrochard : « J'avais la confiance totale de Pierre Lescure pour placer les personnalités. On aimait provoquer des rencontres, notamment entre ceux qui ne se connaissaient pas. La "corbeille" est devenue un lieu d'échange incroyable[1]. » Depuis lors, cette pratique

1. https://www.ouest-france.fr/leditiondusoir/data/7784/reader/reader.html?_escaped_fragment_=preferred/1/package/7784/pub/10731/page/12.

ne s'est pas démentie, et les soirs de matchs on peut régulièrement apercevoir ce gotha bigarré deviser de concert sous l'œil des caméras et des appareils photo des paparazzis.

Ce « carré VIP » symbolise jusqu'à la caricature la bulle qui s'est créée autour des élites et des catégories dirigeantes. Ces privilégiés assistent, certes, à un vrai match de football au Parc des Princes, mais dans des conditions très particulières. Hormis le confort de la tribune qui leur est réservée, ils bénéficient d'un buffet à l'entracte et ne font pas la queue pour accéder au stade. Alors qu'ils se trouvent dans le même stade que les supporteurs de base, l'expérience qu'ils vivent lors de ces matchs est donc très singulière[1].

Pour rester dans le domaine des loisirs, notons que les sports d'hiver fournissent un autre exemple de pratique socialement segmentée. Dans certains milieux, faire un séjour dans une station alpine au mois de février est quasiment la norme. Mais seuls 8 % des Français partent aux sports d'hiver au moins une fois tous les deux ans[2] et, compte tenu du coût que représentent de tels séjours, ce type de vacances est l'apanage des ménages les plus aisés. Pour autant, cette activité fait l'objet d'une importante couverture médiatique : points périodiques à la météo sur l'enneigement des stations, reportages divers et variés sur les risques attachés au hors-piste, flashs infos sur les

1. Au sujet de la gentrification des stades de football, on pourra notamment se reporter à Richard Bouigue et Pierre Rondeau, « Le peuple des loges. Quand les classes populaires se font chasser des stades de foot », note de la Fondation Jean-Jaurès, mai 2018.

2. Voir : « Les sports d'hiver, une pratique de privilégiés », Observatoire des inégalités, 13 février 2018.

embouteillages en direction des stations, comptes rendus des nouvelles tendances en vogue sur les pistes. Cette couverture disproportionnée de la thématique des sports d'hiver dans les grands médias nationaux, associée à une pratique très répandue parmi les CSP +, notamment francilienne (comme en témoignent les pics de circulation à l'entrée de l'autoroute A6 en direction des Alpes et l'afflux gare de Lyon lors des vacances scolaires de février), peut entretenir dans ces milieux l'idée selon laquelle les vacances à la neige constitueraient une activité largement partagée dans une bonne partie de la population, à l'instar des vacances d'été. Or, il n'en est rien.

Le clivage « France d'en haut/ France d'en bas » est de plus en plus manifeste au sein des partis

Si, en France, les partis politiques n'ont jamais été des organisations de masse rassemblant des centaines de milliers de militants, ils constituaient néanmoins, et notamment à gauche, un lieu dans lequel différentes catégories sociales pouvaient se côtoyer. Et, même si le recrutement du Parti socialiste, par exemple, n'a jamais été extrêmement populaire, des cadres, des professions libérales et des responsables politiques locaux ou nationaux pouvaient y croiser des représentants des classes moyennes ou d'une fraction des milieux populaires et échanger avec eux. Cette fonction des partis politiques n'est pas à négliger : elle permettait à des dirigeants et à ceux qui sont chargés de réfléchir à l'avenir du pays de prendre le pouls de la société et de s'extraire, pour un temps, de leur milieu social d'origine ou du microcosme politique. Or, pour s'en tenir au cas du Parti socialiste (parti pour lequel on dispose de données d'enquêtes sur le profil des adhérents), la mixité sociale a fortement reflué dans les sections depuis le milieu des années 1980.

Tableau 10. 1985-2011 : Évolution de la composition sociologique des adhérents du Parti socialiste

Catégorie socioprofessionnelle	1985	1998	2011	*Évolution 1985-2011*
Cadre supérieur	19 %	20 %	38 %	*+ 19 points*
Professeur	9 %	14 %	11 %	*+ 2 pts*
Instituteur	17 %	9 %	7 %	*– 10 points*
Profession intermédiaire/employé	32 %	36 %	32 %	=
Ouvrier	10 %	5 %	3 %	*– 7 points*
Autre	13 %	16 %	9 %	*– 4 points*

Sources : Claude Dargent et Henri Rey, « Sociologie des adhérents socialistes », *Les Cahiers du Cevipof*, n° 59, décembre 2014.

Comme on peut le voir dans le tableau ci-dessus, la proportion des cadres supérieurs a doublé (l'essentiel de la progression s'observant entre 1998 et 2011), alors que la proportion d'instituteurs, qui fournissaient un adhérent sur six au Parti socialiste au milieu des années 1980, n'a cessé de reculer pour ne plus représenter qu'un adhérent sur quatorze en 2011. Les effectifs ouvriers, déjà initialement peu nombreux en 1985 (10 %), ont quasiment disparu en 2011 (3 %). La part des employés et des professions intermédiaires, quant à elle, est demeurée stable. Cela peut s'expliquer par la constance d'un public relativement captif : celui des collaborateurs d'élus ou d'agents des collectivités locales à direction socialiste. Or, par ses caractéristiques particulières, cette clientèle diffère assez nettement des classes moyennes et des employés du privé. Quoi qu'il en soit, alors qu'en 1985 cette catégorie représentait, et de loin, la principale composante sociologique des adhérents socialistes, elle a été supplantée par les cadres supérieurs qui, en 2011, constituaient le groupe le plus représenté dans le parti. Il s'agit certes ici de statistiques nationales. Mais on peut formuler l'hypothèse que, dans les sections implantées dans les grandes métropoles (où se concentre le pouvoir au sein de l'appareil), la proportion de CSP + parmi les adhérents est encore plus forte, et la diversité sociologique des troupes militantes encore plus faible[1].

Fatalement, les sujets de préoccupations et les priorités retenues par l'appareil militant s'en trouvent progressivement modifiés. Les thématiques sociales, portées traditionnellement par la gauche, sont délaissées au profit de sujets « sociétaux » parlant davantage aux CSP + et aux plus diplômés, comme en témoignent les propos de ce haut dirigeant du PS cité dans *Marianne* : « Notre vrai problème, c'est que, dans nos réunions internes, on s'engueule pendant deux heures sur la GPA, et on évacue le Smic en 5 minutes[2]… » Cette coupure d'avec les préoccupations des classes moyennes et populaires est manifeste dans les instances parisiennes du PS, mais on

1. Des données de l'Ifop plus récentes, mais portant sur le profil des candidats présentés par le PS lors des élections départementales de mars 2015, viennent confirmer la forte prévalence de la catégorie des cadres dans les sphères les plus actives du parti. Si l'on comptait une très forte proportion de retraités parmi les candidats présentés lors de ces élections, les cadres pesaient pour 16,6 % des candidats contre 6,5 % pour les employés et les ouvriers.

2. *In* « Gauche GPA et France Nutella », Renaud Dély, *Marianne*, 2 février 2018.

la constate également dans les fédérations de province, y compris dans un département comme l'Aude, jadis le plus socialiste de France. Dans ce département, la fédération socialiste quadrillait le terrain et bénéficiait d'un véritable ancrage populaire. Mais la montée en puissance d'une nouvelle génération de responsables et d'élus a créé progressivement, ici comme ailleurs, un véritable fossé, comme l'explique Jean-Claude Perez, ancien maire PS de Carcassonne : « Les nouveaux responsables socialistes manquent d'humanité. Ce sont des technos, des croquemorts ! » L'ancien élu poursuit et évoque le souvenir d'une figure marquante du socialisme audois, le député Régis Barailla (député de 1983 à 1993), un viticulteur à l'accent rocailleux qui avait l'estime des ouvriers et des paysans : « Peut-être qu'on se moquait du député plouc à Paris, mais ici, les ploucs, ils étaient au rendez-vous à chaque élection[1]. »

Autonomisation idéologique et psychologique de l'élite

À l'instar de ce que Christopher Lasch a analysé pour les États-Unis[2], le séparatisme social qui s'est développé en France au sein des catégories les plus favorisées et diplômées de la population au cours des trente dernières années a progressivement engendré chez elles un recul du sentiment d'appartenance à la communauté nationale et de proximité avec elle. Vivant de plus en plus en vase clos, avec peu d'interactions avec les autres parties de la population, ces élites comprennent de moins

1. Voir Hadrien Mathoux, « Dans l'Aude, la fête socialiste est finie », in *Marianne*, 16 mars 2018.

2. Christopher Lasch, *La Révolte des élites et la Trahison de la démocratie, op. cit.*

en moins bien le reste de la société. Les réactions et les comportements, notamment au plan électoral, des milieux populaires et des classes moyennes échappent souvent à leur entendement. Elles expriment volontiers surprise et inquiétude face au fossé idéologique qui s'est ainsi creusé.

Ce n'est pas un hasard si la formule « France d'en haut et France d'en bas » a été lancée par Jean-Pierre Raffarin au lendemain de l'élection présidentielle de 2002. Il s'agissait de rendre compte du choc provoqué par l'élimination de Lionel Jospin et par la qualification de Jean-Marie Le Pen au second tour, symbolisant le ressentiment anti-élites de la France d'en bas. Si cette expression a surgi au début des années 2000 et a fait florès, c'est qu'elle entrait en résonance avec le phénomène sociologique que l'on vient d'évoquer, apparu dans le courant des années 1980 et plus marqué encore au tournant des années 2000. Trois ans plus tard, en 2005, éclate un nouveau coup de tonnerre avec la large victoire du « non » au référendum sur le traité constitutionnel européen : 62 % des cadres et des professions intellectuelles votent « oui » contre seulement 45 % de l'ensemble de la population (au sein de laquelle 38 % des employés et 26 % des ouvriers). La fracture est béante, et les catégories favorisées sont interloquées par l'ampleur de la victoire du « non ». Cet état de sidération signe en quelque sorte la déconnexion d'une grande partie des élites au sens large, qui, pour reprendre la formule de Thomas Frank, vivent de plus en plus « comme des touristes dans leur propre pays[1] ».

Des données d'enquêtes par sondages permettent d'objectiver le décalage de perceptions et d'opinions

1. Thomas Frank, *Pourquoi les pauvres votent à droite ?*, Marseille, Agone, 2013.

entre les CSP + et le reste de la population. En appliquant une méthode de calcul et de segmentation développée par l'INSEE (croisant le niveau de revenu et le nombre de personnes au foyer), nous pouvons stratifier les échantillons nationaux représentatifs de la population en différentes catégories : « les hauts revenus », « les catégories aisées », « les classes moyennes supérieures », « les classes moyennes inférieures », « les catégories modestes » et « les catégories pauvres ».

Au sommet de cette segmentation, les « hauts revenus » représentent 6 % de la population. On peut considérer que ce groupe ainsi constitué correspond assez bien à la catégorie de la population qui nous intéresse ici et que nous appelons les « classes favorisées » ou les « élites ». Cette méthode de segmentation appliquée aux résultats d'une grande enquête réalisée par l'Ifop en novembre 2017[1] fait apparaître des écarts très importants entre l'état d'esprit, les attentes et les priorités des « hauts revenus » et ceux du reste de la population.

Ainsi, alors qu'à l'automne 2017 71 % des « hauts revenus » se déclaraient optimistes pour leur avenir et celui de leurs proches, le reste de la population était beaucoup plus partagé, avec seulement 50 % d'optimistes. Un écart d'environ 20 points s'observe également sur la question de l'attitude à avoir face au monde qui change. L'idée selon laquelle « la priorité, c'est de transformer en profondeur la France pour l'adapter au mieux au monde qui change » est ultra-dominante et hégémonique parmi les hauts revenus, avec 77 % d'adhésion, contre 23 % qui pensent que « la priorité,

1. *Le Tableau de bord de la transformation de la France – vague 3*. Enquête réalisée par l'Ifop pour No Com, auprès d'un échantillon national représentatif de 2 009 personnes, interrogées *on line* du 24 au 28 novembre 2017.

c'est de préserver la France telle qu'elle est pour protéger son identité face au monde qui change ». Dans ces milieux, le rapport de force est donc très favorable à la « transformation » et à l'« adaptation » du pays, discours qui a été porté par Emmanuel Macron pendant la dernière campagne présidentielle et depuis son élection. Mais cette orientation est beaucoup moins partagée dans le reste du pays. Une majorité (56 %) y est certes favorable, mais 44 % (soit pratiquement deux fois plus que parmi les « hauts revenus ») accordent la priorité à la préservation de l'identité de la France face à un monde qui change. On touche ici un point fondamental. Si l'idéologie de la transformation nécessaire est hégémonique dans les catégories les plus favorisées, elle est beaucoup plus contestée dans le reste de la population, comme le montrera le mouvement des « gilets jaunes ».

Les divergences de vues portent également sur les déclinaisons concrètes de cette adaptation du modèle français à la nouvelle donne mondiale. Les « hauts revenus » optent très majoritairement pour des mesures libérales qui sont rejetées par le reste de la population. Ainsi, 68 % des « hauts revenus » pensent que la baisse des impôts pour les entreprises initiée par le gouvernement « va contribuer à transformer la France dans le bon sens », alors que ce n'est le cas que pour 48 % du reste des sondés. On observe ici toujours le même écart de l'ordre de 20 points entre les deux publics. Cet écart se creuse davantage, puisqu'il atteint alors 26 points, à propos de la réforme du code du travail votée par ordonnances à l'automne 2017. 58 % des « hauts revenus » estiment qu'elle « va contribuer à transformer la France dans le bon sens », jugement qui n'est partagé que par 32 % du reste de la population. L'écart est également de 26 points sur une autre question sociale majeure : 52 % des « hauts revenus » considèrent ainsi comme « secondaire » ou seulement « assez important » qu'il y ait moins d'écart entre les hauts et les bas salaires, contre 48 % qui jugent que c'est « une priorité absolue » ou que c'est « très important ». Si la catégorie la plus favorisée est donc partagée en deux sur ce sujet sensible, l'urgence d'une réduction des écarts des salaires est beaucoup plus massivement ressentie dans le reste de la population. 74 % considèrent cela comme une « priorité absolue » ou comme étant « très important ».

Ces chiffres illustrent bien les différences d'état d'esprit qui opposent les « hauts revenus » et le reste de la population. Ils nous montrent, par ailleurs, que sur un certain nombre de sujets – qu'il s'agisse du rapport à l'avenir, de la nécessité de transformation de la France face à un monde qui change ou de l'effet vertueux pour le pays des baisses d'impôts sur les entreprises – une grande homogénéité existe (avec des scores oscillant entre 68 % et 77 % sur ces trois questions) parmi les « hauts revenus », alors que le rapport de force est beaucoup plus disputé dans le reste de la population. Cela traduit à l'évidence l'existence d'une vision commune, largement partagée dans les milieux favorisés, sur les grandes orientations à prendre. La transformation libérale du pays, visant à l'adapter à la nouvelle donne mondiale, pourrait alors être qualifiée d'idéologie dominante – ou, plus exactement, d'idéologie des dominants.

L'exil fiscal : stade ultime de la sécession des élites

Le processus de séparatisme social à l'œuvre dans les catégories les plus favorisées conduit, on l'a vu, au développement d'un entre-soi et à une déconnexion croissante d'avec le reste de la population. Il se traduit également par le fait que le sentiment de solidarité, mais aussi de responsabilité à l'égard de l'ensemble de la société – qui incombe traditionnellement aux élites, « noblesse oblige » – s'étiole progressivement. C'est ainsi que de nombreux membres des catégories les plus favorisées éprouvent aujourd'hui davantage d'affinités avec les « privilégiés » issus des pays voisins qu'avec leurs concitoyens plus modestes. Et de fait, pour une partie de l'élite sociale, le cadre national est aujourd'hui obsolète et le lien au pays n'est plus aussi fondamental qu'il l'était autrefois.

C'est dans ce contexte que l'on peut analyser la très forte augmentation du nombre d'expatriations. Ce phénomène, plutôt tardif en France par rapport à ce que l'on a observé en Grande-Bretagne ou en Allemagne, par exemple, est bien sûr lié à la mondialisation et à l'ouverture progressive de notre économie. Et puis il est vrai que nombre d'expatriés français finiront par revenir en France. En outre, ils ne se recrutent pas uniquement dans les milieux les plus aisés : nombre de jeunes travaillant dans le secteur de la restauration, par exemple, sont ainsi partis tenter leur chance à l'étranger. Toutefois, le profil des expatriés fait ressortir une très nette surreprésentation des plus diplômés : en 2013, 41 % de nouveaux expatriés étaient titulaires d'un master et 12 % d'un doctorat[1].

L'attrait pour un environnement économique et fiscal plus avantageux semble être, pour les catégories favorisées, un puissant moteur incitant à l'expatriation. On constate ainsi que, dans un contexte général de forte

1. « Les Français à l'étranger. L'expatriation des Français, quelle réalité ? », Chambre de commerce et d'industrie de Paris, mars 2014.

hausse de l'expatriation de nos concitoyens depuis le début des années 2000, le nombre de Français immatriculés dans des consulats situés en Suisse, au Luxembourg ou en Grande-Bretagne a littéralement explosé. Alors que le nombre total d'expatriés français dans le monde est passé d'une base 100 en 1985 à 217 trente ans plus tard, cet indice atteint respectivement 282 en Suisse, 337 en Grande-Bretagne et 352 au Luxembourg[1], pays réputés pour leur environnement fiscal clément.

Si le nombre d'expatriés français en Belgique a évolué au même rythme que l'expatriation française au plan mondial, la composante aisée de cette communauté française, partie s'installer de l'autre côté de

Graphique 22. Évolution du nombre de Français immatriculés dans des consulats à l'étranger

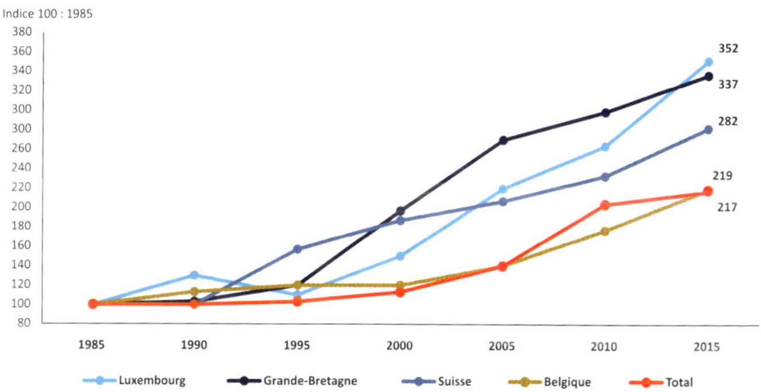

1. Nous remercions vivement l'Institut Montaigne de nous avoir transmis les données sur ces pays pour la période 1985-2005. Voir Laurent Blivet et Pierre Chaigneau, « Supprimer l'ISF… pour faire payer les riches (en France !) », Paris, Institut Montaigne, novembre 2007.

la frontière pour des raisons économiques et fiscales, pèse significativement. D'après une étude du consulat général de France à Bruxelles, les communes belges comprenant le plus de Français en 2015 étaient les très huppées Uccle (8 715 ressortissants français) et Ixelles (8 163)[1]. De la même façon, en janvier 2018, un article du *Point* indiquait que, sous le quinquennat de François Hollande, la population française à Uccle avait augmenté de 18 %, ce qui correspond à 1 247 inscrits supplémentaires depuis 2012[2]. Quelques années plus tôt, la presse belge (*L'Écho*) avait réalisé une enquête montrant que 20 des 100 plus grosses fortunes françaises résideraient ou auraient placé une partie importante de leurs avoirs en Belgique. Si des stars comme Gérard Depardieu ou l'animateur de télévision Arthur figurent sur cette liste prestigieuse, on y retrouve également le nom de plusieurs capitaines d'industrie. C'est le cas de Bernard Arnault, dirigeant de LVMH, de la famille Besnier (propriétaire du groupe Lactalis), de la famille Hériard-Dubreuil (groupe Rémy-Cointreau), de Laurent Burelle, PDG de Plastic Omnium, de Paul-Georges Despature, l'un des héritiers du groupe Damart, de Frédéric Gervoson (groupe Andros) ainsi que de nombreux membres de la famille Mulliez (Auchan et la galaxie d'enseignes spécialisées gravitant autour : Decathlon, Leroy Merlin, Kiabi, Norauto, etc.). Les descendants de la célèbre famille du Nord ont notamment élu résidence dans

1. Paul Alonso, Candice Altmayer, Lorène Andrianarijaona, Marine Beck et Jasmine Godier, « La communauté des Français en Belgique. 2013-2015 », étude du consulat général de France à Bruxelles, décembre 2015.

2. Hugo Domenach, « À Bruxelles, les exilés ne veulent pas revenir ! », *Le Point*, 15 janvier 2018.

la commune de Néchin (où Gérard Depardieu posa également ses valises), dont l'une des rues (la rue de la Reine Astrid) est communément appelée la « rue Mulliez », ce qui renseigne sur la forte concentration de ce patronyme sur les boîtes aux lettres du secteur…

On le voit, toute une partie des dirigeants et des propriétaires des grandes entreprises françaises ont fait le choix de la Belgique. Compte tenu du pedigree de ces exilés fiscaux, on pourrait penser que le phénomène ne concerne que d'anciennes « dynasties » et autres représentants de l'économie traditionnelle. Or il n'en est rien. Le choix de l'expatriation fiscale est largement partagé aussi dans la nouvelle économie, comme en témoigne, par exemple, la présence sur la liste dressée par la presse belge des frères Martin, dirigeants d'Eurofins Scientific, leader mondial de la bioanalyse, ou bien encore de Denis Payre, patron de Business Objects. On retrouve le même phénomène en Suisse, où, selon le magazine *Bilan*, 49 exilés fiscaux français feraient partie des 300 personnalités les plus riches vivant en Suisse. Sur cette liste prestigieuse, on relève la présence de la famille Wertheimer (groupe Chanel), de la famille Bich (groupe Bic), de Jean-Louis David, fondateur des salons de coiffure du même nom, des membres de la famille Ducros, Roger Zannier (Kookaï, Z, Kenzo, Oxbow, etc.), mais aussi de Patrick Drahi, propriétaire entre autre de SFR, de *L'Express* et de *Libération*.

Ces noms sont ceux des visages les plus connus, mais il ne faudrait pas en oublier pour autant que le développement de l'exode fiscal concerne de nombreux « anonymes », issus de la fraction la plus favorisée de la population. Si l'on considère l'indicateur du nombre de contribuables assujettis à l'impôt de solidarité sur la fortune (ISF) s'expatriant chaque année, on observe clairement le phénomène. De moins de 400 individus par an jusqu'au début des années 2000, on est passé assez vite à 600 départs par an, puis de 700 à 800 depuis près de dix ans. Le bouclier fiscal instauré en 2006 (puis supprimé en 2011) n'a joué qu'à la marge. On a là affaire à un phénomène profond. Il constitue une illustration paroxystique de ce séparatisme social qui s'est développé depuis une trentaine d'années au sein des couches les plus favorisées de la population française.

L'enquête « Expatriés, votre vie nous intéresse », réalisée par la chambre de commerce et d'industrie de Paris en 2013, confirmait le phénomène : elle met en évidence qu'entre 2003 et 2013 la part des personnes détachées ou expatriées par une entreprise française dans l'ensemble des expatriés a reculé significativement au profit des créateurs d'entreprises et des professions libérales.

Graphique 23. Évolution du nombre de contribuables assujettis à l'ISF quittant la France

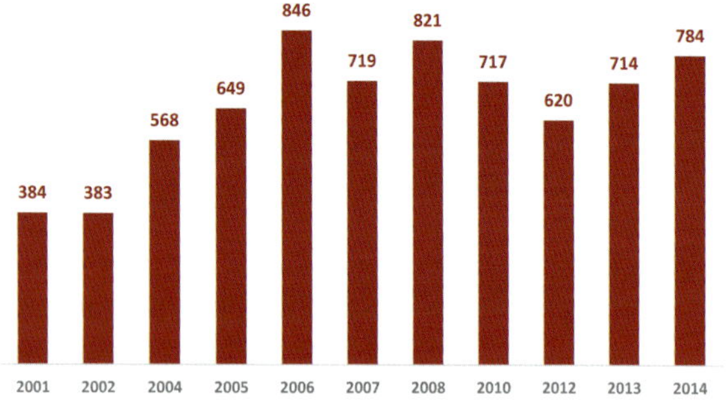

Tableau 11. 2003-2013. Évolution du profil sociologique des expatriés français

	2003	2013	*Évolution*
Détachés ou expatriés par une entreprise française	36 %	19 %	*– 17 pts*
Salariés d'une entreprise locale	47 %	50 %	*+ 3 pts*
Créateurs d'entreprise	10 %	18 %	*+ 8 pts*
Professions libérales	7 %	10 %	*+ 3 pts*
Étudiants	–	3 %	*+ 3 pts*
Total	100 %	100 %	

Sources : CCIP.

Cet attrait pour l'étranger ne s'exerce pas seulement sur les créateurs d'entreprise ou les professions libérales, mais également sur les ingénieurs, autre composante importante des élites à la française. D'après les résultats de la vague 2017 de l'enquête IESF[1], 16 % des ingénieurs français travaillent désormais à l'étranger – soit deux fois plus qu'en 2000. Ces chiffres sont, certes, liés à l'internationalisation croissante des entreprises françaises et des cursus de formation. Mais l'étude montre aussi qu'un poste à l'international n'est plus seulement un passage nécessaire dans une carrière réussie d'ingénieur, mais un choix assumé de travailler hors de France pour, éventuellement, l'ensemble de sa vie professionnelle, puisque 35 % des ingénieurs actuellement en poste à l'étranger

1. « Ingénieurs et scientifiques de France », enquête de référence sur la situation socioprofessionnelle des ingénieurs réalisée par le biais des 136 associations d'ingénieurs diplômés auprès de 56 000 répondant à l'étude.

n'envisagent pas de rentrer en France. Parallèlement aux types de débouchés professionnels s'offrant à cette population d'ingénieurs dans les différents pays, les considérations fiscales entrent sans doute également en ligne de compte puisque, comme les années précédentes, en 2017, la Suisse demeurait la première destination des ingénieurs expatriés (13 %), suivie par les États-Unis (12 %), l'Allemagne (11 %) et le Royaume-Uni (9 %).

L'internationalisation des élites

Par-delà la question de l'exil fiscal, le développement continu du processus de l'expatriation, inhérent à l'entrée dans une ère d'économie globalisée, met au jour une autre fracture au sein de la société française : celle qui oppose la frange de la population disposant du capital culturel et psychologique nécessaire pour se projeter à l'étranger et la grande majorité, qui continue de vivre et de raisonner dans un cadre national. Nous retrouvons là le clivage entre les *people of anywhere* et les *people from somewhere* mis en avant par l'essayiste britannique David Goodhart[1].

Certes, un dispositif comme Erasmus permet depuis plus de trente ans à de nombreux jeunes de partir à l'étranger dans le cadre de leurs études. Parallèlement, les échanges scolaires et les occasions de séjours à l'étranger se sont puissamment développés. Mais l'expérience internationale demeure toujours fortement tributaire des origines sociales. Ainsi, selon l'observatoire Erasmus +[2],

1. David Goodhart, *The Road to Somewhere. The Populist Revolt and the Future of Politics*, Londres, C. Hurst & co, 2017.

2. Voir « Portrait des jeunes en mobilité internationale », observatoire Erasmus + en partenariat avec le CEREQ, 2016.

si, sur la cohorte des étudiants sortis du système scolaire en 2010, 45 % des enfants de cadres étaient partis à l'étranger en cours d'étude, ce n'était le cas que de 25 % des enfants d'employés et de 21 % des enfants d'ouvriers. De la même façon, à niveau universitaire identique, le taux d'ouverture sur l'international varie fortement selon les filières. Ainsi, parmi les étudiants ayant un bac + 5, 81 % de ceux qui ont été formés dans une école de management ou d'ingénieurs ont passé un séjour à l'étranger durant leur cursus contre seulement 44 % de ceux qui ont effectué leur formation à l'université.

Comme le note la sociologue Magali Ballatore[1], bon nombre des étudiants ayant bénéficié du programme Erasmus disposaient déjà préalablement d'une « compétence migratoire », forgée par des voyages ou des séjours linguistiques effectués auparavant et au cours desquels ils avaient déjà acquis une propension à la mobilité dans un univers étranger. Cette « compétence migratoire » est cultivée assez précocement dans les milieux favorisés, qui accordent une grande importance à l'apprentissage des langues (déploiement de stratégies dans le choix des langues vivantes) et à l'ouverture sur l'international de leurs enfants. L'enquête Ifop pour No Com précédemment citée[2] indique, par exemple, que 86 % des « hauts revenus » pensent que le retour des classes européennes et des classes bilangues « va transformer le système éducatif dans le bon sens », contre 66 % dans le reste de la population. Très tôt, les enfants de ces familles baignent dans un environnement international, leurs parents ou

1. Voir « Le programme Erasmus en France, en Italie et en Angleterre : sélection des étudiants et compétences migratoires », *Cahiers de la recherche sur l'éducation et les savoirs*, n° 5, 2006.

2. Voir p. 153.

des membres de leur famille ayant souvent eux-mêmes séjourné à l'étranger, à l'occasion de leurs études ou dans le cadre de leur travail.

L'utilité de la mobilité par-delà les frontières et les bienfaits de la culture internationale font partie intégrante des valeurs familiales et des repères identitaires qui sont transmis. Ainsi, comme le note Magali Ballatore, « le choix de partir dans le cadre du programme Erasmus permet de se distinguer dans une université massifiée. Cela conduit à une certaine séparation sociale et scolaire au sein des institutions, comme on peut le constater pour les options de langues choisies dans les collèges et lycées. Le "local" ou voisin devient de plus en plus déprécié et populaire, alors que le "global" ou lointain est recherché pour sa "profitabilité" ». À titre illustratif, on notera, par exemple, que, dans les Yvelines, les quartiers de Fourqueux et de Saint-Germain-en-Laye, situés près du très prestigieux lycée international, sont particulièrement prisés et que la proximité de cet établissement d'enseignement est systématiquement mise en avant dans les annonces immobilières.

Un haut degré d'ouverture sur l'international permet aux jeunes issus des milieux favorisés, d'une part, de se distinguer dans un environnement où la course au diplôme est féroce et où la compétition scolaire fait rage et, d'autre part, d'être mieux armés et plus à l'aise pour entreprendre une carrière dotée d'une dimension internationale (expatriation provisoire ou de longue durée, missions à l'étranger, contacts fréquents avec des clients/fournisseurs ou des collègues étrangers). Mais l'acquisition de ce « capital international » a aussi souvent pour effet de modifier la vision du monde et le rapport de ces jeunes à leur propre pays. De par leur parcours et leurs expériences à l'étranger, ils sont enclins à développer une grille de lecture moins

« nationalo-centrée » que les jeunes de leur génération demeurés à l'intérieur des frontières nationales.

Avec le développement des cursus internationaux et des années de césures dans certaines filières sélectives, et du fait du fort investissement des familles des CSP + pour que leurs enfants acquièrent un « capital international », se dessine ainsi, progressivement, au sein des jeunes générations, un fossé entre une frange très ouverte sur l'international et ayant développé un « habitus postnational » et la masse évoluant culturellement dans un cadre resté national. Cet « habitus postnational » est d'autant plus développé que les jeunes en question vivront en couple avec un(e) concubin(e) étranger(e). Or ces « couples Erasmus » ne sont plus des cas statistiquement isolés. Une étude de la Commission européenne, menée en 2014 auprès d'un échantillon de 15 000 jeunes ayant bénéficié du fameux programme depuis sa création, indiquait qu'un tiers d'entre eux partageaient leur vie avec une personne d'une autre nationalité, soit un ratio trois fois supérieur à celui qui caractérise ceux qui n'ont pas quitté leur pays natal. De manière archétypale, la fille du très européen Alain Lamassoure a rencontré son conjoint espagnol en faisant ses études à l'université de Saint-Andrews en Écosse. De cette union sont nés deux enfants, qui ont pour grand-père un ardent fédéraliste européen. Ce dernier, fortement sensibilisé aux difficultés juridiques rencontrées par ce type de familles binationales, a plaidé pour la création d'un contrat de mariage européen[1].

1. Voir « Erasmus, 25 ans, un million de bébés », *Le Figaro*, 22 octobre 2012.

L'affranchissement culturel et idéologique des catégories populaires

Le choix des prénoms : illustration de la pénétration de la culture anglo-saxonne de masse dans les milieux populaires

Parallèlement à ce processus de sécession des élites, l'analyse de l'évolution des prénoms donnés au cours du temps fait apparaître une autre tendance travaillant elle aussi en faveur d'une dislocation de la matrice culturelle commune au profit d'une diversification sans précédent des références et des influences. Nous avons ainsi, après un travail fastidieux, dressé la liste la plus complète possible des prénoms à consonance ou d'origine anglo-saxonne ou américaine[1]. Assez logiquement, la prévalence de tels prénoms est quasi nulle durant toute la première moitié du XXe siècle en France. C'est à peine si l'on distingue un léger frémissement en 1945, et on peut donc en conclure qu'il n'y eut pas à la Libération d'« effet GI » sur les registres de l'état civil. Il faudra attendre la fin des années 1960 pour atteindre les 2 % d'enfants recevant des prénoms anglo-saxons. À partir de cette époque, la courbe va s'emballer et grimper en flèche – pour atteindre pratiquement 12 % des naissances en 1993.

Cette très forte progression en deux décennies renvoie d'abord, on l'a vu, à un premier assouplissement réglementaire intervenu en 1966. Mais elle traduit également la diffusion de la *pop culture* anglaise et américaine dans une société française découvrant le rock'n'roll, le cinéma et les séries télévisées venues d'Outre-Atlantique : le

1. Nous ne prétendons cependant pas à l'exhaustivité.

Graphique 24. Proportion de nouveau-nés portant un prénom anglo-saxon

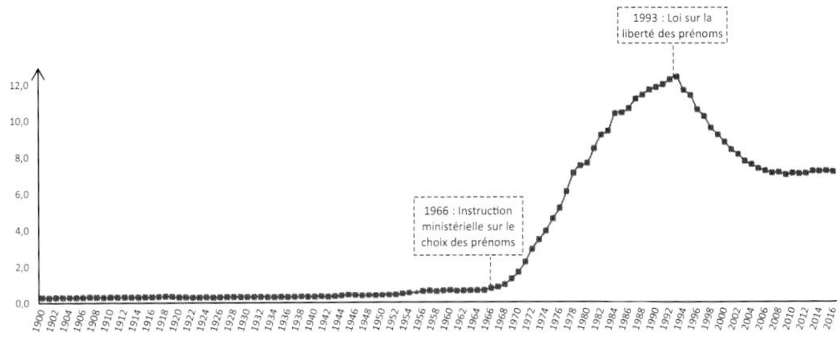

Sources : INSEE.

poids des traditions familiales et religieuses décline au profit de l'*American way of life*, dont de nombreuses figures ou produits servent de modèles identificatoires. Nous tenons ici une autre manifestation de l'érosion – voire de la dislocation – d'un référentiel commun hérité de l'histoire de longue durée.

Ce basculement est parfaitement illustré par le fait que le prénom Kevin, par exemple, aura été le prénom masculin le plus donné en France pendant sept années consécutives, de 1989 à 1996. Au total, toutes périodes confondues, plus de 160 000 Kevin seront enregistrés à l'état civil. Le pic sera atteint en 1991, avec 14 087 naissances de Kevin. Cette année-là, le film *Danse avec les loups*, dans lequel jouait le très populaire Kevin Costner, connut un véritable triomphe dans les salles obscures, avec pas moins de 7,3 millions d'entrées. L'année précédente, le film *Maman, j'ai raté l'avion*, mettant en scène le personnage du petit Kevin, engrangeait 2,2 millions d'entrées. Ces blockbusters ont certainement dopé l'engouement pour ce prénom, pour lui permettre d'atteindre le pic de 1991. Cette tendance sera entretenue par la suite par la diffusion en France, entre 1993 et 2001, de la série *Beverly Hills,* comptant une kyrielle de personnages aux prénoms anglais et américains, parmi lesquels de nouveau un Kevin, mais aussi un Brandon – ou bien encore un Dylan. Ce dernier prénom pointera d'ailleurs à la sixième place du palmarès des prénoms masculins les plus donnés en 1996.

Mais le cinéma et les séries télévisées n'auront pas été les seuls vecteurs de diffusion de la *pop culture* jusqu'au cœur des familles françaises, au point d'influer sur le choix du prénom des nouveau-nés dans plus d'une famille sur huit au cours des années 1990 : la chanson et l'univers de la mode ont également exercé une influence certaine. C'est ainsi, dans les années 1980, que la chanteuse Cyndi Lauper réalisera ses plus grands tubes et que le mannequin Cindy Crawford percera. Or leur prénom fut très fréquemment donné en France à des petites filles durant cette décennie[1].

Comme le montre la courbe précédente, après un pic atteint en 1993, cette tendance à l'américanisation des prénoms va quelque peu refluer pour se stabiliser autour de 8 % de nouveau-nés ainsi prénommés. Cette date charnière de 1993 ne doit rien au hasard. Elle correspond, on l'a dit, à l'entrée en vigueur de la loi libéralisant le choix des prénoms. Cet élargissement de la palette des possibles va notamment jouer au détriment des prénoms anglo-saxons, qui vont néanmoins conserver de nombreux adeptes – principalement dans les milieux populaires. Les sociologues Philippe Besnard

1. La France avait connu le même phénomène avec une star bien française cette fois, Brigitte Bardot. C'est en 1959 que l'on dénombra le record absolu d'occurrences du prénom Brigitte à l'état civil, soit en pleine « Bardot mania » : le film culte qui la lança, *Et Dieu créa la femme*, était sorti fin 1956.

et Guy Desplanques ont montré comment, historiquement, l'engouement pour un prénom ne touchait pas tous les milieux sociaux en même temps[1]. En général, un prénom commence par être donné par les CSP +, et plus particulièrement au sein des groupes disposant du capital culturel le plus élevé (professions de la culture, du spectacle et de la communication), avant de se propager ensuite aux classes moyennes puis dans les milieux populaires. Or il semble que ce schéma de diffusion verticale fonctionne nettement moins bien depuis une bonne vingtaine d'années. Les catégories les plus favorisées ont perdu une bonne part de leur influence et de leur pouvoir prescriptif, et les milieux populaires se sont fortement autonomisés dans le choix des prénoms qu'ils donnent à leurs enfants. L'engouement pour les prénoms anglo-saxons à partir des années 1990 en constitue un très bon exemple. Les travaux des deux sociologues montrent, en effet, que cette mode a très peu concerné les cadres et les professions intellectuelles mais qu'elle a en revanche pénétré significativement les catégories populaires, ces dernières allant chercher dans la culture de masse anglo-américaine, qu'elles consomment abondamment, des références et des inspirations en s'affranchissant du référentiel traditionnel ou des tendances et des modes provenant du sommet de la pyramide sociale.

La pratique du tatouage constitue une autre manifestation de la plus grande porosité des catégories populaires à la *world culture* de masse, mais aussi de leur affranchissement culturel croissant par rapport au modèle dominant. Si seulement 10 % des cadres

1. Philippe Besnard et Guy Desplanques, « Les catégories socioprofessionnelles à l'épreuve de la stratification temporelle des goûts », *Revue française de sociologie*, 1999.

et des professions intellectuelles et 13 % des classes moyennes ont opté pour le tatouage, cette proportion est près de deux fois plus importante chez les ouvriers et les employés (22 %). Il est intéressant d'observer sur ce point, comme sur d'autres, que les classes moyennes demeurent arrimées culturellement aux cadres et professions intellectuelles alors que les milieux populaires en sont bien davantage détachés.

La carte de la proportion de nouveau-nés portant un prénom anglo-saxon en 1993 (année phare pour cette tendance, donc) fait assez nettement ressortir ce phénomène d'affranchissement culturel des milieux populaires. On constate, en effet, une très forte prévalence de ces prénoms dans tout le quart nord-est du pays, où les catégories populaires (et particulièrement les ouvriers) sont nettement surreprésentées. Le taux de prénoms anglo-saxons est le plus élevé dans le Pas-de-Calais, les Ardennes, l'Aisne, la Seine-et-Marne et la Haute-Marne. Inversement, la France de l'Ouest et surtout celle du Sud-Ouest, moins industrialisées, ont été moins concernées par cet engouement, à l'exception des Charentes et de la Vendée – la Vendée étant, rappelons-le, le département le plus ouvrier de France. Ce clivage de classe s'observe également dans le Bassin parisien, dont les départements de banlieue et de la très grande couronne sont tous nettement concernés à l'exception notoire de Paris, des Hauts-de-Seine et des Yvelines, départements dans lesquels les CSP + composent une part très significative de la population. Parallèlement à ce facteur sociologique, on constate également, de manière sous-jacente, l'influence de la vieille matrice catholique avec une moindre pénétration des prénoms anglo-saxons dans les terres les moins déchristianisées (sud du Massif central, une partie du Grand Ouest et de la Bretagne).

Carte 5. Proportion de nouveau-nés portant un prénom anglo-saxon en 1993 (en pourcentage)

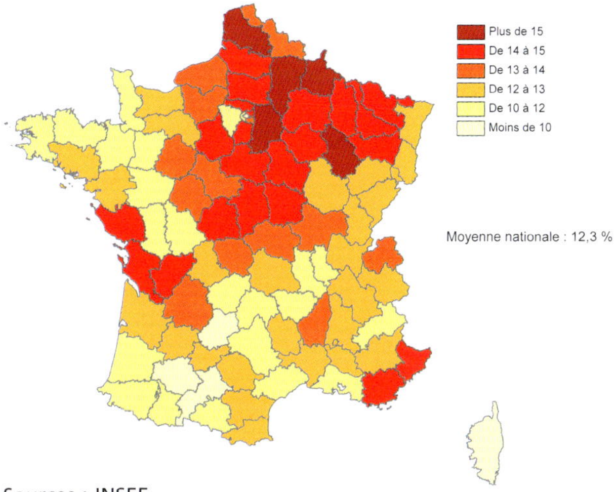

Sources : INSEE.

Le vote FN dans certains territoires : un retournement de stigmate de la part des catégories populaires

Mais ce que l'on pourrait appeler la « carte des Kevin et des Dylan » n'est pas sans rappeler une autre carte : celle du vote FN. À quelques exceptions près, les cartes se superposent assez bien avec, on l'a vu, une zone de force principale dans le quart nord-est de la France, mais aussi une forte proportion dans les Alpes-Maritimes et le Var et, à l'inverse, des taux plus faibles sur la façade ouest, avec une prévalence un peu plus forte de ce type de prénoms le long de la vallée de la Garonne. Cette relative correspondance peut, en partie, s'expliquer par l'assise significative du FN parmi les ouvriers et les employés, et notamment dans les milieux les plus déchristianisés et les plus affranchis de l'influence culturelle venant des CSP +, milieux qui ont le plus opté pour ce type de prénoms. Plusieurs cadres frontistes portent d'ailleurs de tels prénoms, comme Steeve Briois, maire d'Hénin-Beaumont, Jordan Bardella, dirigeant du Front national de la jeunesse (FNJ), Davy Rodriguez, directeur national adjoint du FNJ, ou bien encore Kévin Pfeffer, qui fut candidat aux législatives en Moselle.

On peut avancer l'hypothèse que le vote FN traduit, sur le plan électoral, le phénomène d'affranchissement de toute une partie des catégories populaires qui ont développé leur propre culture. Celle-ci s'exprime notamment au travers du choix des prénoms, mais aussi de la pratique du tatouage, nettement plus répandue dans l'électorat frontiste (29 % des sympathisants frontistes sont tatoués contre 13 % de la population globale). Cette culture populaire particulièrement prégnante dans les territoires ruraux et périurbains, là où le FN prospère, s'exprime notamment au travers d'activités masculines comme le *tuning*[1] ou bien encore la chasse (Marine Le Pen a obtenu 30 % des voix des chasseurs au premier tour de la dernière présidentielle) ou des sports comme le football (ou le rugby selon les régions). Au cœur de cette identité des milieux populaires de la France des petites villes et des villages se

1. Voir notamment à ce sujet : Éric Darras, « Un lieu de mémoire ouvrière : le *tuning* », *in* « Entre l'art et le métier », *Sociologie de l'art*, n° 21, novembre 2012. Le *tuning* est une activité consistant à customiser son véhicule en lui adjoignant des éléments ou en remplaçant certaines pièces d'origine par d'autres ou par des accessoires spécifiques.

trouve la notion d'« autochtonie » développée par Nicolas Renahy dans son livre[1].

La carte ci-dessous fait ressortir les communes où Marine Le Pen est arrivée en tête au second tour de l'élection présidentielle ou a franchi le seuil des 45 %. Au-delà des considérations purement arithmétiques, on peut considérer que, compte tenu du contexte politico-médiatique qui prévalait dans l'entre-deux-tours de la présidentielle, le fait que la moitié ou quasiment la moitié des votants opte pour la candidate FN indique que l'idéologie frontiste et la culture à laquelle elle s'adosse sont dominantes dans ces territoires. En effet, le discours médiatique, intellectuel et politique dominant appelait à faire barrage au FN au nom de la défense des valeurs démocratiques et de la stabilité économique. À cette critique classique d'un FN jouant sur les peurs et attisant les bas instincts sont venus s'ajouter le discrédit et l'humiliation d'une candidate qui a totalement raté son débat télévisé. Pour autant, dans de très nombreuses communes de ces régions, une majorité d'électeurs ont voté pour Marine Le Pen. À l'instar des *redneck* américains votant en rangs serrés pour Trump contre l'*establishment* qui les méprise (cf. la sortie d'Hillary Clinton, qui avait qualifié l'électorat de Trump « de panier de pitoyables »), les habitants d'un pan entier du territoire ont voté pour la candidate paria. À noter que le quart nord-est du pays concentre 106 des 180 maires qui ont apporté leur parrainage à Marine Le Pen à l'occasion de cette élection, avec un nombre de signatures élevé dans certains départements comme l'Aisne (13 maires), la Haute-Marne (12), l'Aube (11) ou la Haute-Saône (10).

1. *Les Gars du coin. Enquête sur une jeunesse rurale*, Paris, La Découverte, 2005.

Carte 6. Score de Marine Le Pen au second tour de l'élection présidentielle de 2017 (en pourcentage des exprimés)

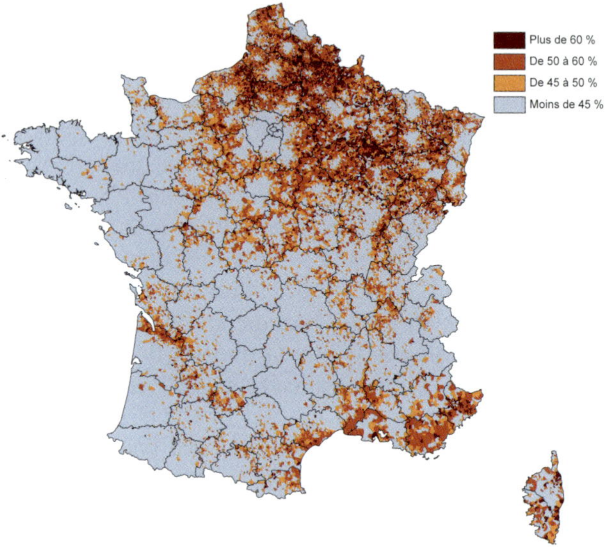

Sources : ministère de l'Intérieur.

Pour reprendre un concept forgé par Norbert Elias, on peut voir dans ce phénomène un « retournement du stigmate ». Le fait que de nombreux maires ruraux aient publiquement manifesté leur soutien à cette candidate stigmatisée par le discours dominant et le fait qu'on observe dans ces zones un vote FN majoritaire peuvent être considérés comme la manifestation d'un affranchissement idéologique et culturel de ces populations, qui font massivement et collectivement fi des consignes émanant des leaders d'opinion. Il est d'ailleurs symptomatique que, sur la carte, dans le quart nord-est du pays, les agglomérations se distinguent des zones rurales et périurbaines qui les entourent. Les deux types d'espaces apparaissent isolés les uns des autres, comme si une frontière étanche les séparait, comme si deux mondes différents, chacun doté de son propre système de valeurs, vivaient côte à côte. Nous tenons ici l'une des illustrations les plus manifestes du processus d'archipelisation de la société française.

Cette carte nous permet de prendre la mesure de l'étendue de cette vaste île populaire vivant en marge du modèle dominant. En partant des confins alsaciens ou de la Haute-Saône, il est possible, en évitant les agglomérations, de rallier Calais en ne traversant que des communes ayant voté à 45 %, voire 50 % ou plus, pour Marine Le Pen au second tour de l'élection présidentielle de 2017. Toujours en ayant Calais comme point d'arrivée, on peut se livrer au même exercice en partant du nord du Loiret, de l'Yonne ou de l'Eure. Ce vaste bloc continu et compact regroupe plusieurs milliers de communes. D'autres zones moins étendues apparaissent également sur la carte : Médoc et basse vallée de la Garonne, ainsi que différentes parties du littoral méditerranéen.

Cette carte correspond assez nettement à celle des « Kevin et des Dylan ». Elles matérialisent toutes les deux, chacune à sa manière, l'existence d'un mode de vie et d'un système de valeurs propres à des populations modestes et populaires s'étant affranchies du modèle et des injonctions portées par le courant majoritaire et dominant de la société française, dont le foyer se situe au cœur des grandes agglomérations. À ce titre, il est intéressant de constater que la région Grand-Est, les Hauts-de-France et la Haute-Normandie, soit précisément les territoires de vote FN majoritaire, sont les régions où la proportion de fumeurs est la plus élevée de France. À l'instar des injonctions électorales et culturelles, les consignes de santé publique sont moins suivies dans ces territoires en dissidence.

Persistance et regain de certaines identités régionales : les cas breton et corse

Choix des prénoms et « printemps breton »

L'analyse de la prévalence de tels ou tels prénoms, utilisée précédemment pour mettre en lumière certains processus socioculturels, est également pertinente pour quantifier l'intensité du sentiment régionaliste sur un territoire. Dans cette optique, nous avons dressé une liste la plus exhaustive possible de prénoms bretons à partir de la compilation d'annuaires et de recherches sur des sites spécialisés. Nous avons ensuite calculé la prévalence de ce corpus de prénoms bretons dans l'ensemble des naissances enregistrées année après année sur le périmètre de la Bretagne administrative (les quatre départements bretons). Comme le montre le graphique suivant, la proportion de prénoms bretons dans l'ensemble des naissances est restée stable, en dépit de quelques oscillations, autour de 5 à 6 % du début du XXe siècle jusqu'à la fin de la Seconde Guerre mondiale. On observe ensuite une progression assez marquée, qui va porter cette proportion près du seuil des 8 % au milieu des années 1960. C'est dans le contexte du développement de cette attirance pour les prénoms à consonance bretonne que va intervenir la directive ministérielle de 1966 autorisant un choix accru de prénoms régionaux. Cette directive va doper spectaculairement le choix de prénoms bretons à la fin des années 1960, l'engouement perdurant jusqu'en 1980.

Graphique 25. Évolution de la proportion de nouveau-nés portant un prénom breton en Bretagne

Sources : INSEE.

Pendant quelques années, pratiquement 15 % des nouveau-nés dans ces départements se voient donner des prénoms bretons. Ce climax correspond, au plan culturel et politique, au « printemps breton » des années 1970, au cours desquelles la fibre régionaliste vibra puissamment. En 1975, Pierre-Jakez Hélias publiait en français et en breton *Le Cheval d'orgueil*, plongée au cœur de la paysannerie bigoudène du début du siècle. Ce livre rencontra un immense succès. Un an plus tard, en 1976, le groupe Tri Yann sortait un album intitulé *La Découverte ou l'Ignorance*. Cet album, qui allait être disque d'or, contenait notamment la célèbre chanson *La Jument de Michao,* mais aussi le morceau éponyme *La Découverte ou l'Ignorance,* reprise du titre du livre d'un militant régionaliste, Morvan Lebesque. En 1977 ouvrait la première école « bretonnante » du réseau Diwan (qui en breton signifie germer, sortir de terre). À cette effervescence culturelle correspondirent également plusieurs événements sur le plan politique. C'est en effet à la même période que le Front de libération de la Bretagne (FLB) fut le plus actif, commettant toute une série d'attentats contre les symboles de l'État « colonial », notamment le dépôt d'une bombe dans la galerie des Batailles du château de Versailles en juin 1978 et la spectaculaire destruction, en octobre de la même année, d'un relais de transmission de la télévision publique en Mayenne (qui priva dix-sept départements de l'Ouest de télévision pendant plusieurs semaines). Au plan électoral, lors des élections cantonales de 1979, l'Union démocratique bretonne (UDB, mouvement régionaliste) parvint à présenter 34 candidats, qui recueillirent en moyenne 5,6 % des suffrages exprimés. Enfin, le projet de construction d'une centrale nucléaire à Plogoff, dans le sud-Finistère, suscita à la même époque une intense mobilisation écolo-régionaliste, avec comme point d'orgue de grandes manifestations en 1980 rassemblant plusieurs dizaines de milliers d'opposants[1]. Tous ces éléments traduisent bien le bouillonnement identitaire qui saisit la Bretagne à la fin des années 1970, climat qui eut des répercussions au cœur même de nombreuses familles bretonnes qui choisirent, donc, de donner des prénoms bretons à leurs enfants.

Avec l'arrivée de la gauche au pouvoir en 1981, la mobilisation régionaliste va progressivement refluer, au rythme, notamment, des gestes d'apaisement accomplis par la nouvelle majorité : abandon du projet de centrale à Plogoff, amnistie des militants du FLB emprisonnés, etc. Ce reflux idéologique et politique au plan collectif s'observe également au niveau de la cellule familiale avec, comme le montre le graphique précédent, un recul de la proportion des prénoms bretons dans les années 1980. Pour autant, la loi de 1993 « libéralisant » totalement le choix des prénoms va induire

1. En mars 1978, le naufrage du pétrolier *Amoco Cadiz*, à Portsall dans le Finistère, suscita un immense émoi en Bretagne (et au-delà), contribuant également à attiser la fibre écologiste et régionaliste dans ce territoire.

une hausse de la prévalence de prénoms rares mais aussi bretons dans la région. Au milieu des années 2000, la proportion d'enfants portant un prénom breton va ainsi atteindre 18 %, avant de refluer autour de 13 % ces dernières années, ce type de prénoms étant concurrencé par l'essor des prénoms rares, tendance nationale à la singularisation qui se constate aussi en Bretagne.

On notera au passage que la courbe d'évolution du pourcentage de nouveau-nés portant un prénom breton dans le département de la Loire-Atlantique épouse les mêmes mouvements que la courbe concernant la Bretagne administrative. La proportion de prénommés « bretonnants » est certes systématiquement inférieure à ce que l'on observe dans les quatre départements bretons, mais le score n'est pas négligeable en Loire-Atlantique. Ce taux relativement conséquent et le fait que les oscillations de la tendance de long cours soient les mêmes dans le département nantais qu'en Bretagne administrative confirment que des liens forts relient toujours la Loire-Atlantique (notamment sa partie nord) à l'aire culturelle bretonne.

Graphique 26. Évolution de la proportion de nouveau-nés portant un prénom breton en Bretagne et en Loire-Atlantique

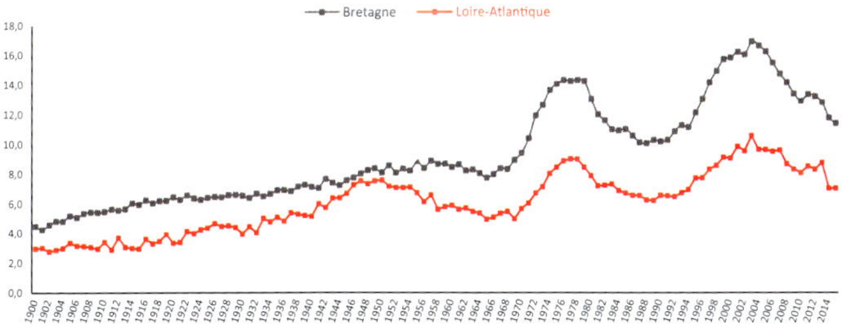

Sources : INSEE.

Lisandru, Ghjulia, Lesia[1] *: émergence d'une génération « natio »*

L'exemple corse met également en lumière le fait que l'évolution du choix des prénoms par une population donnée est un bon indicateur des pulsations idéologiques et culturelles qui la traversent au fil de temps. Sur l'île de Beauté, les prénoms spécifiquement corses (c'est-à-dire à consonance corso-italienne) furent très longtemps inexistants dans les registres de l'état civil. Contrairement à ce que l'on a observé en Bretagne, l'instruction ministérielle de 1966 ne se traduisit par aucune évolution en la matière. De la même manière, le graphique ci-dessous ne fait apparaître qu'un très léger frémissement après 1975, date de l'occupation de la cave viticole d'Aléria par un commando d'autonomistes, événement qui marqua la naissance du mouvement nationaliste corse. La proportion de prénoms corses commença à augmenter timidement dans les années 1980, puis après la loi de 1993 sur la pleine liberté de choix des prénoms.

Graphique 27. Évolution de la proportion de nouveau-nés portant un prénom corse en Corse

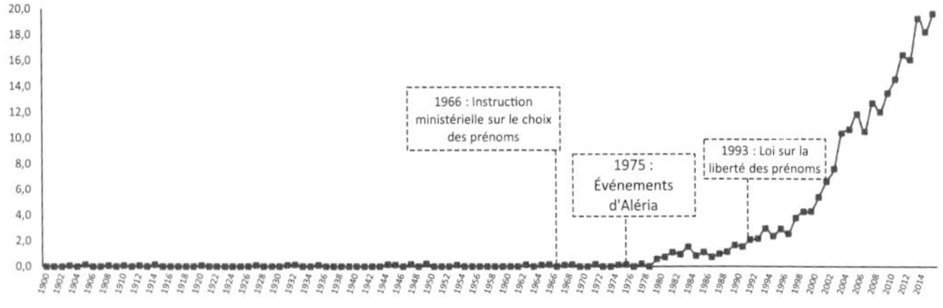

Sources : INSEE.

1. Prénoms corso-italiens les plus fréquemment donnés, en 2015, en Corse.

Mais le véritable essor allait se produire dans les années 2000. La proportion de prénoms corses double ainsi entre 2004 et 2016, pour atteindre pratiquement 20 % des naissances. Ce taux apparaît déjà en soi comme élevé, mais il l'est encore davantage quand on prend en compte deux éléments. L'importante population issue de l'immigration maghrébine vivant en Corse choisit très massivement sur l'île, comme sur le continent, des prénoms arabo-musulmans pour ses enfants. De la même façon, les nombreuses familles « continentales » qui sont venues s'installer sur l'île sont nettement moins enclines à opter pour des prénoms corso-italiens. De ce fait, la prévalence de ces prénoms parmi les nouveau-nés issus des seules familles « autochtones » est donc très nettement supérieure au taux de 20 % mesuré sur l'ensemble des naissances dans l'île.

La période 2004-2016, marquée par l'explosion de l'engouement pour ce type de prénoms, correspond également à la phase de décollage électoral des nationalistes corses. Comme on peut le voir sur le graphique suivant, leur score[1] passe, au cours de cette période, de 15 % à 30 % des suffrages exprimés. Cette percée électorale débouchera sur la conquête de la mairie de Bastia en 2014, puis sur la victoire des « natios » lors des élections régionales de 2015, et enfin sur leur triomphe à l'occasion des élections territoriales de décembre 2017, où ils franchiront pour la première fois la barre symbolique des 50 % des suffrages exprimés.

Le mouvement nationaliste corse a engagé dès l'origine une action de longue haleine sur le terrain culturel et sociétal. Qu'il s'agisse de la défense de la langue et

1. Il s'agit d'un score cumulé, les nationalistes ayant souvent présenté plusieurs listes concurrentes lors des différents scrutins.

Graphique 28. 1992-2017 : Évolution de la proportion de prénoms corses parmi les nouveau-nés et vote nationaliste sur l'île

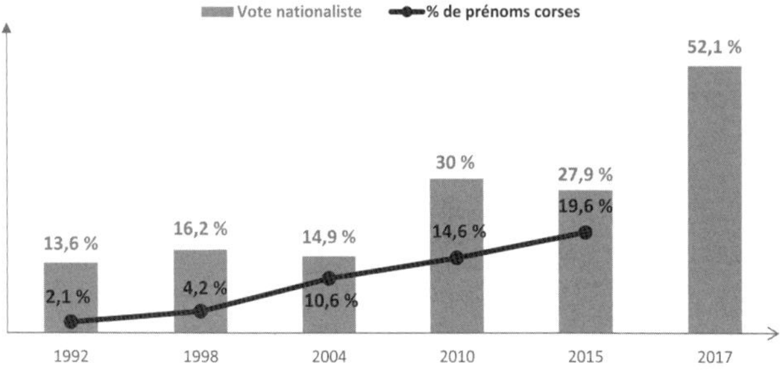

NB : Données sur les prénoms non disponibles pour 2017.

de la culture corses, de la lutte contre la spéculation immobilière ou bien encore du rapatriement sur l'île des prisonniers dits « politiques », leurs revendications ont largement infusé dans la société corse et elles sont aujourd'hui majoritaires. C'est particulièrement vrai dans les générations les plus jeunes. Les syndicats étudiants nationalistes règnent en maîtres absolus à l'université de Corte, et les analyses électorales ont montré que c'est parmi les jeunes que les « natios » bénéficiaient du plus fort soutien électoral[1]. Alors que les générations les plus âgées demeurent majoritairement ancrées dans une conception « jacobine » d'une Corse pleinement française, leurs petits-enfants adhèrent majoritairement au discours des « natios », exaltant l'identité corse. Le choix des prénoms qui sont actuellement donnés par ces jeunes adultes à leurs enfants

1. Sur ce sujet, nous nous permettons de renvoyer à Jérôme Fourquet, *La Nouvelle Question corse*, Paris, Éditions de l'Aube, 2017.

témoigne du basculement identitaire en train de se produire sous l'effet du renouvellement des générations en Corse.

Symboliquement, au sein des familles, le particularisme corse passait, dans la première moitié du XXe siècle, par le choix de prénoms qui étaient très peu donnés en dehors de l'île. Mais ces prénoms « endémiques » – comme Ange, Toussaint, Don, Sauveur, Ours ou encore Hyacinthe – étaient français et non pas corso-italiens. Cette pratique s'est maintenue jusqu'au début des années 1960, avant de quasiment disparaître ensuite. Aujourd'hui, le particularisme s'exprime dans les registres de l'état civil par la présence en nombre de prénoms beaucoup plus « identitaires ». Il faut souligner ici un paradoxe apparent. Jusque dans les années 1960, la langue corse était beaucoup parlée sur l'île et l'identité qu'elle véhiculait était une évidence pour ses locuteurs. Dans ce contexte, l'affirmation de l'identité n'avait pas besoin d'en passer par le choix d'un prénom corso-italien. L'essor actuel de ce type de prénoms coïncide avec un recul sans précédent de l'usage du corse, qui ne serait plus parlé que par 30 000 locuteurs sur 300 000 habitants. Sous la pression des nationalistes, l'enseignement de cette langue a certes été développé, mais sa pratique dans la vie quotidienne a énormément décliné. Culturellement, le réveil identitaire que connaît l'île se fixe donc davantage sur le choix des prénoms que sur la pratique d'une langue régionale qui s'est éteinte dans de nombreux milieux.

En dépit du déclin de cette langue, l'affirmation identitaire corse, qui s'exprime dans les urnes et les registres de l'état civil, constitue une tendance de fond qui fait de la Corse une île à part au sein de l'archipel français.

Graphique 29. Proportion de nouveau-nés masculins portant un prénom corse traditionnel[1] dans le total des naissances masculines

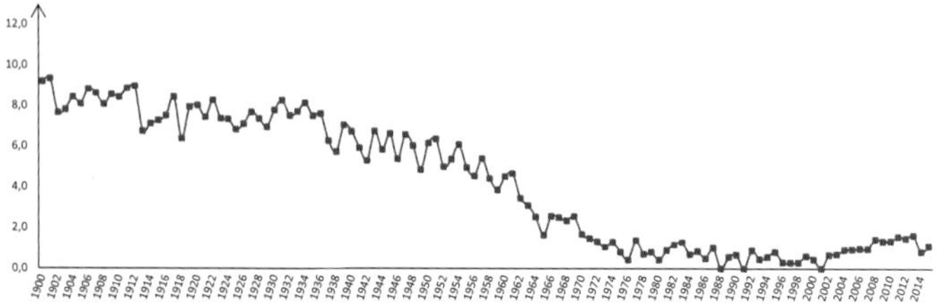

Sources : INSEE.

Le poids démographique croissant des populations issues de l'immigration arabo-musulmane

Petite précision de méthode

Le choix des prénoms par les familles peut également servir d'indicateur ou de révélateur du poids que représentent, au plan national ou départemental, les populations de culture arabo-musulmane dans une classe d'âge, et cela année par année. À partir du fichier de l'INSEE, nous avons donc dressé un tableau statistique permettant de quantifier le nombre de nouveau-nés portant un prénom d'origine arabo-musulmane depuis 1900. Pour ce faire, nous avons constitué une liste des prénoms la plus complète possible[2] en croisant différentes sources et en prenant en compte, à partir de ce large corpus, le

1. Ont été retenus ici les prénoms suivants : Ange, Toussaint, Don, Sauveur, Ours et Hyacinthe.

2. Sans prétendre pour autant à l'exhaustivité.

plus de déclinaisons orthographiques possible du même prénom. Nous avons, par exemple, recensé plus de quarante déclinaisons du prénom Mohamed : Mohammed, Mohammet, Mohamet, Mohamad, etc. Un travail similaire de recension des prénoms se rattachant aux mondes arabo-musulmans a été entrepris depuis plusieurs années, notamment au travers du dépouillement des listes électorales dans différentes villes françaises. Plusieurs lectures de ces listes électorales comprenant nom, prénom, mais également date et lieu de naissance ont été réalisées par nos soins, avec pour but d'ajouter à la liste d'origine les nombreuses variantes orthographiques possibles d'un même prénom – mais aussi les très nombreux prénoms composés à partir de plusieurs prénoms musulmans. Il s'agissait également d'éviter la confusion, par exemple, entre les personnes portant un prénom d'origine arabo-musulmane issues de familles musulmanes, et celles issues de familles maghrébines juives séfarades. À cet effet, le lieu et la date de naissance indiqués sur les listes électorales nous ont été très utiles, ainsi qu'une liste de noms de famille séfarades essentiellement dérivés de l'hébreu, de l'arabe, du berbère, de l'espagnol et de noms de lieux au Maghreb. En cas de doute pour les prénoms d'origine hébraïque appartenant également à la culture musulmane (comme Sarah, par exemple), nous nous sommes abstenus de classer les individus afin d'éviter toute attribution erronée. Ce lourd travail empirique que nous avions mené dans le cadre d'un précédent ouvrage[1], commandé par la Fondation Jean-Jaurès, a été systématisé et amplifié ici en nous appuyant sur la base de données de l'INSEE qui offre un corpus encore plus volumineux. Au terme de

1. Jérôme Fourquet *et al.*, *Karim vote à gauche et son voisin vote FN*, Paris, Fondation Jean-Jaurès et les Éditions de l'Aube, 2015.

ce travail fastidieux, nous avons recensé 4 550 prénoms masculins et 3 500 prénoms féminins arabo-musulmans différents. Précisons, et cela est important, que dans notre esprit cette appellation ne désigne pas une « communauté » (c'est-à-dire un ensemble social normé dans l'espace et dans le temps, dont les membres déclarent partager un ensemble de traits culturels et de relations sociales), mais un groupe social (un ensemble de personnes ayant en commun des caractéristiques sociales)[1].

En dépit des multiples précautions qui ont entouré ce travail, les chiffres que nous présentons dans les pages qui suivent sont à considérer comme des révélateurs d'ordres de grandeur et de tendances à l'œuvre plus que comme des estimations millimétriques totalement figées. La proximité culturelle des trois religions monothéistes du bassin méditerranéen participe de la marge d'erreur, et c'est elle qui nous a obligés à la plus grande prudence dans le cas de certains prénoms. En outre, il convient de rappeler, même si cela va de soi, que toutes les personnes portant un prénom originaire des mondes arabo-musulmans ne sont pas nécessairement musulmanes. Croire ou pas en Dieu est une opinion personnelle que l'analyse onomastique menée ici ne saurait prétendre vérifier.

La méthode onomastique n'est pas seulement utilisée par les historiens. Elle est également employée pour l'étude de la période contemporaine. Elle a ainsi, par exemple, été appliquée par *Libération* pour mettre en évidence la faible présence de personnes issues de l'immigration ou représentant « de la diversité » parmi les membres des cabinets ministériels du gouvernement

1. Voir Cherry Schrecker, « Qu'est-ce que la communauté ? Réflexions sur un concept et son usage », *Mana*, n° 16, 2009, p. 31-50.

de Jean-Marc Ayrault[1]. Quelques années plus tôt, le sociologue Georges Felouzis avait également eu recours à l'anthroponymie pour donner la mesure, au terme d'une enquête pionnière[2], des phénomènes de ségrégation dans les collèges de l'académie de Bordeaux. L'application de l'analyse anthroponymique centrée sur les prénoms donne des résultats tout aussi pertinents lorsqu'il s'agit d'étudier la montée en puissance du groupe ethnoculturel arabo-musulman (appellation générique englobant les personnes dont la famille est originaire d'un pays musulman, ce groupe étant, comme nous le verrons, très hétérogène) dans la société française au cours des dernières décennies.

Nous avons choisi de nous concentrer ici sur la population masculine, dans la mesure où la liste des prénoms masculins arabo-musulmans compte beaucoup moins de prénoms pouvant renvoyer ou non à la culture arabo-musulmane que la liste des prénoms féminins. Des prénoms comme Sonia, Nadia ou Inès peuvent, en effet, être donnés à leur fille par des parents n'ayant aucune ascendance immigrée, et décompter systématiquement ces naissances ainsi prénommées dans la catégorie « issus de l'immigration » aboutirait à une surévaluation statistique[3]. Lorsque nous avons travaillé à partir des listes électorales, nous avons pu, dans de nombreux cas (mais pas dans tous, il s'agit encore une fois d'une démarche empirique), nous reporter au nom de famille pour statuer

1. Voir « Parité, diversité… les cabinets verrouillés », *Libération*, 30 mai 2012.

2. Georges Felouzis, Françoise Liot et Joëlle Perroton, *L'Apartheid scolaire. Enquête sur la ségrégation ethnique dans les collèges*, Paris, Éditions du Seuil, 2005.

3. De la même façon, prendre la décision de les écarter systématiquement de ce groupe reviendrait à minorer le poids de cette population.

sur l'appartenance ou non de la personne portant ce type de prénom moins typé ou exclusif au groupe issu de l'immigration arabo-musulmane. Dans le cas du fichier de l'INSEE, qui ne comporte que des prénoms mais pas les noms de famille, cette étape d'analyse et de vérification ne peut pas être effectuée. Telle est la raison de fond pour laquelle nous présentons dans ce qui va suivre le dénombrement des naissances portant un prénom arabo-musulman sur l'univers des nouveau-nés mâles.

Cette proportion de prénoms arabo-musulmans dans la population masculine nous semble pour autant constituer un indicateur robuste lorsqu'il s'agit d'évaluer le poids des personnes d'ascendance arabo-musulmane dans l'ensemble d'une classe d'âge. À l'issue de nos travaux menés sur les listes électorales de Marseille, Toulouse, Mulhouse, Roubaix, Creil, Aulnay-sous-Bois, Sarcelles et Perpignan, il nous est en effet apparu que, après avoir réintégré les femmes portant des prénoms non spécifiquement arabo-musulmans mais un patronyme renvoyant à cette aire géographique dans les décomptes, nous obtenions sensiblement la même proportion de personnes d'origine arabo-musulmane parmi les hommes et parmi les femmes, et ce dans chacune des villes étudiées.

Une dynamique démographique très soutenue

La courbe ci-dessous représente le pourcentage de garçons portant un prénom arabo-musulman parmi l'ensemble des nouveau-nés mâles, année après année, depuis 1900[1]. Mais les chiffres indiqués peuvent être extrapolés à l'ensemble de la classe d'âge concernée,

1. Les données de l'INSEE ne portent que sur les départements métropolitains et n'intègrent pas, pour la période 1900-1962, les départements algériens.

garçons et filles, dans l'esprit de ce que nous venons de dire.

La trajectoire de cette courbe est des plus impressionnantes et montre de manière très nette l'une des principales métamorphoses qu'a connues la société française au cours des dernières décennies : alors que la population issue de l'immigration arabo-musulmane était quasiment inexistante en métropole jusqu'au milieu du XXe siècle, les enfants portant un prénom les rattachant culturellement et familialement à cette immigration représentaient 18,8 % des naissances en 2016, soit près d'une naissance sur cinq. Comme le montre le graphique, cette montée en puissance s'est faite de manière assez progressive dans un premier temps, avant de connaître une très forte accélération au cours des vingt dernières années.

Ainsi, de 1900 à 1950, la proportion de nouveau-nés en métropole portant un prénom arabo-musulman va de manière constante rester proche de 0 %. Un premier frémissement de la courbe se fait sentir à partir du milieu des années 1950, date d'arrivée des premiers contingents de travailleurs immigrés en métropole. La courbe franchit symboliquement la barre des 2 % en 1964, soit deux ans après la fin de la guerre d'Algérie, période marquée par de nouvelles vagues de travailleurs venus des anciennes colonies pour participer au développement économique et industriel du pays, mais aussi par l'arrivée des harkis. La pente de la courbe s'accentue ensuite dans les années 1970, notamment après 1976 et l'institutionnalisation du regroupement familial. La dynamique démographique est alors alimentée par l'accroissement de la population issue de l'immigration en âge de procréer ayant grandi sur notre territoire et par la poursuite de l'immigration, soit des hommes et des femmes majoritairement jeunes.

Graphique 30. Pourcentage de prénoms arabo-musulmans parmi les naissances de garçons

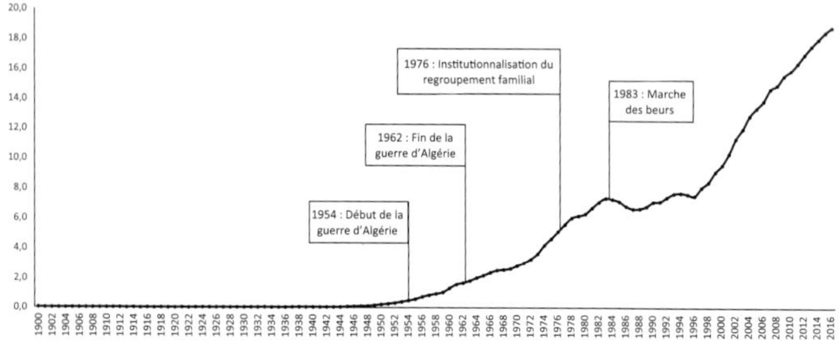

Au terme de cette première phase de hausse, un premier pic (autour du seuil de 7 % des naissances) sera atteint entre 1983 et 1984, période au cours de laquelle la population issue de l'immigration acquiert une visibilité à l'occasion notamment de la Marche des beurs et de grèves importantes dans le secteur de l'automobile. Un léger tassement s'ensuit au milieu des années 1980, période marquée par une politique migratoire plus restrictive et la mise en place de dispositifs d'aide au retour. La marche en avant reprend à la fin des années 1990, le seuil des 8 % des naissances étant atteint en 1997 pour s'accélérer considérablement depuis lors – et approcher, donc, de la proportion d'une naissance sur cinq ces dernières années.

Tout au long des dernières décennies, la trajectoire de cette courbe est très clairement indexée sur celle du flux d'immigrés, comme l'a établi la démographe Michèle Tribalat[1]. Ses travaux distinguent une première période de forte hausse de l'immigration (des

1. Michèle Tribalat, *Assimilation : la fin du modèle français. Pourquoi l'Islam change la donne*, Paris, L'Artilleur, 2017.

années 1960 à la fin des années 1970), puis une phase de stabilisation (années 1980 et 1990), la France connaissant depuis la fin des années 1990 et le début des années 2000 un nouveau cycle migratoire de même intensité que celui que nous avons observé dans les années 1960 à 1980. La courbe de l'évolution de la proportion de nouveau-nés portant un prénom arabo-musulman marque bien, elle aussi, ces trois phases, et la pente de la courbe est la même pour les deux périodes de fortes entrées d'immigrés. Hormis le choix des familles déjà installées en France depuis plus ou moins longtemps, le taux de prénoms arabo-musulmans est donc également affecté par l'intensité des flux migratoires.

En se basant sur les déclarations des sondés, dans le cadre de l'enquête Teo de l'INED et de l'INSEE (2008), Michèle Tribalat arrive par ailleurs à la conclusion que, sur la période 2006-2008, les naissances intervenues dans un foyer comptant deux ou un parent(s) musulman(s) représentaient 18 % du total des naissances en France. Avec notre méthode de dénombrement des prénoms des nouveau-nés, nous arrivons, sur la même période, à une estimation de 14,4 %. Ces deux indicateurs ne mesurent pas exactement les mêmes phénomènes mais sont néanmoins très proches, ce qui atteste de la robustesse de notre approche. Ce taux un peu moins élevé s'explique par le fait qu'une frange de parents musulmans (notamment dans le cas d'une femme musulmane vivant en couple avec un non-musulman) ne donne pas de prénoms arabo-musulmans à leurs enfants, et, d'autre part, par le choix que nous avons fait d'écarter certains prénoms ne se rattachant pas exclusivement à cette ère culturelle. Cette option prudentielle induit sans doute, si l'on se base sur les travaux de Michèle Tribalat, à une légère minoration d'un phénomène en pleine dynamique puisque nous avons dénombré 18,8 % de nouveau-nés portant un prénom de ce type en 2016.

L'essor du recours aux prénoms musulmans ne se dément donc pas et s'amplifie même, alors que de nombreuses études ont montré que ces populations étaient simultanément victimes de discriminations dans l'accès au logement ou à l'emploi, notamment[1]. Cette discrimination insidieuse opérant notamment sur la base des prénoms (figurant sur les CV ou les dossiers constitués en vue de la location d'un logement) ne semble pas dissuader ces familles de faire de tels choix. Parallèlement à l'attachement profond à une culture, une religion et à leurs origines familiales, on peut également voir dans ces choix réitérés une forme de réaction identitaire face à une stigmatisation fréquente et à des situations de discrimination réelles.

Le débat sur le nombre de musulmans ou de personnes issues de l'immigration maghrébine et africaine en France étant éminemment inflammable, et les extrapolations les plus fantaisistes circulant, il convient à ce stade de bien s'assurer de la qualité des chiffres que nous donnons.

Nous avons pris pour base une grande enquête réalisée par l'Ifop pour l'Institut Montaigne[2] en 2016, et qui avait abouti aux résultats suivants. Parmi la population résidant en France métropolitaine âgée de 15 ans et plus, 5,6 % des interrogés se déclaraient musulmans et 1 % avaient au moins un parent musulman tout en ne se définissant pas eux-mêmes comme musulmans. Si on ne considère

1. Voir, par exemple, Marie-Anne Valfort « Discriminations religieuses à l'embauche : une réalité », Paris, Institut Montaigne, 2015.

2. Enquête réalisée par téléphone du 13 avril au 26 mai auprès d'un échantillon national représentatif de 15 459 personnes.

que les musulmans, *stricto sensu*, le chiffre serait donc proche de 6 %, et si l'on élargit aux personnes de confession ou de culture musulmane, le taux serait de l'ordre de 7 %. Ces niveaux sont sans doute un peu minorés dans la mesure où, en dépit des soins avec lesquels cette grande enquête a été réalisée (prise en compte de quotas géographiques très fins pour s'assurer d'une bonne dispersion des interviews sur le territoire, et notamment dans les quartiers sensibles, présence dans l'équipe d'enquêteurs arabophones pour éviter que la barrière de la moindre maîtrise du français ne dissuade une partie des sondés de répondre à l'enquête), des biais inhérents à ce type de sondages demeurent. Le Pew Research Center américain affiche, lui, pour la France, un taux de 8 % de musulmans. Même en retenant cette fourchette haute, nous sommes loin du chiffre de 6 millions, voire 10 millions, de musulmans présents sur le sol français, chiffres pourtant régulièrement cités dans le débat public.

Cet ordre de grandeur de 6 à 8 %, selon les enquêtes et selon le périmètre de la population retenu (personnes de confession musulmane ou ayant au moins un parent musulman), ne coïncide pas non plus avec le taux de 18,8 % de prénoms arabo-musulmans observés parmi les nouveau-nés en 2016. Mais rappelons ici deux points très importants. D'une part, notre travail de quantification sur les prénoms ne permet absolument pas de postuler que ces personnes sont musulmanes. On évalue avec cet indicateur le poids de la population de culture arabo-musulmane et non pas la proportion de musulmans. D'autre part, ce taux de 18,8 % est celui des personnes portant un prénom arabo-musulman parmi la classe d'âge née en 2016, et non pas dans l'ensemble de la population, toutes tranches d'âge confondues.

Ces précisions méthodologiques étant faites, il convient de bien distinguer les choses. Si, dans l'ensemble de la population résidant en France, la part de la population issue de l'immigration arabo-musulmane demeure nettement cantonnée sous le seuil des 10 % (par un effet de stock affectant les générations nées avant les années 1980[1]), tel n'est pas le cas au sein des jeunes générations, caractérisées par un tout autre équilibre démographique. Dans cette France qui vient, la part de la population issue des mondes arabo-musulmans représentera mécaniquement, du fait du renouvellement des générations, un habitant sur cinq, voire sur quatre, si la tendance haussière observée depuis le début des années 2000 se poursuit. On mesure à la lecture de ces chiffres que la société française est devenue *de facto* une société multiculturelle, et que notre pays ne connaîtra plus jamais la situation d'homogénéité ethnoculturelle qui a prévalu jusqu'à la fin des années 1970. Il s'agit là sans conteste d'un basculement majeur et sans doute de la cause principale de la métamorphose qui se produit sous nos yeux et qui aura (et a déjà) des conséquences profondes.

L'hétérogénéité des populations issues de l'immigration

Si la méthode du dénombrement des naissances *via* l'origine culturelle et géographique des prénoms nous a conduit à raisonner de manière globale, il convient de ne pas perdre de vue que cette population issue de l'immigration arabo-musulmane ne constitue pas un ensemble homogène, loin s'en faut. Il existe de fortes disparités selon le pays d'origine, voire au sein d'un même pays, selon la région d'origine, l'ancienneté de

1. Générations dans lesquelles les personnes de culture ou de confession musulmane sont peu nombreuses.

l'arrivée en France, le rapport à la religion – ou bien encore les orientations politiques. Pour ne considérer que ce dernier critère, des scrutins relativement récents ont montré la grande diversité existant au sein des communautés issues de l'immigration vivant en France. Ainsi en avril 2017, si 65 % des Turcs résidant en France et ayant le droit de voter pour les élections turques s'étaient prononcés en faveur du référendum renforçant les pouvoirs d'Erdoğan, plus d'un tiers d'entre eux s'y étaient opposés, ces résultats mettant au jour l'hétérogénéité idéologique et ethnoculturelle (Turcs *versus* Kurdes) de la diaspora turque vivant en France. De la même façon, en août 2018, les résultats de l'élection présidentielle malienne ont montré que cette diaspora n'agissait pas d'un bloc.

L'analyse de l'occurrence des prénoms parmi les nouveau-nés permet de bien mettre en lumière la diversité des dynamiques démographiques et migratoires. Si l'on considère, par exemple, une série de prénoms féminins originaires des pays musulmans d'Afrique de l'Ouest (Sénégal, Mali, Burkina-Faso, etc.), tels que Fatoumata, Aminata, Hawa, Bintou, Fanta ou Fatou[1], on constate une première hausse de l'occurrence dans les années 1970 et le début des années 1980, les filles nouveau-nées portant ces prénoms passant de moins de 30 par an à plus de 700. Ce niveau va ensuite demeurer stable jusqu'à la fin des années 1990, avant qu'une nouvelle phase de hausse se produise à partir du début des années 2000, mouvement qui fera atteindre à la courbe le seuil des 1 400 naissances portant l'un de ces prénoms en 2016.

1. Nous avons sélectionné au total une série de 20 prénoms féminins fréquemment usités dans cette aire géographique.

Graphique 31. 1950-2016 : Évolution du nombre de nouveau-nées portant différents prénoms féminins d'Afrique de l'Ouest (Fatoumata, Aminata, Hawa, Bintou, etc.)

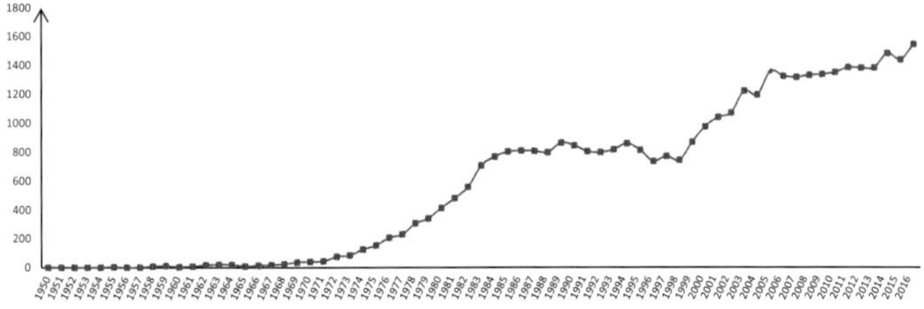

Sources : INSEE.

Cette seconde hausse très rapide aboutissant à un doublement des effectifs s'explique à la fois par l'arrivée à l'âge de la procréation des jeunes filles nées dans les années 1970 et 1980 et par la poursuite et l'accroissement d'une immigration en provenance de ces pays depuis le début des années 2000.

Les données présentées ci-dessus, extraites du fichier des naissances de l'INSEE, témoignent bien de la diversité des flux migratoires affectant la France. On peut également approcher cette réalité au travers de l'analyse des listes électorales.

Si les personnes n'ayant pas la nationalité française ne sont, par définition, pas inscrites sur ces listes, cette source documentaire est néanmoins précieuse dans la mesure où elle permet d'effectuer des zooms sur certaines communes, ce que le fichier de l'INSEE, qui n'est renseigné qu'au niveau du département, n'autorise pas. Si l'on s'arrête sur le cas d'une commune comme Sarcelles, on repère, à côté des importants contingents de personnes issues du Maghreb ou d'Afrique subsaharienne, la présence d'autres communautés fortes de plusieurs centaines de personnes, comme les Chaldéens ou les Indiens. Les listes électorales de Sarcelles précisant le pays et même la commune de naissance des individus, il apparaît clairement que les personnes en question sont originaires de territoires bien délimités. Ainsi, 89 % des membres de la communauté chaldéenne dénombrés sont nés dans trois districts turcs (Uludere, Beytussebap et Silopi). Il en va de même pour les personnes nées en Inde, dont 75 % sont originaires de Pondichéry, ancien comptoir français[1]. On voit ici l'influence des réseaux familiaux et d'interconnaissances dans la structuration des dynamiques migratoires. Le dépouillement des listes électorales de Marseille, autre commune précisant le pays de naissance sur ses listes, permet, à l'instar des carottages dans les glaciers qui renseignent sur les variations climatiques intervenues dans le passé, de lire l'historique des vagues migratoires dans la cité phocéenne.

Mais l'analyse des listes électorales fait également apparaître un autre phénomène : la forte concentration géographique de certaines communautés dans certains quartiers. On dénombre ainsi 41 % de prénoms ou patronymes comoriens dans le bureau de vote qui est celui de la cité Kallisté dans le XVe arrondissement de Marseille, 33 % dans celui de la cité du Parc Bellevue dans le IIIe arrondissement, 28 % dans celui de la résidence du Mail dans le XIVe arrondissement. Dans une ville comme Marseille, ce regroupement territorial n'est pas propre aux vagues d'immigration les plus récentes. On constate ainsi une proportion de patronymes arméniens supérieure à 10 % des inscrits dans 10 bureaux

1. Si on élargit le périmètre considéré à Karikal et à l'État du Tamil Nadu, proche de Pondichéry, la proportion s'établit à 92 %.

de vote du XIIe arrondissement, avec une pointe à 29 % dans le bureau correspondant au cœur de ce quartier. Sachant que l'immigration arménienne à Marseille date pour l'essentiel des années consécutives au génocide de 1915, la persistance dans certains quartiers d'un phénomène de concentration non négligeable des descendants de cette population, cent ans après son arrivée, est un phénomène qui doit retenir l'attention.

Même si le phénomène n'est pas nouveau, la concentration géographique de certaines communautés, associée à la diversification quasi planétaire des flux migratoires et à l'impressionnante montée en puissance démographique des populations issues des mondes arabo-musulmans, constitue des ressorts majeurs de l'archipelisation de la société française.

Géographie de l'implantation des populations issues de l'immigration arabo-musulmane

Parallèlement à l'étude de la dynamique démographique des populations arabo-musulmanes au plan national, les données de l'INSEE permettent également d'évaluer l'implantation et le poids relatif de ces populations dans les différents départements, et cela à plusieurs moments de l'histoire. Les quatre cartes qui suivent représentent ainsi, pour différentes périodes, la proportion de nouveau-nés portant un prénom arabo-musulman par département. Nous avons retenu comme premier jalon l'année 1968 car, d'une part, elle correspond à une époque où la proportion de prénoms arabo-musulmans n'avait pas encore commencé d'augmenter fortement (on peut ainsi considérer ce moment comme un état initial) et, d'autre part, car c'est cette année-là que les anciens départements de la Seine et de la Seine-et-Oise ont été redécoupés pour donner naissance aux actuels départements franciliens (moins la Seine-et-Marne, qui existait déjà). L'Île-de-France abritant la plus forte population issue de l'immigration, il était nécessaire de pouvoir disposer du même découpage administratif aux différentes périodes afin de pouvoir suivre les évolutions dans le temps.

La carte de 1968 présente une très grande homogénéité. Dans l'écrasante majorité des départements français, la part des naissances débouchant sur le choix d'un prénom arabo-musulman est inférieure à 2 %. La quasi-totalité du territoire n'est, à l'époque, aucunement concernée par l'immigration, à quelques rares exceptions près. Il s'agit soit des grandes aires urbaines et/ou des principaux foyers industriels français, qui nécessitaient de la main-d'œuvre immigrée. C'est le cas à Paris, dans les Hauts-de-Seine et le Val-d'Oise (où sont implantées les usines automobiles de Billancourt et de Flins), en Seine-Saint-Denis (à l'époque très industrialisée), mais aussi en Moselle (mines et sidérurgie), dans le Nord (mêmes activités plus le textile) ou bien encore dans un autre important foyer industriel que constituait alors le triangle Lyon-Saint-Étienne-Grenoble. La proportion de prénoms arabo-musulmans est également plus forte que la moyenne dans les Bouches-du-Rhône et le Var : c'est que les ports de Marseille et de Toulon sont les principales portes d'entrée en France pour les populations en provenance du Maghreb. Mais à l'époque, même dans ces départements, l'occurrence des prénoms arabo-musulmans parmi les nouveau-nés est cantonnée à un niveau très modeste : 6 % en Seine-Saint-Denis ou 6,5 % dans les Bouches-du-Rhône, par exemple.

Quinze ans plus tard, en 1983, se produisent la Marche des beurs et les grandes grèves des OS immigrés dans l'automobile[1]. Cette date marque un tournant dans l'histoire de l'immigration de ces populations : leur composante la plus jeune acquiert en effet, à cette occasion, une véritable visibilité dans la société française.

Si l'on effectue un second coup de sonde sur ce millésime, on s'aperçoit qu'entre 1968 et 1983 deux phénomènes se sont produits concomitamment : une augmentation de la proportion des nouveau-nés portant un prénom arabo-musulman dans les départements où elle était déjà la plus forte, et un effet de diffusion dans de nouveaux territoires plus ou moins proches. Dans les foyers initiaux, le taux de prénoms arabo-musulmans franchit dès 1983 le seuil des 10 % à Paris et des 15 % dans le « 9-3 ». Parallèlement, le taux augmente pour se situer dans la strate des 2 à 5 % sur les marges du Bassin parisien : départements des Yvelines avec des villes comme Mantes-la-Jolie ou Trappes, par exemple, du Val-d'Oise (Argenteuil, Sarcelles), de l'Oise (Creil) ou d'Eure-et-Loir (Dreux). On constate un même phénomène de diffusion en Alsace, à partir du foyer mosellan, ou dans le sud de la France, à partir des Bouches-du-Rhône et du Var (Vaucluse, Alpes-Maritimes, Gard). Plus globalement, se fait jour, à partir de cette époque, un fort contraste de part et d'autre d'une ligne Le Havre-Valence-Perpignan. À l'est de cet axe, la plupart des départements enregistrent une occurrence de 2 à 5 % de prénoms arabo-musulmans, alors qu'à l'ouest de la ligne ce taux reste proche de 0 %, à l'exception de quelques départements isolés dans la vallée de la Garonne. On aura reconnu à cette description la carte du vote FN, qui s'apprête à émerger sur la scène électorale précisément à ce moment-là (lors des élections

1. Qui se prolongèrent sur certains sites jusqu'en 1984.

européennes de 1984), avec, comme principal ressort, un discours hostile à l'immigration.

La troisième carte présente la situation en 2002, toujours caractérisée par une forte hétérogénéité sur l'ensemble du territoire français. Dans certains départements précocement concernés par une implantation d'immigrés, la proportion de nouveau-nés portant un prénom arabo-musulman atteint désormais un niveau très conséquent. Elle dépasse ainsi le seuil des 30 % en Seine-Saint-Denis. Les Bouches-du-Rhône, le Rhône, le Val-de-Marne et le Val-d'Oise ont franchi la barre des 15 %. Dans le reste de l'Île-de-France, plus d'un enfant sur dix né dans l'année porte un prénom de ce type, tout comme dans le département du Nord (avec un foyer principal dans la conurbation lilloise : Roubaix et Tourcoing) et du Haut-Rhin (Mulhouse). Le foyer méditerranéen initial (Bouches-du-Rhône, Var) se renforce et se prolonge *via* la vallée du Rhône jusqu'à Lyon. À l'est de la ligne Le Havre-Valence-Perpignan, de nombreux départements affichent un taux de 2 à 5 %, alors que dans la moitié ouest du pays, et notamment dans le quart sud-ouest (à l'exception de la vallée de la Garonne), de nombreux territoires continuent de se situer sous le seuil des 2 %. Si, à cette date, la diversité ethnoculturelle est devenue une réalité dans les grands centres urbains et dans le Sud-Est, l'homogénéité démographique qui prévalait historiquement continue de caractériser la France de l'Ouest, qui, cette année-là, a continué de mieux résister à la poussée frontiste – on se souvient que la qualification de Jean-Marie Le Pen au second tour de l'élection présidentielle de 2002 s'est principalement jouée dans la France du Sud-Est et du Nord-Est.

En 2015, en cohérence avec la courbe qui indiquait une très forte augmentation de la proportion de nouveau-nés portant un prénom arabo-musulman au

Carte 7. Garçons ayant reçu un prénom issu des mondes arabo-musulmans en 1968, 1983, 2002 et 2015 (en pourcentage des naissances masculines sur l'année)

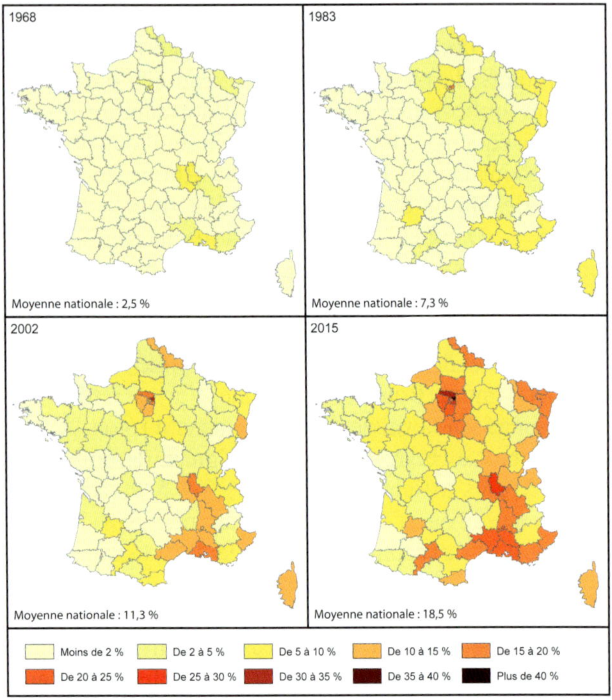

Sources : INSEE.

plan national à partir des années 2000, la carte fait ressortir une hausse significative dans la plupart des départements. Les contrastes observés précédemment sont toujours présents, mais partout les seuils ont été nettement rehaussés. Le taux dépasse désormais les 40 % des naissances en Seine-Saint-Denis, les 35 % dans le Val-d'Oise et les 25 % dans le Val-de-Marne et dans le Rhône. Le bloc Gard-Bouches-du-Rhône-Vaucluse, d'une part, et l'ouest francilien (Yvelines, Hauts-de-Seine et Essonne), d'autre part, suivent de près en affichant des taux compris entre 20 et 25 %. Dans tous ces départements, l'équilibre démographique au sein des jeunes générations s'en trouve considérablement modifié. Paris et d'autres départements du grand Bassin parisien élargi (Seine-et-Marne, Oise et Loiret), le Nord, l'Alsace-Moselle, la vallée du Rhône et le pourtour méditerranéen ainsi que la Haute-Garonne affichent quant à eux un taux compris entre 15 et 20 %.

Ces départements pris tous ensemble concentrent une part majeure de la population nationale (il s'agit pour l'essentiel de la France urbaine) mais aussi des naissances. Or c'est dans cette France-là, cette France démographiquement la plus dynamique, que les nouveau-nés portant un prénom arabo-musulman sont proportionnellement les plus nombreux. Inversement, certains départements démographiquement atones comme la Meuse, la Creuse, la Lozère, le Cantal ou l'Orne figurent parmi ceux qui sont le moins concernés par le phénomène. C'est le cas aussi de la plupart des départements de la moitié ouest du pays, où les taux se situent soit entre 2 et 5 %, soit entre 5 et 10 %.

Le basculement de la société française dans une configuration d'hétérogénéité ethnoculturelle n'opère donc pas avec la même intensité sur l'ensemble du territoire, mais la rapidité du phénomène est assez saisissante. Alimentée par une immigration légale et clandestine qui demeure relativement soutenue et par une moyenne d'âge de la population de culture arabo-musulmane moins élevée que celle de la population « de souche », la dynamique qui s'est enclenchée depuis une vingtaine d'années pourrait se poursuivre pendant un certain temps et transformer en profondeur la physionomie ethnoculturelle de la France. On notera ainsi qu'en 2015 toute une série de départements affichaient un taux de prénoms arabo-musulmans parmi les nouveau-nés comparable à celui que l'on observait en Seine-Saint-Denis en 1983, soit un taux de 15 %, qui, à l'époque, apparaissait comme particulièrement élevé. Il s'agissait des départements du Nord, de l'Oise, de la Seine-et-Marne, des départements alsacien et mosellan, de l'Isère, de la Drôme, de la Haute-Garonne, de l'Hérault, du Var et des Alpes-Maritimes.

Diagnostic sur le processus d'intégration de la population issue de l'immigration arabo-musulmane

Une intégration à bas bruit de toute une partie des populations issues de l'immigration...

En appliquant l'analyse onomastique au corpus de l'ensemble des candidats s'étant présentés aux élections législatives de juin 2017, il apparaît que 6,5 % des candidats portaient un prénom arabo-musulman. Ce taux est identique, on s'en souvient, au pourcentage de la population déclarant avoir au moins un de ses deux parents musulman (6,1 %) dans l'enquête Ifop pour l'Institut Montaigne citée précédemment. C'est dire que cette population s'est progressivement fait sa place et qu'elle s'est trouvée représentée sur la scène politique conformément à son poids dans la société. Compte tenu de la relative jeunesse de cette population, la proportion de ces candidats ayant une ascendance arabo-musulmane est plus élevée dans les rangs des candidats les plus jeunes : 10 % parmi l'ensemble des candidats de moins de 40 ans, 9 % parmi ceux de

40-49 ans, 5 % parmi ceux de 50-59 ans – et seulement 1,8 % parmi les candidats de 60 ans et plus.

Certaines formations politiques ont accordé une place plus importante à la population issue de l'immigration. Ces candidats « de la diversité », pour reprendre une formulation qui a fait florès, ont été proportionnellement les plus nombreux à se présenter sous la bannière des partis de gauche. Ils représentaient ainsi 7,6 % des candidats PS, 6,2 % de ceux du PC, ou bien encore 5,7 % de ceux de la France insoumise. Leur poids était également conséquent parmi les candidats de LREM (5,3 %), mais demeurait très faible à droite (1,6 % seulement parmi les Républicains) et inexistant au FN (0,2 %)[1].

L'Ifop avait déjà réalisé ce type de décompte à l'occasion des législatives de 2007, pour ce qui concernait les candidats socialistes. À l'époque, le parti de la rue de Solférino n'avait aligné que 4,1 % de candidats issus de l'immigration. En l'espace de dix ans, ce taux a donc pratiquement doublé puisqu'il atteignait 7,6 % en 2017, traduisant ainsi une attention plus soutenue de l'appareil à cette problématique, mais également la montée en puissance progressive de ces générations dans les cercles de pouvoir.

On pourrait penser que cette tendance à accorder une place croissante aux représentants des Français issus de l'immigration arabo-musulmane au sein des partis politiques n'est qu'une posture d'affichage, ces candidats-alibi se voyant octroyer les circonscriptions les moins favorables. Mais l'analyse électorale invalide cette grille de lecture, au moins pour ce qui concerne

1. On notera que l'UPR, mouvement de François Asselineau qui avait obtenu au premier tour de la présidentielle ses meilleurs scores dans les quartiers à forte population issue de l'immigration, alignait 7,1 % de candidats issus de la diversité.

les partis de gauche et LREM. Comme le montre le tableau ci-dessous, on constate en effet qu'en moyenne ces candidats ont été investis dans des circonscriptions où le score du candidat de leur parti à la présidentielle a été identique ou supérieur à celui enregistré dans les circonscriptions dévolues à des candidats non issus de la diversité. Les candidats issus de l'immigration n'ont donc pas été envoyés « au casse-pipe » électoral et se sont vu attribuer par les partis de gauche et LREM des circonscriptions potentiellement aussi (voire plus) favorables que leurs camarades.

Tableau 12. Profil électoral des circonscriptions attribuées aux candidats de la diversité

	Circonscriptions où un candidat ayant un prénom arabo-musulman a été investi	**Circonscriptions où un candidat n'ayant pas un prénom arabo-musulman a été investi**	***Écart***
La France insoumise : score de Jean-Luc Mélenchon au 1er tour de la présidentielle	22,1 %	19,7 %	***+ 2,4 points***
Parti socialiste : score de Benoît Hamon au 1er tour de la présidentielle	7,3 %	6,6 %	***+ 0,7 point***
La République en marche : score d'Emmanuel Macron au 1er tour de la présidentielle	24,2 %	23,8 %	***+ 0,4 point***
Les Républicains : score de François Fillon au 1er tour de la présidentielle	15,6 %	20,1 %	– ***4,5 points***

Tel n'a pas été le cas à droite. Non seulement les Républicains n'ont présenté qu'un très faible nombre de candidats ayant ce profil, mais ils les ont, de surcroît, investis dans des circonscriptions plus difficiles pour la droite, François Fillon y ayant recueilli en moyenne un score de 4,5 points inférieur à son étiage enregistré dans les circonscriptions réservées aux candidats non issus de l'immigration.

À l'issue du second tour, 17 députés portant un patronyme ou un prénom les rattachant aux mondes arabo-musulmans ont été élus (tous sous l'étiquette du bloc LREM-Modem), un volume jamais atteint lors des précédentes mandatures. Si, comme on le verra plus loin, la victoire de la majorité LREM-Modem s'est traduite par un renforcement du poids des CSP + dans l'hémicycle, elle s'est donc aussi accompagnée d'un accès sans précédent des candidats issus de la diversité à la représentation nationale.

D'autres chiffres, symboliquement très marquants, confirment qu'un processus d'intégration à bas bruit d'une partie des populations issues de l'immigration est à l'œuvre, et ils attestent aussi de l'attachement de très nombreux jeunes Français issus de l'immigration au modèle républicain – et plus encore à l'idéal patriotique. C'est ainsi que 7 de nos 77 soldats tombés en Afghanistan[1] entre 2001 et 2015 en combattant les talibans étaient issus de l'immigration, soit une proportion de près de 10 % des pertes françaises. Les soldats tués par Mohamed Merah (Imad Ibn Ziaten, Abel Chennouf et Mohamed Legouad) étaient également tous trois d'origine maghrébine, comme Ahmed Merabet, le policier abattu devant les locaux de *Charlie Hebdo* par les frères

1. En plus de ces 77 soldats, 12 hommes de la Légion étrangère y ont également perdu la vie.

Kouachi, ou encore Samir Bajja, ce militaire français tombé au Mali lors d'une opération contre les djihadistes. À l'instar de ce que l'on observe aux États-Unis, l'engagement sous les drapeaux constitue une voie d'insertion professionnelle pour les groupes minoritaires (Noirs et Latinos aux États-Unis, issus des DOM-TOM ou de l'immigration en France), populations souffrant souvent d'un réseau relationnel moins étoffé, d'un plus faible capital culturel et de pratiques discriminatoires sur le marché du travail. Comme le note le sociologue Elyamine Settoul[1], le fait que les processus de recrutement dans l'armée soient plus objectifs et méritocratiques que dans le civil (car basés sur des tests anonymes) constitue un véritable atout pour de nombreux jeunes, notamment issus des quartiers sensibles, attirés par la carrière militaire. D'après le sociologue, on compterait, par exemple, près de 300 musulmans sur le porte-avions *Charles-de-Gaulle*, soit 10 % de l'effectif du bâtiment. Un militaire sur dix, c'est aussi la proportion de ceux qui sont tombés en Afghanistan. La présence significative de personnes issues de l'immigration ou de confession musulmane dans les armées est, en outre, attestée par le fait que l'aumônerie militaire musulmane compte aujourd'hui 38 personnes, ce qui représente la plus importante aumônerie musulmane de toutes les armées occidentales.

De la même manière, diverses enquêtes mettent en évidence l'attrait qu'exercent les carrières de l'enseignement sur toute une partie de la jeunesse issue de l'immigration. Selon les chercheuses Aïssa Kadri et Fabienne Rio, ce public représentait, par exemple, 30 % des candidats aux concours d'entrée dans l'Éducation nationale dans

1. *In* « Les armées comme creuset national : quelle place pour les descendants de l'immigration ? » in *Les Tribunes de L'Hétairie*, janvier 2018.

l'académie de Créteil en 2007[1]. À l'instar des armées, les modes de sélection y sont moins exposés aux discriminations. Accéder au statut d'enseignant offre de surcroît la garantie de l'emploi, ce qui n'est pas rien pour une population dont les trajectoires familiales sont souvent marquées par la précarité. Mais cela constitue également un marqueur d'intégration et de promotion sociale. Le processus s'effectue à bas bruit, mais l'ascenseur social et intégratif que constitue l'Éducation nationale produit bel et bien ses effets, et les carrières d'enseignants, mais aussi de CPE ou de directeurs d'établissement, s'ouvrent de plus en plus à la jeunesse issue de l'immigration, notamment les filles qui, dans ces familles encore plus qu'ailleurs, s'investissent davantage dans les études. Dans le portrait sociologique d'une famille d'origine algérienne dressé avec une grande finesse par Stéphane Beaud[2], le fort investissement scolaire des filles – mais également les trajectoires d'ascension professionnelle de certains membres de cette fratrie – ressort ainsi très clairement.

D'autres secteurs constituent autant de voies d'intégration pour les personnes issues de l'immigration maghrébine. Le long conflit social à la SNCF au cours du printemps 2018 a ainsi mis en lumière et fait émerger des leaders syndicaux de terrain dont une bonne partie était issue de l'immigration. *Libération* notait ainsi, par exemple, que les trois porte-voix du conflit à la gare du Nord à Paris présentaient un tel profil[3]. Et peu importe

1. Aïssa Kadri et Fabienne Rio, « Les hussards multicolores de la République. Enseignants issus des immigrations », dossier « Nouvelles figures de l'immigration en France et en Méditerranée », *Hommes et Migrations*, n° 1266, mars-avril 2007.

2. Stéphane Beaud, *La France des Belhoumi. Portraits de famille (1977-2017)*, Paris, La Découverte, 2018.

3. « SNCF : Fils d'immigrés, la voie militante », *Libération*, 8 juin 2018.

que cet engagement dans les rangs de la CGT ou de Sud s'inscrive souvent dans la logique d'une tradition familiale, de nombreux pères ayant milité avant eux pour défendre leurs droits : il constitue bel et bien une voie d'ascension sociale. En Petite Camargue, des fils d'immigrés ont pris un autre chemin que le syndicalisme et ont pratiqué ce que Jean-Michel Décugis et Marc Leplongeon ont appelé « l'intégration par le taureau[1] ». Dans une ville comme Lunel, où la course camarguaise fait figure d'institution, nombreux sont en effet les enfants d'immigrés à descendre dans l'arène pour défier le taureau et se faire une place dans une société locale où l'idéologie frontiste est pourtant profondément ancrée.

… mais une endogamie persistante, voire en progression, dans certains milieux et territoires

Parallèlement à ces mouvements attestant l'existence d'un processus d'intégration et d'ascension sociale affectant toute une partie de cette population, d'autres indicateurs font apparaître une pause – voire un recul – du processus de soudure des populations issues de l'immigration arabo-musulmane au bloc démographique majoritaire. L'enquête de l'Ifop réalisée pour l'Institut Montaigne enregistre ainsi des signes de fermeture d'une partie de la population musulmane en matière matrimoniale. Comme le montre le graphique suivant, on observe une propension plus élevée à accepter une union mixte pour son fils que pour sa fille. 56 % des musulmans déclarent ainsi qu'ils accepteraient que leur fils se marie avec une femme non musulmane, car cela

1. Jean-Michel Décugis et Marc Leplongeon, *Le Chaudron français*, Paris, Grasset, 2017.

Tableau 13. L'évolution de l'acceptation par les musulmans d'une union de leurs enfants avec une personne d'origine non musulmane

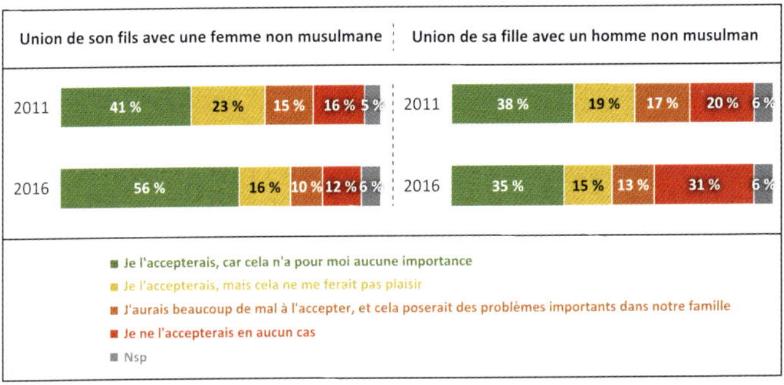

Sources : Ifop-Institut Montaigne.

n'a aucune importance pour eux, contre seulement 22 % qui ne l'accepteraient pas. Ces chiffres sont en revanche respectivement de 35 % et de 44 % pour ce qui est du mariage de sa fille avec un homme non musulman.

Si l'on additionne les deux items indiquant une acceptation franche ou plus résignée, on obtient un score de 72 % pour les garçons contre 50 % seulement pour les filles. Alors que l'acceptation est largement majoritaire pour que les fils aillent chercher leur épouse hors du groupe ethnoculturel, elle est beaucoup plus problématique lorsqu'il est question que la fille se marie à l'extérieur de ce groupe. On voit ici que le contrôle des familles sur les femmes et les filles en matière matrimoniale est une question centrale du point de vue de l'avenir de l'intégration de la population arabo-musulmane au bloc principal de la société française.

Or, non seulement le degré d'acceptation des mariages mixtes est nettement moins élevé pour les filles que pour les garçons, mais cette différence d'attitude tend à se renforcer ces dernières années, accréditant l'hypothèse d'une fermeture partielle de ce groupe et d'un coup d'arrêt porté au processus de soudure rapide observée dans les années 1970 à 1990. Comme on peut le voir dans le graphique ci-dessus, l'acceptation sans restriction d'un mariage mixte se situait quasiment au même niveau en 2011 pour les garçons et pour les filles. Mais alors que la proportion de musulmans qui ne verraient aucun problème à ce que leur fils épouse une non-musulmane progresse de 15 points en cinq ans, elle recule de 3 points pour ce qui est de leur fille. De la même façon, la position de refus catégorique du mariage mixte était assez proche pour ce qui était des garçons (16 %) et des filles (20 %), mais les évolutions sont allées en des sens opposés : – 4 points pour les fils, + 11 points pour les filles.

L'environnement de proximité influe sensiblement sur cette fermeture à ce que sa fille se marie avec un non-musulman. Ainsi, elle n'atteint « que » 26 % parmi les musulmans qui habitent dans des quartiers ou des communes à très faible présence immigrée (moins de 5 % d'immigrés ou d'enfants d'immigrés). En revanche, plus la présence immigrée est importante, et plus la propension à refuser le mariage mixte est élevée chez les musulmans, pour atteindre 35 %, voire 37 %, dans les quartiers ou les communes à très forte présence immigrée (de 15 % à plus de 30 % d'immigrés ou d'enfants d'immigrés dans la population locale).

La propension à l'endogamie[1] est logiquement plus fréquente dans les quartiers où la densité de population issue de l'immigration arabo-musulmane est la plus forte. Comme l'ont, par exemple, montré Raphaëlle

1. Union ou mariage avec un conjoint immigré de la même aire géographique ou avec un descendant originaire de la même aire géographique.

Bacqué et Ariane Chemin pour le cas de Trappes[1], ou Manon Quérouil-Bruneel et Marek Dehoune à propos d'une cité du 93[2], le contrôle social et familial sur les jeunes femmes y est très pesant et il est aujourd'hui souvent difficilement concevable de s'y marier avec un « Gaulois », sauf à quitter le quartier et souvent à rompre avec une partie de sa famille. Ce choix de sortie du quartier est facilité par la réussite scolaire, c'est pourquoi il est davantage le fait des jeunes filles que des garçons. Il s'ensuit que l'intégration sur le marché matrimonial et professionnel est souvent plus aisée pour les filles, celles-ci bénéficiant aussi du fait qu'elles sont

Graphique 32. Le refus d'une union entre sa fille et un homme d'origine non musulmane en fonction du type de quartier/de commune

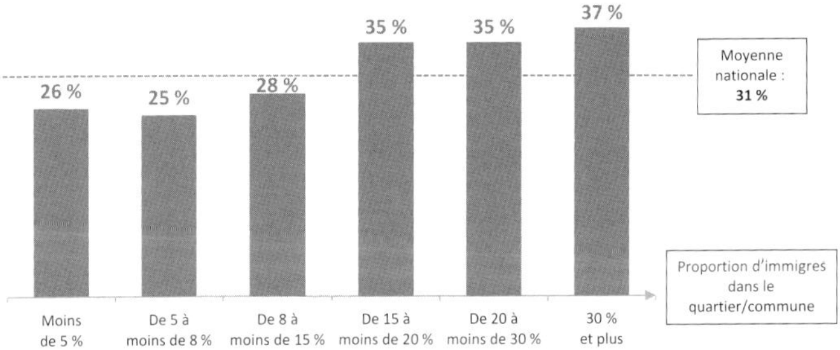

Note de lecture : Parmi les personnes de confession ou d'origine musulmane résidant dans un quartier ou une commune comptant moins de 5 % d'immigrés, 26 % n'accepteraient en aucun cas une union de leur fille avec un non-musulman.

Sources : Ifop-Institut Montaigne.

1. Raphaëlle Bacqué et Ariane Chemin, *La Communauté*, Paris, Albin Michel, 2018.
2. Manon Quérouil-Bruneel et Marek Dehoune, *La Part du ghetto*, Paris, Fayard, 2018.

moins souvent victimes de pratiques discriminatoires que les jeunes hommes.

L'analyse des listes électorales (documents où figurent les noms et prénoms des inscrits) dans certaines villes nous a permis de mettre en lumière ce phénomène de « sortie du ghetto » plus fréquent pour les femmes. Prenons le cas de la ville de Toulouse, grande métropole régionale dynamique, mais comptant aussi des quartiers sensibles. Coexistent ainsi dans la ville rose différents types de quartiers, avec une forte variation de la proportion de personnes portant un prénom issu des mondes arabo-musulmans selon les bureaux de vote. Ce taux oscillant entre 0 % et plus de 35 %, nous avons classé les 249 bureaux de vote (correspondant à autant de petits quartiers) en quatre groupes. Comme le montre le tableau suivant, le ratio hommes/femmes au sein de la population issue des mondes arabo-musulmans n'est pas identique dans les quatre strates de bureaux. Il varie linéairement en fonction de la proportion de personnes issues de l'immigration dans le bureau de vote.

Tableau 14. Le ratio hommes/femmes dans la population d'origine arabo-musulmane dans les différents types de quartiers de Toulouse

Proportion de personnes portant un prénom arabo-musulman dans le bureau de vote	Plus de 35 %	De 20 à 35 %	De 7 à 20 %	Moins de 7 %
Proportion d'hommes dans cette population	52 %	50 %	47 %	43 %
Proportion de femmes dans cette population	48 %	50 %	53 %	57 %

Dans les bureaux les plus « ségrégués » (quartier du Mirail), où plus de 35 % des inscrits portent un prénom d'origine arabo-musulmane, les hommes représentent

52 % de cette population. Ce taux décline ensuite progressivement, et dans les quartiers toulousains les moins « ségrégués » ou socialement non défavorisés, les hommes ne constituent plus que 43 % de la population d'origine arabo-musulmane qui y habitent. Cet écart de près de 10 points sur le *sex ratio*[1], pour parler comme les démographes, est statistiquement très parlant et témoigne de ce que ce processus de sortie des quartiers, nettement plus fréquent pour les jeunes femmes que pour les jeunes hommes, constitue une donnée sociologique majeure.

S'il s'explique en partie par la volonté de fuir un contrôle social et familial pesant, on peut émettre l'hypothèse qu'il nourrit en retour de la frustration et un ressentiment spécifique à la composante masculine (principalement sa frange la plus jeune) de cette population, qui constate qu'elle est davantage « assignée à résidence ». Pour reprendre les travaux de Farhad Khosrokhavar[2], cette frustration des jeunes garçons de la seconde génération vivant dans ces quartiers, frustration nourrie par l'échec scolaire et les discriminations, peut notamment entrer dans la composition d'un écosystème « djihadogène » dans certains quartiers, Toulouse en étant un bon exemple.

Mais ce phénomène n'est pas propre à la ville de Toulouse. On le retrouve également à l'œuvre dans une ville comme Roubaix. Hormis son nombre d'habitants plus faible qu'à Toulouse, la cité du Nord se distingue également par la présence d'une population d'origine arabo-musulmane proportionnellement bien plus élevée que dans la ville rose. À Roubaix, plus de la moitié des bureaux de vote (24 sur 46) affichent plus de 35 % d'inscrits portant un prénom les reliant aux mondes arabo-musulmans, alors

1. Ratio hommes/femmes au sein d'une population ou d'un groupe démographique.

2. *Le Nouveau Djihad en Occident*, Paris, Robert Laffont, 2018.

que ce n'est le cas que dans un petit nombre de bureaux toulousains (8 sur 249). Le contexte démographique et urbain est donc différent et, dans la plupart des quartiers roubaisiens, la population arabo-musulmane est significativement présente[1]. Cela peut expliquer que le *sex ratio* soit identique dans trois groupes de bureaux sur les quatre que nous avons définis. En revanche, dans le dernier groupe de bureaux de vote, qui correspond aux quartiers démographiquement les plus mixtes (avec seulement moins de 11 % de personnes portant un prénom arabo-musulman), la répartition hommes/femmes s'inverse spectaculairement avec une proportion de 56 % de femmes parmi la population arabo-musulmane habitant dans ces quartiers plus favorisés. Même dans ce contexte démographique si spécifique, un écart de 8 points apparaît donc sur le *sex ratio* entre les quartiers les plus « ségrégués » et les quelques quartiers moins défavorisés de la ville.

Tableau 15. Le ratio hommes/femmes dans la population d'origine arabo-musulmane dans les différents types de quartiers de Roubaix

Proportion de personnes portant un prénom arabo-musulman dans le bureau de vote	Plus de 35 %	De 20 à 35 %	De 11 à 20 %	Moins de 11 %
Proportion d'hommes dans cette population	52 %	52 %	52 %	44 %
Proportion de femmes dans cette population	48 %	48 %	48 %	56 %

1. Sachant qu'au travers du prisme des inscrits sur les listes électorales nous ne pouvons dénombrer que les personnes ayant la nationalité française. De nombreux étrangers n'apparaissent pas dans ce décompte, mais font sans doute franchir le seuil de 50 % de population arabo-musulmane dans toute une partie des quartiers de Roubaix.

Le cas d'Aulnay-sous-Bois, commune abritant également une forte population issue de l'immigration, est intéressant lui aussi. Cette ville de Seine-Saint-Denis présente de fortes disparités démographiques et urbanistiques entre le nord de la commune, composé de quartiers d'habitat social à très forte population immigrée, et la partie sud, pavillonnaire et habitée par une population beaucoup moins souvent issue de l'immigration. Mais pour autant, comme le montre le tableau ci-dessous, le *sex ratio* au sein de la population arabo-musulmane est quasiment stable, quel que soit le type de quartiers. Et même dans le groupe de bureaux de vote affichant la plus faible proportion d'inscrits portant un prénom arabo-musulman, la proportion de femmes n'est que de 50 % alors qu'elle est bien supérieure dans les mêmes types de bureaux de vote à Roubaix (56 %) ou à Toulouse (57 %).

Tableau 16. Le ratio hommes/femmes dans la population d'origine arabo-musulmane dans les différents types de quartiers d'Aulnay-sous-Bois

Proportion de personnes portant un prénom arabo-musulman dans le bureau de vote	Plus de 35 %	De 20 à 35 %	De 11 à 20 %	Moins de 11 %
Proportion d'hommes dans cette population	52 %	51 %	50 %	50 %
Proportion de femmes dans cette population	48 %	49 %	50 %	50 %

Est-ce à dire que le phénomène de sortie des jeunes femmes des quartiers les plus ségrégués n'existe pas à Aulnay-sous-Bois ? Nous ne le pensons pas. Le processus constaté à Toulouse et à Roubaix y est également à l'œuvre, mais il doit s'apprécier à une échelle géographique plus vaste, qui est celle de l'agglomération parisienne. Alors qu'à Toulouse, par exemple, les femmes issues de l'immigration qui souhaitent quitter leur quartier d'origine ou qui s'inscrivent dans un processus d'ascension sociale vont aller s'installer dans des quartiers du centre ou de la périphérie résidentielle de la ville rose, leurs homologues d'Aulnay privilégient Paris ou des communes de la proche banlieue, et non pas d'autres quartiers d'Aulnay, qui apparaissent sans doute comme culturellement et géographiquement trop proches de leurs quartiers d'origine.

L'enquête de l'Ifop pour l'Institut Montaigne indique par ailleurs que le refus d'une union entre sa fille et un homme non musulman est assez logiquement nettement moins répandu (11 %) parmi les musulman(e)s vivant eux-mêmes avec un(e) non-musulman(e) que parmi les personnes musulmanes vivant dans un couple non mixte (37 %). D'après cette étude, les musulmans en couple mixte résident plus fréquemment dans des quartiers ou des communes où la population issue de l'immigration est peu importante. On voit ainsi se dessiner une trajectoire d'intégration : la propension à réaliser un mariage exogame est en effet fortement corrélée à la capacité de quitter les quartiers où la population de culture musulmane est fortement représentée. Dans *Le Mystère français*, Emmanuel Todd et Hervé Le Bras ont souligné la stabilité de l'implantation de cette population, et même l'arrêt de sa diffusion sur le territoire. Ils reliaient ce phénomène au coup d'arrêt – voire au reflux – des mariages mixtes constatés depuis une vingtaine d'années. Une bonne partie de la population de culture arabo-musulmane est donc désormais cantonnée dans les quartiers et les cités populaires où, du fait de la stagnation économique, l'ascenseur social fonctionne beaucoup moins bien que par le passé. La situation y est aggravée par la dégradation de la situation sécuritaire (liée notamment au développement industriel du trafic de drogue, qui contribue au départ des personnes non issues de l'immigration). Un cercle vicieux s'enclenche alors : sous l'effet d'une moindre diversité ethnoculturelle, la propension à adopter un modèle endogame se trouve renforcée.

La possession d'un diplôme universitaire semble limiter ce tropisme endogame. Si l'on en croit l'enquête réalisée pour l'Institut Montaigne, plus les interviewés musulmans sont diplômés, plus la propension à vivre en couple avec un conjoint non musulman est élevée. De la même façon, alors que 35 % des sondés ayant le bac ou un niveau scolaire inférieur n'accepteraient en aucun cas que leur fille épouse un non-musulman, ce taux tombe à 22 % parmi les interviewés disposant d'un diplôme universitaire. La réussite scolaire favorise donc la disposition à l'exogamie pour soi-même ou sa fille ; encore faut-il que ceux qui ont obtenu des diplômes puissent s'assurer d'un emploi correspondant à leur formation, étape évidemment indispensable à la sortie du quartier d'origine où la mixité ethnoculturelle est faible. Dans les cas, hélas assez fréquents (notamment pour les garçons), où l'investissement scolaire n'a pas été récompensé par l'obtention d'un poste auquel il était légitime de prétendre, le ressentiment vis-à-vis de la société française peut se développer, conduisant à l'adoption de conduites de repli parmi cette frange de diplômés.

De l'endogamie familiale à l'endogamie communautaire et religieuse

À travers la forte asymétrie entre le statut des garçons et des filles en matière d'endogamie, on décèle l'action persistante d'un système familial que les anthropologues définissent comme patrilinéaire au sens strict. Dans un tel système, seul le père et non les deux parents compte dans la définition du statut social d'un individu. Les héritiers mâles sont porteurs de l'identité de la lignée et peuvent donc se marier hors du groupe. En revanche, les filles n'étant pas intrinsèquement dépositaires de cette identité lignagère, seul un mariage avec un membre de la parentèle plus ou moins élargie – ou à défaut avec un homme présentant les mêmes origines – peut assurer leur maintien dans le groupe. Ce modèle endogame patrilinéaire, hégémonique dans les pays du Maghreb, a été soumis à de fortes tensions dans la population issue de l'immigration vivant en France, mais il manifeste une capacité de résilience assez impressionnante. En témoigne, par exemple, Stéphane Beaud, dans son travail de microsociologie consacré à l'étude d'une famille algérienne vivant en France[1] : le sociologue montre comment les pressions parentales et familiales ont abouti au fait que les filles de la fratrie se marient ou se mettent en ménage avec des Maghrébins quand certains des frères vivent avec une femme non issue de l'immigration.

Dans les pays du Maghreb, ce système patrilinéaire combiné à une endogamie familiale (privilégiant le mariage entre cousins) est extrêmement structurant, quel que soit le groupe démographique. Ainsi, chez les Kabyles, qui ont été plus tardivement et moins profondément islamisés que la population arabe et qui relevaient davantage d'un modèle clanique, ce système familial est tout aussi prégnant que parmi les Arabes. En France, dans la population issue de l'immigration maghrébine, ce modèle n'est pas aussi puissant, comme en témoigne la

1. Stéphane Beaud, *La France des Belhoumi*, *op. cit.*

proportion non négligeable de mariages mixtes mesurée dans l'enquête TeO de l'INED et de l'INSEE (2008). Mais si l'ouverture exogame est une réalité, celle-ci cohabite néanmoins avec la persistance d'une très forte empreinte du modèle traditionnel. Ce dernier a muté, d'ailleurs : on est passé d'un modèle endogame familial à un modèle endogame communautaire ou religieux. On peut ainsi faire l'hypothèse que, du fait de la diversité religieuse et démographique existant dans notre pays, le groupe de référence n'est plus défini sur une base lignagère (mariage entre cousins) mais désormais sur une base ethnoreligieuse (on se marie entre Maghrébins et musulmans). L'apparition et le succès des sites de rencontres de nature ouvertement communautaire illustrent la réalité de ce phénomène autant qu'ils l'alimentent. Le site *Mektoube.fr* (*mektoube* signifiant le destin), ouvert en 2006, s'affiche ainsi comme le « site n° 1 de la rencontre musulmane et maghrébine » et revendique 290 000 visiteurs uniques par mois. Il devance son principal concurrent *Inshallah.com*, apparu en 2010 et affichant 200 000 visiteurs par mois. Son slogan : « Un mariage si Dieu le veut[1]. » La poursuite d'une immigration en provenance des pays d'origine (alimentant le

1. Les populations arabo-musulmanes ne sont pas les seules à être visées par ce marketing du cœur très segmenté. Les chrétiens recherchant l'âme sœur peuvent se rendre sur le site *Theotokos.fr* (créé en 2006) ou sur *Jetunoo.fr* (apparu en 2011). La main invisible du marché ayant songé à tout, les juifs ne sont pas en reste : *Feujworld.fr* existe depuis 2001, et *Jdream.fr* a été créé en 2004. D'autres groupes communautaires ou affinitaires (les Portugais, les motards, les militaires…) disposent également de sites de rencontres dédiés. On mesure à cette aune-là aussi la réalité et la puissance du phénomène d'archipelisation à l'œuvre dans la société française.

marché matrimonial) et la concentration accrue de ces populations dans certains quartiers (réduisant les possibilités de brassage) ont favorisé la persistance d'une culture conduisant à des choix matrimoniaux beaucoup plus contraints et restreints pour les filles que pour les garçons, d'autant que la résistance du système familial a évolué vers une endogamie communautaire.

Ainsi, en se basant sur la comparaison des données d'enquêtes menées en 1992 (enquête MGIS-Mobilité géographique et intégration sociale) et en 2012 (enquête Teo), Beate Collet et Emmanuelle Santelli constatent : « Si l'on compare les descendants d'immigrés d'origine algérienne aux autres groupes de descendants, il s'avère qu'ils forment des couples mixtes dans des proportions plus importantes que ceux d'origine marocaine, mais ils restent loin derrière ceux de l'Europe du Sud ou d'Asie. Leur comportement matrimonial traduit l'ancienneté de l'immigration algérienne en France. Celle-ci ne produit pas, comme on aurait pu le croire, une augmentation considérable des unions mixtes. Le maintien des unions endogames traduit aussi l'existence d'un marché matrimonial constitué en France[1]. » De telles pratiques traduisent une volonté d'affirmation ou de continuité identitaire, qui passe également… par le choix des prénoms.

L'analyse onomastique menée sur la base des listes électorales de Toulouse et d'Aulnay-sous-Bois confirme la persistance, voire le renforcement, d'un modèle patrilinéaire endogame communautaire dans une grande partie des populations issues des mondes musulmans. En recoupant les données démographiques

1. Beate Collet et Emmanuelle Santelli, « Les couples mixtes franco-algériens en France. D'une génération à l'autre », *Hommes et Migrations*, n° 1295, 2012.

et les statistiques anthroponymiques, les deux lignes de forces suivantes se dégagent :

– Les garçons, en tant qu'ils sont porteurs du nom de la lignée, peuvent se mettre en couple avec qui ils veulent (mais préférentiellement avec une femme issue du groupe). Ils transmettent de toute façon l'identité du groupe par leur nom. Mais cette transmission est ensuite redoublée par le choix quasi systématique d'un prénom arabo-musulman. En partant des exemples toulousain et aulnaysien, nous avons en effet constaté que plus de 90 % des milliers d'individus portant un nom de famille arabo-musulman étaient dotés d'un prénom les rattachant à la même ère culturelle.

– Les filles sont plus fortement incitées à se marier dans le groupe, et il leur est difficile de déroger à cette règle. Celles qui choisissent quand même de le faire s'exposent souvent à des réactions de rejet de la part de la famille et de l'entourage. Le prix symbolique, psychologique et affectif étant élevé, celles qui décident de franchir le pas acceptent en fait implicitement de « sortir du groupe ». Ce choix lourd de conséquences, et le plus souvent pris en connaissance de cause, s'accompagne ensuite, dans la grande majorité des cas, par le choix de prénoms non arabo-musulmans pour les enfants nés au sein de ces unions dont le conjoint n'a pas d'origine arabo-musulmane. Ainsi, parmi les personnes portant un prénom arabo-musulman, on ne dénombre que très peu d'individus (autour de 5-6 %) ayant un nom de famille non arabo-musulman[1].

Les listes électorales indiquant la date de naissance des individus, nous avons pu observer que ces taux très marqués ne variaient pas d'une génération à l'autre. Le

1. Nom de famille donné par le père dans le cas de couples mixtes.

choix de prénoms renvoyant au pays d'origine continue ainsi d'être très massivement adopté aujourd'hui par les couples non mixtes et par les couples mixtes dont l'homme est issu de l'aire arabo-musulmane. Et inversement, les couples mixtes dont la femme est issue de l'aire arabo-musulmane optent le plus souvent pour des prénoms non arabo-musulmans.

Le choix des prénoms traduit la persistance d'une forte singularité culturelle

Le travail d'analyse et de dénombrement des prénoms a permis de mettre en lumière la dynamique démographique à l'œuvre au sein des populations arabo-musulmanes en se fondant sur l'évolution du nombre de naissances annuelles. Mais, grâce à l'analyse statistique sur les prénoms, nous disposons également d'autres indicateurs, comme la diversité des prénoms arabo-musulmans donnés et l'évolution de la taille de la palette de ce type de prénoms dans le temps. Hors « prénoms rares[1] », le nombre de prénoms masculins issus des mondes arabo-musulmans donnés au cours d'une année est passé de près de 2 200 en 1992 (année précédant le vote de la loi sur la liberté de choix des prénoms) à près de 3 300 pour l'année 2016, soit une augmentation du nombre de prénoms utilisés de plus de 50 % en un peu plus de vingt ans. À l'instar de ce que l'on a constaté dans l'ensemble de la société française, la tendance à la diversification des prénoms guidée par une recherche de la distinction et de la singularisation est donc également bien à l'œuvre dans cette partie de la

1. C'est-à-dire, on le rappelle, des prénoms donnés moins de trois fois en France au cours d'une année, selon la définition de l'INSEE.

population. De la même façon, on peut également repérer des effets de mode : il en va ainsi, par exemple, des prénoms Djamel et Hakim, qui seront respectivement en vogue au début des années 1970 puis tout au long des années 1980 avant de tomber en disgrâce dans les années 2000, période durant laquelle le prénom Hamza sera nettement plus à la mode.

La multiplication du nombre de prénoms donnés comme les tendances et les phénomènes de mode observés nourrissent le constat que nous sommes en présence d'un « marché des prénoms » autonome, qui fonctionne certes selon les mêmes modalités que le « marché principal », mais de manière parallèle, actant de ce fait la persistance d'une forte singularité culturelle des populations issues des immigrations arabo-musulmanes. L'existence de marchés matrimoniaux spécifiques, y compris au sein des immigrations les plus anciennes (comme Beate Collet et Emmanuelle Santelli l'ont montré pour une partie de la population d'origine algérienne), participe du même phénomène.

Graphique 33. 1960-2016 : Évolution de l'attribution de trois prénoms masculins arabo-musulmans

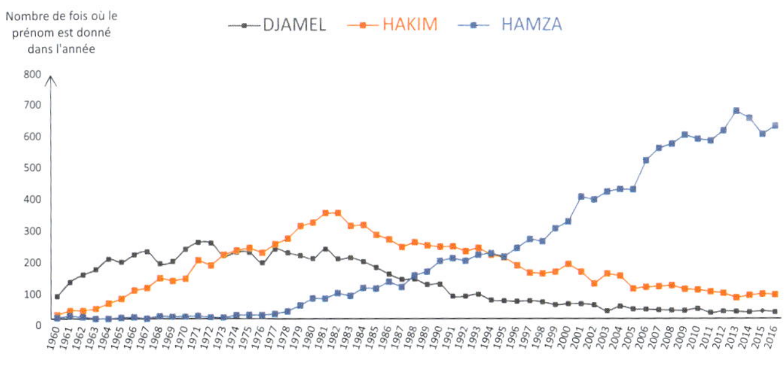

Sources : INSEE.

Mais on peut aussi voir dans ces chiffres et tendances les prémices d'un processus, certes très lent et balbutiant, d'intégration progressive au système national français, dans la mesure où des mécanismes communs (individualisation, effet de mode) se développent dans la population issue de l'immigration arabo-musulmane. Le fait que l'occurrence du prénom Mohamed a nettement diminué depuis les années 1950-1960 pourrait d'ailleurs indiquer l'existence d'un phénomène tendanciel de lente sortie de la religion musulmane affectant une partie de cette population. Pour autant, la poursuite de ce processus n'est pas assurée : le pourcentage de Mohamed semble stabilisé depuis une vingtaine d'années, donnant au contraire consistance à l'hypothèse d'un mouvement de réislamisation…

Les musulmans s'engagent-ils à leur tour dans un processus de sortie de la religion ?

Un regain de religiosité des plus visibles

Les études et sondages dont on dispose convergent tous dans le sens d'une plus grande fréquence et observance des signes de religiosité dans la population de confession ou d'origine musulmane. Le point de basculement semble se situer au début des années 2000. Pour ce qui concerne, par exemple, la pratique du ramadan, les enquêtes de l'Ifop avaient mesuré une proportion de jeûneurs pendant toute la durée du ramadan de l'ordre de 60 % en 1989 et 1994. Les sondages réalisés depuis le début des années 2000 enregistrent tous une proportion de jeûneurs comprise entre 67 et 71 %. Les sondages indiquent par ailleurs un recul (au moins dans le déclaratif) de la consommation d'alcool au sein de cette population. Lors d'enquêtes réalisées entre 1989 et 2001, de 35 % à 39 % des personnes de religion ou d'origine musulmane indiquaient boire de l'alcool. Cette proportion est tombée à 32 % en 2011, puis à 22 % en 2016. De la même façon, les données de marché mesurent une hausse sensible des ventes de produits halals. C'est en 1997 que la marque spécialisée dans les produits halals Isla Délice a fait son apparition dans les rayons des grandes surfaces[1].

Autre signe d'une affirmation religieuse plus revendiquée, parmi les femmes se déclarant musulmanes, 35 % disaient porter le voile (hijab ou niqab) en 2016 contre 24 % en 2003. En comparant les données de l'enquête Mobilité géographique et intégration sociale (MGIS) menée en 1992 et l'enquête TeO réalisée par l'INED et l'INSEE en 2008, le sociologue Hugues Lagrange constatait également un regain de religiosité dans la jeunesse issue de l'immigration[2]. On notera que le début des années 2000 se situe entre ces deux enquêtes, ce qui accrédite l'hypothèse d'un regain de religiosité ayant débuté à ce moment charnière. Ce point d'inflexion coïncide par ailleurs, comme on l'a vu, avec le début de la

1. Voir « Et Isla Délice créa le marché halal en GMS », *LSA*, 26 août 2015.

2. Voir Hugues Lagrange, « Pratique religieuse et religiosité parmi les immigrés et les descendants d'immigrés du Maghreb, d'Afrique sub-saharienne et de Turquie en France », *Notes & Documents de l'OSC*, n° 4, 2013. Patrick Simon et Vincent Tiberj parviennent aux mêmes conclusions et constatent un regain de religiosité parmi les personnes issues des immigrations arabo-musulmanes, phénomène s'inscrivant à rebours d'une tendance générale à la sécularisation. Voir « Sécularisation ou regain religieux : la religiosité des immigrés et de leurs descendants », in *Trajectoires et origines. Enquête sur la diversité des populations en France*, sous la direction de Chris Beauchemin, Christelle Hamel et Patrick Simon, Paris, INED éditions, 2015.

seconde période d'augmentation rapide de la proportion de nouveau-nés portant des prénoms arabo-musulmans.

Avortement, homosexualité et virginité des femmes avant le mariage

On a observé précédemment que l'évolution du rapport à l'homosexualité et l'acceptation de l'IVG au cours des quarante dernières années constituaient de bons indicateurs de la perte d'influence de la matrice catholique dans la société française. Analyser l'opinion des musulmans de France sur ces deux questions pourrait donc permettre d'établir un diagnostic empirique sur leur degré d'avancement dans le processus de sortie de la religion décrit par Marcel Gauchet[1]. Pour ce faire, nous pouvons nous appuyer sur différentes données de sondages. Une majorité absolue de musulmans se disent « plutôt d'accord » avec l'idée selon laquelle « une femme doit pouvoir choisir librement d'avorter » (54 %) et avec celle-ci : « les homosexuels devraient être libres de vivre leur vie comme ils le souhaitent » (53 %). Ces chiffres sont, certes, élevés et majoritaires, mais ils se situent très nettement en retrait par rapport aux niveaux observés dans l'ensemble de la population nationale, et significativement en dessous des scores mesurés parmi les catholiques pratiquants.

On notera au passage les différences se faisant jour entre catholiques pratiquants et non pratiquants. Ces derniers, dont les scores avoisinent ceux de l'ensemble de la population, ont manifestement achevé leur parcours de sortie de la matrice religieuse. Les pratiquants sont logiquement en retard, même si le processus est clairement bien engagé les concernant. Dans ce schéma, le

1. Marcel Gauchet, *Le Désenchantement du monde*, *op. cit.*

Graphique 34. L'adhésion à différentes opinions

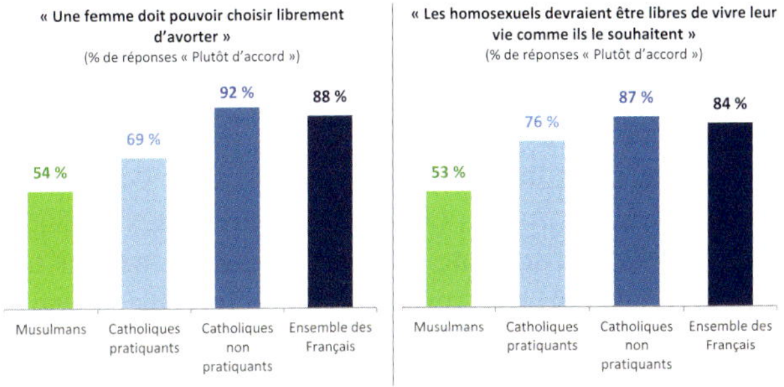

Sources : Ifop-Institut Montaigne.

processus d'extraction de la matrice religieuse structurante semble avoir aussi débuté pour les musulmans de France, mais le stade atteint n'est pas encore avancé. L'étude pilotée par Anne Muxel et Olivier Galland[1], portant sur un large échantillon d'adolescents, confirme qu'à âge égal musulmans et catholiques ont un rapport significativement différent à l'homosexualité, qui reste aujourd'hui très mal acceptée dans la population musulmane alors que le reste de la société française s'est décrispé sur cette question au cours des dernières décennies.

Les écarts sont plus prononcés encore lorsque l'on aborde la question de la virginité des femmes avant le mariage. Il existe ici un fossé béant. Seuls 23 % des catholiques pratiquants répondent qu'une femme doit rester vierge jusqu'au mariage, cette proportion tombant à 5 % chez les catholiques non pratiquants et à 8 % dans l'ensemble de la population nationale. Elle est en revanche beaucoup plus élevée parmi les personnes de

1. Anne Muxel et Olivier Galland, *La Tentation radicale. Enquête auprès des lycéens,* Paris, PUF, 2018.

confession ou de culture musulmane (67 %), et encore plus élevée (74 %) parmi les personnes uniquement de religion musulmane[1]. En d'autres termes, alors que cette « règle » est tombée en déshérence complète dans la population générale, elle demeure valide et à respecter pour les deux tiers de la population de confession ou de culture musulmane. Cette différence de conception constitue un point de clivage majeur, et les données dont nous disposons ne permettent pas de penser que ce fossé culturel est en passe d'être comblé, bien au contraire. En effet, au sein de la population de culture ou de confession musulmane, c'est parmi les jeunes générations que l'attachement à cette règle est le plus fort. Les écarts entre les deux groupes démographiques sont ainsi les plus élevés au sein des jeunes générations.

Alors que, sous l'effet notamment de la déchristianisation terminale de la société, les jeunes générations pratiquent une sexualité de plus en plus émancipée des canons traditionnels, la jeunesse issue de l'immigration arabo-musulmane campe, au moins dans le déclaratif, sur des positions très rigoristes.

Tableau 17. L'adhésion à l'opinion « Une femme doit rester vierge jusqu'au mariage »

	Ensemble des Français	Personnes de confession ou de culture musulmane	Écart
Ensemble de la population	8 %	67 %	+ 59 pts
18-24 ans	9 %	74 %	+ 65 pts
25-34 ans	8 %	68 %	+ 60 pts
35-49 ans	6 %	60 %	+ 54 pts
50 ans et plus	5 %	55 %	+ 50 pts

1. Enquête Ifop/Institut Montaigne.

Mohamed fait de la résistance

Toujours avec pour objectif de tenter de répondre à la question complexe d'une éventuelle sortie de la religion pour les musulmans de France, nous avons observé l'évolution de la proportion de nouveau-nés prénommés Mohamed (ou Mohammed) dans l'ensemble des nouveau-nés masculins portant un prénom arabo-musulman année par année, à l'instar de ce que nous avons fait pour le prénom Marie. Choisir d'appeler sa fille Marie n'était pas anodin et traduisait la prégnance de l'influence catholique dans la population à un moment donné. En effectuant un parallèle méthodologique, on peut considérer que la prévalence de Mohamed parmi les nouveau-nés mâles portant un prénom arabo-musulman constitue un indicateur pertinent pour évaluer le poids de la matrice musulmane dans ces familles. Or, de la même manière que la prévalence de Marie a décliné de 1900 aux années 1960, on constate un recul progressif de la proportion de Mohamed depuis le milieu des années 1950, période correspondant aux premières arrivées significatives d'immigrés nord-africains. À cette époque, un peu plus d'un nouveau-né masculin sur 10 doté d'un prénom arabo-musulman portait le prénom du prophète. Cette proportion va rapidement diminuer pour atteindre 6 % au début des années 1970, puis 4 % à la fin des années 1990. En l'espace de quarante ans, la prévalence du prénom Mohamed a donc été divisée par 2,5. Une telle érosion peut être comparée à celle qui a affecté le prénom Marie entre le milieu des années 1920 (environ 10 % de Marie) et le milieu des années 1960 (autour 4 %). Toutes choses égales par ailleurs, on peut donc avancer l'hypothèse que le processus de sortie de la religion que la société française a connu concernant la religion catholique pourrait également être à l'œuvre à bas bruit dans la population issue de l'immigration arabo-musulmane. On constate néanmoins, sur le graphique ci-dessous, que la proportion de Mohamed semble s'être stabilisée autour de 4 % depuis la fin des années 1990.

Nous avons également représenté dans le graphique ci-dessus la proportion que représentent Mohamed et ses nombreux dérivés et « variantes » parmi les nouveau-nés portant un prénom arabo-musulman masculin. Les deux courbes se dissocient à la fin des années 1970, avec l'apparition sur le sol français des « variantes » du prénom Mohamed. Cette dissociation des courbes traduit la diversification de l'origine des flux migratoires. Si le prénom Mohamed est choisi de préférence par les familles originaires du Maghreb, Mehmet sera privilégié par les parents originaires de Turquie, et Mamadou ou Mamoudou par les familles venues d'Afrique subsaharienne. Il est intéressant de constater que, depuis les années 1980, ces deux courbes ont une trajectoire parfaitement parallèle, ce qui indique que ces différents groupes (originaires

Graphique 35. Proportion de Mohamed et des prénoms associés parmi les nouveau-nés masculins portant un prénom arabo-musulman

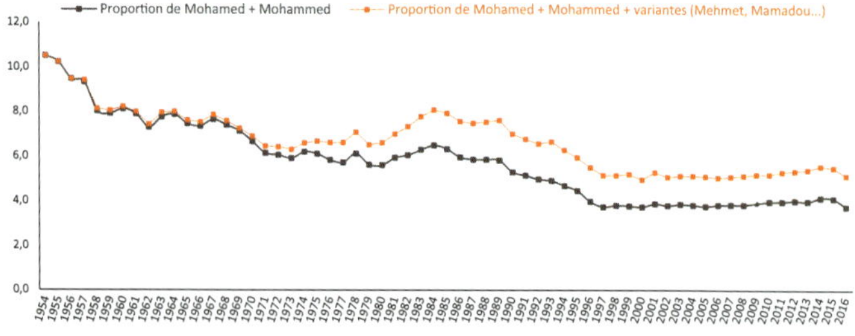

Sources : INSEE.

du Maghreb, d'Afrique subsaharienne et de Turquie) sont soumis aux mêmes tendances. Dans tous ces groupes, la proportion de nouveau-nés masculins portant le prénom Mohamed ou un prénom apparenté demeure stable depuis la fin des années 1990 et le début des années 2000, après avoir diminué au cours des décennies précédentes. Le début des années 2000 a donc constitué un véritable point d'inflexion, puisque c'est à partir de ce moment que la prévalence du prénom Mohamed a cessé de baisser ; que la proportion de nouveau-nés portant des prénoms arabo-musulmans a connu une forte augmentation ; que les signes de la religiosité se sont davantage affirmés (observance du jeûne pendant le ramadan, non-consommation d'alcool…) ; qu'une pause a été observée dans le développement des mariages mixtes.

S'agit-il d'un coup d'arrêt au processus de sortie de la religion sous l'effet d'un mouvement de réislamisation d'une partie de cette population ou d'une pause momentanée, comme on l'avait constaté pour la sortie du catholicisme avec une stabilité de la proportion de Marie entre 1930 et 1945, avant l'entrée dans la phase terminale ? Les données dont nous disposons ne permettent pas de trancher cette question. Nous sommes manifestement entrés dans un stade transitoire dans lequel des dynamiques contraires s'opposent. Dans certaines franges de cette population, le processus de sécularisation est incontestablement à l'œuvre quand, dans une autre partie de ce groupe démographique et dans certains territoires, la tendance est au regain religieux et au repli identitaire.

Différents facteurs ont manifestement convergé au début des années 2000 pour enclencher cette dynamique de réislamisation d'une partie de ces populations.

Patrick Simon et Vincent Tiberj[1] pointent à juste titre l'affirmation d'un climat hostile à l'islam dans la foulée des attentats du 11 septembre 2001, mais à la suite également du débat sur le port du voile, qui débouchera en 2004 sur le vote d'une loi au terme d'échanges enflammés. Selon les auteurs, ce climat aurait généré en retour une réaction d'affirmation identitaire (sur la logique du retournement du stigmate) au sein de cette population. Mais d'autres éléments ont sans doute eu leur part, comme l'arrivée des chaînes satellitaires arabes dans les foyers français à partir cette époque. Al-Jazira a été créée en 1996 et a tout de suite bénéficié d'une large audience au sein de la population d'origine arabo-musulmane[2]. À cette exposition « par le haut » a également correspondu une diffusion par le bas de la propagande religieuse. Stéphane Beaud note ainsi : « Grâce à des enquêtes de terrain, on peut dater avec précision l'arrivée en France de groupes salafistes dans les villes de banlieues à forte composante immigrée : entre 1995 et 2000[3]. »

Le choix du prénom et l'exogamie comme marqueurs d'un degré d'assimilation : le cas des communautés turque, africaine, asiatique, polonaise et portugaise

L'analyse du développement de l'exogamie (*via* les mariages ou les unions mixtes) et du choix des

1. Patrick Simon et Vincent Tiberj, « Sécularisation ou regain religieux : la religiosité des immigrés et de leurs descendants », *op. cit.*

2. Voir « Les chaînes arabes plébiscitées », *Le Parisien*, 8 septembre 2009.

3. Stéphane Beaud, *La France des Belhoumi*, *op. cit.*

prénoms dans des groupes démographiques issus d'autres vagues migratoires récentes ou plus anciennes permet de mettre au jour les spécificités des populations originaires du Maghreb, d'Afrique subsaharienne ou de Turquie.

Tableau 18. Exogamie et endogamie dans différents groupes démographiques

	Endogamie	Exogamie
Hommes descendant d'immigrés originaires…		
d'Algérie	54 %	46 %
du Maroc	57 %	43 %
de Tunisie	37 %	63 %
du Sahel	41 %	59 %
de Turquie	80 %	20 %
d'Europe du Sud	19 %	81 %
du Viêtnam, Laos, Cambodge	24 %	76 %
Femmes descendant d'immigrés originaires…		
d'Algérie	59 %	41 %
du Maroc	70 %	30 %
de Tunisie	63 %	37 %
du Sahel	62 %	38 %
de Turquie	93 %	7 %
d'Europe du Sud	25 %	75 %
du Viêtnam, Laos, Cambodge	27 %	73 %

Sources : Beate Collet et Emmanuelle Santelli, « Les couples mixtes franco-algériens en France. D'une génération à l'autre », *op. cit.*

L'enquête TeO faisait ainsi ressortir des écarts assez marqués en matière d'exogamie selon les différents groupes ethnoculturels. Le taux de couple mixte apparaît significativement plus élevé parmi la population d'origine asiatique que parmi celles qui sont originaires du Maghreb ou d'Afrique subsaharienne, même si, dans ces groupes, la proportion de personnes vivant en couple avec un membre du groupe majoritaire est non négligeable, signe d'un processus d'assimilation partiellement entamé.

Si l'on considère le taux d'endogamie des femmes (souvent plus élevé que celui des hommes), on constate qu'il n'est que de 27 % pour les femmes d'origine asiatique. Ce niveau est quasiment identique à celui que l'on observe parmi les femmes originaires d'Europe du Sud (pour l'essentiel : Italie, Espagne et Portugal), quand il est beaucoup plus élevé pour les femmes originaires d'Algérie (59 %), du Maroc (70 %) ou de Turquie (93 %). À l'aune de ces chiffres, le processus d'arrimage au bloc majoritaire semble plus avancé pour la population asiatique que pour les populations maghrébine, sahélienne et *a fortiori* turque, groupe demeurant très endogame.

L'isolat turc

Le très faible degré d'ouverture démographique du groupe turc interroge, tant l'endogamie y demeure puissante. Un faisceau d'éléments contribue à expliquer cette situation très particulière. La relative récence de l'arrivée de cette population et le fait qu'une bonne partie des immigrants turcs soient arrivés en étant déjà de jeunes adultes sont deux facteurs à prendre en compte, comme le soulignait l'enquête TeO de l'INED. Pour autant, il s'agit de conditions nécessaires mais pas suffisantes pour expliquer le phénomène. La population issue du Sud-Est asiatique est également arrivée plus récemment que d'autres, et pour autant le taux d'exogamie observé y est élevé. D'autres facteurs doivent donc entrer en ligne de compte.

On peut citer l'absence de liens historiques avec la France qui, du fait de notre passé colonial, existaient avec les pays du Maghreb, une partie de l'Afrique ou les pays de l'ancienne Indochine. C'est ainsi, par exemple, qu'une partie des immigrés provenant de ces zones géographiques étaient francophones. Or le critère linguistique joue un rôle important dans la mesure où la langue turque continue d'être largement pratiquée dans la population immigrée ou descendant d'immigrés turcs[1]. En tant qu'élément central de l'identité turque, elle est transmise dans les familles, et l'on constate que les classes ELCO (Enseignement des langues et cultures d'origine) sont davantage fréquentées par les jeunes d'origine turque que par les jeunes d'origine maghrébine, par exemple. Au travers du prisme linguistique, on touche une autre dimension, qui est celle de l'entretien d'un fort sentiment national et identitaire dans la diaspora turque. Si les islamologues ont pointé l'existence d'un « islam consulaire », c'est-à-dire d'un islam dans l'organisation duquel les pays d'origine continuent de jouer un rôle, cette logique atteint des proportions inégalées dans la communauté turque. Bien qu'étant historiquement laïque, la Turquie a intégré de longue date son clergé dans l'appareil d'État, les imams étant des fonctionnaires rémunérés par l'État

1. L'enquête TeO indique ainsi que c'est parmi les descendants d'immigrés turcs que la proportion de personnes ayant grandi dans un foyer parlant la langue d'origine est la plus élevée.

turc. Cette règle, qui s'applique également en France, a contribué au fait que les communautés turques disséminées sur le territoire national se dotent quasi systématiquement de leur propre mosquée, alors que les musulmans issus d'autres origines partagent souvent le même lieu de culte. Des mosquées turques sont ainsi implantées dans des petites villes comme Mer dans le Loir-et-Cher, Flers dans l'Orne, Lons-le-Saulnier dans le Jura, ou bien encore Cluses en Haute-Savoie. Les médias turcs (télévision et presse écrite), qui sont fréquemment consultés par la diaspora, maintiennent également le lien avec la mère-patrie et contribuent à cultiver un entre-soi national qui peut parfois virer au syndrome obsidional. Le grand quotidien populaire *Hürriyet* a ainsi pour devise : « Le Turc n'a pas d'autre ami que le Turc. »

La communauté turque vivant en France est également encadrée politiquement par des organisations dépendant du pouvoir d'Ankara. Ainsi, aux dernières élections législatives de juin 2017, le parti Égalité et Justice, émanation de l'AKP, le parti d'Erdoğan, présenta pas moins de 68 candidats en France, les circonscriptions où ils étaient candidats dessinant avec une grande précision la carte de l'implantation de la communauté turque dans notre pays. Enfin, *last but not least*, le chercheur Stéphane de Tapia[1] rappelle que le système du « millet », en vigueur pendant des siècles sous l'Empire ottoman, accordait une grande autonomie culturelle et confessionnelle aux différentes minorités. Marquée par une longue histoire impériale au cours de laquelle les différents groupes ethniques et

1. Stéphane de Tapia : « Permanences et mutations de l'immigration turque en France », *Hommes et Migrations*, n° 1280, 2009, p. 8-20.

religieux cohabitèrent tels des silos étanches, la communauté turque aurait développé un habitus lui permettant de se constituer en îlot autonome dans l'archipel français.

Accolée à cet îlot turc se dessine la péninsule kurde. À l'instar des Kabyles en Algérie, les Kurdes de Turquie ont été moins islamisés et sont davantage structurés selon un modèle clanique que la population turque. Ils ont vu, de surcroît, se développer en leur sein un puissant mouvement politique laïque et de gauche. Pour autant, les démographes et les anthropologues s'accordent sur le constat de la prééminence d'un modèle endogame et patrilinéaire commun aux Turcs et aux Kurdes. Mais au sein de cette population issue de l'immigration turque, démographiquement déjà très refermée sur elle-même (le taux de mariages mixtes étant, par exemple, bien inférieur à ceux que l'on observe parmi les personnes d'origine maghrébine), on constate la persistance d'une césure identitaire entre Turcs et Kurdes. Les élections de juin 2018 en Turquie ont ainsi donné lieu à des affrontements entre personnes d'origine turque et kurde dans le quartier du Val-Fourré à Mantes-la-Jolie. Et si l'on observe l'évolution de l'occurrence de prénoms kurdes[1] parmi les nouveau-nés en France, on constate une tendance qui ne va assurément pas dans le sens d'une dilution de ce sentiment identitaire.

1. Nous nous sommes basés sur une liste de prénoms kurdes publiée par l'Institut kurde de Paris. Cette liste n'est pas exhaustive. Par ailleurs, les familles kurdes recourent également à des prénoms turcs pour nommer leurs enfants. Cet indicateur ne visera donc pas à donner la mesure du poids de cette population dans la population totale ou immigrée, mais à évaluer la persistance ou le déclin d'un sentiment identitaire au sein de ce groupe.

Graphique 36. 1970-2016 : Évolution du nombre de nouveau-nées portant différents prénoms féminins kurdes

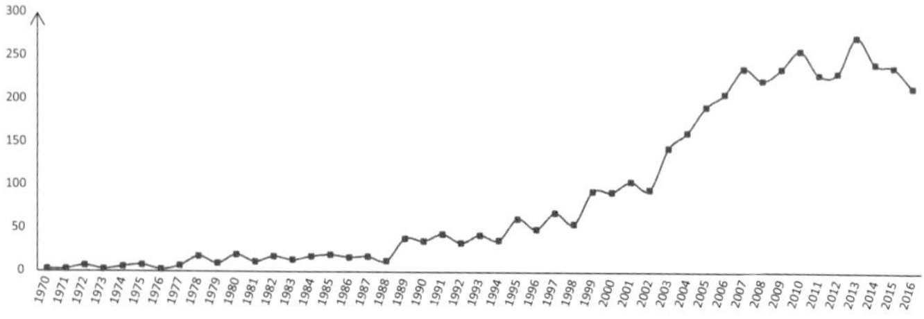

Sources : INSEE.

Divergences de trajectoires démographiques au sein des populations d'origine africaine

Si l'analyse anthroponymique permet de faire apparaître la persistance d'une spécificité kurde au sein de la population issue de l'immigration turque, les données en termes de matrimonialité et de systèmes familiaux signalent, quant à elles, des différences très nettes entre la population issue d'Afrique sahélienne et celle issue d'Afrique guinéenne et centrale. Ainsi, dans la première, de culture musulmane, le modèle patrilinéaire et endogame demeure dominant. D'après les données de l'enquête TeO, au sein de la seconde génération de personnes issues d'un pays du Sahel, 74 % des femmes vivent en couple avec un conjoint issu de la même aire géographique. Dans la seconde population, de culture soit faiblement patrilinéaire soit matrilinéaire de diverses manières et par ailleurs de tradition chrétienne ou animiste, seules 36 % des femmes de la seconde génération se trouvent dans la même situation. Au sein de l'archipel français, les populations originaires d'Afrique noire ne composent donc pas une seule mais au moins deux (voire davantage) îles. Et à l'aune de l'indicateur de la proportion de couples mixtes, mais aussi du choix des prénoms, la population originaire d'Afrique centrale et guinéenne semble plus avancée dans le processus d'assimilation[1] que la population issue du Sahel. On notera cependant, à propos de cette dernière, que le taux d'exogamie pour les femmes, bien que nettement plus faible que celui qui caractérise la population issue d'Afrique centrale ou guinéenne, est d'ores et déjà plus élevé que ce que l'on observe dans la population des femmes noires aux États-Unis.

Focus sur le Chinatown français

Si le taux de mariage ou d'union mixte constitue habituellement un indicateur majeur retenu par les démographes pour évaluer le degré et le rythme d'intégration d'un groupe minoritaire à une population majoritaire[2], on peut penser que le choix du prénom pour ses enfants (voire pour soi-même, quand certains immigrés décident de franciser leur prénom) représente également un indicateur assez fiable et suffisamment congruent avec le taux d'exogamie pour apprécier ce processus d'intégration. Après dépouillement de nombreuses listes électorales, il nous est en effet apparu que les choix des prénoms différaient très sensiblement selon les groupes ethnoculturels, comme on l'a vu. L'analyse onomastique effectuée à partir des listes électorales de plusieurs villes fait ainsi apparaître que

1. L'analyse des listes électorales fait ressortir, par ailleurs, une proportion de prénoms européens significative parmi les personnes originaires de ces pays.

2. Voir, par exemple, Michèle Tribalat, *Assimilation : la fin du modèle français*, *op. cit.*

près de 95 % des personnes ayant un patronyme les rattachant aux mondes arabo-musulmans portent également un prénom renvoyant à cette aire culturelle. À titre d'analyse comparative, nous nous sommes livrés au même exercice sur la population d'origine asiatique. Pour ce faire, nous avons travaillé sur les listes électorales du XIIIe arrondissement de Paris, qui abrite une population d'origine asiatique assez significative. Sur la base de cette monographie, qui n'a pas vocation à être parfaitement représentative des comportements de l'ensemble de la population d'origine asiatique vivant en France mais qui offre néanmoins des éléments chiffrés assez robustes et révélateurs d'une tendance, on constate que l'attitude concernant le choix des prénoms diffère sensiblement de celle qui caractérise l'immigration arabo-musulmane.

52 % des personnes portant un patronyme asiatique et inscrites sur les listes électorales dans le XIIIe arrondissement ont un prénom français ou européen. Seules 48 % d'entre elles possèdent un prénom renvoyant à leur pays d'origine (contre, on le rappelle, 95 % pour les personnes ayant un patronyme arabo-musulman). Comme le montre le tableau ci-dessous, cette proportion de porteurs d'un prénom français ou européen s'établit à 75 % pour les personnes ayant un patronyme asiatique mais étant nées en France, et que l'on peut considérer comme constituant la deuxième génération[1].

1. Compte tenu de la période d'arrivée principale de cette population en France, qui correspond à la fin des années 1970 et au début des années 1980 (crise des *boat people*), les personnes qui sont nées en France et sont inscrites sur les listes électorales (ce qui implique qu'elles aient au moins 18 ans) constituent très majoritairement la deuxième génération et très marginalement la troisième génération.

Tableau 19. La proportion de prénoms français/européens et asiatiques parmi les inscrits sur les listes électorales dans le XIIIe arrondissement portant un patronyme asiatique

Pays de naissance	Prénom français ou européen	Prénom asiatique
En France	75 %	25 %
À l'étranger	39 %	61 %
– dont Cambodge	45 %	55 %
– dont Viêtnam	31 %	68 %
– dont Laos	52 %	48 %
– dont Chine	34 %	66 %
Total	52 %	48 %

Le taux est logiquement beaucoup plus faible, quoiqu'assez élevé, parmi les personnes nées dans ces pays. 39 % possèdent ainsi un prénom français ou européen[1]. Cette proportion varie quelque peu selon le pays de naissance[2]. 52 % des personnes nées au Laos et 45 % de celles nées au Cambodge portent un prénom français ou européen contre un tiers de celles qui sont nées au Viêtnam ou en Chine. Ces taux élevés peuvent,

1. Nous avons constaté des résultats quasiment identiques en analysant les listes électorales de Bussy-Saint-Georges en Seine-et-Marne. Dans cette commune, qui abrite également une population d'origine asiatique importante, 74 % des personnes portant un patronyme asiatique et étant nées en France ont un prénom français ou européen, et c'est le cas également de 39 % de ceux qui sont nés dans leur pays d'origine.

2. L'information sur le pays de naissance est présente dans le fichier des listes électorales parisiennes, ce qui a permis d'affiner cette analyse.

selon nous, renvoyer au fait qu'une part significative de ces personnes était issue de familles ou de milieux ayant des liens avec la puissance coloniale qu'était la France (cadres « indigènes » de l'administration coloniale, milieux d'affaires, professions libérales, minorités chrétiennes, etc.), ce qui avait pu conduire certaines familles à donner des prénoms français à leurs enfants. On touche là au fait qu'une partie de l'immigration des *boat people* a été constituée de cadres ou de personnes disposant d'un capital culturel et/ou économique non négligeable, ce qui a pu faciliter leur intégration une fois arrivés en France. On peut également penser que ce taux de prénoms français ou européens parmi les immigrés asiatiques de la première génération, beaucoup plus élevé que dans l'immigration maghrébine ou africaine, traduit le fait qu'une part significative de ces immigrants asiatiques a choisi de changer de prénom au moment de son arrivée en France ou quelques années après, dans l'optique de favoriser son intégration. Ce choix a été, comme on l'a vu, encore plus fréquent quand il s'est agi de prénommer les enfants nés en France. Il convient néanmoins de rappeler que le choix d'un prénom français ou européen concerne souvent le premier prénom. Les enfants portent souvent également un second prénom les rattachant au pays d'origine de leurs parents. Ces familles font ainsi un choix pragmatique : un prénom asiatique couramment utilisé dans la sphère privée, et un prénom occidental plus « passe-partout » favorisant l'intégration des enfants à l'école et dans la vie sociale.

Les Polonais du Pas-de-Calais : l'assimilation par le charbon

Cinquante ans avant l'arrivée des *boat people*, la France a connu une puissante vague d'immigration en provenance de Pologne. Au lendemain de la Première Guerre mondiale, des centaines de milliers de Polonais sont ainsi venus travailler en France, et principalement dans le secteur minier, qui manquait cruellement de bras après la Grande Guerre. On estime qu'entre 1920 et 1930 près de 500 000 Polonais s'installèrent en France, le plus gros contingent se fixant dans le bassin minier du Pas-de-Calais. Les Polonais étaient très nombreux dans les communes minières, constituant parfois jusqu'à 40 % des effectifs des mineurs de fond. Cette forte concentration, associée à la spécificité de cette immigration, ne plaidait pas pour son intégration rapide. Et de fait, la communauté polonaise vivait en vase clos, encadrée par ses propres prêtres catholiques, et avait créé très rapidement ses propres structures (clubs sportifs, associations culturelles, sections syndicales et équipes de mineurs constituées sur une base nationale, etc.). Cultivant un très fort sentiment patriotique (la Pologne venait d'accéder à nouveau au statut d'État souverain), beaucoup de Polonais envisageaient à l'époque de rentrer rapidement au pays une fois qu'ils auraient économisé un peu d'argent.

Dans ce contexte, la transmission de la langue revêtait une importance particulière, et la communauté polonaise obtint (avec l'appui du puissant patronat des mines) que, dans les communes où elle était fortement implantée, des cours du soir en polonais soient proposés, une première dans l'histoire de l'école de la République. Conséquence et illustration de son fonctionnement

Graphique 37. Proportion de nouveau-nés portant un prénom polonais dans le Pas-de-Calais

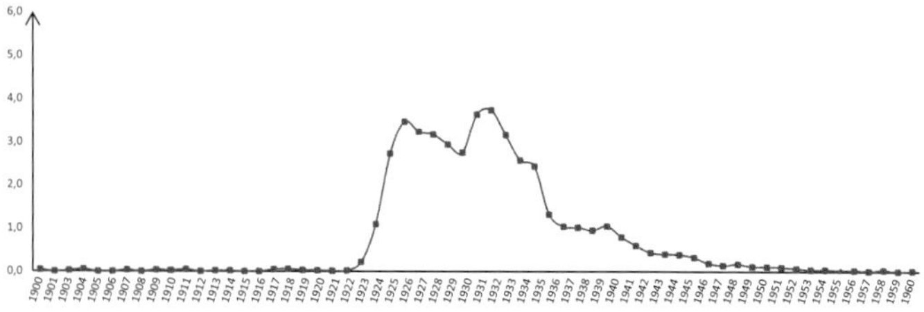

Sources : INSEE.

en « circuit fermé », les mariages mixtes étaient quasiment inexistants dans les années 1930 à 1940[1]. De la même façon, les enfants qui naquirent durant cette période portèrent très majoritairement des prénoms polonais, comme semble l'indiquer l'analyse que nous avons effectuée sur le département du Pas-de-Calais. Compte tenu du poids de la communauté polonaise dans la population totale du département et du nombre de nouveau-nés portant un prénom polonais dans l'ensemble des naissances, ce choix semble avoir été massivement fait par ces familles.

La courbe ci-dessus nous livre d'autres indications précieuses. La proportion des prénoms polonais parmi les nouveau-nés du Pas-de-Calais décolle en 1921-1922, soit un ou deux ans après les premières arrivées, et se maintient à un niveau élevé jusqu'au milieu des années 1930. La conjoncture politique et sociale pèse de tout son poids sur cette courbe, qui fléchit durant la période 1928-1930, marquée par de fortes tensions sociales et des rapatriements forcés de mineurs polonais

1. Voir Benjamin Kastrubiec, « Les Polonais en France », in *Hommes et Terres du Nord*, n° 1, 1991.

dans un contexte de fort accroissement du chômage. Le coup d'arrêt de la première partie des années 1930 renvoie par la suite au vote de la « loi de la porte fermée » en août 1932, qui visait à protéger la main-d'œuvre nationale *via* la fixation de quotas et la poursuite des retours. Mais la courbe révèle que la préférence pour les prénoms polonais a été de courte durée, puisqu'on ne l'observe que sur une période de vingt-cinq ans, des premières arrivées en 1920 à la fin de la Seconde Guerre mondiale. Alors que cette communauté vivait repliée sur elle-même à son arrivée, tout se passe comme si, en l'espace d'une génération, elle s'était fondue dans le reste de la population française. Des études locales ont d'ailleurs révélé un très fort taux de mariages mixtes au sein de la deuxième génération, confirmant le mouvement vers une assimilation rapide. Un des éléments déterminant la rapidité du processus aura sans doute été le tarissement des nouvelles entrées après quelques années. Ce coup d'arrêt a eu pour effet d'accélérer le processus d'ouverture vers le reste de la population, quand l'arrivée régulière de membres de la communauté d'origine favorise toujours la persistance des mariages endogames et contribue à maintenir le groupe dans le bain culturel du pays d'origine. C'est d'ailleurs ce que l'on constate aujourd'hui dans une partie de la population d'origine maghrébine ou turque, par exemple.

1971-1975 : les années Carlos et Joao

Le cas de l'immigration portugaise dans les années 1960-1970 est assez proche de celui des Polonais. Plusieurs centaines de milliers de Portugais sont en effet arrivés en France en l'espace de quelques années. Consécutivement, les données de l'INSEE ont enregistré un pic de prénoms portugais parmi les nouveau-nés entre les années 1970 et 1975. Mais, à l'instar de ce que l'on a observé pour les prénoms polonais dans le Pas-de-Calais, ce phénomène a été de très courte durée, et les Carlos, Joao, Pedro et Rui sont rapidement retournés à l'anonymat statistique dès le milieu des années 1980. Cet abandon du choix de prénoms portugais est allé de pair avec la multiplication des mariages mixtes, qui se sont vite multipliés dans cette communauté[1], dont les effectifs n'ont pas été renforcés et renouvelés par l'arrivée de nouveaux immigrants, les flux entrants s'étant rapidement taris.

Un paramètre de nature électorale confirme que le rythme d'intégration a été différent pour l'immigration maghrébine et les immigrations européennes. Différentes données d'enquêtes indiquent, en effet, un vote significativement élevé pour le FN parmi les descendants de l'immigration polonaise ou portugaise. On

Graphique 38. 1930-2016 : Évolution du nombre de nouveau-nés masculins portant différents prénoms portugais

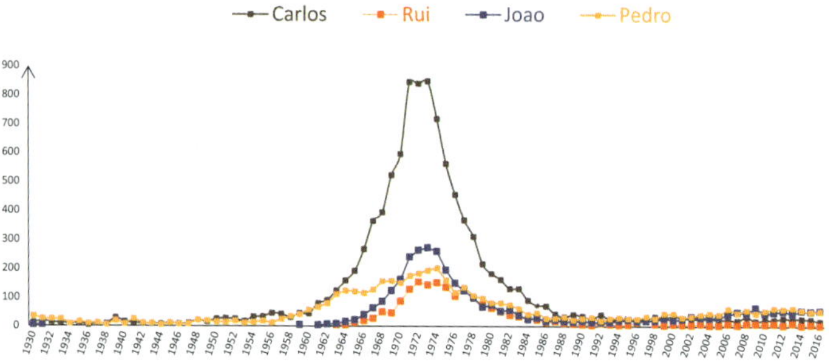

Sources : INSEE.

1. Francisco Munoz-Perez et Michèle Tribalat, « Mariages d'étrangers et mariages mixtes en France. Évolution depuis la Première Guerre », *Population*, vol. 39, n° 3, 1984.

rencontre d'ailleurs assez fréquemment des patronymes portugais parmi les candidats frontistes, par exemple dans le Val-de-Marne (où la communauté portugaise est bien représentée), ou polonais dans le Pas-de-Calais[1]. Cette inclination frontiste peut être interprétée comme le symptôme paroxystique d'une intégration définitive de ces groupes démographiques : ils voteraient autant FN que les « Français de souche », quand l'électorat issu de l'immigration maghrébine demeure largement réfractaire à ce vote.

Dans le même ordre d'idées, on pourrait alors formuler l'hypothèse suivante : aux États-Unis, l'intégration des différentes communautés ethnoculturelles a été favorisée implicitement par l'existence d'un « groupe paria » ou repoussoir, les Afro-Américains. En France, ce seraient les Maghrébins qui auraient joué ce rôle.

1. Voir « Les Polonais chers au cœur de Le Pen », *Courrier international*, 27 avril 2006.

5

Lignes de fractures

Marginalisation des catholiques, sécession des élites, affranchissement culturel et idéologique de toute une partie des catégories populaires, montée en puissance de l'hétérogénéité ethnoculturelle du pays, régionalisme corse, tous ces phénomènes contribuent à l'archipelisation de la société française. Ce processus de fragmentation s'observe également à l'école et au sein du tissu urbain des métropoles, comme dans celui des villes moyennes de province.

Toulouse/Ozanam/Aulnay-sous-Bois : radiographies parcellaires du tissu sociologique français

Toulouse : les limites de la théorie du ruissellement

L'agglomération toulousaine a enregistré une croissance moyenne de l'emploi de 1,6 % par an au cours de la période 2003-2013, alors même que la crise économique frappait le pays depuis 2008. Cette croissance a été la plus importante de tous les territoires français. Le dynamisme de la filière aéronautique et spatiale en a été le moteur. On dénombre 11 500 salariés chez

Airbus à Toulouse, qui est aujourd'hui le plus gros site industriel français (devant Sochaux-Montbéliard, fief de PSA). Mais, plus globalement, la ville rose a su développer tout un écosystème organisé autour de la recherche-développement privée et publique. La ville compte aujourd'hui 10 000 chercheurs et 110 000 étudiants, et pas moins de 15 écoles d'ingénieurs. À la place de l'usine chimique AZF, détruite en 2001 après une explosion, un centre de recherche sur le cancer (l'Oncopole) a été bâti. La ville a ainsi tourné la page de cet épisode traumatique mais aussi, symboliquement, celle de la vieille industrie pour miser désormais sur les secteurs d'avenir et de pointe. La recherche médicale peut s'appuyer sur un CHU, deuxième de France, et différentes entreprises innovantes et start-up travaillent sur plusieurs projets d'avenir, dont le véhicule autonome. Comme l'a montré l'INSEE, Toulouse fait donc aujourd'hui la course en tête en France, mais également au plan européen puisqu'elle occupe l'une des premières places du classement des principales métropoles européennes de taille comparable (les « *cities* » pour reprendre la terminologie de l'INSEE). La capitale occitane compte aujourd'hui, dans sa population active, 17 % de salariés travaillant dans le secteur des activités scientifiques et techniques et des services administratifs et de soutien aux entreprises (*versus* 13 % en moyenne dans les autres « *cities* » européennes), 13 % d'emplois industriels (contre 8 % en moyenne) mais aussi 5 % (contre 3 %) de salariés dans le secteur de l'information et de la communication, et 6 % dans les arts et spectacles (*versus* 4 %)[1].

1. Voir « Toulouse : la ville en rose ? », INSEE Midi-Pyrénées, *Analyses*, n° 15, avril 2015.

Compte tenu de ses impressionnants atouts économiques, scientifiques et culturels, Toulouse fait office de vitrine emblématique de la capacité de la France à entrer de plain-pied dans le XXIe siècle. Mais en marge de cette réussite éclatante, Toulouse présente un visage moins rose. La ville compte en effet des quartiers sensibles, où le chômage et les difficultés sociales frappent lourdement la population locale.

Le Grand Mirail, qui regroupe notamment les quartiers du Mirail, de la Reynerie, de Bellefontaine mais aussi de Bagatelle, de Faouerette, etc., abrite près de 40 000 habitants. Or, dans ces quartiers, le parc immobilier est composé de 75 % de logements sociaux et le chômage touche un tiers de la population (50 % chez les plus jeunes). Ces chiffres illustrent clairement le fait que la théorie du ruissellement ne fonctionne pas, puisque ces quartiers ne bénéficient pas des retombées du dynamisme économique de l'agglomération réservées aux « heureux bosseurs de l'aérospatiale » pour reprendre la formule de Zebda[1], groupe de rock emblématique de la ville. Bien que desservis par le métro, ces quartiers vivent englués dans les difficultés et en marge de la prospérité toulousaine depuis plus de trente ans.

La carte ci-dessous, pour la réalisation de laquelle l'INSEE a appliqué la méthode dite du « carroyage » en découpant l'espace urbain en carré de 200 mètres de côté, fait ressortir très clairement les grandes disparités sociales au sein de la ville. Le taux de ménages vivant en dessous du seuil de pauvreté franchit très fréquemment la barre des 50 % dans les carrés correspondant au Grand Mirail, alors qu'il est cantonné à moins de 20 % – voire moins de 10 % – dans la plupart des autres quartiers de la ville.

1. Zebda, « Toulouse », *in* album *Le Bruit et l'Odeur*, 1993.

Carte 8. Taux de ménages toulousains sous le seuil de pauvreté

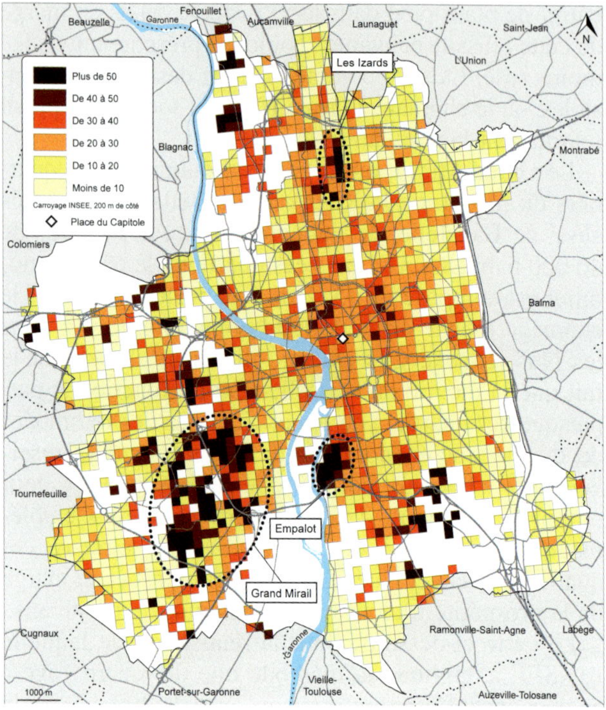

Sources : INSEE.

À cette équation économique et sociale difficile sont venus progressivement se superposer d'autres paramètres. Comme d'autres territoires, ces quartiers sont aujourd'hui gangrénés par le trafic de drogue, avec plusieurs dizaines de points de deal. À l'instar des quartiers nord de Marseille, cette activité hautement lucrative suscite la convoitise, et l'on dénombre régulièrement des morts par balle lors de règlements de comptes entre bandes. Le quartier du Grand Mirail connaît par ailleurs un repli religieux d'une partie de la population issue de l'immigration, et l'islamisme radical s'est ancré dans certaines cités. Des réseaux djihadistes se sont développés, et la ville rose a été la première frappée par le terrorisme avec les attaques de Mohamed Merah en 2012.

Si Merah était originaire du quartier des Izards, petite cité du nord de la ville connaissant elle aussi des difficultés, il était en contact avec les islamistes radicaux du Mirail, quartier dont sont partis pour le Levant un certain nombre d'individus. Parallèlement à la menace terroriste que représentent ces personnes situées dans le « haut du spectre », pour reprendre la terminologie des services antiterroristes, les cités du Mirail semblent être le théâtre d'une hybridation croissante de la petite délinquance et du trafic de drogue avec la radicalisation religieuse. Ce cocktail détonant, que l'on retrouve dans d'autres banlieues, traduit et accélère la sécession subie ou choisie de toute une partie de la population de ces quartiers avec la République, dont les règles et l'autorité sont frontalement contestées. Les violences qu'a connues le Grand Mirail en avril 2018 en sont une manifestation des plus parlantes. Durant quatre nuits, des jeunes de ces quartiers ont attaqué les forces de police, détruit le mobilier urbain et incendié les voitures. L'origine confuse et multiple de cette flambée de violence illustre bien le phénomène d'hybridation. En effet, trois événements ont mis le feu aux poudres : la mort dans sa cellule d'un détenu originaire du quartier (selon ces jeunes, la victime ne se serait pas suicidée mais aurait été tuée par des surveillants) ; la verbalisation par la police d'une femme entièrement voilée, cette intervention virant rapidement à l'affrontement avec certains habitants, comme à Trappes en juillet 2013 ; la succession d'opérations de police portant des coups sévères aux trafiquants qui, d'après les syndicats de policiers, souhaitaient réaffirmer leur emprise sur ce territoire en mobilisant contre les forces de l'ordre une partie de la jeunesse du quartier.

Mais ce phénomène n'est pas propre aux cités et banlieues des grandes agglomérations. On retrouve le même schéma un peu partout en France, y compris dans des villes moyennes, qui comptent désormais chacune leur quartier sensible.

Ozanam, au plus haut des cieux...

C'est le cas, par exemple, du quartier Ozanam à Carcassonne[1], où vivait Radouane Lakdim, le jeune terroriste de l'attentat de Trèbes. Une consultation de la presse quotidienne régionale (*L'Indépendant* et *La Dépêche*) indique que ce quartier, en dépit de sa taille relativement modeste (quelques centaines d'habitants), est le lieu d'une violence endémique que l'on retrouve dans de très nombreuses cités françaises. Depuis des années, s'y succèdent incendies de mobiliers urbains (poubelles, containers, aires de jeux pour enfants) et de voitures, mais aussi caillassages réguliers des pompiers et affrontements avec les forces de l'ordre. Ainsi, par exemple, en novembre 2016, le quartier a connu une série de violences suite à l'interpellation d'un dealer – pour compléter le tableau, Ozanam est l'un des principaux points de deal de l'agglomération carcassonnaise. Nous avons listé, ci-dessous, quelques-uns des titres

1. Ce quartier a été créé dans les années 1950 par un groupe de catholiques s'efforçant de fournir des logements aux personnes en grande difficulté sociale. Ces militants chrétiens ont donné à ce quartier le nom d'Ozanam en référence à Frédéric Ozanam, fondateur de la Société de Saint-Vincent de Paul.

d'articles publiés par la presse locale consacrés à ce quartier ces dernières années :

– « Quartier Ozanam à Carcassonne : voitures brûlées et vive colère des victimes », *L'Indépendant*, 17 avril 2017

– « Carcassonne : le feu détruit cinq voitures et menace un immeuble à Ozanam », *L'Indépendant*, 31 octobre 2016

– « Carcassonne : trois voitures et un deux-roues incendiés cette nuit dans les quartiers de La Conte et d'Ozanam », *L'Indépendant*, 21 octobre 2016

– « Carcassonne/Ozanam : cinq véhicules et trois conteneurs incendiés dans la nuit », *L'Indépendant*, 7 février 2015

– « Carcassonne : incendie et caillassage de la police à Ozanam », *L'Indépendant*, 7 juin 2014

– « Carcassonne : "À Ozanam, on vit dans la peur" », *L'Indépendant*, 4 juin 2014

– « Pompiers insultés et policiers caillassés à Ozanam », *L'Indépendant*, 17 mai 2014

– « Carcassonne. Ozanam, ce quartier qui n'en peut plus », *La Dépêche*, 12 août 2012

En lisant ces articles, on plonge dans la chronique ordinaire de la vie d'une petite cité sensible de province. On y apprend notamment que la petite église locale a été incendiée en décembre 2013, et que depuis des années une partie de la population se sent totalement désemparée face à la montée de la violence et abandonnée par les pouvoirs publics. Comme ailleurs en France, les récits des habitants décrivent un changement progressif d'ambiance (sur le mode : « Avant, c'était tranquille ici ») et la prise de contrôle du quartier par un noyau de jeunes violents imposant leur loi et leurs règles sur fond de développement du trafic de *shit*, voire de drogues dures, le quartier étant devenu une plaque tournante fournissant les dealers de l'arrière-pays[1]. Le *narratif,* comme disent les journalistes, est à chaque fois identique : on retrouve les mêmes ingrédients et les éléments d'ambiance sont partout les mêmes.

Comme lors d'autres attentats, les attaques terroristes de Redouane Lakdim, un jeune d'Ozanam, ont été l'occasion pour la presse d'effectuer une plongée clinique dans ce quartier populaire de province qui a vu grandir cet individu. Avant cet attentat, des coups de projecteurs similaires avaient déjà été donnés sur la cité du Vert-Bois à Saint-Dizier, par exemple, cité dont était originaire Sid Ahmed Ghlam, l'assassin d'une jeune femme, et qui prévoyait de s'en prendre aux églises de Villejuif, ou sur le quartier sensible de Kercado à Vannes, d'où provenait le djihadiste David Drugeon. On a également évoqué le cas de la cité des Izards à Toulouse, dont était originaire Mohamed Merah. Ce qui frappe alors l'observateur et le grand public, c'est la similitude des processus de décomposition (sociale et sécuritaire) à l'œuvre dans ces quartiers, mais aussi le fait que ces derniers sont très nombreux à être concernés, répartis sur tout le territoire et souvent à taille humaine. C'est ainsi que Merah n'était pas issu des grandes cités chaudes toulousaines (Le Mirail, Empalot, Rangueil) qui défrayent régulièrement la chronique à propos de la montée de la radicalisation religieuse ou des sanglants règlements de comptes entre dealers, mais des Izards, quartier de quelques centaines d'habitants,

1. En mars 2011, un important trafic de drogues étendant ses ramifications jusqu'à Limoux et la Haute-Vallée de l'Aude a été démantelé. La tête de réseau a été interpellée à son domicile à Ozanam. Voir « Carcassonne : un important trafic de stups démantelé », *La Dépêche*, 23 mars 2011.

à l'instar de celui de Kercado à Vannes ou d'Ozanam à Carcassonne.

L'urbanisme, dans ce quartier, ne saurait être mis en cause pour expliquer le développement de cette insécurité endémique et de la radicalisation religieuse[1]. Ozanam est, en effet, situé à proximité de la cité médiévale et du centre touristique de Carcassonne, et ce quartier à taille humaine est constitué, au plan du bâti, par deux immeubles collectifs de quatre étages et des pavillons modestes. Nous sommes donc loin de l'univers et des paysages des grandes cités-dortoirs composées exclusivement d'imposantes barres et tours. Par ailleurs, la superficie des lieux et la configuration urbanistique d'Ozanam n'incitent pas à penser spontanément que ce quartier ne se prête pas à des interventions policières et qu'il n'est pas possible de le *tenir*, et cela d'autant plus qu'une caserne de CRS[2] jouxte ce quartier.

Pour autant, le quartier d'Ozanam semble échapper au contrôle des autorités depuis des années, laissant ainsi le champ libre aux délinquants locaux qui veulent marquer leur emprise sur ce territoire restreint. Une nuit de décembre 2013, trois personnes cagoulées se sont ainsi introduites dans l'enceinte de la caserne de CRS en cisaillant le grillage séparant la caserne du quartier d'Ozanam. Après avoir neutralisé le système de vidéosurveillance, ils ont essayé de s'en prendre à des véhicules de gendarmerie en stationnement sur le parking,

1. On apprend de la même façon, dans les articles consacrés à cette affaire, que la mère de Lakdim était femme de ménage et son père ouvrier agricole. Le facteur du chômage dans le milieu d'origine n'est donc pas opérant dans ce cas.

2. Cette caserne était le premier objectif frappé par Redouane Lakdim en attaquant des policiers qui rentraient à la caserne après leur footing.

avant d'être mis en fuite par le planton. La même nuit, après la fuite de ce commando, dix-huit véhicules de particuliers ont été incendiés en différents points de l'agglomération carcassonnaise… Pour répondre à ces actes, qui ont eu un fort écho dans la population locale, 150 CRS et gendarmes mobiles ont été envoyés en renfort pour quadriller la ville, mais le dispositif a été progressivement levé et la routine de la délinquance ordinaire a repris son cours à Ozanam, comme l'illustre le fait divers suivant. Le 3 mai 2016, en se rendant dans ce quartier pour remettre sa convocation à un justiciable, un fonctionnaire de police a surpris deux jeunes en train de peser et de conditionner plusieurs kilos d'herbe de cannabis en plein milieu d'un hall immeuble[1]. Que les trafiquants opèrent ainsi en journée au vu et au su de tout le monde dans un lieu de passage en dit, en effet, long sur le sentiment d'impunité qui les anime. Or de très nombreux quartiers en France se trouvent dans la même situation, y compris dans des villes petites ou moyennes comme Carcassonne. La situation est encore plus préoccupante dans certaines villes de banlieue, comme à Aulnay-sous-Bois, par exemple.

Aulnay : de part et d'autre de la frontière

À l'instar de ce que l'on avait observé dans le cas toulousain, la carte par carroyage de la commune d'Aulnay-sous-Bois fait également apparaître une fracture sociale très nette. Bien que située au cœur du département de la Seine-Saint-Denis, Aulnay possède de nombreux quartiers de classes moyennes – voire aisées. Hormis quelques poches de pauvreté, la majeure

1. Voir « Carcassonne : écroué après la saisie de 5 kg d'herbe de cannabis », *L'Indépendant*, 16 juin 2016.

partie sud de la ville ne compte que moins de 10 % (10 à 20 % ici et là) de ménages vivant sous le seuil de pauvreté. La situation est tout autre dans le nord de la ville, à proximité de l'ancienne usine du groupe PSA. Le taux de ménages vivant sous le seuil de pauvreté franchit allègrement les 30 %, pour atteindre plus de 40 % voire 50 % dans certaines zones. Une véritable frontière sépare donc les deux parties de la commune. Grâce au plan de la ville et au carroyage de l'INSEE, on peut tracer très précisément cette frontière. Le tracé s'amorce à l'ouest de la ville au long de la rue Clément-Adler, il suit la rue Gaspard-Monge, le chemin des Prés-de-la-Garenne, puis se poursuit par la rue des Saules, l'allée de Savoie, et prend fin à l'est par l'avenue Dupuis. Et quand on navigue ensuite sur Google Maps pour se déplacer et observer, tel un drone sociologique, la morphologie des quartiers de part et d'autre de cette frontière, le contraste en matière de bâti saute aux yeux.

Au sud de cette frontière intra-urbaine, on a affaire à des quartiers totalement pavillonnaires[1], alors qu'au nord les carrés de l'INSEE correspondent à un habitat mixte, mêlant logements collectifs et maisons individuelles. Ces carrés jouxtant au nord cette frontière constituent en quelque sorte une zone de transition[2] car, passé ce glacis, on bute ensuite immédiatement sur des carrés ne comportant que des barres et des tours correspondant aux cités de l'Europe, des Merisiers, des Étangs, et à la cité du Gros-Saule. Ces quartiers sont bordés au nord par la nationale 2, au-delà de laquelle sont implantés d'autres quartiers de grands ensembles

1. Quartier Balagny et sud du quartier Maximilien-Robespierre.

2. Ils correspondent à la partie nord du quartier Maximilien-Robespierre et à une partie du quartier Ambourget.

(avec quelques îlots pavillonnaires), dont la cité des 3 000, qui furent construits pour loger la main-d'œuvre du site Citroën (racheté plus tard par PSA) situé à proximité, à l'extrême nord de la commune d'Aulnay.

Carte 9. Taux de ménages aulnaysiens sous le seuil de pauvreté

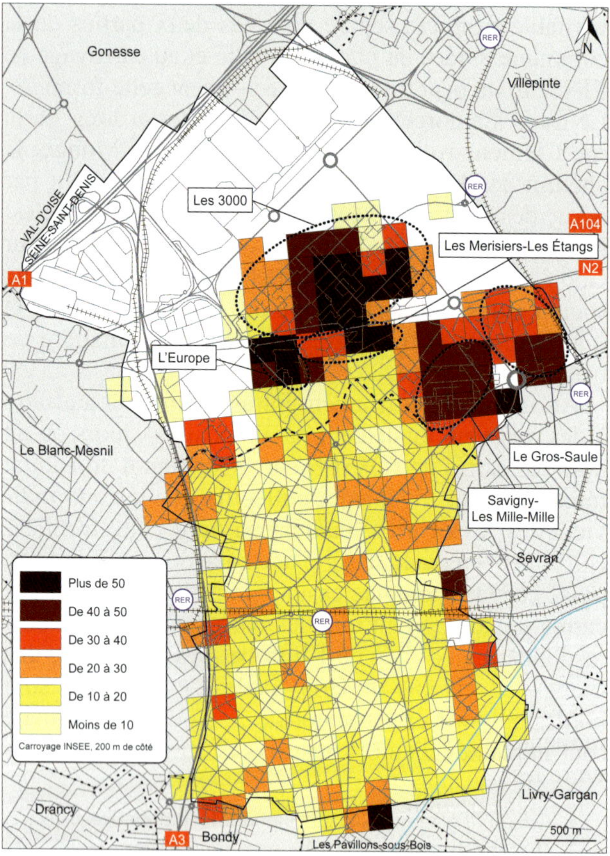

Sources : INSEE.

De part et d'autre de cette frontière, deux univers se font face : les quartiers de grands ensembles habités par une population paupérisée au nord *versus* les quartiers pavillonnaires habités par la classe moyenne et supérieure au centre et au sud de la ville. Ce clivage, inscrit dans l'urbanisme et la composition sociale, est aggravé par le niveau de délinquance et de criminalité très élevé qui frappe la partie nord de la ville. À l'image de ce que l'on a observé dans le quartier du Mirail à Toulouse, les cités du nord d'Aulnay sont devenues, au fil des ans, de véritables plaques tournantes du trafic de drogues. Au fur et à mesure que ces grands ensembles se paupérisaient, sous l'effet de la désindustrialisation de la Seine-Saint-Denis (dont la fermeture du site automobile de PSA en 2013 constituera l'épilogue), l'économie du deal est devenue l'une des principales activités de ces quartiers et a fourni des moyens de subsistance à toute une partie de la population. Or les externalités négatives, pour parler comme les économistes, de cette spécialisation à outrance sont très élevées. Règlements de comptes, heurts avec les forces de l'ordre, affrontements pour le contrôle d'un point de deal, les cités aulnaysiennes défrayent régulièrement la chronique.

Nous nous sommes livrés à une recension des faits de délinquance dans cette ville sur la période courant de 2017 à 2018. Comme on peut le voir sur la carte, ils sont tous situés dans la partie nord de la commune. Cette géographie très localisée de la criminalité n'est pas sans effet sur les représentations collectives : elle alimente l'idée que la frontière urbanistique et sociale entre les deux parties de la ville correspond à une véritable ligne de front séparant, d'un côté, des quartiers où l'ordre républicain est assuré et, de l'autre, des zones de non-droit en proie à une délinquance endémique.

Carte 10. La délinquance à Aulnay-sous-Bois en 2017 et 2018

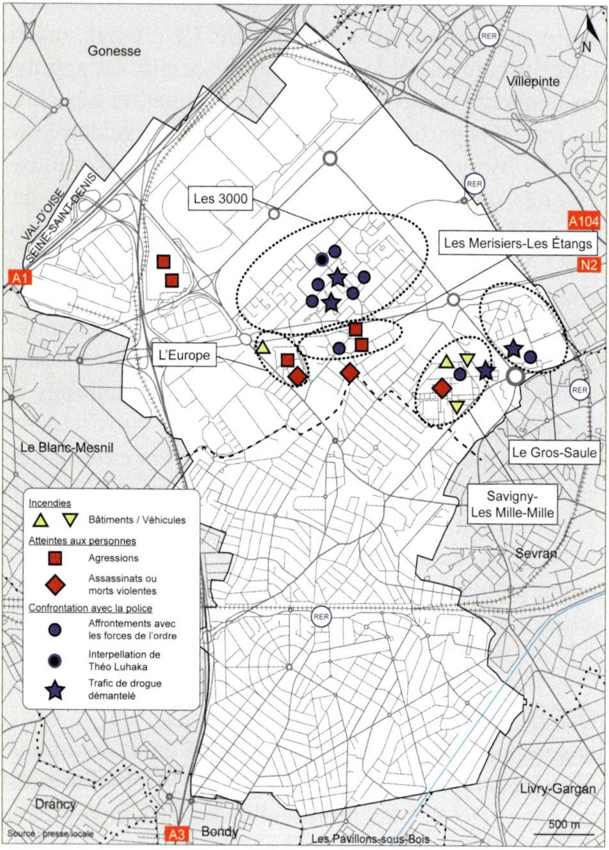

Sources : presse locale.

Cette partition de fait de la ville est encore aggravée par la spectaculaire ségrégation ethnoculturelle existant à Aulnay. Pour objectiver cette réalité visible à l'œil nu, nous avons dénombré la proportion de prénoms arabo-musulmans figurant sur les listes électorales dans les différents bureaux de vote de la ville. Par définition, cette méthode ne permet pas de prendre en compte les étrangers n'ayant pas la nationalité française (et qui ne disposent donc pas du droit de vote). En tout état de cause, le fossé apparaît béant de part et d'autre de notre « frontière ». Dans le centre-ville, situé à proximité de la gare RER, la proportion de prénoms arabo-musulmans sur les listes électorales ne dépasse pas 11 %. La quasi-totalité des autres bureaux de vote de la partie sud de la ville affiche un taux de 11 à 20 %[1]. En revanche, aussitôt qu'on franchit la « frontière », les taux grimpent très rapidement – à plus de 35 % – et dépassent les 50 % dans pas moins de 11 bureaux de vote, notamment dans la cité des 3 000 et aux Mille-Mille.

L'implantation des lieux de culte vient confirmer le scénario d'une forte fragmentation ethnoculturelle de la ville. Quasiment toutes les églises catholiques et évangéliques sont, en effet, situées dans la partie sud de la ville, alors que cinq des six mosquées et autres salles de prière que compte Aulnay sont situées dans sa partie nord. Par héritage historique, les églises catholiques sont implantées dans des quartiers anciens. Dans le contexte de chute de la pratique religieuse des années 1960 et 1970, l'Église n'a manifestement pas trouvé judicieux de construire de nouveaux lieux de culte dans les quartiers de grands ensembles qui sortaient de terre, à l'exception de l'église Saint-Paul-d'Ambourget,

1. Ces taux conséquents indiquent qu'une partie de la population issue de l'immigration maghrébine est engagée dans un processus d'ascension sociale lui permettant d'accéder à la propriété ou à la location dans des quartiers pavillonnaires.

Carte 11. Pourcentage de prénoms arabo-musulmans sur la liste électorale communale et implantation des lieux de culte

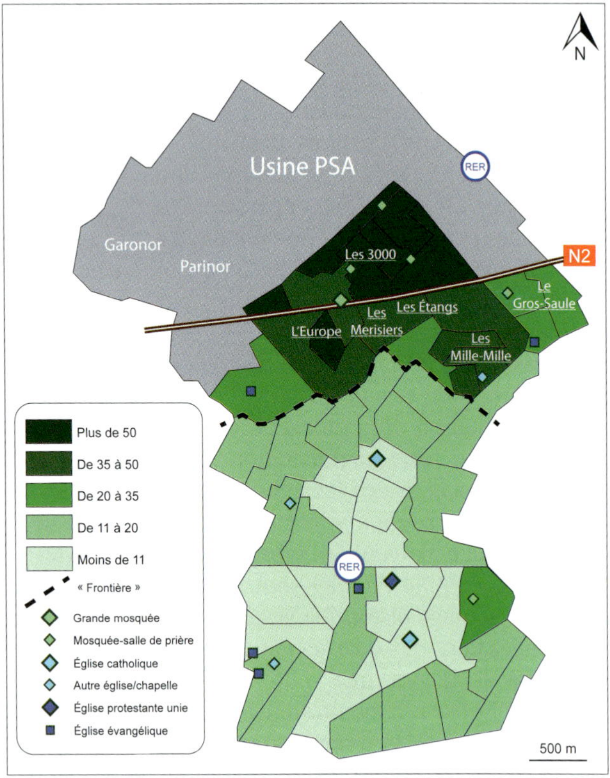

Sources : listes électorales d'Aulnay-sous-Bois.

construite entre 1963 et 1965 juste au nord de la frontière, en lisière du quartier des Mille-Mille. On peut dire que l'implantation des lieux de culte catholiques s'est donc figée sur des positions historiques qui s'érodent inexorablement avec l'effondrement du catholicisme et la modification de la composition de la population locale. De ce point de vue, le contraste avec les églises évangéliques et protestantes est réel. Alors que celles-ci ne pouvaient pas s'appuyer sur un maillage historique, on en compte aujourd'hui davantage à Aulnay que d'églises catholiques (6 contre 5). Ici comme dans d'autres banlieues ou quartiers populaires, les courants évangéliques sont actifs et rencontrent un écho certain dans la population originaire d'Afrique subsaharienne ou issue des Dom-Tom. Le dynamisme des églises évangéliques a abouti à une modification des équilibres au sein du monde protestant, les vieux courants luthéro-réformés assistant à l'irruption d'une population qu'ils n'étaient pas habitués à côtoyer[1]. Mais, dans des communes de banlieue comme Aulnay, la redistribution des cartes s'effectue au niveau du monde chrétien dans son ensemble, les courants évangéliques faisant jeu égal, voire supplantant l'Église catholique. Il s'agit là d'une autre des métamorphoses qu'a connues notre pays au cours des dernières décennies.

Pour actives et prosélytes qu'elles soient, les églises évangéliques n'ont d'écho qu'auprès d'un public bien particulier, et elles ne parviennent pas à élargir leur audience à la population issue de l'immigration arabo-musulmane. On constate ainsi, par exemple, que s'il existe deux lieux de cultes évangéliques au nord de la frontière aulnaysienne, ils ne sont pas implantés dans les quartiers où la proportion de prénoms arabo-musulmans est la plus forte.

1. Il est intéressant de relever que le temple affilié à l'Église protestante unie, qui correspond au courant historique du protestantisme français, est situé dans le cœur ancien d'Aulnay, alors que quatre des cinq églises évangéliques sont situées en périphérie.

Le trafic de cannabis comme accélérateur de la sécession de certains quartiers

Il peut paraître étrange de prime abord d'évoquer à ce stade la question de la consommation de drogues et plus spécifiquement de cannabis. Il s'agit pourtant d'un phénomène de grande ampleur ayant un impact majeur sur la fragmentation de la société française. Il joue en effet le rôle de « principe actif » dans la dérive de très nombreux quartiers populaires, et ce sur tout le territoire national, autrement dit pas uniquement dans les banlieues des plus grandes métropoles, comme on l'a vu.

Du gros rouge au pétard

Pour prendre la mesure du phénomène, il faut s'arrêter un instant sur la dynamique qu'a connue la demande pour ce produit au cours des vingt dernières années. La consommation de cannabis s'est fortement diffusée dans la population. Ainsi, alors qu'on ne dénombrait que 4 % de consommateurs réguliers au début des années 1990, la proportion a grimpé à 8 % en 2000 pour atteindre 11 % en 2014. En l'espace de vingt ans, c'est-à-dire à peine une génération, la proportion de consommateurs réguliers de cannabis a quasiment triplé !

Si l'usage de stupéfiants n'est donc pas un phénomène nouveau en France, l'ampleur et la nature du problème ont totalement changé de dimension par rapport au début des années 1990.

Cette pratique est aujourd'hui spectaculairement banalisée, comme en témoignent, par exemple, les chiffres concernant les jeunes. Alors qu'au début des années 1990 seul un jeune de 17 ans sur cinq avait déjà

Graphique 39. Évolution de la proportion d'usagers occasionnels et réguliers de cannabis parmi les 18-64 ans

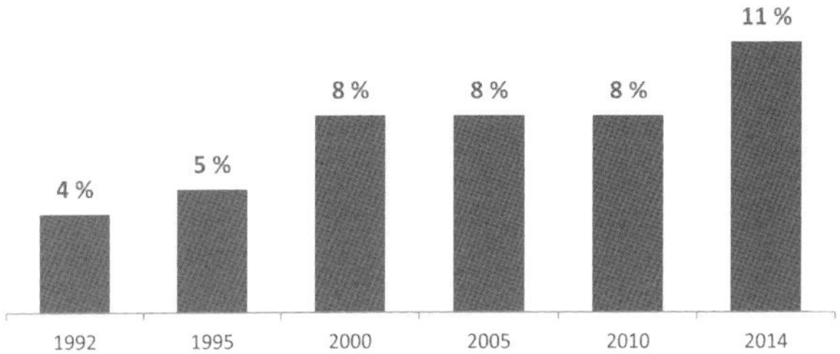

Sources : OFDT-ESCAPAD.

fait au moins une fois l'expérience du cannabis, c'est aujourd'hui pratiquement le cas d'un jeune sur deux. Un organisme public comme l'INPES (Institut national de prévention et d'éducation pour la santé) parle à ce propos de « normalisation culturelle », et le législateur a opté pour la contraventionnalisation de la « simple » consommation de cannabis pour désengorger les tribunaux et les commissariats face à ce que les juristes et les pénalistes nomment un « contentieux de masse ».

Graphique 40. Évolution de la proportion de jeunes de 17 ans ayant déjà expérimenté le cannabis

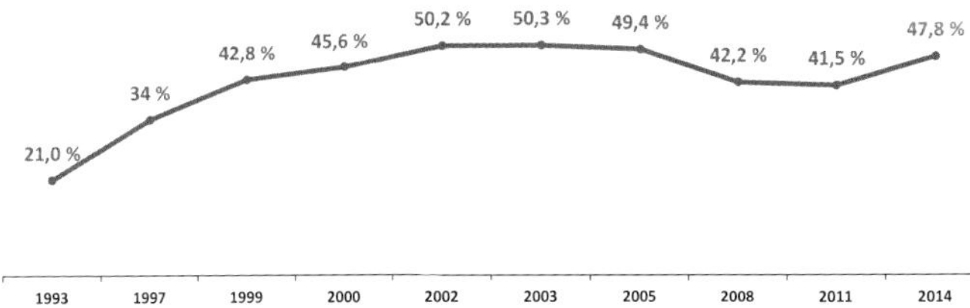

Sources : OFDT-ESCAPAD.

Les chiffres sont en effet massifs. D'après les estimations, notre pays compterait 4,6 millions de personnes ayant consommé du cannabis dans l'année, dont 1,4 million de consommateurs « réguliers » (consommant au moins dix fois dans le mois), parmi lesquels 700 000 seraient des consommateurs quotidiens. La consommation du cannabis est ainsi devenue aujourd'hui un fait social majeur. De par ses répercussions en termes de santé publique, mais aussi de criminalité et d'anomie urbaine, la montée en puissance de cette pratique et sa dissémination dans les différents milieux sociaux ont également fortement contribué à métamorphoser le visage de la société française au cours des dernières décennies. On peut d'ailleurs mettre en regard (sans prétendre y voir une relation de cause à effet) l'explosion de la consommation de cannabis avec la non moins spectaculaire diminution de la consommation d'alcool, et particulièrement de vin, qui a été observée dans notre pays depuis les années 1960.

Graphique 41. L'évolution des quantités d'alcool consommées par habitant par an

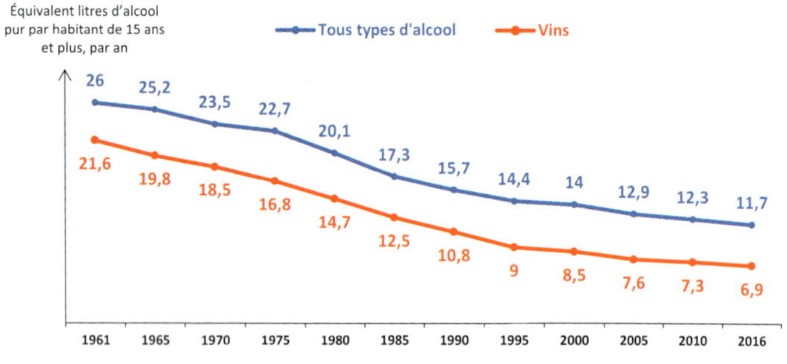

Sources : OMS-INSEE-OFDT.

Sous l'effet des changements de mode de vie et de consommation, mais aussi des campagnes de santé publique, la consommation de vin a considérablement reflué ces dernières décennies. Seuls 15 % des Français déclarent ainsi boire du vin quotidiennement alors qu'ils étaient majoritaires il y a une quarantaine d'années. L'analyse des données sur la fréquence de consommation montre, par ailleurs, que cette pratique demeure principalement ancrée parmi les seniors, alors que les générations qui les suivent boivent beaucoup moins régulièrement et ont une approche plus qualitative du vin. C'est également parmi les jeunes générations que la fréquence de l'usage du cannabis est la plus élevée, alors que cette pratique demeure très faible parmi les seniors. À l'instar de ce que l'on a observé à propos du tatouage, la consommation de drogue était extrêmement marginale dans les années 1950-1960, période où les seniors entraient dans l'adolescence puis dans l'âge adulte. La mise en perspective de l'évolution de la consommation du vin et du cannabis permet donc également d'observer un effet de « cohortes », le basculement générationnel et culturel étant en train de se produire sous nos yeux.

Bien entendu, l'effondrement massif de la consommation de vin, avec une division quasiment par trois du volume consommé par habitant en l'espace de cinquante ans, a eu des répercussions économiques et sociologiques majeures dans les zones de production. Ce fut le cas notamment dans le Languedoc-Roussillon, principale région viticole française.

En l'espace de quarante-cinq ans, le vignoble languedocien et roussillonnais a perdu progressivement près de 43 % de sa surface. Ce bouleversement n'a pas affecté seulement le paysage, mais aussi les structures sociologiques locales. Le nombre de caves coopératives

Graphique 42. Évolution de l'encépagement en Languedoc-Roussillon

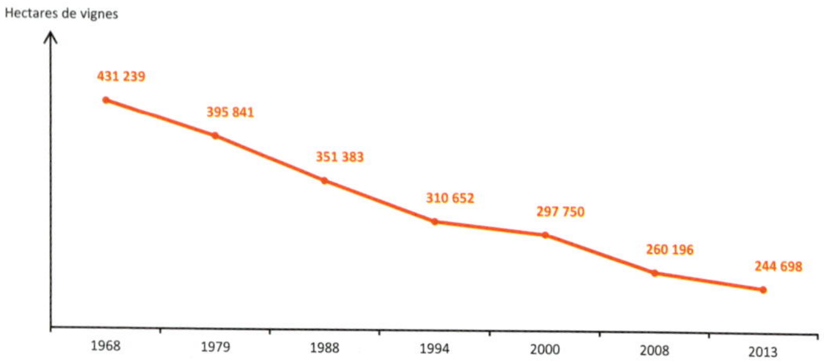

Sources : Touzard-Agreste.

est ainsi passé, dans les quatre départements viticoles de la région (Gard, Hérault, Aude et Pyrénées-Orientales), de 550 dans les années 1970 à 370 en 1996, pour s'établir à 200 en 2012. Or dans ces terroirs, la coopérative viticole était, comme le soulignent Jean-Marc Touzard et Jean-Pierre Laporte, « bien plus qu'une unité économique. Elle était une institution locale jouant un rôle-clé dans chaque commune *via* la diffusion des nouvelles normes techniques viticoles, la médiation avec l'administration et le relais de l'action syndicale viticole[1] ». Dans un espace marqué par l'imbrication des relations personnelles et professionnelles, la coopérative occupait une place centrale. Dans cette région d'habitat groupé, la sociabilité villageoise se structurait ainsi autour de la famille, du club sportif, du

1. Jean-Marc Touzard et Jean-Pierre Laporte, « Deux décennies de transition viticole en Languedoc-Roussillon. De la production de masse à une viticulture plurielle », in *Pôle Sud*, n° 9, « La grande transformation du Midi rouge », 1998.

« voisinage de vignes » et de la coopérative. Temps forts de la vie locale, les vendanges et les fêtes locales étaient placées sous le signe de l'entraide et du collectif, symbolisés par la coopérative, élément majeur de l'identité de gauche de ces terroirs du Midi rouge.

L'interprofession du chichon : un des premiers employeurs de France

Le déclin rapide de la consommation du vin de table au plan national a eu un impact majeur sur l'équilibre sociologique qui prévalait en Languedoc-Roussillon[1]. Toutes choses égales par ailleurs, la montée en puissance de la consommation de cannabis depuis la fin des années 1990 s'est également traduite par une déstabilisation accrue, non pas des régions de production[2], mais des lieux de commercialisation du *shit* que sont devenus, au fil du temps, bon nombre de quartiers populaires.

Pour répondre à une demande croissante, toute une économie souterraine du deal s'est mise en place sur le territoire. Bien que la vente de produits stupéfiants demeure illégale, la loi du marché a abouti à la structuration d'une véritable filière professionnelle. D'après les experts, ce qu'on pourrait appeler « l'interprofession du *chichon* » emploierait aujourd'hui pas moins de 200 000 personnes, ce qui est considérable et classe ce

1. L'urbanisation, le développement de l'industrie touristique, l'afflux d'une population venue du nord du pays et l'introduction de la concurrence des vins d'Europe du Sud ont également joué dans le bouleversement sociologique et culturel de grande ampleur qu'a connu cette région.

2. Le cannabis est en très grande partie importé, même si la culture locale se développe, symptôme supplémentaire de l'enracinement de cette pratique dans notre société.

secteur d'activité parmi les tout premiers employeurs français – au même rang que la SNCF (200 000 salariés) mais devant EDF (160 000) ou Intermarché (130 000). La plupart de ces emplois clandestins sont localisés dans les quartiers sensibles et les banlieues et, dans ces territoires en difficulté, l'économie du cannabis assure un revenu à dix fois plus de personnes qu'Uber et autres compagnies de VTC (qui auraient créé 20 000 emplois selon une étude du cabinet BCG), qui sont pourtant d'importants pourvoyeurs d'emplois pour les jeunes de ces quartiers.

Le chercheur Nacer Lalam[1] estime que ce marché crée, tout bien pesé, 200 000 emplois répartis de la manière suivante : environ 110 000 détaillants et vendeurs de rue, 80 000 semi-grossistes, 8 000 grossistes et 1 000 têtes de réseaux. Sur cette base, on peut estimer à plusieurs milliers le nombre de réseaux et de points de vente locaux qui fournissent chaque jour des centaines de milliers de consommateurs. En fonction de sa taille et de la qualité de son emplacement commercial, chaque « four » (point de deal) emploie un nombre plus ou moins important de « choufs » (guetteurs), de rabatteurs, de « charbonneurs » (vendeurs), mais aussi de « nourrices » (personnes dans l'appartement desquelles les trafiquants entreposent une partie de leur stock à proximité immédiate du point de vente). À cela s'ajoutent les semi-grossistes et les grossistes, qui organisent la logistique du marché à coups de *go fast*, ces véhicules rapides qui remontent chaque semaine du Maroc *via* l'Espagne des centaines de kilos d'herbe et de résine de cannabis pour approvisionner les cités françaises.

1. Nacer Lalam *et al.*, « Estimation des marchés des drogues illicites en France », INHESJ, 2016.

Le faux-saunage du XXIe siècle

Dans les territoires qui sont les plus concernés par ce trafic, cette activité criminelle occupe et fait vivre une part significative de la population locale. Toutes choses égales par ailleurs, on pourrait établir ici un parallèle avec l'ampleur de l'activité du faux-saunage dans les bocages de l'Ouest au XVIIIe siècle. Dans ces terroirs pauvres, situés sur les Marches de la Bretagne, région non soumise à la gabelle, la contrebande de sel battait son plein et impliquait une bonne partie de la population locale. Micheline Huvet-Martinet a montré dans ses travaux[1] que cette activité était principalement pratiquée par de jeunes hommes, dont beaucoup appartenaient aux strates les plus défavorisées de la société locale (vagabonds, journaliers, petits fermiers, etc.). Autre parallèle avec la situation prévalant aujourd'hui dans les cités sensibles, compte tenu du nombre important de personnes vivant de ce trafic du sel, les descentes de gabelous dans les villages se soldaient régulièrement par des troubles et des violences. Les rapports des fermiers généraux mettent l'accent à la fois sur l'hostilité latente dont font l'objet leurs troupes dans ces campagnes, mais aussi sur la difficulté à éradiquer un trafic offrant des revenus à une population pauvre et entretenu par une très forte demande, sans cesse renouvelée, soit autant de parallèles avec la situation que nous connaissons actuellement concernant le cannabis.

1. Micheline Huvet-Martinet, « Faux-saunage et faux-sauniers dans la France de l'Ouest et du Centre à la fin de l'Ancien Régime (1764-1789) », *Annales de Bretagne et des Pays de l'Ouest*, t. 85, n° 4, 1978.

Le deal a pris ses quartiers dans toutes les villes de France

Un peu plus de deux siècles plus tard, une problématique assez similaire est en effet posée par le développement du marché du cannabis. Progressivement, tout un écosystème s'est structuré, maillant l'ensemble du territoire national. À l'instar d'un réseau commercial d'une grande entreprise, des « supermarchés de la drogue » implantés dans les cités populaires des grandes métropoles françaises alimentent en direct les nombreux consommateurs qui résident dans leur zone de chalandise respective mais desservent également des points de vente, plus modestes, situés eux aussi dans des quartiers populaires, mais cette fois dans des villes de taille moyenne. Pour ne prendre que quelques exemples, on citera les quartiers de Kercado à Vannes, de Presles à Soissons, ou bien encore de Beaubreuil à Limoges, théâtres de descentes de police régulières qui, malgré les moyens importants déployés (le Raid et le GIGN étant souvent mobilisés), ne parviennent manifestement pas à éradiquer le trafic. Ces quartiers défrayant la paisible chronique locale voient défiler de nombreux consommateurs, mais aussi des revendeurs qui viennent se fournir pour alimenter à leur tour leurs propres clients résidant en milieu rural et dans les petites villes. Une consultation rapide de la presse locale confirme que l'ensemble du territoire national est irrigué par ce marché illicite.

La couverture totale du territoire constitue un indice supplémentaire de l'ampleur et de la banalisation de la consommation du cannabis dans la société française. Mais l'étendue de ces réseaux, en ce qu'elle permet de toucher des millions de clients plus ou moins réguliers, aboutit à un afflux massif d'argent dans les cités qui sont parvenues à acquérir, grâce à l'ingéniosité, la détermination et la violence des trafiquants qui les contrôlent, le statut envié de plaques tournantes régionales. À l'occasion des procès liés au démantèlement de certains de ces gros réseaux, on mesure l'ampleur prise par le « bizness du *shit* ».

Dans les cités les plus touchées par le phénomène, l'incrustation de cette économie criminelle gangrène littéralement un tissu social local déjà fragilisé. C'est que la présence d'un ou plusieurs points de deal importants dans un quartier se traduit par l'instauration d'un ordre social parallèle. Les trafiquants contrôlent en effet les allers et venues des habitants au pied des immeubles, confisquent à leurs profits les parties communes (halls, locaux techniques, parkings) ou privatives (caves), et n'hésitent pas à user de la violence vis-à-vis des récalcitrants. De par les sommes générées par ce business, toute une partie de la jeunesse est achetée et détournée de l'école pour occuper les fonctions de petits soldats de la « bicrave » (vente de drogue) et pour protéger le territoire face aux incursions des forces de l'ordre ou de bandes concurrentes. L'argent du trafic permet aussi d'acheter une partie de la population du quartier dans une logique de contrôle social du territoire, et il est recyclé et blanchi dans certains commerces locaux. Tous ces processus, associés à l'activité criminelle intrinsèque à ce trafic illicite (circulation d'armes, violences entre bandes rivales, taux d'incarcération élevé des jeunes hommes de ces quartiers, etc.), nourrissent la dérive de ces quartiers dont nombre d'entre eux se trouvent *de facto* aujourd'hui en situation de sécession – et pas seulement dans le « 9-3 ». Il en va ainsi, par exemple, du Clos-des-Roses, quartier populaire de 4 000 habitants situé dans la paisible ville de Compiègne.

L'office HLM de l'Oise, qui possède de nombreux logements dans ce quartier, est alerté depuis plusieurs années par ses locataires face à la montée de l'insécurité liée à l'incrustation du trafic de drogue dans certains bâtiments. Le 4 avril 2016, l'Opac de l'Oise mandatait, pour y mettre fin, une agence de sécurité privée. Deux jours plus tard, la dizaine de vigiles déployés était attaquée et expulsée par les dealers, qui, pour faire diversion et retenir les forces de police à l'écart du quartier, brûlaient le centre technique de la ville et ses 34 véhicules. Face à cette perte de contrôle et à la détermination des trafiquants à tenir leur territoire, l'Opac décidait, début 2017, « d'abandonner aux dealers » trois cages d'escalier. Les 25 familles qui y résidaient encore (de nombreux locataires ayant déjà quitté les lieux) seront déménagées discrètement au petit matin, à une heure où les dealers dorment encore. Le bailleur murera ensuite les lieux pour tenter d'éviter que les trafiquants ne les investissent davantage. En dépit des 70 millions d'euros alloués à un programme de rénovation urbaine du Clos-des-Roses, ce quartier est devenu, selon le délégué départemental du syndicat Alliance de la police nationale, « un quartier de non-droit, car s'y rendre tôt le matin est encore possible, mais en journée nous n'intervenons jamais sans les renforts de Creil ou de Beauvais[1] ».

À Compiègne, la dégradation de la situation dans ce quartier interpelle. Beaucoup de Compiégnois résident dans des quartiers limitrophes ou ont déjà vécu, eux-mêmes ou certains de leurs proches, dans ce quartier qui avait accueilli de nombreux jeunes ménages lors de sa construction dans les années 1960. Depuis, la situation sociale y a bien changé, avec un taux de chômage de 25 % et un tiers des habitants sous le seuil de pauvreté. Mais le développement du trafic de drogue

1. Voir « Heureux comme un dealer à Compiègne », in *Valeurs actuelles*, 9 mars 2017.

et de la délinquance qui y est associée a encore noirci le tableau et la réputation du quartier. La cité impériale de Compiègne, réputée pour son château et sa forêt, compte elle aussi son « quartier sensible ».

Quand on circule dans la ville, le contraste est saisissant entre ce quartier, qui est devenu une plaque tournante du trafic de drogue et qui compte par ailleurs une forte proportion de personnes issues de l'immigration, et le quartier des avenues, en bordure de forêt et de l'hippodrome, où une population très aisée réside dans de vastes demeures. Le paysage urbain comporte également un vieux centre historique, lui aussi assez bourgeois, et des quartiers populaires et pavillonnaires. Les données électorales permettent de faire apparaître l'ampleur des disparités économiques, sociales et ethnoculturelles au sein de la commune, et les résultats du premier tour de l'élection présidentielle de 2017 illustrent parfaitement le processus d'archipelisation à l'œuvre dans la société française, y compris dans une ville moyenne comme Compiègne.

Tableau 20. Les résultats du premier tour de la présidentielle dans différents quartiers de Compiègne

Bureaux de vote	% Mélenchon	% Macron	% Fillon	% Le Pen
BV n° 2 – Les avenues	6,5 %	24,8 %	**51,6 %**	8,5 %
BV n° 1 – Centre-ville	11,4 %	23,1 %	**45,3 %**	10 %
BV n° 8 – Clos-des-Roses	**38,8 %**	21,6 %	8 %	14,8 %
BV n° 17 – Clos-des-Roses	**36,6 %**	18,7 %	7 %	22,2 %
BV n° 7 – Quartier périphérique	22,8 %	15,3 %	14,7 %	**31,5 %**
BV n° 16 – Quartier périphérique	24,9 %	18,7 %	9,9 %	**31,7 %**
Ensemble de la ville	**18,5 %**	**24,1 %**	**25,9 %**	**17,9 %**

L'école, plaque sensible et catalyseur de la fragmentation

L'école constitue un terrain privilégié pour observer les processus de fragmentation à l'œuvre dans la société française. En dépit de sa vocation égalitaire, l'école de la République est en effet concernée de plein fouet par la persistance – voire le renforcement – d'une fracture sociale qu'elle ne parvient pas à résorber. Qu'il s'agisse des performances scolaires ou de l'accès à tel ou tel établissement, le milieu social des parents joue un rôle déterminant. Parallèlement à cela, dans certains territoires, l'école est le théâtre d'une ségrégation ethnoculturelle de plus en plus poussée, battant en brèche le discours officiel sur le « vivre-ensemble ».

Quand la fracture sociale s'invite à l'école

L'enquête internationale PISA de 2015 a, une nouvelle fois, fait ressortir les spécificités du système éducatif français. C'est en effet en France que la corrélation entre le niveau social des parents et les performances scolaires des élèves est la plus forte de tous les pays de l'OCDE. Alors que notre pays affiche l'un des plus gros budgets consacrés à l'éducation parmi les pays développés, le déterminisme social pèse toujours très lourdement sur la trajectoire scolaire des enfants. D'autres travaux scientifiques ont montré la nature inégalitaire du système éducatif français. Ainsi, l'INSEE soulignait le fait que le taux des élèves accusant un retard scolaire d'au moins un an en 6e variait très sensiblement selon les publics concernés[1]. Alors qu'il s'établissait en moyenne à 12,3 % des enfants ayant fait leur première entrée en classe de 6e en septembre 2011, ce taux était très puissamment corrélé à la catégorie sociale des parents, passant de 3,6 % seulement parmi les enfants issus des milieux socialement très favorisés à 20,5 % parmi les élèves issus des milieux les plus défavorisés.

Si l'écart n'était pas massif entre les enfants du public (12,5 %) et du privé (9,4 %), la fracture sociale s'imprimait au plan territorial avec un très fort différentiel entre les enfants vivant en ZUS (zone urbaine sensible), 21,7 % d'entre eux accusant un retard d'au moins un an lors de leur entrée en 6e, et les élèves vivant hors ZUS (11,6 % seulement). Ainsi, au sein d'une même agglomération, voire d'une même commune, de très fortes disparités peuvent exister d'un quartier à l'autre en termes de performances scolaires. Le poids de

Graphique 43. Le taux de retard à l'entrée en 6e en fonction de la catégorie sociale des parents

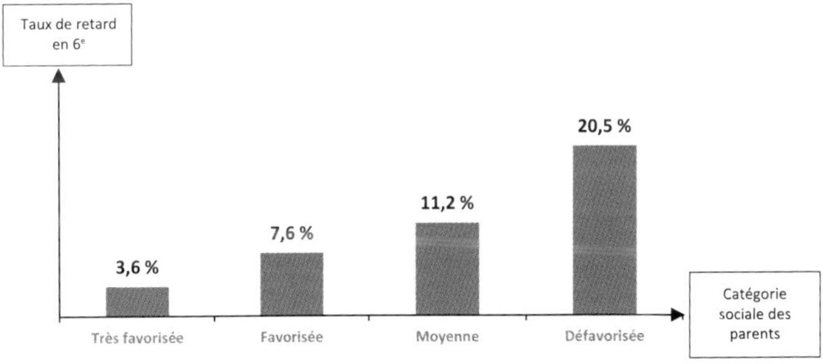

Sources : INSEE.

1. Voir « Le retard scolaire à l'entrée en 6e : plus fréquent dans les territoires les plus défavorisés », *INSEE Première* n° 1512, septembre 2014.

l'environnement de proximité vient renforcer l'effet du milieu social familial. Pour les élèves d'origine sociale défavorisée, le taux de retard en 6e va ainsi passer en moyenne de 17 % dans les quartiers les moins défavorisés à 24 % dans les quartiers socialement les plus fragiles. Dans un contexte marqué par une compétition scolaire de plus en plus acharnée, la réputation d'un établissement ou d'un quartier constitue un paramètre de plus en plus souvent pris en compte par les familles, ce qui influe en retour sur la composition sociale dudit quartier quand, par exemple, les classes moyennes et supérieures s'en éloignent ou lui tournent le dos par souci d'offrir de meilleures chances de réussite scolaire à leurs enfants. Ce faisant, elles alimentent un cercle vicieux qui accroît la ségrégation sociale.

La nature inégalitaire du système scolaire français est clairement ressentie dans l'opinion. 65 % des Français estiment ainsi que ce système n'assure pas aujourd'hui à chaque enfant la même chance de réussir sa scolarité[1]. Cette proportion est encore plus forte parmi les parents d'enfants scolarisés dans le privé (69 % contre 60 % pour ceux qui ont mis leurs enfants dans le public) qui, forts de ce constat, ont opté pour le privé de manière à donner le maximum de chances à leurs enfants. Que deux tiers des Français ne croient plus en la promesse républicaine de l'égalité des chances à l'école en dit long sur la défiance qui s'est progressivement installée vis-à-vis de l'institution scolaire.

Cette défiance nourrit un sauve-qui-peut généralisé dans les familles françaises : stratégies de contournement de la carte scolaire, recours massif au soutien

1. Sondage Ifop pour la Fondation pour l'école, réalisé par Internet auprès d'un échantillon national représentatif de 1 000 personnes du 26 au 27 avril 2018.

scolaire et aux cours du soir, tentatives plus ou moins désespérées d'inscrire ses enfants dans les établissements les plus prestigieux. Certains acteurs prospèrent sur ce terreau délétère. Alors que la France est l'un des pays consacrant le plus gros budget public à l'éducation, le marché privé du soutien scolaire est estimé à 2 milliards d'euros par an, et une société comme Acadomia, cotée en Bourse, pèse près de 150 millions de chiffre d'affaires annuel.

« L'effet cartable » ou comment la compétition scolaire dope le prix de l'immobilier dans certains quartiers

La compétition scolaire et l'angoisse du déclassement sont telles que la demande pour accéder aux établissements les plus prestigieux est massive. Compte tenu de la sectorisation des affectations d'élèves dans les établissements publics, cette pression se répercute également sur le marché de l'immobilier autour des établissements les plus prisés. Des économistes ont ainsi montré qu'à Paris, par exemple[1], la présence d'un collège bien coté pouvait engendrer une prime de 5 % sur les prix des logements du quartier, quand le prix de l'immobilier est déjà tellement élevé dans la capitale. On constate d'ailleurs que les collèges et les lycées les plus réputés sont situés dans les quartiers les plus aisés, ce qui s'explique bien sûr par le fait que la proportion de foyers favorisés y est très importante. Or, comme on l'a vu, le milieu social des parents conditionne très puissamment les performances scolaires des enfants. Outre la qualité des

1. Gabrielle Fack et Julien Grenet, « Sectorisation des collèges et prix des logements à Paris », *Actes de la recherche en sciences sociales*, n° 180, 2009.

équipes pédagogiques, les bons résultats de ces établissements d'élite s'expliquent donc d'abord par le profil sociologique du bassin de recrutement. Mais, de par leur rayonnement, ils contribuent en retour à la concentration des familles les plus favorisées dans ces quartiers. C'est cela qui vient entretenir une inflation localisée sur les prix de l'immobilier. Ainsi, dans le Ve arrondissement, qui abrite les lycées Henri-IV, Louis-le-Grand et Lavoisier, des chambres de bonnes de quelques mètres carrés seulement, mais qui permettent de disposer d'une adresse dans ces secteurs ultra-convoités, se négocient autour de 50 000 à 60 000 euros. Les professionnels de l'immobilier observent qu'à une ou deux rues d'écart, de part et d'autre de la limite du secteur de recrutement du lycée Henri-IV, les prix pour un même appartement peuvent varier de 10 %[1]...

Si ces phénomènes sont particulièrement prononcés à Paris, on les observe également en province. « L'effet cartable » contribue ainsi à tirer à la hausse les prix de l'immobilier autour des lycées Pierre-de-Fermat dans le centre de Toulouse, du Parc à Lyon, ou bien encore Montesquieu à Bordeaux. Ce ne sont que des exemples. Plus globalement, la présence de ces lycées prestigieux fait partie des « aménités » offertes par ces quartiers les plus cotés de ces grandes métropoles françaises.

Le développement du hors contrat comme symptôme de la sécession des élites

Une autre tendance à l'œuvre dans l'univers scolaire est également révélatrice du processus de fragmentation en cours et de l'insatisfaction grandissante vis-à-vis du

1. « Comment un bon lycée gonfle les prix de l'immobilier de votre quartier », *Le Figaro*, 7 mai 2015.

système éducatif piloté par le ministère de l'Éducation nationale, soit directement (enseignement public), soit indirectement (enseignement privé). Il s'agit du développement des établissements scolaires hors contrat.

On n'en compte aujourd'hui pas moins de 1 300 qui scolarisent, d'après les derniers pointages, près de 60 000 élèves. Si ce nombre d'élèves demeure pour l'heure marginal (environ 0,5 % de l'ensemble des élèves scolarisés en France), l'engouement pour ce type de structures est croissant. Le nombre d'écoles hors contrat a ainsi augmenté de 26 % entre 2011 et 2014, et il se crée environ 100 établissements de ce type chaque année.

La création d'écoles confessionnelles hors contrat a parfois défrayé la chronique, mais seule une minorité de ces écoles (300 sur 1 300) sont de nature religieuse. On dénombre ainsi 160 établissements catholiques, 50 juifs, 40 musulmans et 30 protestants. La principale caractéristique de ces établissements hors contrat réside plutôt dans le fait qu'ils proposent des méthodes pédagogiques alternatives : Steiner, Freinet ou Montessori. En 2016, ce dernier type d'école a représenté plus de 40 % des créations d'établissements hors contrat. Si un large public soucieux d'offrir un autre mode d'apprentissage à ses enfants est attiré par ce type de label, les prix pratiqués opèrent un filtrage social assez drastique. Les coûts de scolarité sont, certes, variables selon les établissements, mais il faut compter en moyenne autour de 200 à 300 euros par mois et par enfant en province – et souvent plus de 400 euros en région parisienne. Ainsi, parallèlement à l'engouement de plus en plus marqué des CSP + pour les écoles privées, l'essor des établissements hors contrat peut être analysé comme une manifestation parmi d'autres du processus de sécession des élites décrit un peu plus haut.

Ségrégation ethnoculturelle : les black school *à la française*

Selon la note de l'INSEE citée précédemment, si le retard scolaire est fortement indexé sur le niveau social des parents, la nationalité des élèves pèse aussi énormément. On note ainsi que, si 11,8 % des élèves ayant la nationalité française avaient au moins un an de retard lors de leur entrée en 6e, la proportion était quasiment trois fois plus importante (32,4 %) parmi leurs camarades étrangers. L'école de la République semble donc avoir de vraies difficultés à intégrer, ce que confirment les résultats de l'enquête PISA. Lors de ces tests, les élèves immigrés de la deuxième génération obtiennent en moyenne 50 points de moins que les élèves non issus de l'immigration. Si la barrière de la langue peut expliquer en partie ces difficultés, les spécificités du système éducatif français pèsent également puisque l'écart entre élèves de la deuxième génération et non issus de l'immigration n'est qu'en moyenne de 31 points dans l'ensemble des pays de l'OCDE.

Une des raisons expliquant ces piètres performances réside dans la ségrégation ethnoculturelle qui s'est développée à bas bruit dans les établissements scolaires français. Longtemps tabou, ce sujet a notamment été mis en lumière par les travaux de Georges Felouzis, qui publia en 2005 un ouvrage intitulé *L'Apartheid scolaire : enquête sur la ségrégation ethnique dans les collèges*[1].

Le sociologue a réalisé son travail en construisant un indicateur de l'origine ethnique des élèves à partir de leur prénom et de leur nationalité, indicateur appliqué à l'ensemble des collégiens de l'académie de

1. Paris, Éditions du Seuil, 2005.

Bordeaux. La République française ne reconnaissant aucune communauté ou ethnies, mais seulement des individus libres et égaux, la statistique scolaire a été très longtemps aveugle sur la question ethnoculturelle. Comme le note Georges Felouzis : « Si rien ne permet d'appréhender l'origine migratoire ou "culturelle" des élèves, les problèmes de ségrégation restent "invisibles" et "disparaissent" du débat social comme par enchantement et les ghettos ethniques avec elle. » Or, les travaux pionniers de Felouzis et de ses collègues ont montré l'ampleur du processus de ségrégation, et cela dans une académie de l'ouest de la France, une région moins concernée que d'autres territoires par la problématique migratoire. Ainsi, dans cette académie, 10 % des collèges concentraient 40 % de l'ensemble des élèves allochtones. Cela s'explique, bien entendu, par la forte ségrégation résidentielle qui existe entre les différents quartiers d'une même agglomération, mais cet effet structurel est à l'évidence amplifié par les stratégies d'évitement qui font augmenter de 10 points en moyenne la proportion d'élèves issus de l'immigration dans les collèges défavorisés. Et il ne s'agit là que d'une moyenne : les effets peuvent être beaucoup plus puissants dans certains quartiers.

Pour le chercheur, le facteur ségrégatif le plus fort est lié à l'origine ethnique des élèves bien plus qu'à leur origine sociale ou à leur parcours scolaire. Felouzis note ainsi que les stratégies d'évitement ne concernent plus seulement les CSP +, qui optent pour les établissements les plus prestigieux, mais également les familles populaires. Ces dernières n'acceptent plus comme une évidence de scolariser leurs enfants dans le collège public de leur quartier. Se développe alors un « second marché scolaire », qui voit une frange des classes moyennes et populaires contourner à leur tour la carte scolaire et inscrire leurs enfants dans un collège privé du quartier ou dans un collège public d'un quartier proche (*via* le choix d'options). Le chercheur Jules Bodet a, par exemple, très clairement mis en évidence ce phénomène dans sa monographie consacrée à la ville de Melun, où l'on assiste à un contournement massif de la carte scolaire aux dépens du collège des Capucins, établissement concentrant *in fine* une proportion encore plus élevée qu'attendue d'enfants de familles issues de l'immigration[1].

Les acteurs de terrain vivent au quotidien la ségrégation ethnoculturelle qui s'est imposée dans de nombreux territoires et la prégnance de certaines représentations et grilles de lecture. Interrogé par un journaliste de *L'Obs*, le principal de l'un des collèges défavorisés du XVIIIe arrondissement de Paris déclare ainsi : « Les gens pensent désormais en catégorie ethnoraciales. Il y a la peur des violences, du harcèlement et bien souvent du "grand Noir"... Si on veut changer l'image du collège, on est obligé de faire attention à cela[2]. » Ces propos font écho à ceux de François Pupponi, député socialiste et ancien maire de Sarcelles : « À la fin de l'élémentaire, les parents inscrivent leurs enfants dans le privé. Je ne peux leur en vouloir de dire : "Je veux protéger mes enfants, je ne veux pas qu'ils soient confrontés à des problèmes de violence, de racisme, de ghettoïsation ethnique." Soit on impose aux parents de mettre leurs enfants dans le collège public du secteur, et dans ce cas ils vont partir et il n'y aura plus de mixité dans le quartier. Soit on donne la possibilité de mettre

1. Jules Bodet, « La ségrégation scolaire. Un enjeu géopolitique », in *Hérodote*, n° 170, septembre 2018.

2. « "En fait les profs sont mieux" : à Paris, la bataille contre l'apartheid scolaire est lancée », *L'Obs*, 14 avril 2018.

les enfants dans le privé ou le public. Le choix de laisser les écoles privées permet à ces classes moyennes de rester dans ces villes, d'y habiter, de payer des impôts[1]. »

Choix des établissements scolaires et alyah *intérieure*

Parallèlement à l'apparition d'établissements concentrant une très forte proportion d'enfants issus de l'immigration, on constate, autre illustration de la fragmentation de la société française sur des bases ethnoculturelles, que, dans certains territoires, certaines familles juives retirent leurs enfants de l'école publique au profit de l'école privée, catholique ou juive. Ainsi, en Seine-Saint-Denis, où la situation est particulièrement tendue, il a été dit qu'il ne restait plus un seul enfant juif dans un établissement public. Cette assertion a été reprise en boucle par les médias communautaires juifs, mais également par les médias généralistes. Le grand rabbin de France Haïm Korsia a ainsi déclaré le 16 février 2015 sur Europe 1 : « Il n'y a pratiquement plus aucun enfant juif dans les écoles publiques de Seine-Saint-Denis. » Il est objectivement impossible de valider ou d'infirmer cette affirmation. Mais on peut néanmoins rappeler un certain nombre de faits objectifs et quantifiables. On constate ainsi que le nombre d'établissements confessionnels juifs est passé en dix ans de 3 à 8 dans ce département, ce qui indique qu'une demande s'est fait jour au cours de cette période. Dans le même ordre d'idées, la directrice de l'école privée juive d'Aubervilliers, interviewée sur Europe 1 dans le cadre de cette émission, indiquait : « Les effectifs ont

1. « Sarcelles / mixité sociale : les familles se tournent vers les collèges privés », *Le Parisien*, 12 juin 2018.

augmenté de 20 % au cours des deux dernières années, malgré le fait que des familles avec enfants sont parties faire l'alyah [ce qui signifie, pour un juif, s'installer en terre d'Israël]. »

Constate-t-on les mêmes tendances sur l'ensemble du territoire ? Si l'on se réfère au Guide des écoles juives édité par le Fonds social juif unifié, qui référence tous les établissements scolaires confessionnels et en présente les principales caractéristiques, au premier rang desquelles la date d'ouverture, on ne constate pas d'inflation particulière dans leur développement ces dernières années. Si un pic a été observé entre 1981 et 1990, le nombre de créations s'est élevé à 12 depuis 2001, soit un chiffre proche de la moyenne observée au cours des dernières décennies. Le déclenchement de la seconde intifada, et la multiplication des actes antisémites qu'il a entraînée en France au début des années 2000, n'a pas conduit à un développement spectaculaire de ce type d'établissements scolaires. Voilà pour le nombre d'écoles. Mais qu'en est-il du volume d'élèves concernés ?

On peut s'appuyer, pour répondre à la question, sur les résultats d'une enquête effectuée par l'Ifop pour la Fondation Jean-Jaurès, enquête réalisée auprès d'un échantillon de la population juive[1]. 65 % des parents juifs interrogés dans cette étude déclarent avoir des enfants scolarisés dans le public, 25 % dans le privé catholique et 13 % dans un établissement privé juif[2].

1. Cette enquête a été réalisée durant l'été 2015 auprès d'un échantillon national représentatif de 45 250 personnes, au sein duquel 742 personnes se sont déclarées de confession juive ou ayant un parent juif.

2. Le total est supérieur à 100 % car un même foyer peut scolariser ses enfants dans différents types d'établissements.

Seule une faible minorité de la population juive scolarise donc ses enfants dans un établissement confessionnel juif, et une large majorité continue de les inscrire dans le public – qui n'a donc pas été déserté au plan national, ce qui est plutôt rassurant. On constate néanmoins que la part du public est sensiblement plus faible (65 %) dans cet échantillon que dans l'ensemble de la population française, où l'on atteint 85 %. Cela s'explique par le fait qu'à côté des écoles confessionnelles juives une part significative des parents juifs (25 %) confient leurs enfants à des établissements privés « classiques », c'est-à-dire catholiques. On sait que la propension à choisir un établissement privé (payant) est en partie indexée sur le niveau social des familles. La surreprésentation des CSP + dans la population juive constatée dans l'enquête Ifop peut donc expliquer partiellement ce choix plus fréquent pour le privé au sens large (catholique ou juif). Le clivage sociologique est d'ailleurs assez marqué au sein de la communauté juive sur cette question : 76 % des employés et ouvriers ont des enfants scolarisés dans le public contre seulement 61 % parmi les commerçants, artisans, chefs d'entreprise, professions libérales et cadres supérieurs.

Mais il semble également que, parallèlement à l'effet de structure sociale lié à la composition sociologique de la population juive, le choix du privé, et particulièrement du confessionnel juif, soit aussi motivé par des considérations sécuritaires. On constate, en effet, que la proportion de parents craignant « souvent » que leurs enfants soient insultés, menacés ou agressés en tant que juifs est beaucoup plus élevée parmi les personnes ayant scolarisé leurs enfants dans une école confessionnelle juive (et dans une moindre mesure catholique) que chez ceux qui ont fait le choix du public.

Graphique 44. Pourcentage de parents juifs craignant « souvent » que leurs enfants soient...

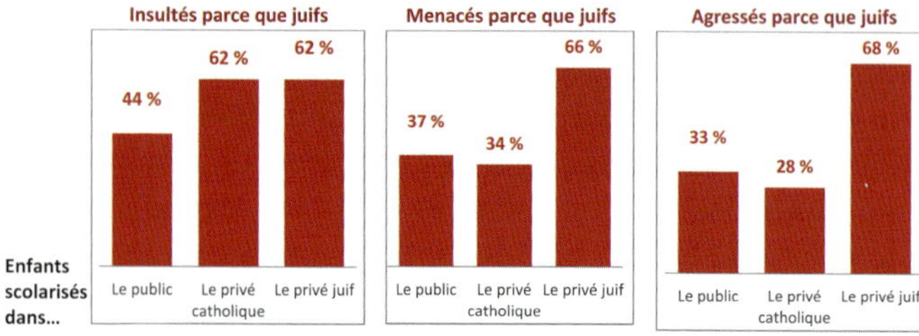

Sources : Ifop.

Tout comme le départ de familles juives de certains quartiers ou communes[1], le choix de ne pas mettre ses enfants dans le public (ou de les en retirer) renvoie bien à une inquiétude relative à la sécurité des enfants. On constate d'ailleurs, à la lecture de l'enquête, que le choix du type d'établissement répond à l'ampleur de cette inquiétude. Parmi les parents juifs qui scolarisent leurs enfants dans le public, on observe les taux les plus élevés de personnes n'éprouvant jamais de crainte que leurs enfants fassent l'objet de menaces, d'insultes ou d'actes antisémites. Parmi ceux qui ont fait le choix du privé catholique, on constate que la population de ceux qui éprouvent ce genre de craintes « de temps en temps » est particulièrement forte, ce type d'établissement semblant apporter la sécurité nécessaire. Mais quand l'angoisse est permanente, la seule réponse semble être d'opter pour les établissements confessionnels juifs. Ce choix est bien entendu également nourri par le souci de donner à ses enfants une éducation religieuse. La proportion d'enfants scolarisés dans le privé juif est ainsi significativement

1. Phénomène que l'on nomme « l'alyah intérieure ».

plus élevée parmi les pratiquants que parmi les non- ou les peu pratiquants. La communauté juive n'est en effet pas exempte d'un *revival* religieux et identitaire. Une nouvelle fois, l'analyse anthroponymique permet de mettre au jour cette tendance.

Nous avons isolé, pour ce faire, 40 prénoms hébraïques masculins comme Ariel, Gad, Dan ou Ephraïm[1], et la courbe suivante fait clairement apparaître une augmentation de la prévalence de ce type de prénoms de 1945 à 2016. Une première hausse s'observe après 1962 et l'arrivée des juifs rapatriés d'Algérie, puis après 1967, la guerre des Six-Jours sanctionnant le renouveau du sentiment identitaire dans le monde juif. La tendance s'accélérera à partir du milieu des années 1980 pour ne plus se démentir depuis.

Ce regain d'intérêt pour la culture et la religion juives a joué son rôle dans le développement de l'enseignement confessionnel. Mais le sentiment d'insécurité pèse

Graphique 45. 1945-2016 :
Évolution du nombre de nouveau-nés portant différents prénoms masculins hébraïques

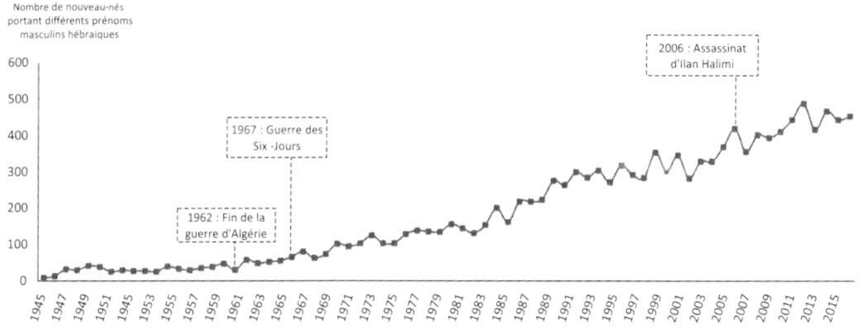

Sources : INSEE.

1. Nous avons écarté des prénoms comme David ou Élie qui sont également beaucoup donnés dans des familles sans lien avec le judaïsme.

d'un poids déterminant dans le choix d'établissement scolaire pour les nombreuses familles juives qui, dans certains territoires, ne font plus confiance à l'école de la République pour assurer la sécurité de leurs enfants. Cet antisémitisme latent est parfois reconnu par les équipes éducatives. Principal dans plusieurs collèges difficiles des quartiers nord de Marseille, Bernard Ravet relate ainsi dans un livre[1] comment il avait, la mort dans l'âme, conseillé à une mère de confession juive qui voulait inscrire son fils dans son collège d'opter pour un établissement confessionnel plus à même d'assurer la sécurité de l'adolescent. Les établissements confessionnels font dans ce cas office de havre protecteur. Mais c'est pourtant l'un de ces lieux symboliquement sanctuarisés que Mohamed Merah a violé en assassinant un enseignant et plusieurs élèves dans l'enceinte de l'école Ozar Hatorah de Toulouse.

Un enseignant sur sept constate régulièrement ou occasionnellement des atteintes à la laïcité

Sans connaître une telle violence, une part significative des établissements scolaires publics sont régulièrement l'objet d'atteintes à la laïcité. Une enquête de l'Ifop réalisée pour le CNAL (Comité national d'action laïque)[2] a ainsi montré que, si une large majorité des enseignants (62 %) n'avaient jamais constaté d'atteinte, dans leur établissement, et de la part des élèves, à la loi du 15 mars 2004 encadrant le port de signes ou

1. Bernard Ravet, *Principal de collège ou imam de la République*, Paris, Kero, 2017.

2. Enquête réalisée en ligne du 8 au 11 janvier 2018 auprès d'un échantillon de 650 enseignants, représentatif de la population des enseignants du public, du primaire au lycée.

de tenues manifestant une appartenance religieuse, une minorité non négligeable d'entre eux formulait un diagnostic différent. 23 % constataient rarement en effet ce type d'atteintes et 15 % « régulièrement » ou « de temps en temps ». Si l'on extrapole au nombre d'établissements, c'est donc un établissement public sur sept qui serait régulièrement ou occasionnellement victime de tels agissements de la part des élèves. Pour ce qui est des atteintes à la laïcité, régulières ou occasionnelles, de la part d'enseignants ou de membres du personnel non enseignant, cette proportion est moins importante mais s'élève tout de même à 10 %.

Si l'on observe plus attentivement les atteintes à la laïcité émanant régulièrement ou occasionnellement des élèves (concernant donc en moyenne 15 % des établissements scolaires publics), il apparaît qu'elles sont nettement plus répandues dans les établissements classés en REP (Réseau d'éducation prioritaire) : 34 % contre 9 % en zone non-REP. De la même façon, 12 % des enseignants du public déclarent que, régulièrement ou de temps en temps, des élèves tentent de se soustraire à certains enseignements, cette proportion étant plus élevée en REP (22 %) qu'ailleurs (9 %). Dans le détail, les enseignements d'histoire-géographie et du fait religieux, mais aussi les cours d'éducation physique et sportive, sont les plus concernés. Dans ce contexte, 37 % des enseignants déclarent s'être déjà autocensurés afin d'éviter de possibles incidents provoqués par certains élèves. Cette proportion s'établit à 53 % parmi les enseignants affectés en REP contre 32 % pour les autres, le différentiel entre les deux types d'établissements étant de nouveau nettement marqué.

Au total, 59 % des enseignants du public estiment que la laïcité est en danger en France. Et, aux yeux des enseignants inquiets, la principale menace réside, pour

52 % d'entre eux (contre 30 % dans le grand public), dans le fait que les communautés culturelles et religieuses se mélangent de moins en moins en France. Or il n'est pas anodin que les enseignants, qui sont aux avant-postes de la République, soient nettement plus sensibles que l'ensemble de la population aux phénomènes de fragmentation et de ségrégation ethnoculturelle actuellement à l'œuvre dans la société française. De la même façon, les gendarmes, autre catégorie de fonctionnaires au contact quotidien du terrain, sont 76 % à estimer que le développement de zones de non-droit dans certains quartiers joue un rôle très important dans les problèmes d'insécurité[1]. La ghettoïsation et le repli identitaire de certains territoires sont donc clairement identifiés tant par les pandores que par les nouveaux hussards noirs comme une menace majeure pour le pacte républicain.

1. Sondage Ifop pour *L'Essor de la gendarmerie nationale* réalisé du 29 mars au 5 avril 2018 auprès d'un échantillon représentatif de 1 349 gendarmes.

TROISIÈME PARTIE

Recomposition du paysage idéologique et électoral

Le processus d'archipelisation dont nous avons décrit la dynamique dans les pages précédentes s'est effectué progressivement au cours des dernières décennies. Si l'on essaye de synthétiser schématiquement l'évolution qu'a connue la société française, on peut considérer que, jusqu'au début des années 1960, la situation qui prévalait était demeurée relativement stable sur la longue durée. Même si le processus de déchristianisation était clairement engagé, la matrice catho-républicaine demeurait valide et structurait en profondeur la société française. Les fondements anthropologiques, hérités de la longue histoire, affichaient une grande stabilité.

Ces cadres de référence ont été profondément déstabilisés du début des années 1960 au milieu des années 1980. Comme on l'a vu, la pratique religieuse catholique chute alors très brutalement et les structures familiales sont remises en cause sous l'effet, notamment, de l'explosion des divorces et des naissances hors mariage. Parallèlement, le processus d'individualisation prend son essor sur fond d'effritement des appartenances sociales et religieuses, et d'émergence de la société de consommation. La diversification des prénoms utilisés constitue l'un des marqueurs de cette montée en puissance de l'individualisme et de l'autonomisation par rapport aux cadres culturels traditionnels.

Depuis le milieu des années 1980, nous vivons une nouvelle étape de mutations. Ce troisième stade se caractérise par plusieurs phénomènes de grande ampleur qui reconfigurent en profondeur la société française. D'une part, les mouvements déclenchés lors de la période précédente se sont amplifiés (individualisation, remise en cause du modèle familial traditionnel) ou sont arrivés à leur stade quasi terminal (pratique religieuse et influence du catholicisme). Mais, par ailleurs, d'autres phénomènes sont entrés en branle, amplifiant la transformation du pays. On a évoqué le déclin du Parti communiste qui, avec l'Église, constituait le duopole structurant de la société, mais aussi la perte d'audience des grands médias, le développement d'une immigration de masse, la mise en place d'une nouvelle stratification éducative et le processus de sécession des élites.

Tous ces phénomènes ont, aujourd'hui, des répercussions idéologiques profondes et la vie politique en est à son tour vivement affectée.

6

1983-2015 : Retour sur trois secousses sismiques majeures

Ainsi, si l'élection présidentielle de 2017 a bien constitué un véritable tremblement de terre, plusieurs secousses sismiques majeures avaient déjà marqué le paysage depuis trois décennies. Chacune à sa façon, elles ont confirmé et/ou amplifié les nouvelles lignes de faille autour desquelles la société française et par voie de conséquence le paysage électoral se sont reconfigurés : 1983-1984 et l'émergence du FN sur fond de visibilité accrue de la population issue de l'immigration ; 2005 et la victoire du « non » au référendum suivie par les émeutes de banlieues ; 2015 et le moment Charlie.

1983 : l'année où les immigrés sont devenus pleinement visibles et où le FN a émergé

L'année 1983 est restée dans les mémoires comme celle du tournant de la rigueur, quand la gauche a refermé la parenthèse ouverte en 1981 et s'est ralliée à l'économie de marché et au capitalisme. Ce choix politique, motivé par la volonté de maintenir la France dans le « serpent monétaire européen », a eu une portée rétrospectivement très importante dans la mesure où c'est de ce jour que date le divorce d'une partie des catégories populaires avec la gauche ou, pour reprendre les mots de Bruno Amable et Stefano Palombarini, le début de « la désagrégation du bloc sociologique de gauche[1] ». À partir de cette date fondatrice, la dislocation du compromis de classe entre les classes moyennes, un segment des classes supérieures et des professions intellectuelles, et avec elles une bonne partie des catégories populaires, alliance constituant le socle électoral de la gauche, s'accélère pour atteindre son stade ultime lors du référendum de 2005.

Mais cette année 1983 constitue également un moment charnière sur un autre plan, au moins aussi important. C'est en effet au cours de cette année-là que des mouvements de fond, initiés précédemment, sont parvenus à maturité et sont apparus au grand jour. Par un phénomène d'accumulation d'événements de natures très différentes, c'est au cours de cette année 1983, en effet, que l'immigration maghrébine a véritablement accédé à la visibilité. Alors que cette population résidait en France depuis des années sans avoir acquis droit de cité, on assista au surgissement brutal de ce groupe social dans le paysage et les représentations collectives. À travers de longues grèves qui frappèrent cette année-là l'automobile, la Marche des beurs, différents faits divers, certains films et des chansons à succès, la France a subitement pris conscience que cette population immigrée était relativement nombreuse, qu'elle avait fait souche (comme en témoigne l'expression « deuxième génération ») et qu'elle comptait non pas « rentrer au pays » mais bien s'installer définitivement sur notre sol.

Cette prise de conscience a eu des répercussions durables et profondes, notamment au plan électoral et

1. Bruno Amable et Stefano Palombarini, *L'illusion du bloc bourgeois. Alliances sociales et avenir du modèle français*, Paris, Raisons d'agir, 2018.

idéologique. Alors que l'affrontement gauche/droite était principalement polarisé autour des questions économiques et sociales, d'autres problématiques allaient prendre une place toujours plus grande dans le débat public : l'identité, le rapport à la nation, la question du multiculturalisme, la lutte contre le racisme. Or c'est l'émergence de ces nouvelles problématiques qui va produire ce que le politologue Pierre Martin a appelé « des réalignements électoraux[1] ». C'est ainsi que la montée en puissance de l'immigration comme nouvel enjeu central va se matérialiser par la percée du FN et la création en réaction de SOS Racisme en 1984. Alors que le parti fondé par Jean-Marie Le Pen en 1972 végétait et était jusqu'alors confiné à des scores marginaux, c'est en 1983 qu'il va connaître ses premiers succès locaux dans la ville de Dreux, puis nationalement en 1984 à l'occasion des élections européennes, où il atteindra 10,9 % des suffrages exprimés.

Revenir sur l'année 1983, trente-cinq ans après ces événements, c'est donc s'attarder sur un point de bascule majeur dans l'histoire de la société française contemporaine. Dans son intéressant ouvrage, *Révolutions françaises : 1962-2017*[2], Jean-François Sirinelli revient sur ces cinq dernières décennies, au cours desquelles la France, explique-t-il, a connu une série de transformations et de ruptures sans précédent dans son histoire, qu'il s'agisse de la fin de la société ruralo-paysanne, du déclin des institutions structurantes que furent l'Église et le Parti communiste, de l'avènement de la société de consommation, de l'élévation sans précédent du niveau

1. Pierre Martin, *Comprendre les évolutions électorales. La théorie des réalignements revisitée*, Paris, Presses de Sciences Po, 2000.

2. Paris, Odile Jacob, 2017.

éducatif ou bien encore de la libération sexuelle. Mais l'auteur effleure à peine la transformation de la société française en une société multiculturelle sous l'effet de l'immigration, phénomène qui s'est également produit au cours des années qu'il étudie. Cette mutation majeure a pourtant eu des répercussions multiples, et ses effets se font sentir depuis lors. Car si les questions économiques et sociales, terrain d'affrontement traditionnel entre la gauche et la droite, n'ont pas disparu du paysage politique, la question identitaire occupe depuis trente-cinq ans une place au moins aussi importante. Le retour en force du débat sur la laïcité auquel on assiste depuis quelques années n'en est qu'une des illustrations.

Une autre conséquence de cette transformation démographique du pays réside dans l'enracinement, à un niveau élevé depuis près de trente-cinq ans donc, d'un parti d'extrême droite, le FN, dans le paysage électoral français. Certains avaient anticipé (ou souhaité) que la percée de 1984 ne soit qu'un feu de paille comme le fut le mouvement poujadiste, trente ans auparavant. Le recul aidant, on constate qu'il n'en fut rien. Revenir sur cette année 1983, qui fut marquée par le surgissement de la question immigrée au cœur du débat public, et qui précéda d'un an l'émergence du FN comme force politique de premier plan, nous permet donc de souligner et de rappeler que l'essor électoral de ce mouvement est consubstantiellement lié à la question de l'immigration. Le FN a décollé dans les urnes à partir du moment où la présence d'une population maghrébine sur notre sol est devenue pleinement visible. 1983 a donc préparé 1984. Et, depuis plus de trente ans, même si la rhétorique « socialisante » adoptée par Marine Le Pen ces dernières années est venue en renfort de cette dynamique première, le ressort fondamental et premier du vote FN est demeuré le rejet de l'immigration.

Les grèves des OS immigrés dans l'automobile

Dans un contexte de restructuration de la filière sur fond de crise économique, le secteur de l'industrie automobile, qui employait une importante main-d'œuvre immigrée, allait connaître toute une série de grèves extrêmement dures et marquantes durant la période 1982-1983. Le 22 avril 1982, à l'usine Citroën d'Aulnay-sous-Bois, une première grève éclatait. Trois autres usines Citroën entreront ensuite dans le mouvement durant les cinq semaines que durera la grève, à Levallois, Asnières et Saint-Ouen. La fin de la grève chez Citroën, le 1er juin, sera suivie par l'entrée en mouvement de l'usine Talbot de Poissy, grève qui sera l'occasion de violents affrontements entre grévistes et non-grévistes. Les grèves reprendront ensuite au début de l'année 1983 dans les usines Renault (Billancourt, Flins), puis en fin d'année de nouveau à l'usine Talbot de Poissy.

Ces conflits sociaux extrêmement marquants et très médiatisés ont constitué un moment très important dans la visibilité progressivement acquise par la population immigrée[1]. En effet, si les revendications portaient sur des aspects salariaux traditionnels, elles prirent également une dimension religieuse, comme l'atteste, par exemple, la banderole qui ornait le site de Poissy pendant le conflit : « 400 francs pour tous, 5e semaine accolée aux congés, 30 minutes pour le ramadan, nous voulons être respectés ! »

Si l'islam avait déjà acquis discrètement droit de cité dans les sites industriels automobiles du fait de la très forte présence d'ouvriers musulmans parmi

1. Voir à ce sujet Denis Maillard, *Quand la religion s'invite dans l'entreprise*, Paris, Fayard, 2017.

les bataillons d'OS, ces conflits sociaux vont lui permettre d'apparaître au grand jour. Ainsi, par exemple, comme l'explique Vincent Gay[1], alors que la direction de Citroën-Aulnay et les membres du syndicat maison CSL, traditionnellement hostiles aux grévistes, étaient retranchés dans l'usine, les grévistes occupèrent les parkings, qui devinrent alors des lieux de prière pour les ouvriers musulmans. Ces scènes, filmées par la télévision, révélèrent au grand public des pratiques religieuses qui étaient, jusqu'alors, cantonnées aux seuls ateliers. Par ailleurs, certains meetings organisés devant l'usine furent parfois entrecoupés de prières ou de harangues en langue arabe. Pendant ces longs mois de conflits violents, les représentations traditionnellement associées à la grève et à la lutte sociale (drapeaux rouges, calicots de la CGT) ont été recouvertes par d'autres images moins familières à notre imaginaire collectif : celles de ces foules musulmanes évoquant l'Iran de Khomeyni et sa révolution islamique encore dans toutes les mémoires[2]. Selon la formule de Vincent Gay, on va alors passer de la « peur du rouge à la peur du vert ».

La forte visibilité des ouvriers maghrébins et certaines de leurs revendications ont été pour beaucoup dans cette prise de conscience, mais il convient également de souligner l'impact du discours politique et médiatique à l'occasion de ces événements. *L'Expansion* publie ainsi le 3 janvier 1983 un article intitulé : « L'automobile otage de ses immigrés. Aulnay, Poissy, Flins, comment la CGT récupère la révolte des musulmans. » Gaston Defferre, à l'époque ministre de l'Intérieur

1. Vincent Gay, « Grèves saintes ou grèves ouvrières ? Le "problème musulman" dans les conflits de l'automobile, 1982-1983 », *Genèses,* vol. 1, n° 98, 2015.

2. La révolution iranienne a débuté en 1979.

socialiste, évoque le 26 janvier 1983, sur Europe 1, le rôle « d'intégristes et de chiites[1] » dans ces grèves. Son Premier ministre, Pierre Mauroy, lui emboîte le pas quelques jours plus tard, en déclarant : « Les principales difficultés sont posées par des travailleurs immigrés […] agités par des groupes religieux et politiques qui se déterminent en fonction de critères ayant peu à voir avec les réalités sociales françaises[2]. » Le ministre du Travail, Jean Auroux, lui aussi socialiste et ayant fait voter d'importantes lois sociales, indique de son côté, le 10 février 1983, dans le journal *L'Alsace* : « Il y a, à l'évidence, une donnée religieuse et intégriste dans les conflits que nous avons rencontrés, ce qui leur donne une tournure qui n'est pas exclusivement syndicale. […] Je m'oppose à l'institutionnalisation d'une religion quelle qu'elle soit à l'intérieur du lieu de travail. […] les immigrés sont les hôtes de la France et à ce titre ont un double devoir : jouer le jeu de l'entreprise et celui de la nation. » Puis, le même jour, au micro de France Inter : « Lorsque des ouvriers prêtent serment sur le Coran dans un mouvement syndical, il y a des données qui sont extra-syndicales. […] Un certain nombre de gens sont intéressés à la déstabilisation politique ou sociale de notre pays parce que nous représentons trop de choses en matière de liberté et de pluralisme. »

Signe parmi d'autres de l'écho qu'ont eu ces grèves dans l'opinion publique, Thierry Le Luron évoquera ces événements dans l'un de ses célèbres sketchs : « Ma voiture, vous savez, celle qui est fabriquée en Afrique du Nord, à Aulnay-sous-Bois… Pour le débrayage, ils

1. Le terme de « chiites » renvoie explicitement au contexte iranien, alors que les immigrés musulmans présents en France sont quasiment tous de rite sunnite.

2. Pierre Mauroy, interview à *Nord Éclair*, 28 janvier 1983.

sont imbattables, chez Citroën ! Ils font les trois-huit : 8 heures d'arrêt de travail, 8 heures de grève et 8 heures de prière. »

Hormis les accusations visant l'intervention d'une main étrangère, iranienne ou libyenne, toutes ces réactions traduisent l'émergence d'une problématique jusqu'alors très peu présente et d'une population (les immigrés, principalement d'origine maghrébine) jusque-là très peu visible. Alors que la France vivait encore dans l'idée que les travailleurs immigrés repartiraient un jour dans leur pays[1], ces mouvements ont fait prendre conscience à l'opinion que leur installation définitive était en cours. Ainsi, comme le souligne Denis Maillard[2], la revendication de pouvoir accoler la cinquième semaine de congés payés aux quatre autres au cours desquelles ils « rentraient au pays » illustre bien le fait que la grande majorité d'entre eux étaient déterminés à rester en France : il s'agissait dès lors de pouvoir passer le plus de temps possible « au pays » pendant les vacances.

La Marche des beurs

C'est également en 1983 qu'un autre événement inscrit le surgissement de la population maghrébine dans le paysage public. De la même manière que les grandes grèves dans l'industrie automobile avaient donné à voir le visage et le poids de la main-d'œuvre immigrée dans ce secteur d'activité, la Marche des beurs, qui se déroula du 21 octobre au 3 décembre, donna une visibilité sans précédent à la fameuse « deuxième génération ». À la suite d'affrontements récurrents entre des jeunes de la

1. Grâce, notamment, au dispositif de « l'aide au retour ».
2. Denis Maillard, *Quand la religion s'invite dans l'entreprise*, *op. cit.*

cité des Minguettes à Vénissieux et la police, certains jeunes créent l'association *SOS Avenir Minguettes* et entament une grève de la faim pour protester contre la répression policière. L'idée germa parmi ces jeunes d'organiser une grande marche pacifique[1]. Différents collectifs commencent alors à s'organiser et à se structurer un peu partout en France pour soutenir, accueillir ou participer à la Marche qui s'élancera finalement le 21 octobre 1983 depuis Marseille. Au fil des étapes, le cortège grossit et les médias s'intéressent et relaient positivement l'initiative, à tel point que, le 3 décembre 1983 à Paris, près de 100 000 personnes les accueillent dans une ambiance festive.

Durant cette période, un crime raciste particulièrement odieux sera perpétré et émouvra la France. Dans la nuit du 15 novembre 1983, soit deux semaines avant la fin de la Marche, un jeune Algérien, Habib Grimzi, sera agressé par trois candidats à la Légion étrangère, puis jeté du train reliant Bordeaux à Vintimille. Ce fait divers particulièrement atroce fera écho au credo antiraciste porté par la Marche des beurs.

En effet, au-delà des revendications en matière de cartes de séjour et de droit de vote, les participants à cette Marche entendent dénoncer les crimes racistes et les brutalités policières. Mais il s'agit plus largement encore pour eux de revendiquer une place pour les personnes issues de l'immigration dans la société française.

François Mitterrand recevra une délégation de « marcheurs » et annoncera la création d'une carte de séjour unique de dix ans et le droit de vote pour les étrangers aux élections locales. Façon de prendre acte, au sommet de l'État, de l'existence d'une population « nouvelle »,

1. Voir Mogniss H. Abdallah, « 1983 : La Marche pour l'égalité », *Plein droit,* n° 55, décembre 2002.

qu'on allait baptiser les « beurs ». *Libération* parlera de la « Marche des beurs », contribuant à populariser ce terme qui entrera dans les dictionnaires l'année suivante, cette entrée dans le vocabulaire courant et officiel symbolisant l'émergence de cette population dans les représentations collectives.

Après les images de ces ouvriers maghrébins en grève dans l'automobile[1], voici que surgissaient les images de ces jeunes beurs et beurettes défilant, keffieh palestinien autour du cou[2], pour réclamer pleine intégration et reconnaissance. C'est à ce moment que la prise de conscience que l'avenir des immigrés était en France s'est faite pour une large partie de la population immigrée. Cette nouvelle génération était française et comptait bien construire sa vie sur le sol français. Tous étaient nés autour de 1960, en France pour quelques-uns et à l'étranger pour la plupart. Ils avaient été enfants et adolescents dans les années 1960 et 1970 et étaient demeurés alors relativement invisibles aux yeux de l'écrasante majorité des Français qui n'habitaient pas dans ces quartiers de banlieues. Le début des années 1980 correspondait à leur entrée dans l'âge adulte. C'est à cette époque qu'ils ont commencé à se faire entendre et à faire parler d'eux, soit *via* cette Marche, soit en montant sur scène (comme le comique Smaïn, né en 1958), soit au travers des premières manifestations de violences urbaines.

1. La jonction symbolique entre les deux mouvements s'opérera le 1er décembre 1983, quand, avant d'entrer à Paris, les Marcheurs passeront par Billancourt pour saluer et fraterniser avec les OS immigrés en grève de l'usine Renault.

2. Dans la chanson de Renaud « Deuxième génération », Slimane, le jeune beur de La Courneuve, porte lui aussi « le keffieh noir et blanc et gris », accessoire vestimentaire qui deviendra pour quelques années le signe distinctif de cette génération.

Jeunes des cités et crise des banlieues

L'année 1983 va en effet être également marquée par différents événements ou faits divers ayant pour cadre les banlieues populaires, jetant ainsi un coup de projecteur sur la jeunesse immigrée vivant dans les quartiers des grands ensembles. À Vénissieux, durant l'été 1983, le quartier des Minguettes est secoué par des émeutes et des violences entre jeunes et forces de l'ordre. Des scènes de rodéos avec des voitures volées, d'incendies de véhicules et d'affrontements avec la police entrent alors en force dans les foyers français *via* la télévision.

Le 9 juillet 1983, alors qu'il jouait avec ses amis, le jeune Toufik Ouanes, 10 ans, est abattu à la cité des 4 000 à La Courneuve par un voisin excédé par le bruit. Ce fait divers aura un important retentissement dans le pays et contribuera à mettre encore davantage sur le devant de la scène la question des quartiers de grands ensembles. Quelques jours après ce drame, François Mitterrand se rendra dans la cité et annoncera une opération « prévention été 1983 », dite aussi « anti-été chaud », prévoyant notamment le financement d'activités sportives et de découvertes à l'intention des jeunes.

Même si des émeutes et des faits divers de ce type s'étaient déjà produits au cours des années précédentes, ces événements participèrent, d'une part, à la montée en puissance de la problématique de la « crise des banlieues » dans le débat public et l'imaginaire collectif et, d'autre part, à l'imbrication de la thématique de la jeunesse issue de l'immigration avec la thématique de la « crise des banlieues ». Ainsi, des événements qui jusqu'à présent avaient été spontanément rangés dans la rubrique des faits divers prenaient désormais une autre dimension. Comme le rappelle Corinne Bouchoux[1], *Le Monde* titrera ainsi le 1er juillet 1983 : « La Courneuve : un mort qui accuse ». Dans les semaines qui suivront, le journal de référence multipliera les articles sur l'islam, les musulmans de France et la vie dans les grands ensembles, contribuant à lier involontairement dans les représentations collectives les questions de l'immigration et de l'insécurité.

Le cas de La Courneuve est à ce titre symptomatique. Cette ville a en effet acquis très tôt le statut de vitrine emblématique de la crise des banlieues. Ainsi, dès mars 1971, la cité connaît des phénomènes de violence à la suite de la mort d'un jeune de 17 ans, abattu par un patron de bar. De nombreux effectifs de police et de gendarmes mobiles sont appelés pour maintenir le calme dans la cité des 4 000. Mais la victime de ce fait divers, qui allait être marqué par un premier épisode de violence urbaine dans le quartier, n'était pas issue de l'immigration : il s'appelait Jean-Pierre Huet. Dix ans plus tard, on l'a vu, c'est le jeune Toufik qui décédait au pied de ces tours, inaugurant dans cette cité une triste litanie de faits divers, souvent très médiatisés, dont les jeunes victimes seraient dès lors toujours issues de l'immigration.

– Le 5 juillet 1988, un jeune Algérien est victime d'un accident de moto à la suite d'une course-poursuite avec une voiture de police. Il décédera quelques jours après l'accident. Sa mort entraînera des affrontements avec les jeunes du quartier, au cours desquels le centre commercial de la cité des 4 000 sera incendié.

1. Corinne Bouchoux, « L'immigration ou la "révélation" d'un enjeu. L'exemple de Dreux : les municipales de 1983 », *Politix*, vol. 3, n° 12, 1990.

– Le 22 juin 2003, c'est de nouveau un jeune d'origine immigrée qui est victime d'un fait divers. Alors qu'il traîne devant son domicile de la cité des 4 000, Kamel Houmani, 16 ans, est atteint d'une balle perdue dans le dos qui le laissera paralysé à vie.

– Le 19 juin 2005, Sidi-Ahmed Hammache, 11 ans, est touché par deux balles lors d'un échange de tirs entre deux bandes rivales pour le contrôle de points de deal dans la cité des 4 000. Le jeune garçon décède dans la foulée. Le lendemain, le ministre de l'Intérieur de l'époque, Nicolas Sarkozy, se rend sur place et déclare qu'« on va nettoyer au karcher la cité », expression qui marquera durablement les esprits.

– Le 25 mai 2010, Sidi Ahmed, 28 ans, est abattu dans un règlement de comptes sur fond de trafic de drogue à la cité des 4 000.

À Tourcoing, grâce à un minutieux travail de dépouillement de la presse locale (*Nord Éclair*) de l'été 1982 à juin 1984, soit la période précédant la percée du FN dans cette ville populaire du Nord, Bernard Alidières a également mis en lumière la forte prévalence des jeunes d'origine maghrébine dans la délinquance locale[1]. Sur 57 articles évoquant de tels faits (cambriolages, vols à la tire, agressions, etc.), avec précision du nom de l'auteur du délit, on constate que, dans 70 % des cas, on a affaire à une personne issue de l'immigration maghrébine. De fait, c'est au début des années 1980 qu'on enregistre la montée en puissance de la délinquance dans les quartiers populaires, une frange de la jeunesse immigrée jouant un rôle significatif dans l'affirmation du phénomène.

1. Bernard Alidières, *Géopolitique de l'insécurité et du Front national*, Paris, Armand Colin, 2006.

Une visibilité croissante de la « deuxième génération » dans les productions culturelles

Parallèlement à la Marche des beurs, aux grandes grèves dans l'automobile et aux violences urbaines, la visibilité croissante de la population maghrébine s'effectue également au plan culturel en 1983. C'est en effet à la fin de cette année-là que sort le film de Claude Berri, *Tchao Pantin*. Porté par la présence de Coluche, le film va immédiatement connaître un grand succès avec 3,8 millions de spectateurs. Et sera primé l'année suivante à Cannes. Ayant pour cadre un Est parisien populaire et interlope, le film met en présence Coluche, en pompiste alcoolique, incarnant le prolétariat blanc, et un jeune dealer maghrébin, Youseff Bensoussan, joué par Richard Anconina. Si le thème du règlement de comptes entre petits truands et celui de la naissance d'une relation d'amitié entre deux personnages que tout oppose n'étaient pas vraiment nouveaux, *Tchao Pantin* contribua à diffuser auprès d'un très large public certaines représentations d'une partie de la jeunesse maghrébine, évoluant, par exemple, dans le milieu de la drogue (scènes de trafic à Barbès), confrontée au racisme issu des milieux populaires et policiers, etc.

La même année, le chanteur Renaud, alors au zénith de sa carrière, sortait un album, *Morgane de toi*, qui connut lui aussi un grand succès (2 millions d'exemplaires vendus). Pour la première fois, le chanteur engagé et populaire abordait la question de l'immigration dans une chanson intitulée *Deuxième génération*. Si Renaud avait consacré de nombreuses chansons à la France des quartiers populaires depuis le début de sa carrière, l'univers jusqu'alors décrit était celui des blousons noirs, de la « banlieue rouge », des mobylettes et des troquets. Ses héros, de *Manu* au fameux *Gérard Lambert* en passant par Angelo ou Dédé, appartenaient tous à un prolétariat blanc. Avec cette chanson, *Deuxième génération*, ce n'est plus de la banlieue à la Margerin dont il est question, mais de l'histoire de Slimane, un jeune beur de 15 ans vivant à La Courneuve[1] et ayant passé « son CAP de délinquant ». Avec ses mots, Renaud décrit une jeunesse qui n'envisage pas de retourner au pays mais qui peine à trouver sa place dans cette France du début des années 1980. Symboliquement, cette chanson met en scène le basculement démographique qui s'opère à cette époque dans les quartiers populaires où le poids de la population issue de l'immigration devient de plus en plus prégnant. Cette belle chanson évoque également la violence, le désœuvrement et la drogue. On retrouve ainsi toute une série de représentations sur le beur de banlieue également présentes, on l'a vu, dans *Tchao Pantin*.

C'est également cette même année que la France découvre le jeune humoriste Smaïn dans *Le Théâtre de Bouvard*. Cette émission, diffusée sur France 2 en *access prime time* à 19 h 45, bénéficiait, dans un paysage audiovisuel à l'époque assez restreint, d'une audience considérable. Et là encore, au beau milieu d'un parterre de comédiens et de chansonniers blancs, un jeune Maghrébin prenait soudainement place. Le profil et le look de Smaïn différaient, certes, sensiblement de ceux du Slimane de Renaud ou du Bensoussan de

1. Les événements s'étant déroulés à la cité des 4 000 cet été-là ont peut-être influencé Renaud dans le choix de La Courneuve comme cadre de sa chanson.

Tchao Pantin, mais un représentant de l'immigration maghrébine faisait avec lui brutalement irruption *via* la télévision dans le paysage et les représentations collectives cette année-là.

Du coup de semonce de Dreux...

C'est dans ce contexte que le FN va prendre son essor autour de la question de l'immigration en 1983-1984. Pour reprendre la formule de Max Atkinson, qui a travaillé sur les grands discours politiques mémorables du type « *Ich bin ein Berliner* » de Kennedy, « *I have a dream* » de Martin Luther King ou « Vive le Québec libre » du général de Gaulle, le discours du FN a alors porté car, en 1983-1984, alors qu'il n'avait jusque-là rencontré aucun écho, il a dit « quelque chose de fort, au bon moment, au bon public et au bon endroit[1] ».

C'est exactement la méthode que Jean-Pierre Stirbois, l'un des principaux lieutenants de Jean-Marie Le Pen, appliquera à Dreux lors des élections municipales de 1983. Cette ville d'Eure-et-Loir présentait un terrain tout à fait propice à la mise en œuvre de cette stratégie. À partir du début des années 1960, sous l'effet d'un développement industriel et d'une relative proximité avec la région parisienne, Dreux avait connu une mutation profonde avec la construction de quartiers de grands ensembles sur les plateaux nord et sud, en périphérie du vieux centre historique. Cette urbanisation rapide devait répondre à un afflux de population très important, la ville étant passée de 25 000 à 35 000 habitants en dix ans. Or bon nombre de ces nouveaux arrivants

1. Max Atkinson, *Our Master's Voices*, Londres, Methuen, 1984.

étaient des travailleurs immigrés accompagnés de leur famille, et l'on estime à 20 % environ le poids de cette population immigrée dans la population de la ville en 1983.

Dreux vécut donc, dans les années qui précédèrent le scrutin municipal de 1983, un phénomène de surgissement soudain d'une population immigrée significative dans le paysage local. Mais, fait notable, cette réalité demeura euphémisée dans le discours public et politique durant les années 1970. Comme le relate Corinne Bouchoux[1], dans le bulletin municipal, il était alors uniquement question d'accueillir les « nouveaux Drouais ». Ni la question de l'immigration ni celle de la diversité ethnique croissante de la ville n'étaient alors explicitement évoquées. L'ambiance et les thématiques abordées lors des deux campagnes municipales de 1983 (l'élection de mars puis l'élection partielle de septembre) seront tout autres, comme l'écrivait Françoise Gaspard, la maire socialiste sortante : « La campagne avait porté, en tout et pour tout, sur la présence des immigrés dans la ville[2]. »

Aiguillonnés par leur leader local, les militants et sympathisants frontistes menèrent en effet une campagne très active, multipliant les opérations de porte-à-porte et les tractages en se focalisant sur l'immigration et l'insécurité. Reprenant la formule de Jean-Marie Le Pen, Jean-Pierre Stirbois répéta en boucle pendant toute cette période qu'il disait « tout haut ce que les Drouais pensaient tout bas », revendiquant une stratégie de dévoilement du « problème immigré ». La

1. Corinne Bouchoux, « L'immigration ou la "révélation" d'un enjeu. L'exemple de Dreux : les municipales de 1983 », art. cité.

2. Françoise Gaspard et Claude Servan-Schreiber, *La Fin des immigrés*, Paris, Éditions du Seuil, 1984.

droite ne fut pas en reste, et la ville finit par bruire de toutes sortes de rumeurs sur l'arrivée de nouveaux contingents d'immigrés ou de faits divers commis par ces mêmes immigrés. Pour répondre à ces rumeurs et à ces attaques, la municipalité de gauche répliqua en se plaçant sur le même terrain. Pointant les responsabilités de la précédente municipalité et celles de certains chefs d'entreprise, proches de la droite, employant de la main-d'œuvre immigrée tout en critiquant la municipalité de gauche, cette dernière contribua à installer la question de l'immigration au cœur du débat public local puis national, car l'élection partielle de Dreux en septembre 1983 fit figure de « test national » et bénéficia d'une très importante couverture médiatique. Au premier tour, la liste FN emmenée par Jean-Pierre Stirbois recueillit 16,7 % de voix, ce qui constituait un premier coup de semonce.

Un mois plus tard, une autre élection municipale partielle eut lieu à Aulnay-sous-Bois, commune de Seine-Saint-Denis, où résidait une importante population immigrée. Comme on l'a vu, une usine Citroën était implantée dans cette ville, et ce site fut le théâtre d'une grève des OS immigrés quelques mois avant le scrutin. Le FN présenta une liste qui obtint 9,3 % des voix au premier tour. Dans cette ville, détenue par le PC depuis dix-huit ans, la tonalité de la campagne frontiste fut, certes, violemment anticommuniste mais se concentra d'abord, comme à Dreux, sur la thématique de l'immigration dont il fallait, disaient les tracts distribués par le FN, « inverser le courant… et d'abord expulser les immigrés, délinquants et criminels, ainsi que les clandestins [pour] donner la priorité d'emploi aux Français ». Dans une ville encore marquée par les images du violent conflit social chez Citroën, ces messages eurent un écho certain. Le score de cette liste fut quasiment identique dans le canton sud, plus résidentiel (9,1 %), et dans le canton nord (9,6 %), plus populaire. Ce qui prouve que le FN sut alors parfaitement capter un électorat interclassiste polarisé sur la question de l'enjeu émergeant de l'immigration. Mais c'est dans le quartier Paul Éluard, jouxtant l'usine et comptant de nombreux logements sociaux où résidaient des immigrés[1] et des familles françaises ouvrières, dans le nord de la ville, que la liste enregistra son meilleur score (11,2 %), suivi par le quartier voisin de Savigny (11 %). Ce deuxième fait d'armes, quelques semaines après le coup de tonnerre de Dreux, annonçait la percée frontiste qui allait se produire lors des élections européennes un an plus tard.

... à la percée des européennes de juin 1984

Les succès électoraux obtenus lors de ces partielles monopolisant l'attention, le FN, jusque-là formation politique marginale, se retrouva au centre de la scène. Les événements survenus en France au cours de cette année 1983[2] et ses premiers succès électoraux allaient

1. On relèvera qu'à l'époque l'écrasante majorité de la population issue de l'immigration ne disposait pas de la nationalité française et ne pouvait donc pas voter.

2. Au cours de cette année, différents événements dans l'actualité internationale allaient également contribuer à installer ou à nourrir des représentations anxiogènes vis-à-vis du monde arabe et musulman dans l'opinion publique française. Ces événements et ces images angoissantes et violentes alimenteront un bruit de fond régulier qui produira en quelque sorte un effet de stéréo autour des phénomènes précédemment décrits au plan intérieur, et matérialisant ainsi l'irruption de la présence arabo-musulmane en France. Le 23 octobre 1983, deux attentats simultanés frappèrent

lui servir de tremplin au moment de s'engager dans la campagne des européennes. Bénéficiant du talent de tribun et de bateleur de son chef, Jean-Marie Le Pen, que bon nombre de Français découvrirent à ce moment-là, le FN allait progressivement creuser son sillon et gagner en influence durant la campagne. Les enquêtes d'intentions de vote de l'Ifop enregistrèrent, en effet, une dynamique certaine, et celle-ci allait permettre à Jean-Marie Le Pen de recueillir pratiquement 11 % des suffrages exprimés au soir des élections européennes.

Ce scrutin marqua l'émergence du FN et l'apparition d'un nouvel électorat. Comme tous les nouveaux électorats, celui du FN était sociologiquement composite et agrégeait des électeurs venus d'horizons politiques divers[1]. Mais si cet électorat était divers, ce qui en

---

les forces occidentales d'interposition à Beyrouth. Le premier attentat tua 241 soldats américains et le second 58 parachutistes français dans la destruction de l'immeuble dit Drakkar. De par la nature de l'attaque (un attentat-suicide commis avec une camionnette bourrée d'explosifs) et du fait du nombre de victimes (l'armée française n'avait pas connu de telles pertes depuis la fin de la guerre d'Algérie), le choc fut immense dans l'opinion publique française. Pendant des jours, les images des ruines de l'immeuble tournèrent en boucle dans les médias nationaux. Revendiqué par l'Organisation du djihad islamique, cet attentat signait l'émergence du péril islamiste intégriste. Un autre foyer de menace s'alluma en 1983, de l'autre côté de la Méditerranée, avec l'intensification des combats au Tchad entre les forces gouvernementales et les rebelles soutenus par la Libye du colonel Kadhafi. Face à la progression des troupes libyennes, l'armée française déclenchera l'opération Manta durant l'été 1983 et plusieurs centaines de militaires tricolores seront engagés sur le terrain.

1. Même si l'on notait une très nette surreprésentation des anciens électeurs RPR et UDF parmi les personnes ayant voté pour la liste de Jean-Marie Le Pen.

Graphique 46. Évolution des intentions de vote en faveur du FN lors des européennes de juin 1984

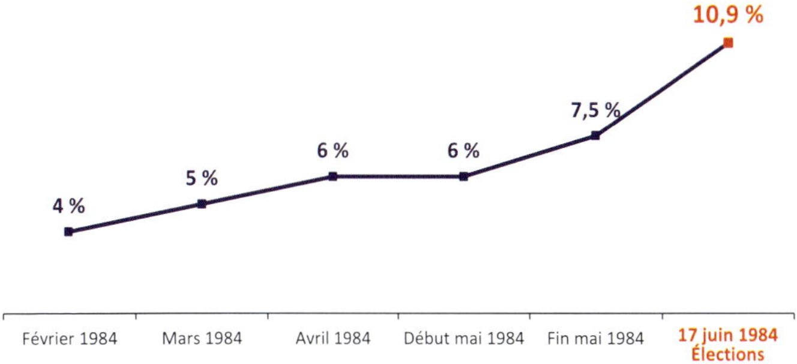

Sources : Ifop pour *Magazine-Hebdo*.

constituait le ciment était clairement apparu : les thématiques de l'insécurité et de l'immigration, que les électeurs du FN placèrent en tête de leur motivation, bien avant la question européenne qui était pourtant l'objet de ce scrutin et figurait en tête (avec le chômage) des sujets prioritaires pour l'ensemble des Français.

L'électorat frontiste se distinguait donc du reste du corps électoral en affichant des préoccupations spécifiques et en pratiquant ce qu'on appelle un « vote sur enjeu ». Et, comme le montre le tableau ci-dessous, c'est sur le thème de l'immigration que l'écart avec la moyenne de la population fut le plus élevé, avec un différentiel de 20 points. Alors que ce sujet ne s'était classé qu'en 9e position des motivations de vote de l'ensemble du corps électoral, il arrivait au 2e rang parmi l'électorat frontiste, au coude à coude avec le thème de l'insécurité auquel le discours de ce parti et ses électeurs l'associaient par ailleurs.

Tableau 21. Les motivations de vote des électeurs du FN et de l'ensemble des votants lors des élections européennes de 1984

	Ensemble des votants	Électeurs du Front national	***Écart***
L'insécurité	15 %	30 %	***+ 15 pts***
Les immigrés	6 %	26 %	***+ 20 pts***
Les libertés	19 %	19 %	–
Le chômage	24 %	17 %	*– 7 pts*
L'enseignement privé	10 %	14 %	*+ 4 pts*
Le rôle de la France dans le monde	16 %	11 %	*– 5 pts*
Les inégalités	16 %	10 %	*– 6 pts*
L'Europe	25 %	8 %	*– 17 pts*
La hausse des prix	10 %	6 %	*– 4 pts*

Sources : Sofres.

Ainsi, dès son émergence dans le paysage politique, l'électorat frontiste s'est caractérisé par une marque de fabrique particulière : la très forte sensibilité à la question de l'immigration. Plus de trente ans plus tard, cela est toujours vrai. Lors du premier tour de l'élection présidentielle de 2017, la lutte contre l'immigration clandestine se plaçait ainsi en tête des enjeux ayant déterminé le vote des électeurs de Marine Le Pen (avec 92 % de réponses « a été déterminant dans mon vote », *ex aequo* avec la lutte contre le terrorisme : 93 %) sur une liste de 14 propositions. Mais auprès de l'ensemble des électeurs, ce thème de la lutte contre l'immigration clandestine n'occupait que la 9e place et n'avait été déterminant que pour

50 % des Français, soit un écart de 42 points avec l'électorat frontiste[1].

La géographie du vote frontiste en 1984 traduit également la polarisation originelle sur la question de l'immigration de cet électorat en voie de cristallisation. Ce sont les départements du littoral méditerranéen, la façade est du pays (de Rhône-Alpes à l'Alsace et la Lorraine) ainsi que l'Île-de-France qui s'étaient montrés les plus réceptifs au discours frontiste. Or ces territoires correspondaient à l'espace d'implantation de l'immigration extra-européenne. À l'inverse, la liste de Jean-Marie Le Pen obtenait ses plus piètres scores dans le Massif central, en Bretagne ou dans les Pays de la Loire, régions très peu concernées par l'immigration.

On remarque, par ailleurs, que l'itinéraire de la Marche des beurs de 1983, qui était partie de Marseille avant de remonter la vallée du Rhône puis de traverser l'Alsace et la Lorraine et de terminer à Paris, s'était inscrit dans cette France de l'Est où était implantée l'immigration maghrébine et qui a constitué le premier espace où la percée frontiste s'est produite.

Si l'on change maintenant d'échelle et qu'on se place au niveau d'un département comme celui de l'Eure-et-Loir, on constate également une forte correspondance entre les foyers d'implantation du lepénisme et la présence immigrée. Lors des européennes de 1984, la liste franchit la barre des 15 % des inscrits dans les trois cantons de Dreux ainsi que dans celui d'Anet, limitrophe de Dreux. Le score demeure élevé (entre 12 % et 15 % des inscrits) dans la première couronne de cantons

1. Sondage Ifop-Fiducial pour *Paris Match*, *CNews* et Sud Radio, réalisé *on line* le 23 avril 2017 auprès d'un échantillon national représentatif de 3 668 électeurs.

Carte 12. Score de la liste Le Pen aux élections européennes de 1984 (en pourcentage des exprimés)

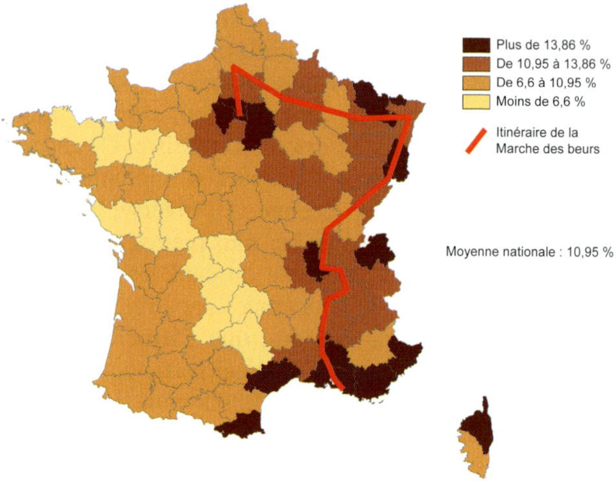

Sources : Laurent de Boissieu (www.france-politique.fr).

autour de Dreux : Brézolles, Senonches, Châteauneuf-en-Thymerais. On passe ensuite à un niveau de 9 à 12 % dans la partie centrale du département, et les scores les plus faibles (entre 6 et 9 % des inscrits) sont enregistrés dans les cantons situés les plus au sud du département (Authon-du-Perche, Cloyes-sur-le-Loir, Orgères-en-Beauce, etc.) qui se trouvent être les plus éloignés de Dreux et de son importante communauté immigrée.

Si l'on *zoome* davantage encore et que l'on descend au niveau des bureaux de vote de la ville de Dreux, comme l'a fait Jean-Philippe Roy[1], on constate que ce

1. Jean-Philippe Roy, *Le Front national en région Centre. 1984-1992*, Paris, L'Harmattan, 1993.

n'est pas dans les quartiers du centre-ville historique que le FN a enregistré ses meilleurs résultats, mais dans les quartiers périphériques et populaires situés sur les plateaux nord et sud. Or ce sont les quartiers du plateau sud, et notamment celui des Chamards, qui concentrent la majeure partie de la population immigrée. Cette population est logée dans les HLM bâtis dans les années 1960, à proximité immédiate des cités-jardins, quartiers de petites maisons individuelles avec jardin, construits dans l'entre-deux-guerres pour y loger une population ouvrière. Urbanistiquement, la population historique de ces petits pavillons éprouve un sentiment d'encerclement face à ces tours et barres d'immeubles qui ont poussé comme des champignons tout autour d'eux. La proximité, voire la confrontation, avec une population ethniquement différente aura provoqué, par ailleurs, un choc culturel très violent attisant le vote en faveur du FN. Dès 1984, dans le cas emblématique de la ville de Dreux, on a donc vu à l'œuvre un « effet de lisière », qui a induit un survote important en faveur du FN dans les quartiers populaires et pavillonnaires jouxtant des quartiers de grands ensembles à forte population immigrée. Cet « effet de lisière » agit toujours aujourd'hui, comme nous l'avons montré dans le cas des villes comme Marseille, Perpignan ou Mulhouse[1].

Modification des équilibres démographiques et vote FN

De manière plus globale, le poids de la population issue de l'immigration arabo-musulmane dans un territoire donné engendre une visibilité plus ou moins

1. Jérôme Fourquet *et al.*, *Karim vote à gauche et son voisin vote FN.*, *op. cit.*

importante de cette population et des situations de contacts et d'interactions spécifiques avec le reste de la population. Or le taux de prénoms arabo-musulmans parmi les nouveau-nés constitue un excellent indicateur du poids de la population issue de l'immigration dans la population globale. Suivre son évolution dans un département constitue ainsi un bon moyen d'évaluer la dynamique démographique de ce groupe, et donc sa visibilité.

Si l'on considère un département comme le Loiret, on s'aperçoit que cette dynamique a été assez puissante puisque le taux de nouveau-nés masculins portant un prénom arabo-musulman est passé de 3,6 % en 1988 à 19,9 % en 2015. L'existence d'une implantation immigrée est moins connue dans le Loiret que dans l'Eure-et-Loir voisin, où le cas de Dreux, on l'a vu, a précocement attiré l'attention médiatique et politique. Pour autant, dans le Loiret, Orléans, avec le quartier de la Source notamment, mais également des villes moyennes comme Montargis ou plus modestes comme Courtenay abritent elles aussi une population issue de l'immigration conséquente. Le graphique suivant, qui met en regard l'évolution de ce taux au niveau départemental et les scores du FN aux élections présidentielles, ne fait pas apparaître de corrélation parfaite entre ce vote et cette variable démographique, ce qui ne saurait nous étonner, tant les mécanismes influençant les comportements électoraux sont complexes.

Pour autant, en dépit notamment des effets d'offres électorales (la candidature de Nicolas Sarkozy, en 2007, préempta une part significative de l'espace frontiste), on constate sur cette période de trente ans un lien assez net entre la hausse de la population d'origine arabo-musulmane et le développement du vote frontiste dans ce département.

Graphique 47. 1988-2017 : Évolution de la proportion de prénoms arabo-musulmans parmi les nouveau-nés et du vote FN à la présidentielle dans le Loiret

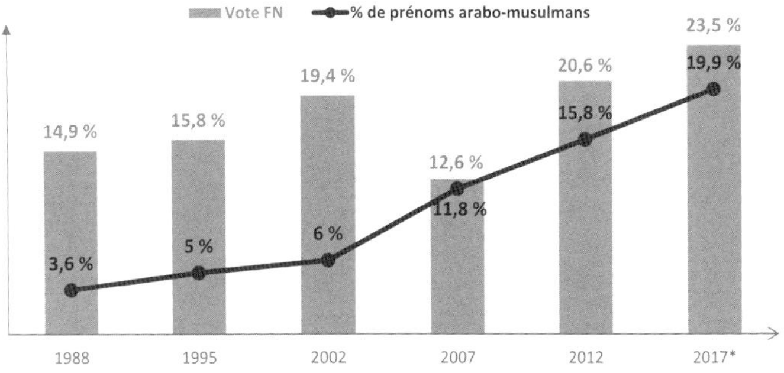

* 2015, pour ce qui est des prénoms arabo-musulmans.

S'il existe donc bien un lien entre accroissement du poids de la population issue de l'immigration arabo-musulmane dans un territoire et hausse tendancielle du vote FN, la relation peut s'inverser passé un certain seuil. Autrement dit, quand la population issue de l'immigration vient à représenter une part substantielle de l'ensemble de la population d'un territoire, le vote FN non seulement cesse de croître, mais se met ensuite à régresser. C'est ce que l'on constate, par exemple, à l'échelle du département de la Seine-Saint-Denis. Dopé initialement par la présence de la plus forte communauté immigrée de France, le parti lepéniste a, à ses débuts, enregistré des résultats très flatteurs dans ce département, avec, par exemple, un score de 19,8 % pour Jean-Marie Le Pen à la présidentielle de 1988. Mais il ne retrouvera jamais ensuite un tel niveau, et ses positions vont s'éroder régulièrement, Marine Le Pen n'atteignant que 13,6 % au premier tour de l'élection de

2017, soit un recul de plus de 6 points dans ce département quand, au plan national, Marine Le Pen améliorait de plus de 6 points la performance de son père vingt-neuf ans plus tôt.

Comme le montre le graphique ci-dessous, on peut mettre en regard le décrochage du FN en Seine-Saint-Denis avec la transformation profonde qu'a connue la démographie de ce département. En l'espace de trente ans, la proportion de naissance masculine portant un prénom issu des mondes arabo-musulmans est en effet passée de 15,9 % en 1988 à 43,9 % en 2015.

Même si une part significative de cette population est étrangère, de par les conditions posées à l'acquisition de la nationalité française, un volant très important de ce jeune public est devenu français au fil des ans – et donc électeur. Par voie de conséquence, la montée en puissance de la population d'origine immigrée dans le corps électoral local constitue l'un des ressorts majeurs du décrochage du FN, qui souffre toujours d'une image de repoussoir absolu auprès de l'écrasante majorité de cet électorat. Ce bouleversement démographique extrêmement puissant a produit une autre conséquence : le départ d'une partie de la population non issue de l'immigration – ou issue d'une immigration européenne – qui ne souhaitait pas ou plus cohabiter avec ces populations nouvelles. Ce « vote avec les pieds[1] » a alimenté l'essor du vote FN dans des territoires comme le sud de l'Oise, le Val-d'Oise ou la Seine-et-Marne, qui ont accueilli, souvent dans des zones pavillonnaires ou de petits habitats collectifs, cette population ayant « fui le 9-3 » et dont la hantise

1. Les Américains ont forgé l'expression de « *white flight* » pour désigner le départ des populations blanches de certains quartiers où la population noire est devenue très importante.

lancinante quand on l'interroge est d'être à terme « rattrapée par la banlieue ». L'émergence d'une population résolument hostile au FN, d'un côté, et le départ de toute une partie de sa clientèle électorale, de l'autre, sont les principes actifs du déclin historique frontiste en Seine-Saint-Denis.

L'effet contrasté de la modification des équilibres démographiques sur le vote FN peut s'observer dans une approche historique, comme on l'a fait dans le cas du Loiret et de la Seine-Saint-Denis entre 1988 et 2017. Mais on peut également le mesurer au travers d'une analyse spatiale comparant différents quartiers à l'occasion d'une même élection. Nous reprenons ici des résultats de recherches que nous avions menées lors d'une étude sur le vote Le Pen au premier tour de l'élection présidentielle de 2012 à l'échelle de l'ensemble des bureaux de vote marseillais, ville très étendue et peuplée, et présentant par ailleurs de très forts contrastes démographiques et électoraux. Le graphique ci-dessous, indiquant le score de Marine Le Pen dans les différentes

Graphique 48. 1988-2017 : Évolution de la proportion de prénoms arabo-musulmans parmi les nouveau-nés et du vote FN à la présidentielle en Seine-Saint-Denis

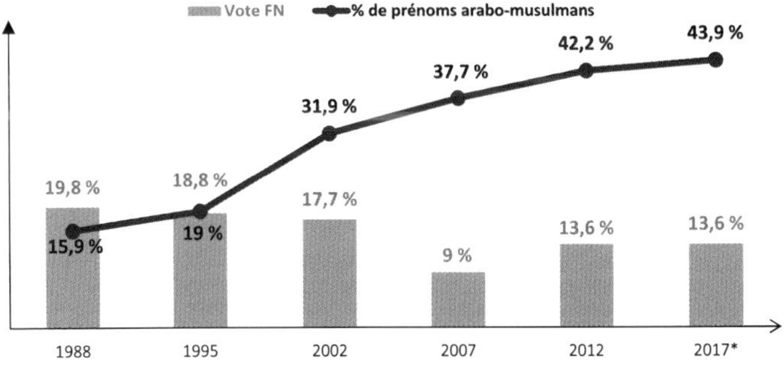

* 2015, pour ce qui est des prénoms arabo-musulmans.

strates de bureaux marseillais, strates constituées en fonction du critère de la proportion de personnes portant un prénom arabo-musulman inscrites sur les listes électorales, illustre très clairement l'effet contrasté de cette variable sur le vote FN.

On constate, en effet, que le vote Le Pen, qui atteint un niveau structurellement élevé à Marseille même dans les bureaux de vote ne comptant aucun inscrit issu de l'immigration sur leur liste, est dans un premier temps significativement stimulé par la hausse de cette variable. Ainsi, le vote en faveur de Marine Le Pen en 2012 passe progressivement de 18,6 %, dans les bureaux comptant de 0 à 2 % de prénoms arabo-musulmans, à 30 % dans ceux qui en affichent de 14 à 16 %. Passé ce climax, le vote FN se met à descendre régulièrement pour atteindre en moyenne le niveau de 9,3 % dans la strate de bureaux où la proportion de population issue de l'immigration est la plus forte (plus de 50 % de prénoms de ce type).

Le cas d'Aulnay-sous-Bois nous permet de combiner à la fois l'approche chronologique, illustrée par le cas

Graphique 49. Présidentielle 2012 : le vote Marine Le Pen en fonction de la proportion de personnes ayant un prénom d'origine arabo-musulmane par bureau de vote à Marseille

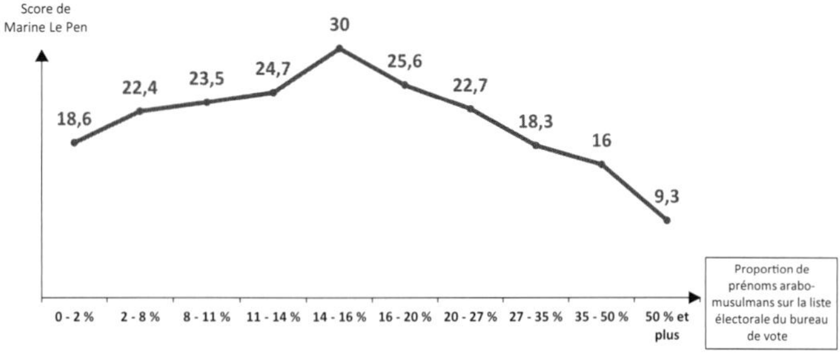

du département du Loiret et de la Seine-Saint-Denis, et l'approche spatiale, utilisée dans le cas marseillais. La carte suivante montre que les scores les plus élevés enregistrés par Marine Le Pen en 2017 se concentrent soit dans des bureaux de vote situés aux limites de la

Carte 13. Score de Marine Le Pen à Aulnay-sous-Bois au premier tour de l'élection présidentielle de 2017 (en pourcentage des exprimés)

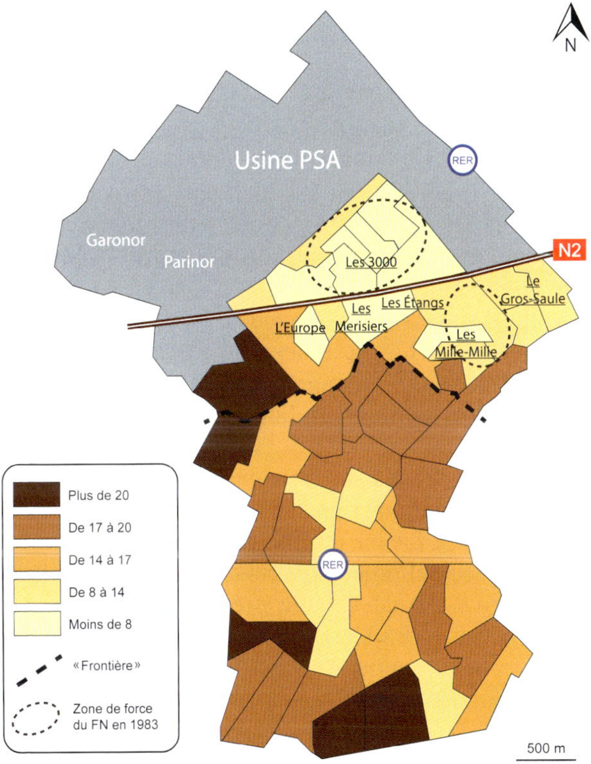

Sources : ministère de l'Intérieur.

ville et jouxtant des cités sensibles d'autres communes (Sevran à l'est, Le Blanc-Mesnil à l'ouest, Bondy et Les Pavillons-sous-Bois au sud), soit le long de la frontière décrite précédemment, qui matérialise la fin de l'univers pavillonnaire et l'entrée dans un espace de transition faisant office de *limes* entre ces quartiers pavillonnaires et les « cités ». Au cœur de ces dernières, où la proportion d'inscrits sur les listes électorales portant un prénom arabo-musulman dépasse le seuil de 50 %, la candidate frontiste atteint à l'inverse son étiage le plus faible.

La carte montre également le renversement total de perspective intervenu en une trentaine d'années. Lors de la percée du FN, à l'occasion des municipales de 1983, c'est dans les quartiers Paul-Éluard (correspondant à la cité des 3 000) et Savigny (les Mille-Mille) que ce parti enregistrait ses meilleurs résultats, car y habitaient des ménages modestes « de souche » et un important contingent de familles issues de l'immigration maghrébine ou africaine qui n'avaient pas le droit de vote (il s'agissait à l'époque de la « première génération »). En 2017, c'est dans ces quartiers que le FN réalise désormais ses moins bons résultats à Aulnay, les équilibres démographiques ayant été totalement bouleversés.

Depuis trente-cinq ans maintenant, le rapport conflictuel à l'immigration constitue donc le carburant essentiel du vote en faveur du FN. L'émergence électorale de cette force politique au cours des années 1983-1984 nous permet de dater assez précisément le moment où ce nouvel enjeu s'est imposé dans le débat public pour ne plus le quitter depuis[1]. La rémanence dans le

1. Toutes choses égales par ailleurs, on peut penser qu'avec plus de trente ans de retard l'Allemagne, qui, pour des raisons historiques, n'avait jusqu'alors pas enregistré de vote d'extrême

débat des questions de l'immigration, de l'intégration et désormais de la place de l'islam, tout comme le maintien à un niveau élevé du vote FN, peut certes s'analyser comme l'effet d'une instrumentalisation de ces thématiques par certains acteurs politiques. Mais, pour reprendre le terme employé par Jean-François Sirinelli, on peut aussi les analyser comme les symptômes d'une autre *révolution française*, celle du basculement de la société française en une société hétérogène sur le plan ethnoculturel, mutation initiée il y a près de trente-cinq ans maintenant, et qui constitue un phénomène aux conséquences au moins aussi profondes que les multiples transformations survenues en France depuis cinquante ans.

La « rumeur du 9-3 » comme schéma interprétatif des changements démographiques dans certaines villes de province

Cette modification des équilibres démographiques n'a pas échappé aux habitants des territoires concernés. La physionomie de leur ville et le visage des populations rencontrées, notamment sur les marchés ou en centre-ville, ont changé en l'espace d'une dizaine ou d'une quinzaine d'années. C'est particulièrement frappant dans les petites villes méditerranéennes (comme Saint-Gilles, Beaucaire, Tarascon ou Carpentras, par exemple), où les logements anciens et dégradés du centre-ville ont accueilli une proportion croissante de familles maghrébines pauvres, les habitants « historiques » les délaissant au profit de logements plus spacieux et modernes

droite important, vit, depuis 2015 et la crise des migrants, des événements comparables à ceux que la France a vécus en 1983-1984.

situés en périphérie[1]. Mais c'est également le cas dans des villes moyennes ou grandes, dans des régions historiquement non marquées par l'immigration. C'est dans celles-ci que s'est propagée depuis quelques années la « rumeur du 9-3 », selon laquelle les municipalités concernées auraient passé des conventions avec le conseil général de Seine-Saint-Denis pour accueillir des familles « noires » en échange de subventions. D'après un pointage non exhaustif effectué par consultation de différents journaux régionaux, cette rumeur a circulé à Poitiers, Limoges, Châlons-en-Champagne, Saint-Quentin, Reims, Vitry-le-François, Soissons, Tulle, Nevers, Guéret, La Souterraine, Montluçon, Le Mans ou bien encore Niort. Il s'agit, on le voit, d'un éventail large et varié tant en termes de taille de villes que d'étiquette politique du maire. Mais le principal point commun entre ces villes réside dans le fait que ce sont des communes où l'immigration extra-européenne n'a jamais été importante et qui se situent toutes en marge des zones les plus concernées par ce phénomène mais, en quelque sorte, à la pointe plus ou moins avancée du front de diffusion de l'immigration, comme le montre la carte suivante.

Que certains aient eu intérêt à propager pareille rumeur ne fait pas de doute, mais ce qui nous intéresse ici est de comprendre la signification sociologique de cette rumeur et de s'interroger sur sa fonction. On peut faire l'hypothèse que cette légende urbaine a fourni à une partie de la population locale une clé de compréhension lui permettant d'appréhender les rapides changements démographiques observés ces

1. Dans ces villes, la nature des commerces a également changé pour s'adapter à cette clientèle, processus que Gilles Kepel appelle « l'halalisation » des quartiers.

Carte 14. Communes où s'est propagée la « rumeur du 9-3 » et pourcentage de garçons ayant reçu un prénom issu des mondes arabo-musulmans en 2015 (en pourcentage des naissances masculines sur l'année)

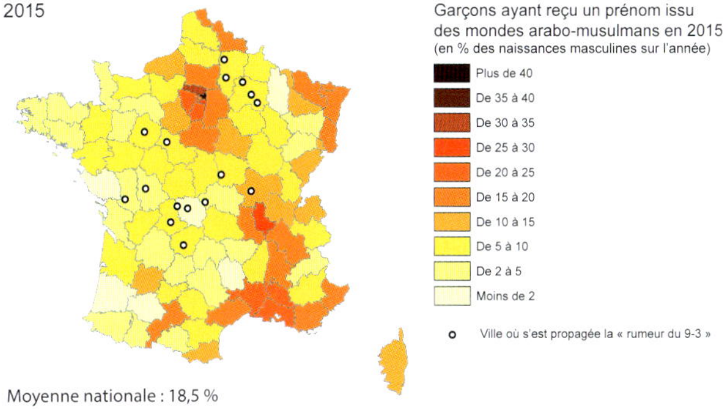

Sources : INSEE/Presse locale.

dernières années dans son environnement de proximité. À ce titre, il est intéressant d'observer que cette « rumeur du 9-3 » parle de populations « noires » (l'immigration subsaharienne étant la plus récente) alors que, d'après Pascal Froissart, cette rumeur[1] avait déjà circulé il y a vingt-cinq ans dans d'autres territoires, mais à propos cette fois de Maghrébins, immigration plus ancienne.

2005 : La double fracture

Le processus de réalignement électoral initié à partir des années 1983-1984, marqué par l'amorce d'une

1. Pascal Froissart, *La Rumeur. Histoire et fantasmes*, Paris, Belin, 2002.

désaffiliation des catégories populaires à la gauche et la montée en puissance de la question immigrée et du vote FN, va subir un coup d'accélérateur en 2005, année au cours de laquelle le paysage idéologique et électoral connaîtra des ébranlements majeurs et l'apparition de nouvelles lignes de faille.

France du « oui », France du « non »

La large victoire du « non » lors du référendum sur le Traité constitutionnel européen (TCE) a ainsi constitué un véritable coup de tonnerre. Alors que la majeure partie des médias, des partis de gouvernement et des leaders d'opinion avaient fait campagne en faveur du « oui », c'est le « non » qui s'imposa avec 55 % des voix. L'hiatus démocratique était donc flagrant. Mais l'analyse des sondages sortie des urnes (SSU) et de la carte électorale allait révéler l'ampleur de la fracture sociologique traversant la société française. Si, par rapport au référendum sur Maastricht, treize ans plus tôt, le « oui » demeurait largement majoritaire parmi les cadres et les professions intellectuelles, il devenait minoritaire dans les classes moyennes (professions intermédiaires dans le tableau ci-dessous), ce basculement de l'axe central de la société française dans le camp du « non » témoignant d'un fait politique majeur. Par ailleurs, au sein des classes populaires, l'avance du « non », qui était déjà nette en 1992, devint massive en 2005[1].

1. Jérôme Fourquet, « 1992-2011 : de Maastricht à la crise de l'euro. Permanences et mutations des clivages sociopolitiques sur la question européenne », Paris, Fondation Jean-Jaurès, décembre 2011.

Tableau 22. 1992-2005 : Le vote « non » par catégorie socioprofessionnelle

Professions	% de « non » à Maastricht en 1992	% de « non » au TCE en 2005	*Évolution*
Artisans/commerçants/ chefs d'entreprise	57 %	53 %	– *4 pts*
Professions libérales/ cadres supérieurs	30 %	38 %	*+ 8 pts*
Professions intermédiaires	42 %	54 %	*+ 12 pts*
Employés	56 %	62 %	*+ 6 pts*
Ouvriers	58 %	74 %	*+ 16 pts*

Sources : Ifop.

La lecture de la carte ci-dessous donne à voir une opposition entre les communes ouvrières massivement ancrées dans le « non » et les villes aisées ayant tout aussi fortement voté « oui ». Les cas emblématiques de Calais ou du Havre, acquis à 74 % et 64 % au « non » face à Annecy ou au XVIe arrondissement de Paris, où le « oui » avait atteint 56 % et 80 %, en constituent des illustrations claires. Ce clivage sociologique se manifesta avec une telle force qu'il marqua jusqu'aux électorats traditionnels eux-mêmes. Une enquête de l'Ifop pour *Le Monde*, réalisée à partir d'un cumul de trois sondages préélectoraux, avait ainsi montré qu'au début du mois de mai, alors que le « oui » s'établissait à 52 % parmi les sympathisants socialistes, le taux atteignait 78 % parmi ces sympathisants exerçant le métier de cadres, mais n'était plus que de 40 % parmi les sympathisants du

PS appartenant au milieu ouvrier[1]. Ce rapport du simple au double entre les différentes composantes socioprofessionnelles d'un même électorat en dit long à la fois sur la pesanteur de classe qui marqua ce scrutin, mais aussi sur l'ampleur des fractures existant au sein de l'électorat socialiste. Ces deux aspects (réactivation du clivage de classe à propos de la construction européenne et de la mondialisation, fractures béantes au sein de l'électorat socialiste) allaient gagner en intensité au cours de la décennie suivante, contribuant au big-bang politique observé lors de la dernière élection présidentielle.

Géographiquement parlant, les espaces du « oui » et du « non » étaient particulièrement typés, comme nous l'avions analysé avec Michel Bussi et Céline Colange[2]. Les communes qui avaient voté « oui » se situaient, d'une part, dans des régions influencées par la religion catholique : Léon, dorsale de l'ouest intérieur de la Vendée « militaire » à l'Avranchin, Alsace, Pays basque, Grands Causses, Savoie, etc.[3]. S'y ajoutaient les riches communes rurales de la Marne et les opulentes communes urbaines des Yvelines ou des Hauts-de-Seine. La carte par commune permettait par ailleurs de distinguer le « oui » isolé d'un certain nombre d'agglomérations (communes-centres et surtout communes périurbaines aisées) dans des départements où le « non » était presque majoritaire dans toutes les autres communes : Toulouse

1. Enquête publiée dans *Le Monde* du 3 mai 2005 et réalisée auprès d'un sous-échantillon de 793 sympathisants socialistes.

2. Michel Bussi, Céline Colange et Jérôme Fourquet, « Permanences et mutations de la géographie référendaire européenne », *Revue politique et parlementaire*, n° 1036, 2005.

3. Il s'agissait d'une des manifestations les plus visibles du catholicisme-zombie.

et la Haute-Garonne, Tours et l'Indre-et-Loire, Poitiers et la Vienne, Bordeaux et la Gironde… Ce schéma était cependant nettement plus marqué dans la France du Sud et de l'Ouest que dans celle du Nord.

À l'inverse, le « non » fut particulièrement intense (supérieur à 60 %) et homogène dans trois zones spécifiques :

– Le nord de la France, dans l'ensemble des régions Haute-Normandie, Picardie, Nord-Pas-de-Calais. Ces trois régions avaient déjà refusé massivement le traité de Maastricht. On sait qu'en moyenne leurs habitants cumulent plus qu'ailleurs les handicaps sociaux, économiques et culturels. Il s'agit aussi des territoires qui constituent le quart nord-est du pays, espace dont on a vu précédemment qu'il était entré en dissidence idéologique, ce mouvement se manifestant dès 2005.

Carte 15. Rapport de force entre le « oui » et le « non » lors du référendum de 2005 sur la Constitution européenne (en pourcentage des exprimés)

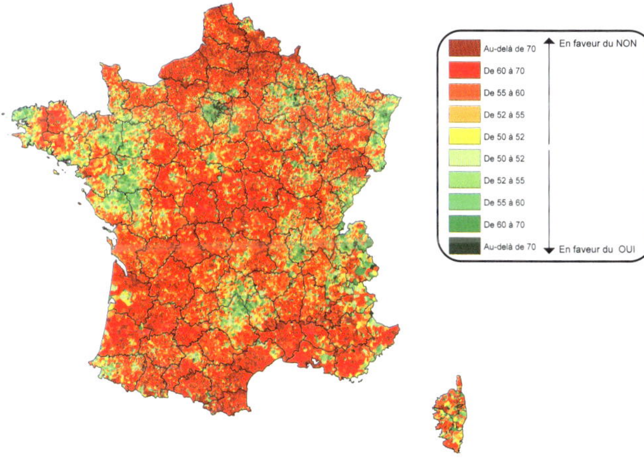

Sources : ministère de l'Intérieur.

– Les zones rurales enclavées, notamment celles qui sont traditionnellement ancrées à gauche : on les trouve notamment le long d'une diagonale qui va de la Nièvre aux Landes, englobant notamment l'Allier et le Limousin. Isolé en Bretagne centrale, le Trégor relève de la même logique.

– Le Midi méditerranéen : le « non » est particulièrement net de Perpignan à Marseille, et englobe quasiment l'ensemble de ces départements littoraux. À ces espaces, où l'extrême droite faisait depuis plus de dix ans d'excellents résultats, on peut ajouter les grands estuaires ou marais (Médoc, Brière, baie de Somme, delta du Rhône, etc.), qui sont les zones d'audience classique des partis protestataires et catégoriels de la ruralité et des chasseurs. La carte du « non » n'était donc pas seulement celle de la gauche, mais le produit d'une combinaison originale entre « la gauche de la gauche » et les extrêmes.

Le « non » semble ainsi avoir capté en 2005 la protestation de trois espaces que l'on avait pu par le passé qualifier de « campagnes rouges », de « banlieues rouges » et de « Midi rouge ». Ces trois régions avaient eu longtemps comme point commun la défiance soutenue contre un pouvoir national jugé lointain et technocratique. Cette défiance semble s'être alors dirigée contre l'Union européenne et la globalisation.

Si l'on a surtout retenu de cette consultation la forte poussée du « non » au plan national, il faut rappeler que 2 800 communes (soit 7 % du total) sont passées du « non » en 1992 au « oui » en 2005. On retrouve logiquement ces communes dans des terres de droite « légitimistes » qui s'étaient montrées modérément hostiles à Maastricht en 1992 (Ouest intérieur, Cantal,

Lozère, zone frontalière du Doubs, Haute-Savoie) et qui, en 2005, votèrent conformément aux consignes des leaders de la droite, beaucoup plus unanimement engagés dans le camp du « oui » qu'en 1992. Mais par-delà cet alignement partisan, un réalignement sociologique se produisit dans certains territoires : la banlieue ouest aisée de Paris (ou de Lille, par exemple) et les communes touristiques littorales (le cordon de communes littorales de Hyères à Nice, le pays de Retz, les îles de l'Atlantique, le golfe du Morbihan, la Côte fleurie, le littoral oriental de la Corse, etc.) se retrouvèrent nettement dans le camp du « oui ». Cette géographie presque caricaturale traduit ainsi clairement le ralliement au traité constitutionnel des espaces plutôt bien placés dans la mise en concurrence des territoires, et/ou bénéficiant largement de la mobilité internationale, touristique, d'affaires ou résidentielle, alors que les territoires ruraux et les bassins industriels traditionnels optaient pour le « non ».

Si l'on ne considère maintenant plus la catégorie socioprofessionnelle mais le niveau de diplôme, on constate une même structuration du vote, le « oui » émanant des couches les plus diplômées et s'élevant donc assez linéairement avec le niveau d'éducation au plan national. Le scrutin de 2005 marqua ainsi une nouvelle étape dans la montée en puissance de la variable éducative dans la détermination des comportements électoraux (phénomène qui s'exprimera avec force lors de la présidentielle de 2017, nous le verrons). Comme le note Emmanuel Todd : « La disparition des idéologies traditionnelles renvoie chaque strate éducative, chaque profession à ses déterminations propres. La société prend alors une allure de millefeuille. La communication se raréfie entre les niveaux ; idées, valeurs et préoccupations circulent horizontalement[1]. » Ainsi, au-delà du choc que représenta la victoire du « non », le référendum du 29 mai 2005 constitua un moment clé qui permit de révéler avec une intensité particulière la segmentation socioculturelle et géographique de la société française résultant, d'une part, de la nouvelle stratification éducative induite par la montée en puissance des diplômés du supérieur, et, d'autre part, des effets contrastés de la mondialisation économique sur les catégories sociales et les territoires. Si le référendum de 1992 en avait dessiné les prémices, le scrutin de mai 2005 mit en lumière de manière chimiquement pure l'émergence d'un nouveau clivage se substituant au traditionnel clivage gauche/droite : les gagnants *versus* les perdants de la mondialisation.

Cette grille de lecture et cette nouvelle polarisation de la société française allaient par la suite gagner encore davantage en consistance. Marcel Gauchet put écrire ainsi à ce propos en 2016 : « 2005 restera sans doute la date du basculement. À partir de là, la cassure entre la base et le sommet devient le cœur de la vie publique. Elle est le facteur déterminant derrière les deux échéances présidentielles qui vont suivre[2]. » Ce diagnostic a été validé en 2017.

Les banlieues brûlent

Quelques mois après ce choc électoral, les émeutes d'octobre-novembre 2005 vont révéler l'ampleur d'une autre fracture française. À la suite de la mort, sur le site d'un transformateur électrique, de deux jeunes de Clichy-sous-Bois poursuivis par la police, les banlieues

1. Emmanuel Todd, *Après la démocratie*, *op. cit.*
2. In *Comprendre le malheur français*, Paris, Stock, 2016.

françaises s'embrasent. Dans les premiers jours, les violences urbaines se cantonnent à la commune où a eu lieu le drame : du 27 au 31 octobre, les violences ne concernent que Clichy-sous-Bois et la commune voisine de Montfermeil. Mais, à partir du 1er novembre, elles enflamment toute la Seine-Saint-Denis et s'étendent à la province à partir du 2 novembre. Du 5 au 13 novembre, on comptabilise chaque nuit plus de 200 interpellations et plusieurs centaines de véhicules incendiés, ce qui renseigne sur l'ampleur des affrontements et sur le nombre d'émeutiers impliqués. Confronté à des images sidérantes et à la persistance des violences en de nombreux points du territoire, le gouvernement proclame l'état d'urgence le 8 novembre, soit près de deux semaines après le début des émeutes. Déployer un tel dispositif recelait une charge symbolique extrêmement puissante : l'état d'urgence marque toujours une réponse exceptionnelle à une situation exceptionnelle. Il avait été instauré une première fois en 1955 en Algérie, après que les militaires eurent fait valoir que, confrontés aux foyers rebelles dans les Aurès, ils étaient dans l'incapacité de mener des opérations efficaces en demeurant dans le cadre du droit commun. Le gouvernement français avait également eu recours à l'état d'urgence en Nouvelle-Calédonie au début de l'année 1985, et pour plusieurs mois, suite à une explosion de violence sur l'île. C'est donc la même logique qui prévalut lors des émeutes de 2005, à la différence près que les troubles concernaient cette fois la métropole et non plus des départements ou des territoires d'outre-mer.

Plus grave encore, les foyers de violence étaient disséminés sur tout le territoire, avec au total plusieurs centaines de quartiers concernés. Les banlieues franciliennes furent les plus agitées, les grandes villes de province n'étant pas en reste. On compta ainsi, par exemple, 114 voitures brûlées dans les différents quartiers sensibles de Strasbourg et le bilan fut quasiment le même à Lille (107 véhicules détruits). Les cités toulousaines se montrèrent particulièrement actives, avec 213 voitures incendiées au Mirail, à la Reynerie, à Bagatelle ou aux Izards. Mais plusieurs petites villes furent également touchées par la vague émeutière. On peut citer, parmi tant d'autres, Dôle avec 18 véhicules incendiés dans le quartier des Mesnils-Pasteurs, Annonay (9 voitures brûlées au Zodiaque), Alès (8 voitures brûlées dans le quartier de Prés-Saint-Jean) ou bien encore Cholet (9 voitures brûlées aux Girardières) et Vesoul (4 véhicules incendiés au Grand-Montmarin). La carte suivante montre que de très nombreux points du territoire national furent touchés.

Carte 16. Violences urbaines recensées par ZUS lors des émeutes de 2005

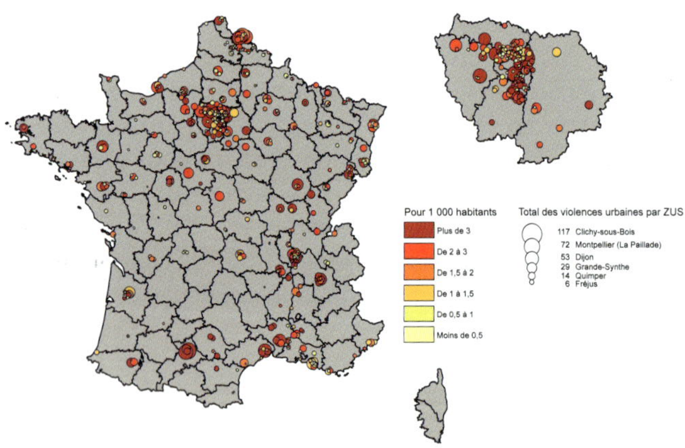

Sources : Observatoire national des Zones urbaines sensibles.

Si certaines zones urbaines étaient déjà accoutumées à ce type de violence, l'ampleur et la durée des émeutes leur conférèrent une dimension exceptionnelle. Parallèlement, dans de nombreuses villes, petites ou moyennes, les violences furent moins intenses mais l'impact dans la population locale n'en fut pas moindre car bon nombre de ces communes n'avaient jamais été confrontées aux violences urbaines. Toutes choses égales, on peut avancer que les émeutes d'octobre-novembre 2005 ont produit le même effet sur la société française que le firent sur la société américaine celles qui avaient débuté à Détroit en juillet 1967. Le degré de violence, l'ampleur des dégâts, le nombre de quartiers concernés créèrent un choc majeur dans les opinions publiques. De part et d'autre de l'Atlantique, ces violences urbaines ont, en outre, donné à voir l'étendue des disparités socio-économiques entre les banlieues défavorisées et le reste de la société, mais aussi la très forte ségrégation ethnoculturelle dont étaient victimes ces quartiers : si, en effet, l'écrasante majorité des émeutiers interpellés était de nationalité française et que l'on comptait dans ses rangs des jeunes de toutes origines, les adolescents et les jeunes adultes issus de l'immigration étaient fortement surreprésentés, à l'image de la composition démographique de la population de ces quartiers. Leur révolte et leur rage, notamment quand elles s'étaient exercées contre des bâtiments publics dont des établissements scolaires, illustrèrent de manière criante, aux yeux de tous, le déficit d'intégration de cette population à la société française.

Les émeutes de l'automne 2005 peuvent d'ailleurs être interprétées comme une demande d'intégration de la jeunesse de ces quartiers à la société française. À l'appui de cette thèse, Gilles Kepel souligne la hausse sensible des inscriptions sur les listes électorales qui s'ensuivit, dans l'optique du rendez-vous présidentiel de 2007[1]. À la suite des émeutes, le nombre d'inscrits progressa ainsi de 11 % en Seine-Saint-Denis, contre une hausse de 6 % au plan national. Cet engagement civique sera encore plus marqué à Clichy-sous-Bois (+ 19 %), qui avait été le point de départ de la vague émeutière, mais aussi à La Courneuve, ville dans laquelle le ministre de l'Intérieur de l'époque, Nicolas Sarkozy, avait prononcé sa fameuse phrase sur le karcher (+ 14 %). Cependant, en dépit de ce réveil civique, ces trois semaines d'émeute avaient d'abord ancré dans les esprits l'existence d'une terrible fracture sociale et ethnoculturelle entre les banlieues et le reste de la société. Depuis lors, de nombreux faits divers sont venus nourrir cette grille de lecture, alimentant le spectre de la partition du pays.

Survenus plus de vingt ans après la Marche des beurs, les événements violents d'octobre-novembre 2005 ont également donné à voir une nouvelle génération dans ces territoires. Reprenant l'approche de Karl Mannheim sur la construction sociale des générations, les sociologues Olivier Masclet et Stéphane Beaud[2] ont montré comment toute une série de processus (ghettoïsation de certains quartiers, absence de débouchés professionnels pour les jeunes peu qualifiés, étiolement des réseaux associatifs et militants dans ces quartiers, etc.) avait abouti à ce qu'ils ont appelé

1. Gilles Kepel, *Terreur dans l'Hexagone. Genèse du djihad français*, Paris, Gallimard, 2015.

2. Olivier Masclet et Stéphane Beaud « Des "marcheurs" de 1983 aux "émeutiers" de 2005. Deux générations sociales d'enfants d'immigrés », in *Annales. Histoire, sciences sociales*, n° 4, 2006.

l'émergence d'une « génération de cités » qui, lors des émeutes de 2005, fit irruption sur le devant de la scène beaucoup plus violemment que la « génération des Beurs » en 1983.

2015 : Tout le monde n'a pas été Charlie

Dix ans plus tard, la concorde nationale déjà fragilisée allait être durement mise à l'épreuve par les attentats de janvier 2015 visant la rédaction de *Charlie Hebdo*, puis un supermarché Hyper Cacher à la porte de Vincennes. Ces tragiques événements suscitèrent de nombreux appels à l'unité nationale, et plus de 4 millions de personnes manifestèrent un peu partout en France. Les images étaient impressionnantes, et dans la plupart des villes où des cortèges furent organisés, jamais autant de personnes n'avaient défilé depuis plusieurs dizaines d'années, la manifestation parisienne ayant été comparée à la foule venue acclamer le général de Gaulle sur les Champs-Élysées, à la Libération. Sur la base de ces chiffres record et des reportages montrant de véritables marées humaines, l'image d'une population communiant dans un même mouvement pour la défense de la liberté d'expression et de la République, au nom des 17 victimes des terroristes djihadistes, s'est rapidement imposée. Mais cette unité nationale s'est-elle manifestée avec la même ferveur partout en France ? Une simple observation à « l'œil nu » permet d'en douter, tant elle laisse apparaître d'écarts d'une ville à l'autre (de taille comparable). C'est le cas, par exemple, entre Lille (40 000 manifestants) et Bordeaux (140 000), ou bien encore entre Le Mans (20 000) et Clermont-Ferrand (70 000).

Partant de ces premières constatations, nous avons calculé un taux de mobilisation pour les 130 villes dont l'AFP a publié le nombre de participants. Le taux a été calculé en rapportant le nombre de manifestants à la population de la commune. Ce taux n'est pas, bien entendu, à prendre au pied de la lettre dans la mesure où, d'une part, les comptages effectués par les forces de l'ordre ne sont pas toujours extrêmement précis, et où, d'autre part, on sait que tous les manifestants dans une ville ne sont pas forcément des résidents de cette ville. Mais on peut néanmoins penser que ces biais se retrouvent partout, de telle sorte qu'ils rendent possible et pertinente une comparaison entre les différentes villes. Une fois calculé, ce taux de mobilisation fait ressortir des disparités très importantes : il oscille en effet entre 71 % (soit 71 manifestants pour 100 habitants) à Grenoble ou Rodez, et seulement 3 % au Havre et 2 % à Hénin-Beaumont. En dépit des limites inhérentes à ce type de calcul, l'ampleur des écarts observés est telle qu'il convient d'y regarder de plus près.

Dès lors, il convient de s'interroger sur les facteurs pouvant expliquer ces variations. La météo ne peut pas être invoquée, dans la mesure où elle fut assez homogène partout en France ce week-end-là. Et la pluie n'empêcha pas 40 % de la population d'Annecy et 35 % de celle de Chambéry de manifester, quand ce ratio ne fut que de 14 % à Reims, 12 % à Boulogne-sur-Mer ou 7 % à Dunkerque[1]. Pas plus que la météo, la taille de

1. Si la météo n'a donc pas eu d'impact déterminant, il semble en revanche que le jour retenu ait eu une incidence non négligeable. Sur toutes les villes de province (nous excluons Paris de nos calculs, car, compte tenu de son poids démographique, la capitale « fausse » les moyennes), il semble que le dimanche ait

la commune n'a joué (Paris excepté) sur l'intensité de la mobilisation, qui n'aura pas été proportionnellement plus forte dans les grandes métropoles, ou plus faible dans les petites villes.

La France frontiste et du « non »
s'est moins mobilisée...

Mais si la mobilisation n'a pas été affectée par la taille de la commune, de vrais clivages géographiques se font jour. Les villes de Rhône-Alpes (avec un taux moyen de mobilisation de 51 %), du Grand Ouest (35 % pour la Bretagne, les Pays de la Loire et la Basse-Normandie) et du Sud-Ouest (36 % pour l'Aquitaine, Midi-Pyrénées, Poitou-Charentes et le Limousin) furent en pointe, quand les communes méditerranéennes (19 % seulement pour PACA et Languedoc-Roussillon) et surtout du Nord-Est (11 % pour la Picardie, Champagne-Ardenne et Nord-Pas-de-Calais) participèrent beaucoup moins à l'expression de ce moment de communion nationale. Tout s'est donc passé comme si les mots d'ordre, pourtant très fédérateurs, des organisateurs n'avaient pas rencontré le même écho partout sur le territoire. Par-delà les images de foules gigantesques défilant derrière les mêmes slogans, l'unité nationale était en réalité quelque peu fissurée.

Cette ligne de fracture renvoie à une carte que nous connaissons bien, et que nous avons déjà croisée à plusieurs reprises, puisque c'est celle du vote Front national.

été plus propice aux défilés (ratio de 44 % dans les communes où les manifestations eurent lieu le dimanche) que le samedi (20 %), traditionnel jour des courses. La moyenne s'établissant à 28 % pour l'ensemble des villes de province.

Carte 17. Ratio nombre de manifestants/nombre d'habitants (en pourcentage)

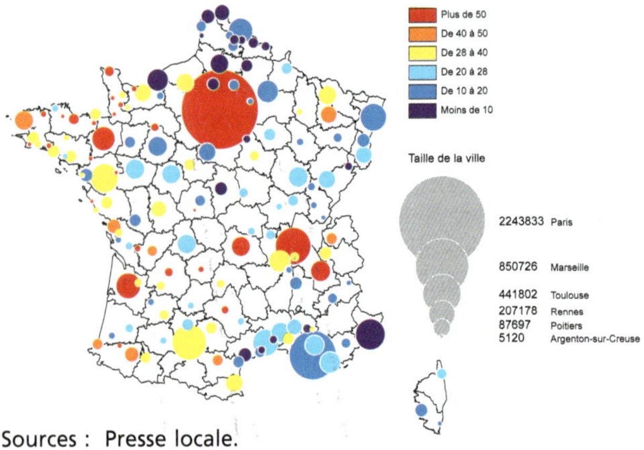

Sources : Presse locale.

Carte 18. Score de Marine Le Pen au premier tour de la présidentielle de 2012 (en pourcentage)

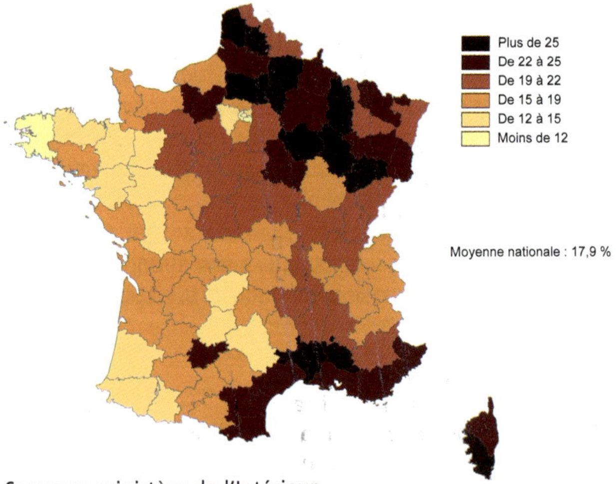

Sources : ministère de l'Intérieur.

Comme le montrent ces cartes, les régions à fortes mobilisations correspondent aux terres de mission du parti lepéniste et, inversement, les territoires qui se sont le moins mobilisés à ses bastions traditionnels. Le taux de mobilisation est de fait très indexé sur le score de Marine Le Pen au premier tour de la présidentielle de 2012[1].

Illustration symptomatique de cette relation, c'est à Hénin-Beaumont, ville conquise au premier tour des municipales de 2014 par le frontiste Steeve Briois et fief de Marine Le Pen, que le taux de mobilisation a été le plus faible (2 %). Il fut également très bas à Lens (3 %), à Calais (4 %) ou à Nice (8 %). Au regard de ces données, on peut penser que l'électorat du FN s'est moins mobilisé, sans doute en réaction au fait que les autres partis ne l'avaient pas associé aux manifestations. Plus profondément, le fait que ces électeurs se reconnaissent moins dans les mots d'ordre officiels (cf. le tweet de

Graphique 50. Ratio nombre de manifestants/ nombre d'habitants en fonction du score de Marine Le Pen à la présidentielle de 2012

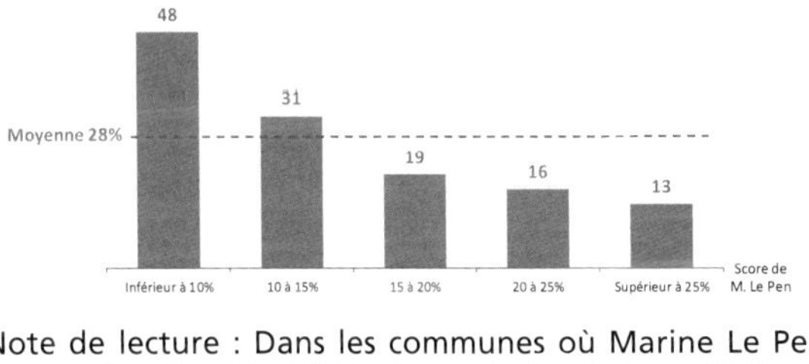

Note de lecture : Dans les communes où Marine Le Pen a obtenu moins de 10 % à l'élection présidentielle en 2012, on a compté en moyenne 48 manifestants pour 100 habitants.

1. Il n'y a pas en revanche de corrélation significative avec le vote Sarkozy, ce qui semble indiquer que l'électorat de droite ne s'est ni surmobilisé ni sous-mobilisé.

Jean-Marie Le Pen : « Je suis Charles Martel ») et qu'ils estimaient que ces manifestations relevaient d'une opération de communication masquant sous des slogans consensuels le sujet principal à leurs yeux : celui du péril islamiste, nous semble plus déterminant dans la faible mobilisation de cet électorat.

Pourtant, statistiquement parlant, le désintérêt de l'électorat frontiste ne saurait expliquer à lui seul le déficit de mobilisation dans ces villes. Une large part de la population locale de ces communes s'est sans doute sentie moins impliquée et moins concernée par ce combat et ces valeurs communes. Ce n'est pas un hasard si le taux de mobilisation est également corrélé négativement (mais un peu moins fortement qu'avec le vote FN) avec le score du « non » au référendum de 2005. Les villes et les régions qui avaient le plus massivement voté contre le TCE sont, en moyenne, celles dont les citoyens sont les moins descendus dans la rue en janvier 2015. Après s'être fortement exprimés « contre » en 2005, la nécessité de se mobiliser « pour » leur est apparue moins évidente dix ans plus tard.

S'opposent ainsi une France qui a « décroché », et qui ne s'est pas identifiée outre mesure à ce combat, et une France qui va mieux, qui regarde plus positivement l'avenir et qui s'est beaucoup plus mobilisée. Cette dernière correspond aux régions qui avaient voté « oui » au référendum de 2005 (Ouest, Rhône-Alpes et Paris) et comprend également les métropoles universitaires (Grenoble : 71 % de mobilisation, Bordeaux : 59 %). Comme le montre le tableau suivant, les grandes villes universitaires ont, en effet, systématiquement davantage manifesté que les villes voisines de taille comparable.

Tableau 23. Une mobilisation plus importante dans les villes universitaires

Villes universitaires	Ratio	Villes voisines	Ratio	Écart
Rennes	60 %	Nantes	28 %	*+ 32 points*
Nancy	47 %	Metz	37 %	*+ 10 points*
Rouen	32 %	Le Havre	5 %	*+ 27 points*
Tours	26 %	Le Mans	14 %	*+ 12 points*

Ce constat ne renvoie pas au poids plus important de la jeunesse dans ces villes (les calculs montrent que le taux de mobilisation n'est pas indexé sur la structure démographique des communes) mais au climat d'opinion spécifique régnant dans ces villes, plus ouvertes mais aussi plus attachées à la liberté d'expression et aux valeurs mises en avant dans les défilés.

Ces messages et ces slogans ont également davantage résonné dans les villes habituellement les plus civiques, comme si descendre dans la rue à cette occasion était une façon d'exprimer sa citoyenneté active. On constate, en effet, une corrélation assez nette entre le taux de participation aux élections européennes de 2014 et le ratio de mobilisation dans les manifestations pour *Charlie* quelques mois plus tard. Plus les citoyens s'étaient détournés des urnes, et moins ils ont été enclins à battre le pavé au nom du pacte républicain et de la liberté de la presse, et dire non au terrorisme. Bien que très puissant et spectaculaire, le sursaut citoyen n'a donc pas été partagé partout avec la même intensité et n'a pas non plus arraché à l'anomie civique les territoires qui en souffraient depuis des années.

… tout comme la population issue de l'immigration

Même si la foule des cortèges était relativement bigarrée, de nombreux reportages publiés dans la presse ont montré que la mobilisation en faveur de Charlie n'allait pas de soi pour une partie de la population de confession musulmane. Sans aller jusqu'à approuver les attentats, de nombreux musulmans, jeunes et moins jeunes, ont déclaré aux journalistes qu'ils avaient été blessés par les caricatures du Prophète publiées dans l'hebdomadaire satirique. D'autres ont évoqué leur incompréhension face au fait que Dieudonné avait été condamné pour ses propos et pas *Charlie Hebdo* pour ses dessins. D'autres, enfin, ne se sont tout simplement pas sentis concernés par cet appel à la mobilisation.

Certains observateurs ont mis en avant cette posture distanciée d'une partie de la population musulmane pour expliquer le relativement faible nombre de manifestants à Marseille (115 000 manifestants comptabilisés entre le samedi et le dimanche pour une population de 850 000 personnes, soit un ratio de 14 %, très inférieur à la moyenne nationale). Sur cette question sensible, les données d'enquête apportent un certain nombre d'indications quantitatives qui permettent d'y voir plus clair et d'établir un diagnostic plus objectif. Différents sondages de l'Ifop ont ainsi mesuré des écarts de réponses très conséquents (de l'ordre de 30 points) entre l'ensemble de la population et les personnes se déclarant de confession musulmane sur le fait de savoir si les sondés « se sentaient Charlie » et s'ils souscrivaient ou non à l'existence de prétendues zones d'ombre entourant l'implication exclusive de terroristes islamistes dans les attentats de janvier 2015. Ces données quantitatives indiquant une moindre communion des musulmans au moment Charlie sont corroborées par des données plus qualitatives recueillies par l'équipe d'Olivier Galland et Anne Muxel auprès de lycéens à la suite des attentats[1].

En ce sens, le « moment Charlie », qui a symbolisé dans les discours officiels l'unité de la nation autour des valeurs démocratiques et républicaines, a également été un moment où la fragmentation idéologique (électeurs frontistes), sociologique (catégories populaires et peu diplômées) et ethnoculturelle de la société française est apparue au grand jour.

Ainsi, de 1983-1984 à 2015, la France a été secouée de très violentes convulsions. Soumis aux mouvements puissants de forces antagonistes, le paysage politique historiquement organisé autour des partis traditionnels s'est trouvé de plus en plus fragilisé, car rendant de moins en moins compte de l'état réel de la société et des antagonismes la traversant. Sous l'effet de circonstances particulières et d'une accentuation supplémentaire de ces nouveaux clivages, le vernis a fini par craquer en 2017, et le paysage politique s'en est trouvé bouleversé.

1. Olivier Galland et Anne Muxel, *La Tentation radicale*, *op. cit.*

7

2017 : Le point de bascule

Les aspects contingents de la percée d'Emmanuel Macron

Le coup de pouce décisif de François Bayrou

Quand on déroule, avec le recul, le film de la pré-campagne et de la dernière élection présidentielle, on peut avancer l'hypothèse qu'Emmanuel Macron est un François Bayrou qui a eu de la chance et qui a réussi. On doit rappeler, en effet, que le Béarnais avait réalisé une belle performance lors de l'élection présidentielle de 2007, en obtenant 18,5 % des suffrages exprimés. Il termina, certes, derrière Ségolène Royal et Nicolas Sarkozy, mais il s'était passé quelque chose durant sa campagne, déjà centrée sur le dépassement du clivage gauche/droite et la fédération des bonnes volontés au service de la modernisation du pays. Ces thématiques, qui seront convoquées avec succès dix ans plus tard par le jeune marcheur, avaient en effet permis d'agréger pas loin de 20 % des voix. Le potentiel était là. Mais à l'époque, l'UMP et le PS étaient encore suffisamment solides pour résister à cet assaut centriste (ou central). Chacun à sa manière, Nicolas Sarkozy et Ségolène Royal avaient su incarner une forme de rupture dans leur camp respectif, ce qui avait permis au clivage gauche/droite de perdurer. Or il y avait là un paradoxe car, pour reprendre l'expression de Philippe Raynaud, la France, durant les vingt dernières années, avait été gouvernée autour du principe d'un « centrisme implicite[1] ». Le paysage électoral et parlementaire était certes organisé autour de la gauche et de la droite mais, au fond, une fois élu, compte tenu des contraintes économiques et budgétaires imposées par Bruxelles, une politique assez voisine était menée sur les grands équilibres, sans jamais sortir du « cercle de la raison » si cher à Alain Minc.

Beaucoup de Français ressentaient confusément cette relative convergence des politiques publiques. Au fil des ans, l'idée selon laquelle l'opposition gauche/droite était de plus en plus factice, et contreproductive sous nombre d'aspects, s'est imposée dans le corps central de l'électorat. Pour cette population modérée (composée de diplômés, de cadres et de classes moyennes), alors que le monde changeait, la France souffrait de faire du surplace. Car l'alternance fonctionnait comme un essuie-glace : la nouvelle majorité commençant par détricoter ce qu'avait fait la précédente…

La dégradation de la situation consécutive à la crise de 2008 a renforcé dans les classes moyennes et supérieures l'idée d'un nécessaire ajustement de notre modèle économique et social. Parallèlement, au plan politique, la succession des quinquennats Sarkozy et Hollande a suscité beaucoup de déception et de désillusion, à droite puis à gauche. En 2017, les conditions étaient donc beaucoup plus favorables qu'en 2007 à la réussite d'une candidature « centrale ».

1. Philippe Reynaud, *Emmanuel Macron : une révolution bien tempérée*, Paris, Desclée de Brouwer, 2018.

Les signes d'un désir de dépassement de la vieille opposition droite-gauche et d'une adhésion à la voie réformiste se multiplièrent. En novembre 2016, l'UNEF, syndicat de gauche historique et hégémonique sur les campus, était détrônée par la Fage, organisation au positionnement réformiste, lors des élections aux CROUS (œuvres universitaires de Paris). Et en mars 2017, la CFDT passait pour la première fois devant la CGT aux élections professionnelles dans le secteur privé.

Ce climat porteur n'a pas échappé à François Bayrou, qui a tenté une nouvelle fois sa chance en début de campagne. Mais avec déjà trois participations successives à des élections présidentielles, il répondait mal au désir de renouvellement exprimé par l'électorat. Stagnant à 4 ou 5 % dans les intentions de vote, malgré la sortie d'un livre censé lancer sa campagne, François Bayrou décida finalement de jeter l'éponge et d'apporter son soutien à Emmanuel Macron. Ce ralliement joua un rôle déterminant dans la dynamique de la campagne en relançant le candidat d'En Marche ! En effet, à la suite de ses propos controversés sur la colonisation de l'Algérie, Emmanuel Macron avait connu un trou d'air à la mi-février. Selon le *rolling* Ifop-Fiducial pour *Paris Match*, *CNews* et Sud Radio, les intentions de vote en sa faveur étaient tombées à 18,5 % le 17 février, atteignant alors leur point le plus bas. La courbe se stabilisa dans les jours qui suivirent à 19 %, avant de bondir à 22,5 % puis à 23,5 % après le 22 février, date à laquelle François Bayrou annonça son ralliement. Se traduisant par un gain de 4 points en faveur d'Emmanuel Macron, le ralliement de François Bayrou aura constitué l'un des tournants de la campagne, permettant au candidat d'En Marche ! de reprendre l'initiative et de faire la course en tête.

La « pole position » confère traditionnellement un avantage stratégique. Mais, dans ce climat de campagne où beaucoup pensaient que Marine Le Pen accéderait au second tour et pouvait potentiellement gagner, Emmanuel Macron fut bientôt regardé comme le rempart le plus efficace à la menace frontiste. Ce statut de « héraut du camp démocratique » a été électoralement très payant pour lui. Mais François Bayrou apporta également dans la corbeille de mariage un atout qui lui avait grandement fait défaut en 2007 : à l'époque, face aux grosses machines qu'étaient le PS et l'UMP et à la survivance de la ligne de démarcation gauche/droite qui structurait l'échiquier politique, son offre centrale souffrait d'un déficit de crédibilité dans la mesure où aucune personnalité politique de poids ne l'avait rejoint. Dix ans plus tard, le ralliement d'une figure majeure du centre droit à un candidat issu du centre gauche changea la donne. Et au fil des jours, des personnalités venues d'horizons politiques divers vinrent s'agréger autour de lui, donnant consistance et réalité à la stratégie de dépassement du clivage gauche droite.

Au total, Emmanuel Macron recueillit ainsi 1 829 parrainages, dont ceux de 37 sénateurs, 31 députés et 177 conseillers départementaux. Parti sans troupe, il était parvenu à agréger des soutiens en nombre respectable. La carte des parrainages de maires signale une bonne répartition sur le territoire national, confirmant que la candidature d'Emmanuel Macron avait rencontré un écho spontané, notamment parmi les très nombreux maires sans étiquette. L'analyse détaillée fait néanmoins apparaître l'influence qu'ont eue, à cet instant quelques grands élus, qui ont joué localement le rôle de rabatteurs. C'est le cas, par exemple, de Jean Arthuis en Mayenne, de François Patriat en Côte-d'Or, ou bien encore du maire de Montpellier, Philippe Saurel, ou de

Michel Pélieu, président du conseil départemental des Hautes-Pyrénées. On devine aussi que la mobilisation d'une partie des réseaux des radicaux de gauche fut assez soutenue, au regard du nombre important de parrainages venus des départements comme la Charente-Maritime, le Lot, le Cantal ou bien encore la Haute-Corse, fief de Paul Giacobbi.

Parallèlement à ces soutiens divers, le candidat d'En Marche ! a de surcroît bénéficié d'un concours de circonstances : un PS laminé par l'exercice du pouvoir sous la présidence de François Hollande, et un candidat de droite plombé par les affaires. La procédure des primaires ayant en prime abouti, dans les deux camps, à la désignation d'un candidat « marqué », dégagea, bien davantage qu'en 2007, un vaste espace au centre[1].

Carte 19. Maires ayant parrainé Emmanuel Macron

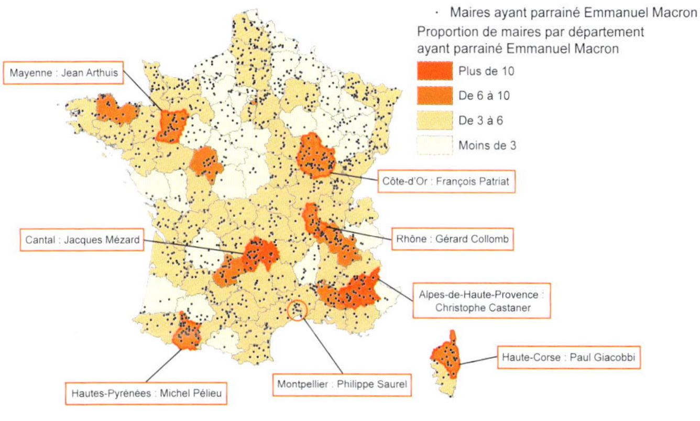

Sources : Conseil constitutionnel.

1. Voir à ce sujet, par exemple, Gilles Finchelstein, « Comprendre en deux graphiques le succès d'Emmanuel Macron », note de la Fondation Jean-Jaurès, mars 2017.

La promesse d'exonération de la taxe d'habitation est venue entretenir la dynamique

Dans cet espace, l'offensive Macron a pu se déployer à son aise. Mais les données de l'Ifop montrent également que cette dynamique a été alimentée par une annonce du candidat : l'engagement, s'il était élu, d'exonérer 80 % des ménages de la taxe d'habitation, annonce faite le 24 février, soit deux jours après le ralliement de François Bayrou. Dans le prolongement de la hausse provoquée par le ralliement du leader du Modem, l'intention de vote en faveur de Macron allait aussitôt enregistrer une hausse d'un point supplémentaire, à 24,5 % le 27 février, et atteindre 25,5 % au début du mois de mars. On peut dire que cette annonce en matière fiscale eut le même impact que celle qu'avait faite François Hollande, en 2012, de taxer à 75 % les plus hauts revenus.

Graphique 51. Évolution des intentions de votes pour Emmanuel Macron, en pourcentage des suffrages exprimés par les personnes certaines d'aller voter

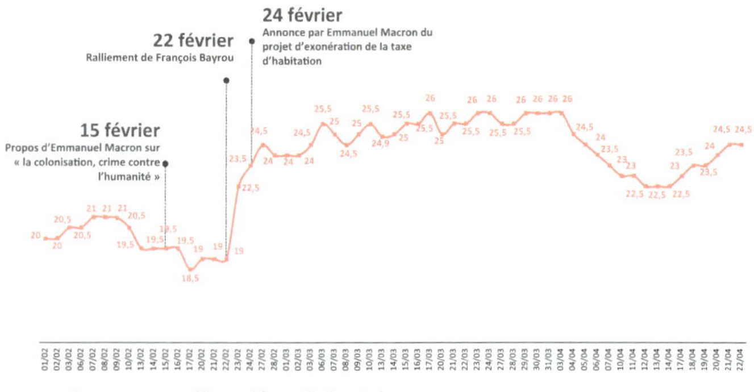

Sources : rolling Ifop-Fiducial.

Si l'analyse des vagues du rolling Ifop-Fiducial permet d'avancer l'hypothèse selon laquelle l'annonce de la suppression de la taxe d'habitation a conforté la dynamique victorieuse d'Emmanuel Macron, un autre élément est venu confirmer l'impact électoral de cette mesure. Quand on analyse les résultats du premier tour au niveau communal, on constate en effet que les scores d'Emmanuel Macron sont plus importants dans les communes où la taxe d'habitation est la plus forte.

L'Ifop a en effet calculé un ratio entre le montant net global de la taxe d'habitation perçue par une commune et le nombre de résidences principales[1]. Cet indice est bien entendu en partie lié à la richesse des communes, une commune aisée collectant un volume de taxes d'habitation plus important qu'une commune populaire. Pour neutraliser cet effet, nous avons donc raisonné à profil de population identique en analysant les résultats par strates de communes, strates définies sociologiquement en fonction du poids que représentent les catégories populaires (ouvriers + employés) dans la population communale.

Nous avons ainsi constitué quatre strates de communes (des communes les plus aisées n'abritant que 10 à 13 % de CSP – jusqu'aux communes les plus populaires, dont 20 à 30 % de la population sont composés d'ouvriers ou d'employés). Et, comme l'indiquent les graphiques suivants, dans ces quatre strates de communes, plus l'indice de pression fiscale locale (montant global de la taxe d'habitation/nombre de résidences

1. L'information sur le montant moyen de la taxe d'habitation par commune n'étant à notre connaissance pas disponible, nous sommes passés par ce ratio pour disposer d'un indice approchant ce montant moyen.

principales) est fort et plus Emmanuel Macron a obtenu des scores élevés. Les courbes dessinent clairement une relation linéaire entre le score du candidat d'En Marche ! au premier tour et cet indice.

La « prime » entre les communes où cet indice est le plus faible et celles où il est le plus élevé atteint 3,6 points dans la strate des communes les plus aisées et 2,5 points dans celle des communes les plus populaires. Quel que soit le profil sociologique de la commune, Emmanuel Macron a donc obtenu, au premier tour, en moyenne entre 2,5 et 3,6 points de plus dans les communes où l'indice permettant d'approcher le montant de la taxe d'habitation était le plus élevé par rapport aux communes où il était le plus faible.

Tout s'est donc passé comme si les habitants des communes où la taxe d'habitation était la plus importante avaient été plus sensibles à la promesse du candidat en la matière que ceux des communes où elle est la plus faible, et qu'ils s'étaient, en conséquence, davantage prononcés en sa faveur, lui offrant ainsi un stock de voix supplémentaires et, contribuant par là à le placer en tête au premier tour.

Après son élection, le rôle qu'avait joué cette annonce se lira rétrospectivement en creux dans les sondages de popularité. Le dévissage brutal qu'essuiera la cote d'Emmanuel Macron en juillet 2017 (moins 10 points dans le baromètre Ifop-JDD) est consécutif au discours de politique générale prononcé par Édouard Philippe le 4 juillet, au cours duquel il fut question d'étaler sur plusieurs années l'exonération très attendue… Ces propos furent sévèrement perçus, et décodés comme un début de renoncement à une mesure-phare du programme du nouveau Président… qui dut rectifier le tir en reprenant la parole sur le sujet dans les jours qui suivirent.

Graphique 52. À profil sociologique de communes similaire, le vote en faveur d'Emmanuel Macron augmente avec le montant moyen de la taxe d'habitation

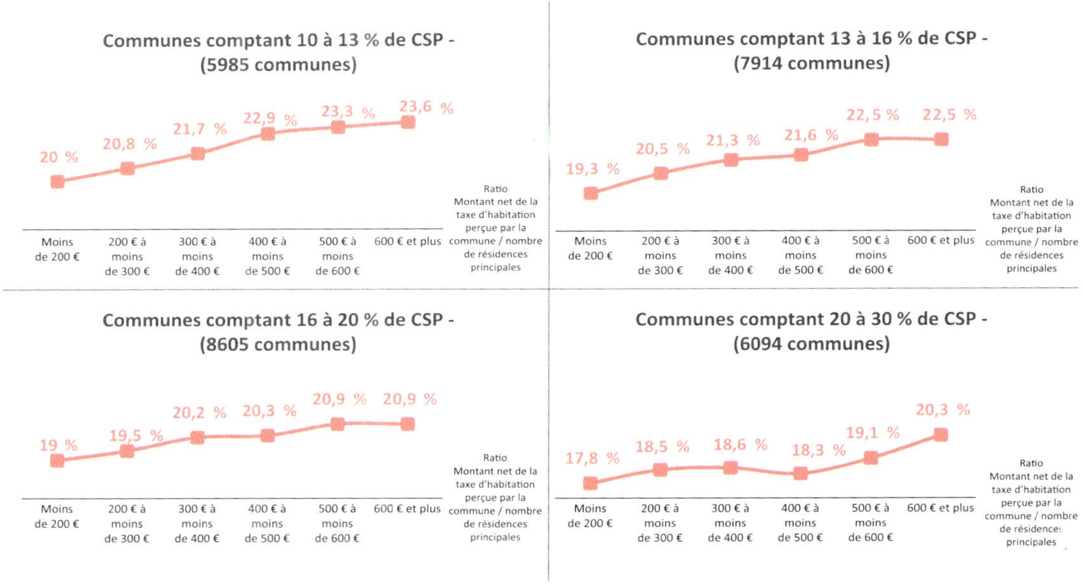

Sur la nécessité d'entreprendre une analyse en 3D du corps électoral

L'archipelisation de la société française a fait fortement sentir ses effets en 2017. Pour appréhender comment se sont structurés les votes à l'occasion de cette élection hors norme et avancer dans l'analyse, il est nécessaire d'opérer une radiographie du corps électoral en « 3D ». La première dimension, que l'on appellera « coupe verticale », correspond à l'approche traditionnelle en sociologie électorale, qui détaille les niveaux de vote à l'échelle nationale en fonction des variables sociodémographiques que sont le sexe, l'âge, la profession, ou bien encore le niveau de diplôme (variable de plus en plus structurante, on l'a dit, dans les comportements électoraux). Grâce à cette première coupe, on accède à des informations précieuses telles que le pourcentage de vote pour tel ou tel candidat parmi les moins de 35 ans ou auprès des cadres, par exemple. Les sondages d'intentions de vote et les enquêtes électorales réalisés le jour du scrutin constituent l'outil permettant une telle plongée dans la structure sociale.

Pour utile qu'elle soit, cette approche verticale, menée sur la base d'échantillons nationaux, ne permet pas d'appréhender l'aspect régional et territorialisé du vote. C'est l'objet de la géographie électorale qui s'appuie sur un autre outil, la carte électorale. Cette approche spatialisée du vote correspond à ce qu'on peut appeler une « coupe horizontale » du corps électoral. Elle permet ainsi de mettre en évidence les bastions et les terres de mission de chacun des candidats, mais aussi les « dynamiques spatiales » comme les phénomènes de diffusion à partir d'un foyer initial ou de basculements de certains territoires dans le giron de telle ou telle force politique, par exemple.

Le recours simultané à ces deux approches autorise une assez bonne compréhension des phénomènes électoraux mais, pour des raisons techniques, les dimensions verticales et horizontales n'avaient, jusqu'à récemment, jamais été vraiment articulées. Grâce au développement des sondages électoraux auprès d'échantillons très consistants (plus de 10 000 interviews, contre 1 000 ou 2 000 dans les enquêtes traditionnelles) et du fait de l'intégration dans ces enquêtes de critères de localisation précis des interviewés, il est désormais possible de croiser données sociodémographiques (jusque-là disponibles uniquement au plan national) et approche régionale ou territoriale. On peut ainsi disposer d'informations sur le vote des ouvriers bretons et sur celui de leurs collègues des Hauts-de-France (qui votent sensiblement différemment), ou mesurer l'impact du niveau de chômage régional sur le vote d'une même catégorie socioprofessionnelle. Cette nouvelle méthode permet d'explorer les effets de contextes territoriaux sur les comportements électoraux et d'appréhender le poids de telle ou telle culture régionale, expliquant, par exemple, pourquoi telle ou telle catégorie de la population ne vote pas de la même manière sur l'ensemble du territoire.

Si, avec le couplage d'une approche verticale et horizontale, un grand pas dans l'analyse du fait électoral a été accompli, une troisième dimension doit néanmoins être intégrée si l'on veut disposer d'une compréhension vraiment complète. Il ne s'agit plus de prendre en compte le positionnement de l'électeur sur un axe vertical (axe correspondant à l'échelle sociale, à la stratification éducative ou à la pyramide des âges) ou sur un axe horizontal (correspondant au territoire), mais d'intégrer la dimension temporelle, l'axe de la profondeur.

Grâce à cette troisième dimension, le modèle est susceptible de prendre en considération la trajectoire sociale de l'électeur par rapport à son milieu social d'origine. Comme on le verra, le fait de s'inscrire dans un parcours d'ascension sociale (ou au contraire dans un processus de déclassement) par rapport à la génération précédente est loin d'être sans effet sur les choix électoraux.

La logique de fond : un clivage gagnants-ouverts/perdants-fermés de plus en plus prégnant

Le clivage opposant les tenants de l'ouverture sur le monde et ceux qui demandent davantage de protection (économique, sécuritaire et identitaire) n'est pas nouveau en France, où il fait sentir ses effets depuis une trentaine d'années. Mais il s'est trouvé, la plupart du temps, en concurrence avec le traditionnel clivage gauche/droite, qui, bon an mal an, a continué d'imprimer sa marque : la cohabitation de ces deux clivages aboutissait généralement à ce que le traditionnel paysage gauche/droite soit perturbé par l'émergence de ce second clivage sans être dépassé pour autant. Bref, ce second clivage demeurait la plupart du temps moins structurant à l'exception de certaines consultations. Ce fut notamment le cas lors des deux référendums (scrutin binaire aboutissant mécaniquement à une bipolarisation) sur le traité de Maastricht en 1992 et sur la Constitution européenne en 2005. Dans les deux cas, le corps électoral se scinda entre souverainistes et pro-européens, et cette ligne de clivage traversa chacune des familles politiques. En ces deux occasions également, les deux camps présentèrent des profils socioculturels très distincts avec d'un côté un bloc souverainiste composé principalement d'ouvriers, d'employés, de classes moyennes et de faiblement diplômés, quand les CSP + et les plus diplômés se retrouvaient dans le camp opposé. Régis Debray rend parfaitement compte de ce clivage : « Ce sont les dépossédés qui ont intérêt à la démarcation franche et nette. Leur seul actif est leur territoire. […] La frontière rend égales (tant soit peu) des puissances inégales. Les riches vont où ils veulent, à tire-d'aile ; les pauvres vont où ils peuvent en ramant[1]. »

Une des grandes figures de la science politique, Stein Rokkan, avait élaboré une typologie des partis politiques européens à partir de quatre grands clivages structurants. Au fil de l'histoire et des évolutions socio-économiques, expliquait-il, les clivages Églises/État, centre/périphérie, bourgeoisie/ouvriers et élites rurales/élites urbaines avaient fait émerger des forces politiques et structuré le champ idéologique autour de ces notions. Dans cet esprit, on peut dire que l'élection présidentielle autrichienne, le Brexit, la victoire de Donald Trump puis le duel entre Emmanuel Macron et Marine Le Pen constituent les multiples symptômes de l'émergence d'un nouveau clivage central que l'on pourrait qualifier, par commodité, de « gagnants-ouverts/perdants-fermés », et qui correspond à un nouveau stade d'évolution et de mutation des sociétés occidentales dans lequel nous sommes entrés depuis une trentaine d'années.

Même si le clivage gauche/droite n'a pas disparu, loin s'en faut, le duel Macron/Le Pen au second tour de l'élection présidentielle de 2017 témoigna de ce que ce nouveau clivage, qui travaille en profondeur notre pays depuis des décennies, a désormais pris suffisamment d'ascendant pour concurrencer – voire supplanter – la traditionnelle opposition gauche/droite. En ce sens, ce scrutin recèle une dimension historique et confirme que nous avons basculé dans un nouveau cycle.

1. Régis Debray, *Éloge des frontières*, Paris, Gallimard, 2010.

Depuis une trentaine d'années, le FN s'est installé dans les régions en proie à la désindustrialisation et dans cette France se vivant en déclin et menacée par les flux migratoires. Il y a fait son nid et y a consolidé ses positions, élection après élection. Mais jusqu'alors, aucune force politique n'avait été capable d'occuper à elle seule l'autre espace, celui de la France optimiste et en relativement bonne santé, le PS, la droite et le centre se le partageant, tout en conservant quelques enclaves historiques dans l'autre France. À l'occasion de ce scrutin, pour des raisons diverses (les fractures internes à l'électorat de gauche exacerbées lors du quinquennat de François Hollande, l'affaire Fillon pour Les Républicains), les deux grandes forces politiques traditionnelles se sont retrouvées fragilisées. Une offre politique nouvelle, pro-européenne et défendant les opportunités offertes par la globalisation, a pu émerger et se hisser au second tour. Pour ce faire, elle s'est appuyée sur les couches sociales et les territoires les plus dynamiques et les moins fragilisés. En ce sens, le premier tour de l'élection présidentielle de 2017 est historique, car c'est à cette occasion qu'un parti du « oui » unifié est véritablement né en s'ancrant dans une sociologie et une géographie qui lui sont propres. Le FN, qui occupait de longue date la même fonction de parti étendard, mais au nom de la France du « non », a trouvé son opposant parfait – qu'il a d'ailleurs affronté au second tour. Or ce duel inédit revêt une signification majeure et marque l'aboutissement d'un long processus.

En effet, ce à quoi nous sommes en train d'assister est tout simplement une mise en conformité du paysage électoral et de l'offre politique avec les nouveaux clivages économiques, sociaux et sociétaux qui parcourent notre pays depuis au moins une trentaine d'années. Ce constat vaut pour la France, mais aussi pour les principales démocraties occidentales. Quoi qu'il en soit, analyser les résultats de ces derniers scrutins permet de mettre au jour les failles et les fractures qui parcourent la société française confrontée au nouvel âge du capitalisme, au développement du libre-échange et à l'intensification des flux migratoires.

Front raw kids *versus* Back raw kids *:* *la déclinaison électorale de la stratification éducative*

Si l'opposition gauche/droite historique était indexée (certes imparfaitement) sur la classe sociale d'appartenance, le niveau d'éducation semble être l'une des variables les plus structurantes de ce nouveau clivage. Du fait de la tertiarisation de l'économie, de nombreuses identités professionnelles sont désormais plus floues que par le passé. Ce phénomène, associé au développement de l'accès à l'enseignement supérieur et à la constitution d'un vaste groupe de diplômés du supérieur, a abouti progressivement à une stratification de la société française sur une logique culturelle et éducative. Dans les sondages d'opinion portant sur de très nombreux sujets, la variable aujourd'hui la plus discriminante est ainsi celle du niveau d'étude plus que le revenu ou la CSP. C'est également le cas sur le plan des comportements électoraux.

Lors de la présidentielle de 2017, c'est entre les électorats d'Emmanuel Macron et de Marine Le Pen, opposition symbolisant le mieux, donc, le clivage gagnants-ouverts/perdants-fermés, que les écarts en termes de niveau de diplôme ont été les plus spectaculaires.

Comme le montre le graphique ci-dessous, l'écart de niveau de vote en faveur d'Emmanuel Macron au premier tour entre les détenteurs d'un diplôme inférieur au bac et les diplômés d'un deuxième ou d'un troisième cycle du supérieur est de 18 points. Ce dernier enregistre ainsi un score de 35 % parmi les personnes ayant un niveau supérieur à bac + 2, soit deux fois plus que parmi la strate la moins diplômée. Il passe nettement en tête parmi les plus diplômés et, tout segment sociodémographique confondu, c'est dans cette strate qu'il enregistre son meilleur résultat avec les CSP + (37 %). On peut penser que son cursus scolaire, ses références et sa façon de s'exprimer ont créé une proximité et une empathie dans la frange la plus éduquée de la population. À l'inverse, une certaine distance avec les milieux les moins bien dotés en capital culturel, davantage tentés par le FN, se manifeste. La trajectoire du vote FN suit, en effet, une logique totalement inversée. L'intensité du vote pour Marine Le Pen atteint des sommets dans les couches les moins diplômées (qui l'ont placée en tête), et décline ensuite linéairement parmi les plus diplômés.

Graphique 53. Le vote en faveur d'Emmanuel Macron et de Marine Le Pen au premier tour en fonction du niveau de diplôme

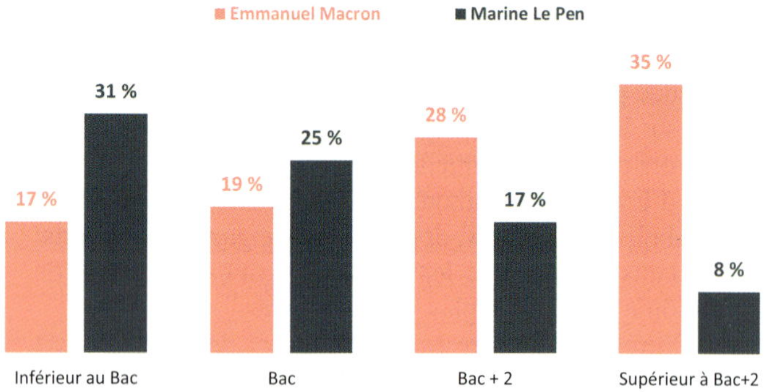

Sources : Ifop.

Ce fossé culturel s'est trouvé encore renforcé au second tour, puisque Marine Le Pen a progressé entre 13 et 15 points dans toutes ces catégories, sauf parmi les titulaires d'un diplôme supérieur à un bac + 2, parmi lesquels elle n'a gagné que 9 points d'un tour à l'autre. Au total, seulement 17 % des plus diplômés ont voté pour la candidate du FN contre 32 % des diplômés d'un bac + 2, 38 % des bacheliers et 46 % parmi ceux n'ayant pas le bac. Dans cette strate encore numériquement importante de la société française (notamment au sein des générations des plus de 45 ans), Marine Le Pen fait quasiment jeu égal avec son rival alors que ce dernier domine à raison de deux tiers/un tiers parmi les bac et bac + 2, et est hégémonique chez les plus diplômés, avec 83 % des suffrages.

Cette corrélation très marquée renvoie tout d'abord au lien entre faible niveau de diplôme et emplois peu qualifiés, mal rémunérés et plus exposés à l'automatisation ou aux délocalisations. Le diplôme joue également sur la vision du monde de son détenteur, en lui offrant un bagage qui lui permet de s'adapter aux

Graphique 54. Le vote au second tour de l'élection présidentielle selon le diplôme

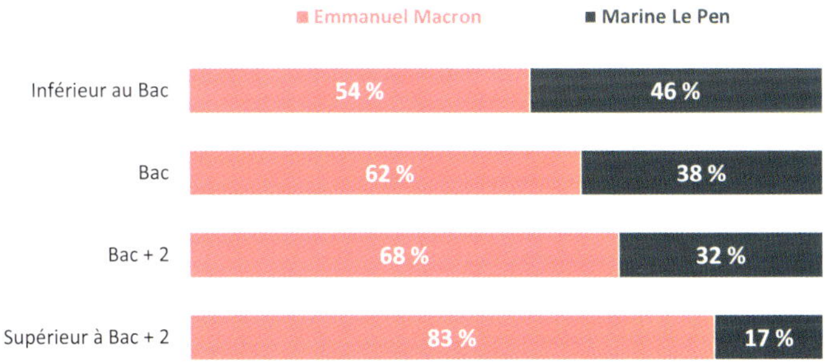

Sources : Ifop.

mutations de la société. Dans une société en perpétuel mouvement sous l'effet de l'émergence des nouvelles technologies, dans la sphère privée et professionnelle, la capacité d'adaptation et la détention d'un capital culturel deviennent des ressources centrales. Ceux qui en sont le moins dotés souffrent et sont beaucoup plus vulnérables. La demande de protection, notamment statutaire, va alors être plus forte du côté de ces publics qui redoutent davantage la suppression de poste ou la mise en concurrence avec une main-d'œuvre étrangère.

Mais différents travaux de sociologie électorale ont également montré que le rapport à l'autorité et à l'altérité variait significativement selon le niveau de diplôme. Les moins diplômés sont généralement plus favorables à la manifestation de l'autorité et davantage hostiles à l'immigration, l'insécurité culturelle et l'insécurité économique se combinant. Ils seront, par ailleurs, plus enclins que les plus diplômés à opter pour des réponses basiques faisant appel au « bon sens ». Marine Le Pen, dont nombre des électeurs affirment fréquemment dans les sondages et les reportages voter pour elle notamment parce qu'elle « est la seule qu'ils comprennent », utilise d'ailleurs souvent l'expression « c'est aussi simple que cela », ou bien encore « pour régler ce problème, il suffit de… ». Parallèlement à cette façon assez simple de s'exprimer, la proximité avec les couches les moins diplômées de la population est également entretenue par des prises de position défendant le travail manuel. C'est ainsi qu'à l'occasion d'une passe d'armes avec Najat Vallaud-Belkacem sur France 2 le 9 février 2017 elle déclara : « Ce que je veux, c'est la revalorisation du travail manuel, que des enfants aient la possibilité d'intégrer des filières professionnelles. »

Dans son analyse de la dernière élection présidentielle aux États-Unis, le journaliste américain Chris Arnade[1] parle d'une opposition entre les *front row kids* (« les premiers de la classe ») et les *back row kids* (« les cancres du fond de la classe »)[2]. En France, le second tour de l'élection présidentielle a révélé de manière criante l'existence d'un même fossé socioculturel de plus en plus structurant, symbolisé jusqu'à la caricature par le débat d'entre-deux-tours entre un fort en thème et une candidate n'ayant pas suffisamment révisé et ne maîtrisant pas ses dossiers.

Moins de deux ans après l'élection présidentielle survenait la mobilisation des « gilets jaunes ». Outre l'ampleur de la fracture territoriale entre les grandes agglomérations et les zones rurales et périurbaines, ce mouvement allait également constituer une autre illustration de la prégnance extrêmement forte de la stratification socioculturelle du pays. L'attitude à l'égard de ce mouvement a en effet été très polarisée selon le niveau de diplôme des individus. D'après un sondage[3], 18 % des Français se considéraient comme « gilets jaunes », 52 % soutenaient l'action du mouvement sans se dire eux-mêmes « gilets jaunes », quand 30 % ne se sentaient pas « gilets jaunes ». L'identification était la plus

1. Chris Arnade, « Divided by meaning », https://medium.com/@Chris_arnade/divided-by-meaning-1ab510759ee7#.imbn5phks.

2. Dans son discours de meeting à Lyon, Marine Le Pen avait recouru, quant à elle, à une sémantique assez similaire en déclarant : « On fait croire à Monsieur Tout-le-Monde que, dans ce monde, il sera un "winner". […] Il ne sera en fait qu'un esclave dans un pays asservi. »

3. Sondage Ifop pour Atlantico.fr, réalisé *on line* du 5 au 6 décembre 2018 auprès d'un échantillon national représentatif de 976 personnes.

forte parmi les détenteurs d'un CAP ou BEP (29 %), puis déclinait linéairement : 19 % pour les personnes au niveau bac, 15 % parmi les bac + 2, et 9 % seulement pour les bac + 3 et plus.

À l'inverse, l'indifférence, voire l'opposition au mouvement, atteignait des sommets parmi les plus diplômés (48 %) pour décroître significativement ensuite : 34 % auprès des bac + 2, 22 % pour les bacheliers, et seulement 16 % parmi les titulaires d'un CAP ou d'un BEP. Signe du rôle de plus en plus déterminant de la variable éducative, on relèvera que le niveau d'identification aux « gilets jaunes » était aussi fort dans les catégories populaires salariées (employés et ouvriers), avec un taux de 27 % de personnes se revendiquant « gilets jaunes », que parmi les indépendants (28 %). Dans ces milieux modestes, la différence de statut entre les petits patrons et les indépendants d'un côté et les salariés de l'autre a longtemps fait office de frontière étanche séparant deux univers sociologiques et idéologiques distincts. Dans les territoires ruraux et périurbains, ce fossé de classe a manifestement été arasé, ouvriers, employés et indépendants constituant désormais un bloc culturellement assez homogène et se distinguant des strates les plus éduquées de la société française. On relèvera à ce propos que le mouvement de mobilisation dans les lycées qui s'est déclaré dans le sillage des « gilets jaunes » n'a pas concerné les établissements de centre-ville où les enfants des classes moyennes et de cadres rejouent périodiquement leur Mai 68. Ce sont les lycées techniques, professionnels et agricoles des villes moyennes ou des quartiers périphériques qui sont cette fois rentrés dans la danse : bref, là où sont scolarisés les enfants des « gilets jaunes ». On a là une nouvelle illustration à la fois de la prégnance de la fracture culturelle, éducative et spatiale qui parcourt de part en part la pyramide des âges, mais aussi de l'autonomisation culturelle des milieux populaires. Illustration parmi d'autres de ce phénomène, on constate par exemple la forte prévalence de prénoms anglo-saxons parmi les « gilets jaunes » : Jason Herbert, jeune « gilet jaune » de Charente reçu par le Premier ministre, Steven Lebee, organisateur du blocage du tunnel du Mont-Blanc, Johnny Toulouse, leader des « gilets jaunes » niçois, ou bien encore Jonathan Jolivot, figure du mouvement à Vannes.

Ascenseur et descenseur social

En lien avec la possession ou non d'un capital scolaire, les données de l'Ifop collectées lors de la dernière élection présidentielle permettent d'identifier un autre ressort particulièrement déterminant dans les choix électoraux. Il s'agit de la perception, par les électeurs, de leur situation sociale personnelle par rapport à celle qu'occupaient leurs parents à leur âge. Si les sondés ont le sentiment que leurs parents vivaient mieux qu'eux, ils s'inscriront ainsi dans un schéma de déclassement social plus ou moins prononcé. Et inversement, s'ils considèrent que leurs parents vivaient moins bien qu'eux aujourd'hui, ils se percevront comme ayant bénéficié de l'ascenseur social, une troisième catégorie d'électeurs jugeant qu'ils jouissent au fond d'une situation équivalente à celle de leurs parents.

La prise en considération de la « trajectoire sociale perçue » (qui correspond à ce que l'on a appelé une coupe en profondeur du corps social) est tout à fait fondamentale dans la mesure où elle aura puissamment structuré les votes en faveur des quatre principaux candidats, en dessinant deux paires d'oppositions. Comme le montre le graphique ci-dessous, plus un électeur a le sentiment de s'être élevé socialement par rapport à la génération de ses parents, et plus il a eu tendance à voter pour François Fillon. Le score de ce dernier passe ainsi de seulement 13 % parmi ceux qui considèrent que leurs parents vivaient beaucoup mieux qu'eux à 23 % parmi ceux qui se vivent en situation de maintien de leurs conditions par rapport à la génération précédente, puis à 27 % chez ceux qui ont le sentiment de bénéficier de conditions supérieures à celles de leurs parents à leur âge. Le candidat de droite double donc son score entre ceux qui se vivent en victimes du plus violent déclassement générationnel et ceux qui ont le sentiment d'avoir su ou pu prendre l'ascenseur social.

L'intensité du vote en faveur de Jean-Luc Mélenchon suit une trajectoire totalement inversée, avec un score le plus élevé parmi les déclassés (23 %) et un étiage le plus bas parmi ceux qui sont en ascension (14 %). Assez logiquement, le discours de gauche de Jean-Luc Mélenchon, critiquant le fonctionnement de la société et de l'économie libérale en ce qu'elle induit des inégalités,

Graphique 55. Les votes pour Mélenchon et Fillon au premier tour selon la mobilité sociale intergénérationnelle perçue

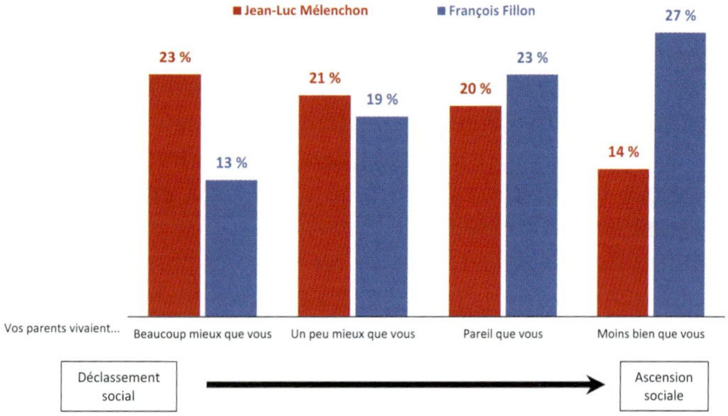

résonne davantage dans le camp des déclassés, quand la rhétorique conservatrice et libérale filloniste, qui s'accommode parfaitement du cours actuel des choses, a davantage l'oreille des électeurs qui ont le sentiment de s'être élevés par leur mérite et leurs qualités.

Si l'antagonisme gauche/droite incarnée par la paire Mélenchon/Fillon s'articule donc sur cette dimension, l'opposition Macron/Le Pen est encore davantage structurée par ce ressenti. Marine Le Pen caracole ainsi largement en tête parmi les plus déclassés (31 %), et elle est également la mieux placée parmi les victimes d'un déclassement moins prononcé (25 %). Son score devient ensuite beaucoup plus faible parmi les électeurs qui considèrent que leurs conditions de vie sont identiques à celles de leurs parents (13 %) ou parmi les bénéficiaires de l'ascenseur social (12 % seulement, soit un score deux fois et demie plus faible que parmi les plus déclassés). L'audience électorale d'Emmanuel Macron, porteur d'un discours sur la mobilité et la réussite individuelle, se décline selon une logique diamétralement opposée : nette domination parmi les « *winners* » (34 %) et niveau le plus faible (18 %) parmi ceux qui ont pris le « descenseur social[1] », pour reprendre l'expression forgée par Philippe Guibert et Alain Mergier à la suite du référendum de 2005.

À douze ans d'écart, on retrouve ainsi la même structuration du champ électoral, entre un pôle « optimiste », qui se vit sur une trajectoire ascendante ou stable et accepte la globalisation économique et les flux migratoires (qu'il perçoit positivement ou sans appréhension particulière) et un pôle « pessimiste », pour qui

1. Philippe Guibert et Alain Mergier, *Le Descenseur social. Enquête sur les milieux populaires*, Paris, Plon/Fondation Jean-Jaurès, 2006.

aujourd'hui est moins bien qu'hier et demain pire qu'aujourd'hui. Pour ces électeurs nombreux, la construction européenne, la déréglementation de nombreux secteurs et l'ouverture des frontières aux capitaux, aux marchandises et aux immigrés n'ont rien apporté de bon et se sont soldées par une douloureuse dégradation de leurs conditions de vie. Ces électeurs se sont alors prioritairement tournés vers la candidate qui promettait avec le plus de vigueur de mettre un coup d'arrêt à cette spirale infernale qui les tire vers le fond depuis plusieurs décennies.

La façon dont chacun évalue sa trajectoire sociale par rapport à celle de la génération précédente est un ressort fondamental de la structuration de l'opposition gagnants-ouverts/perdants-fermés. L'analyse en 3D des comportements électoraux montre, en effet, que ce paramètre vient amplifier ou moduler l'effet d'appartenance à une classe sociale sur le vote. D'autre part, le ressenti sur sa trajectoire sociale se décline collectivement au plan régional, ce qui, localement, a un puissant impact sur le vote.

Graphique 56. Les votes pour Macron et Le Pen au premier tour selon la mobilité sociale intergénérationnelle perçue

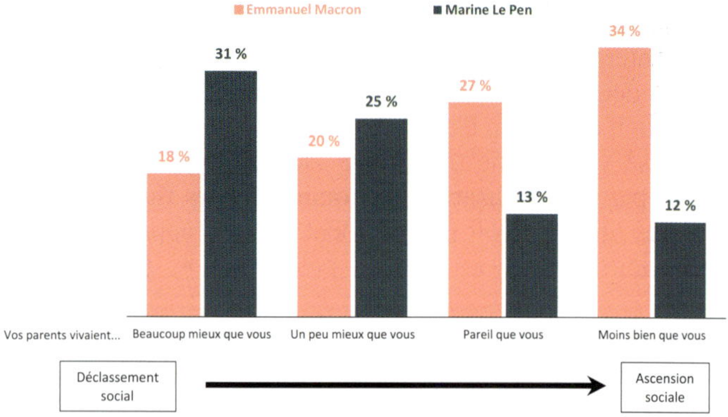

Ainsi, si l'on *zoome* sur la catégorie des cadres et des professions intellectuels, catégorie ayant fortement soutenu Emmanuel Macron et rejeté Marine Le Pen, les résultats varient très sensiblement en fonction de ce paramètre. Les cadres qui se vivent en très forte situation de déclassement par rapport à leurs parents ont, au premier tour, pratiquement autant voté Le Pen (18 %) que Macron (20 %), alors que ce dernier surclasse nettement sa rivale parmi les cadres et professions intellectuelles qui ont le sentiment d'avoir conservé le statut social par rapport à la génération précédente (31 % pour Macron contre 8 % pour Le Pen). La domination devient écrasante au sein des membres de cette catégorie qui ont bénéficié de l'ascenseur social (41 % contre 7 %) : ils se sont manifestement identifiés au parcours d'Emmanuel Macron.

À l'autre extrémité de l'échelle sociale, l'hégémonie frontiste est maximale parmi les ouvriers et les employés qui font l'expérience du plus fort déclassement social : 42 % pour Le Pen contre 13 % pour Macron. L'écart est un peu moins marqué (quoique massif) chez ceux qui pensent que leurs parents vivaient un peu mieux qu'eux (37 % contre 17 %). Enfin, pour le segment qui ne se vit pas comme en situation de déclin – segment minoritaire car l'expérience dominante dans les milieux populaires est celle du descenseur social –, Macron parvient à faire jeu égal avec sa rivale (20 % contre 22 %). On constate donc qu'à catégorie socioprofessionnelle identique le vote diffère très fortement selon la trajectoire sociale des individus et le sentiment qu'ils en ont. Il apparaît également que c'est la paire Macron/Le Pen qui a été la plus indexée sur cette variable, sans doute parce que chacun à sa manière incarnait le mieux les deux directions du mouvement de polarisation qui travaille le corps social français depuis plusieurs décennies.

La dimension éminemment géographique du nouveau clivage

1960-2015 : La grande redistribution des cartes entre régions gagnantes et régions perdantes

Le sentiment de déclassement peut, certes, être lié à une trajectoire strictement personnelle, mais il renvoie en fait souvent à la perception que les électeurs ont de leur propre région. L'opposition de la France soutenant Macron et de celle appuyant Le Pen correspond ainsi assez précisément à la perception, par les populations locales, du degré de prospérité et de dynamisme économique caractérisant leur région. Notons d'emblée qu'en l'espace d'une cinquantaine d'années les rôles et les rangs tenus par les régions se sont complètement inversés, ce qui ne pouvait pas ne pas avoir de conséquences électorales.

Ainsi, alors qu'au début des années 1960 les habitants des régions industrielles du Nord et de l'Est se voyaient comme vivant dans des zones entraînant l'ensemble de l'économie nationale, ils se perçoivent aujourd'hui comme résidant dans des régions en déclin. Le processus de désindustrialisation a, de fait, durement frappé ces régions, dont les populations, notamment ouvrières, éprouvent un sentiment de décrochage aigu par rapport aux générations précédentes, sentiment de déclin collectif et individuel qui a clairement favorisé le vote FN. Dans l'Ouest, à l'inverse, les habitants ont actuellement l'impression de vivre dans des régions économiquement préservées et assez dynamiques, sentiment qui n'était pas du tout celui des populations il y a cinquante ans[1]. Même si la situation actuelle peut parfois être difficile, le sentiment majoritaire qui prévaut dans ces régions est celui d'une élévation du niveau de vie par rapport à la génération précédente, climat

Carte 20. La perception du retard économique de la région par ses propres habitants en 1963 et en 2015

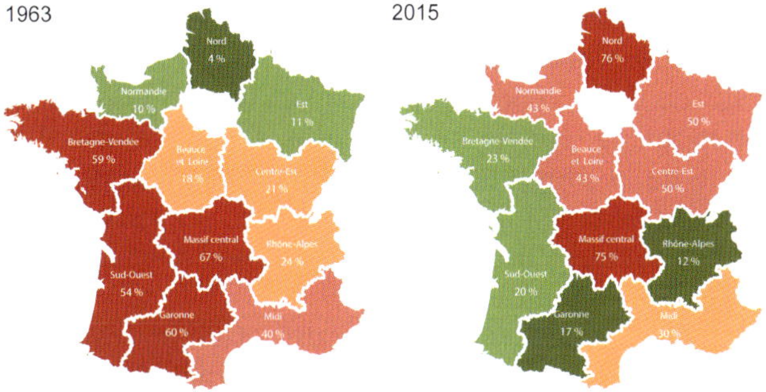

Sources : Ifop.

Note de lecture : en 1963, seuls 4 % des habitants du Nord (Nord-Pas-de-Calais-Picardie) considéraient que leur région était en retard. En 2015, 76 % font désormais ce constat.

1. On notera à ce propos que la carte de 1963, présentée ci-après, fait clairement apparaître un clivage géographique organisé de part et d'autre d'une ligne Saint-Malo/Genève. Cette opposition entre une France du Nord industrialisée et davantage scolarisée et une France de l'Ouest et du Sud plus en retard avait été diagnostiquée dès le début du XIXe siècle, la fameuse ligne Saint-Malo/Genève étant popularisée en 1826 par le baron Charles Dupin (cf. Roger Chartier, « La ligne Saint-Malo/Genève », *in* Pierre Nora (dir.), *Les Lieux de mémoire*, tome II, Paris, Gallimard, 1997). Pendant plus de cent cinquante ans, la même géographie économique et sociale était donc restée immuable. Et en l'espace de seulement quelques décennies, depuis la fin des années 1970, les cartes ont été totalement rebattues et les structures fondamentales de longue durée bouleversées.

psychologique nettement moins propice au développement du vote FN.

Chaque génération se compare à celles qui l'ont précédée, à celles de ses parents et de ses grands-parents. Or le passé des régions qui votent FN et des régions qui votent Macron est très différent. Dans les secondes, situées pour l'essentiel sur la façade ouest du pays, la vie paysanne est encore proche, dans les premières (quart nord-est et PACA), elle remonte à plus de deux générations. Pour mettre en lumière ce phénomène, Hervé Le Bras a eu l'idée de tracer la carte de la proportion d'agriculteurs dans la population active il y a deux générations, en s'appuyant sur le recensement de 1968 qui fournit les données pour chaque commune.

La similitude entre cette carte et celle des votes en faveur d'Emmanuel Macron est remarquable. On constate, certes, quelques hiatus entre le passé paysan et le vote Macron, dans la Sarthe, par exemple, mais cela s'explique en l'occurrence par la candidature de François Fillon. Si l'on agrège cette France au passé paysan, d'une part, et les grandes agglomérations, d'autre part, on retombe au détail près sur la carte du vote Macron.

Comme l'écrit Hervé Le Bras : « La carte de la France paysanne en 1968 donne la mesure de l'ascension sociale. Les enfants de paysans souvent très pauvres sont devenus ouvriers, employés, techniciens, cadres. Ils ont migré vers les villes, mais ils gardent un peu de terre à leurs semelles, le souvenir d'une certaine misère rurale et aussi d'une solidarité locale. Ils ont plus conscience du progrès de leur condition par rapport à celle de leurs parents ou de leurs grands-parents paysans, et font encore confiance à l'ascenseur social dont ils ont personnellement bénéficié. Inversement, les régions où les

Carte 21. Pourcentage d'agriculteurs dans la population active au recensement de 1968 (seules les communes comprenant moins d'un millier d'actifs ont été retenues)

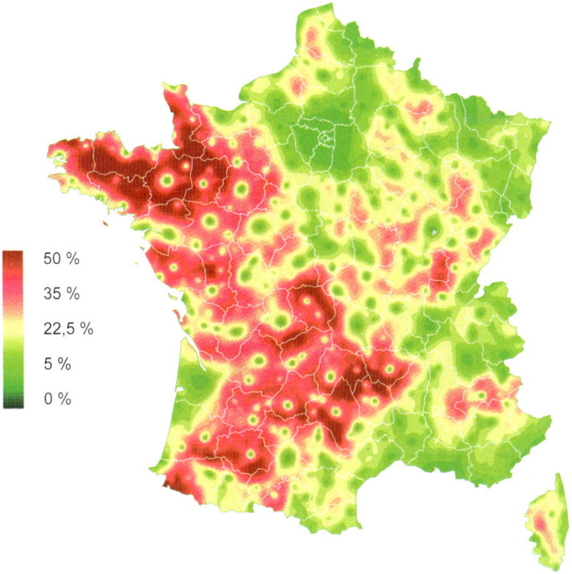

Sources : Hervé Le Bras et Jérôme Fourquet, « Le puzzle français. Un nouveau partage politique », Fondation Jean-Jaurès, 2017.

agriculteurs ne formaient plus qu'une faible minorité de la population en 1968, et même auparavant, recoupent presque sans exception les territoires qui accordent un grand nombre de suffrages au FN, particulièrement le Nord-Est et les bords de la Méditerranée[1]. » Dans ces régions, les mutations socio-économiques sont ressenties douloureusement, notamment dans les milieux

1. Hervé Le Bras et Jérôme Fourquet, « Le puzzle français. Un nouveau partage politique », *op. cit.*

populaires où les emplois à statut (mineurs de fond) ou d'ouvriers dans la grande industrie (donnant accès à certains avantages et à un salaire correct), dont les pères et les grands-pères avaient bénéficié, ont disparu au profit de jobs plus précaires (CDD, intérim) ou moins bien payés (dans les services) avec, en toile de fond, la hausse endémique du chômage dans ces bassins d'emplois.

Ainsi, au sein d'une même catégorie socioprofessionnelle, en l'espèce les ouvriers, l'expérience vécue à l'échelle d'une ou deux générations diffère fortement selon les régions, ce qui n'est pas sans incidence sur le vote. Au premier tour, Le Pen est hégémonique parmi les ouvriers du Grand-Est (50 % dans l'ensemble Champagne-Ardenne, Alsace, Lorraine, Franche-Comté) et des Hauts-de-France (46 %), alors que sa domination est un peu moins forte parmi les ouvriers du Grand Ouest (36 % dans l'ensemble Bretagne, Pays de la Loire, Basse-Normandie) ou du Sud-Ouest (33 % en Nouvelle-Aquitaine-Midi-Pyrénées).

France macronienne versus *France lepéniste : l'avènement d'un nouveau clivage...*

Au plan électoral, le macronisme est bien sorti de terre lors de l'élection présidentielle. Mais il ne s'agit pas pour autant d'un phénomène de génération spontanée. Le macronisme a agrégé, en une synthèse inédite, différents courants électoraux qui avaient commencé à converger depuis 2005, principalement sur la question européenne et la nécessité d'engager des réformes libérales. La géographie de ce vote porte la marque de ce syncrétisme. On décèle ainsi la dot de François Bayrou dans les Pyrénées-Atlantiques et certains départements du Grand Ouest et du sud du Massif central.

Carte 22. Score d'Emmanuel Macron au premier tour de l'élection présidentielle de 2017 (en pourcentage des exprimés)

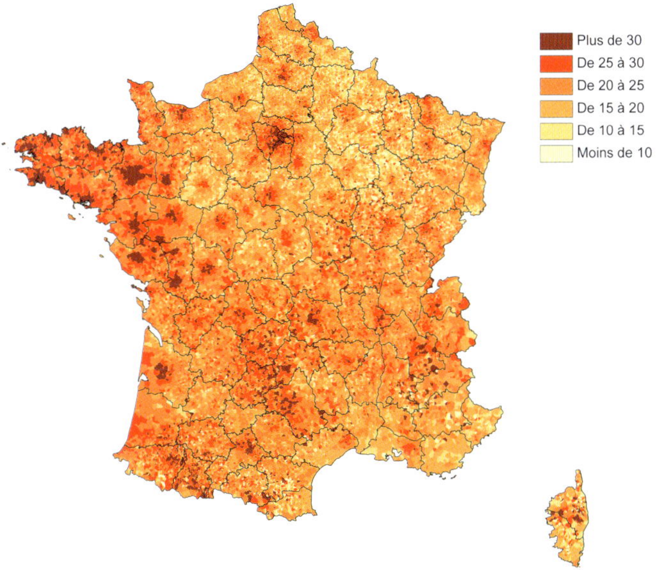

Sources : ministère de l'Intérieur.

À cette assise, qui correspond en partie aux restes du vote démocrate-chrétien, s'arriment des terroirs socialistes comme le Lot, le sud de l'Aveyron, la Corrèze hollando-chiraquienne ou bien encore le Puy-de-Dôme ou la Haute-Vienne.

Mais par-delà cet aspect « patchwork » de la géographie du macronisme, et quelle que soit l'échelle à laquelle on réalise l'analyse, ce qui apparaît de manière particulièrement criante, c'est que les deux candidats qui allaient s'affronter au second tour ont été portés au premier par deux France qui s'opposent terme à terme. Dans une symétrie des formes quasiment parfaite, la carte du vote Macron est en fait le décalque en négatif du vote Le Pen. C'est le cas pour ce qui est de l'opposition agglomérations et métropoles *versus* zones périurbaines. On le constate également au plan régional : le leader d'En Marche ! enregistre ses plus faibles scores dans les bastions frontistes que sont le quart nord-est du pays, la très grande périphérie francilienne et le littoral méditerranéen. À l'inverse, il surperforme sur la façade ouest, dans le Sud-Ouest, en Rhône-Alpes et dans la région parisienne, soit autant de régions où le FN est à la peine. Cet antagonisme parfait se décline également au plan infrarégional, avec, par exemple, dans le cas du Sud-Ouest, un vote Macron nettement plus faible dans la basse vallée de la Garonne (de Toulouse à Bordeaux), traditionnelle enclave frontiste dans cette région globalement assez hermétique au lepénisme.

... structuré par le degré de dynamisme économique des territoires

Cette géographie de l'antagonisme macronisme/lepénisme ne renvoie pas à la cartographie connue de l'affrontement entre la gauche et la droite. L'ossature géographique de ces deux votes n'est pas dessinée non plus autour du vieux clivage régions catholiques/régions déchristianisées, qui n'opère plus comme autrefois. Nous avons donc bel et bien changé d'époque, ce scrutin confirmant la perte d'influence de la matrice historique catho-laïque. Avec l'opposition des deux finalistes est apparu un nouveau cadastre électoral, qui a été façonné par un autre type de clivage de nature socio-économique.

Il existe, en effet, une corrélation étroite au plan communal entre les votes Macron et Le Pen au premier tour avec le taux de chômage dans le bassin d'emploi auquel la commune est rattachée. Cette variable du taux de chômage est tout à fait précieuse pour expliquer le clivage général entre la France de l'Ouest (acquise à Macron) et la France de l'Est (plus favorable à Le Pen), mais aussi les nombreuses anomalies contenues dans cette grille de lecture géographique assez binaire et trop schématique. En effet, l'Alsace et Rhône-Alpes, bien qu'à l'est, placent Macron en tête ; mais ces deux régions se caractérisent par un assez faible chômage. Symétriquement, la vallée de la Garonne constitue, quant à elle, une vieille enclave frontiste sur la façade ouest ; mais elle se distingue aussi de son environnement régional par un taux de chômage plus élevé. Or, si l'on abandonne l'approche cartographique pour une analyse statistique, la relation entre ces deux votes et la variable explicative du taux de chômage ressortent très nettement, comme le montre le graphique suivant. Dans la France du plein-emploi ou dans laquelle le taux de chômage est inférieur à la moyenne nationale, le leader d'En Marche ! devance en moyenne de 10 points la représentante du FN. Ils font jeu égal dans les zones où la proportion de demandeurs d'emploi est dans la moyenne nationale (entre 10 et 11 %), puis le vote FN surclasse très nettement le vote Macron (avec un rapport de force moyen de 30,7 % contre 18,6 %) dans les bassins d'emplois affichant plus de 13 % de chômeurs. Le graphique révèle également, d'une part, une relation quasi linéaire entre ces deux votes et la variable du taux de chômage et, d'autre part, que cette relation est strictement inversée pour les deux votes, ce qui confère au taux de chômage son statut de critère structurant du nouveau clivage électoral et idéologique.

Graphique 57. Les votes Macron et Le Pen au premier tour en fonction du taux de chômage dans la zone d'emploi

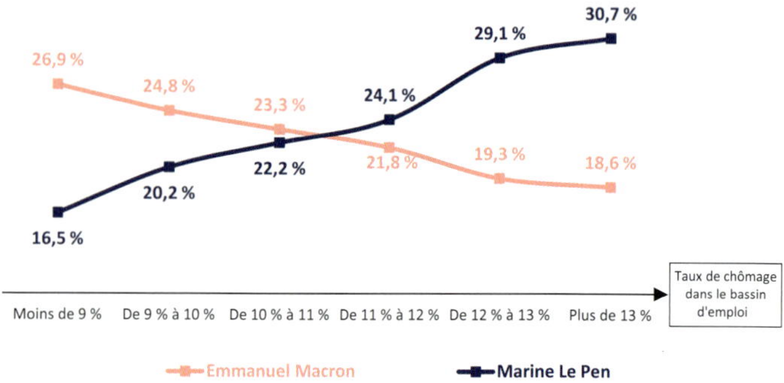

Si les sondages ont montré que les chômeurs qui avaient voté ont davantage choisi Marine Le Pen qu'Emmanuel Macron, les scores très élevés du FN dans les bassins sinistrés ne s'expliquent pas mécaniquement par le seul poids plus important des chômeurs dans la population locale. Le contexte économique et social dégradé pèse aussi lourdement et influe sur les comportements électoraux. Le chômage élevé alimente tout d'abord un sentiment d'insécurité économique parmi les salariés jouissant d'un emploi, pour qui la perspective de perdre son travail et d'avoir des difficultés à en retrouver un se révèle nettement plus palpable que dans d'autres régions. Cette forte prévalence du chômage implique également que de nombreux électeurs ont, parmi leurs proches, des demandeurs d'emploi et que l'image du territoire s'en trouve dépréciée – autant de facteurs qui pèsent sur le moral collectif et alimentent un sentiment d'abandon et de colère.

Le taux de chômage constitue ainsi un bon indicateur pour identifier les territoires qui vont bien et ceux qui se sentent à l'écart de la prospérité, voire sacrifiés, ce sentiment amplifiant considérablement l'inclination de tel ou tel groupe social à voter pour Marine Le Pen. Ainsi, à catégorie sociale identique, la propension à voter FN augmente et celle à voter Macron diminue quand le taux de chômage augmente.

Il est intéressant d'observer que, dans les bassins d'emploi les plus préservés, Emmanuel Macron a fait jeu égal au premier tour avec Marine Le Pen au sein des catégories populaires (27 % contre 29 %, voir graphique 58 A). Mais cette dernière le surclasse très nettement parmi les ouvriers et les employés qui résident dans des communes affichant plus de 12 % de chômeurs (42 % contre 15 %). La nette avance de la candidate du FN sur le leader d'En Marche ! dans les catégories populaires au plan national (35 % contre 16 %) s'est ainsi d'abord construite dans les territoires les plus fragilisés économiquement. En ces lieux, le discours frontiste sur les ravages de la concurrence mondialisée et de l'immigration de masse, la nécessité d'assurer la protection des populations sinistrées et la responsabilité des élites, qui auraient sacrifié des territoires entiers à la défense de leurs intérêts, a eu beaucoup plus d'écho

Graphique 58. Le contexte économique et social amplifie les logiques sociologiques à l'œuvre

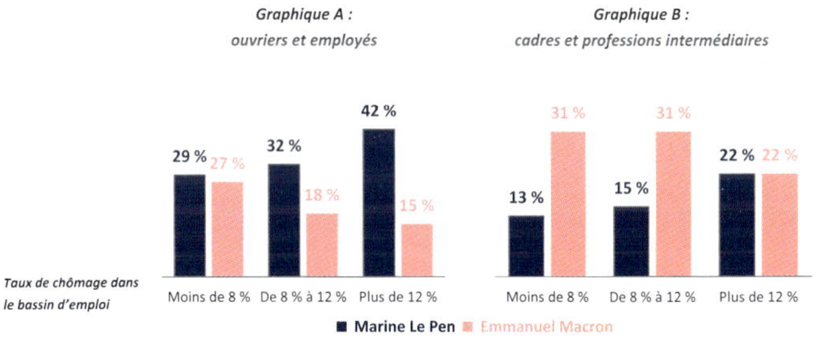

dans les catégories populaires que parmi celles vivant et travaillant dans des régions nettement plus dynamiques.

L'influence du contexte économique et social local sur le vote ne s'exerce pas seulement dans les milieux populaires. On constate le même phénomène dans les classes moyennes et chez les cadres. Si ces catégories, on l'a dit, ont largement soutenu le candidat d'En Marche ! et lui ont accordé une très large avance sur Marine Le Pen au plan national, dans les bassins les plus sinistrés, on constate que Marine Le Pen a fait jeu égal dans ces catégories avec son adversaire au premier tour (22 % chacun, voir graphique 58 B). Elle est en revanche très nettement distancée dans ces milieux sociaux dans les zones les plus dynamiques (13 % contre 31 %). On perçoit comment le contexte géographique (en l'espèce le dynamisme économique local) peut puissamment influer sur la vision du monde et *in fine* sur les votes des différents groupes sociaux, y compris parmi les cadres et les classes moyennes.

Métropoles et territoires périphériques

Parallèlement à cette opposition entre territoires dynamiques et zones d'emploi sinistrées, on a beaucoup insisté sur « les deux France » qui étaient sorties des urnes et qui se regardaient en chiens de faïence : la France urbaine ayant soutenu Emmanuel Macron, la France périphérique (petites villes, zones périurbaines et campagnes) ayant placé Marine Le Pen en tête.

La carte du vote Macron fait, en effet, ressortir très nettement l'armature urbaine du pays. On voit ainsi apparaître les principales agglomérations de l'Hexagone : la région parisienne, mais aussi Lille, Amiens (dont il est originaire), Rouen, Caen, Rennes, Nantes, Bordeaux, Toulouse, Grenoble, Lyon (fief de l'un de ses premiers soutiens Gérard Collomb), Strasbourg, Metz, Nancy et Dijon. Dans ces grandes villes, qui sont souvent aussi des métropoles universitaires, il a principalement été soutenu par les cadres et les diplômés du supérieur. Mais le survote en faveur d'Emmanuel Macron perdure souvent dans la première couronne résidentielle de ces grandes villes. Comme le montre le graphique suivant, il atteint 27,2 % en moyenne dans les communes situées à moins de 10 kilomètres du cœur d'une aire urbaine de plus de 200 000 habitants. Son score moyen reste proche de la moyenne nationale (24,4 % contre 23,9 % au plan national) dans les zones distantes de 10 à 20 kilomètres du centre d'une aire urbaine importante, puis tombe ensuite à 22,5 % en moyenne entre 20 et 30 kilomètres, avant d'atteindre son point bas (21,4 % et 21,2 %, ce qui constitue néanmoins un plancher assez robuste) dans les communes situées entre 30 et 50 kilomètres. Le score reste bloqué sous la barre des 22 % en moyenne jusqu'à 60 kilomètres, avant de reprendre un peu de vigueur ensuite. La trajectoire que décrit ce vote en fonction de ce que l'on appelle le « gradient d'urbanité » indique que nous sommes bien en présence d'un vote d'abord métropolitain et citadin, même si le macronisme électoral a su aussi rencontrer un écho (un peu moins puissant tout de même) dans les zones rurales.

Il est intéressant de constater que le profil de ce vote, selon le critère du gradient d'urbanité, correspond au négatif (au sens photographique du terme) quasi parfait du vote FN. C'est en effet dans le grand périurbain que, comme lors des précédents scrutins, Marine Le Pen a enregistré en moyenne ses meilleures performances : 25,5 % (contre 21,4 % en moyenne nationale) dans les communes situées entre 30 et 50 kilomètres du cœur d'une aire urbaine, et 25 à 24 % dans les deux strates

Graphique 59. Les votes Le Pen et Macron au premier tour en fonction de la distance des communes à la grande aire urbaine la plus proche

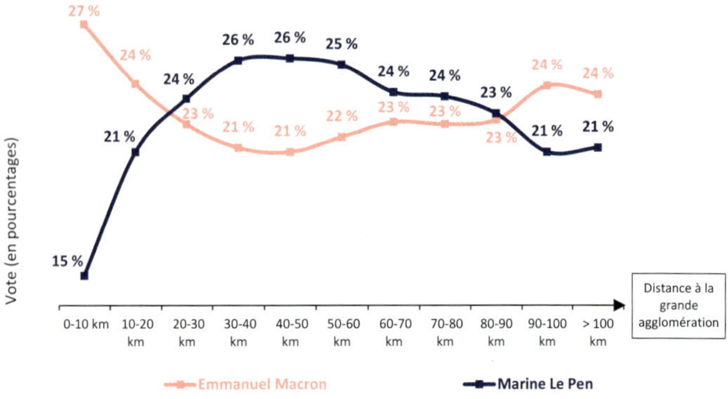

suivantes (50 à 70 kilomètres), soit précisément les types de communes qui ont le moins succombé au charme d'Emmanuel Macron. À l'inverse, dans le cœur des métropoles, structurellement les plus acquises au candidat d'En Marche !, le FN enregistre en moyenne ses moins bons scores (15,4 %), et le tassement amorcé lors des précédents scrutins dans les métropoles se confirme alors que la dynamique frontiste dans le grand périurbain se renforce.

Si le vote Macron est donc puissant dans les grandes agglomérations et qu'il y surclasse son adversaire du second tour, le tropisme urbain du macronisme électoral s'observe également dans les villes de second rang, qui accordent des scores significatifs au candidat d'En Marche !. On distingue à cet égard, par exemple, sur la carte, les agglomérations de Compiègne, de Saint-Lô, de Laval, de Cholet, de La Roche-sur-Yon, de Niort, de Bourges, de Limoges, de Rodez ou bien encore d'Arras.

Tout cela s'explique en partie par la distribution des différentes catégories sociales dans l'espace. Comme l'a souligné Christophe Guilluy[1], les milieux populaires, qui votent le plus massivement pour le FN, résident majoritairement à bonne distance du cœur des agglomérations en raison notamment du prix de l'immobilier. À l'inverse, les cadres et professions intellectuelles se concentrent dans les métropoles et leur première couronne, or ce sont elles qui constituent le contingent le plus important des voix macronistes. En raison de la hausse du marché de l'immobilier, phénomène que l'on observe dans toutes les métropoles mondialisées, cette distribution géographique de plus en plus marquée des classes sociales, dont les référendums européens de 1992 et de 2005 avaient déjà révélé les conséquences électorales, s'est considérablement renforcée ces dernières années.

À ce phénomène structurel s'ajoute une dimension psychologique très importante, notamment en Île-de-France. Beaucoup des habitants de la deuxième ou de la troisième couronne éprouvent un sentiment de relégation subie (contraints qu'ils sont de se loger à bonne distance du cœur de l'agglomération, compte tenu de leurs revenus) et parfois choisie (on quitte certains quartiers pour échapper à « l'insécurité physique et culturelle », pour reprendre l'expression de Christophe Guilluy). Les résultats du second tour de la présidentielle en Île-de-France en fonction de la distance à Paris sont d'ailleurs extrêmement clivés, comme le montre le graphique suivant.

1. Christophe Guilluy, *La France périphérique*, Paris, Flammarion, 2014.

Graphique 60. Le vote Le Pen et Macron au second tour en Île-de-France en fonction de la distance à Paris

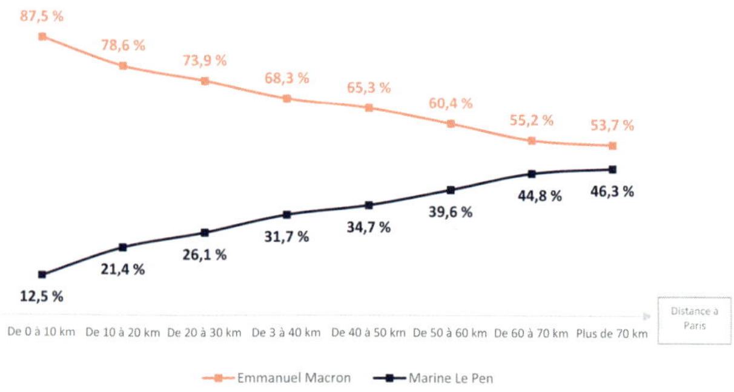

Ces zones géographiques sont également moins bien desservies par les transports en commun, on y dépend donc davantage de la voiture individuelle (on y pâtit davantage de la hausse de taxe sur le diesel décidée pour lutter contre la pollution[1] ou de la limitation de vitesse à 80 kilomètres/heure) et on y jouit d'un accès restreint à l'offre culturelle du centre de la métropole. Tous ces éléments contribuent à nourrir le vote FN dans les périphéries franciliennes, alors qu'il est contenu à Paris et dans la petite ceinture. En grande couronne, la connexion au réseau de transports (RER, Transilien), et partant la capacité et la rapidité d'accès au cœur de l'agglomération, est une variable majeure. Pour évaluer l'impact de la proximité à une gare sur le vote, nous avons calculé les scores moyens du second tour en grande banlieue en fonction de la distance à une

1. La Seine-et-Marne sera ainsi un des foyers les plus actifs du mouvement des « gilets jaunes ».

gare RER ou Transilien. Emmanuel Macron domine très nettement dans les communes de la grande couronne parisienne desservies par le rail, mais le rapport de force s'inverse progressivement à mesure que l'on s'éloigne d'une gare[1]. Ainsi, dans les communes de grande banlieue situées à plus de 20 kilomètres d'une gare, Marine Le Pen passe nettement en tête. On a ici la traduction électorale du processus d'étalement urbain non maîtrisé qui voit des lotissements à bon marché pousser dans des zones non desservies par les réseaux de transport et de plus en plus éloignées du cœur de la métropole francilienne.

Ce clivage centre périphérie ne s'observe pas seulement pour la capitale. Il est également à l'œuvre à l'échelle des métropoles régionales, comme le montre, par exemple, le cas de Lille et du département du Nord. Emmanuel Macron a ainsi atteint 78,3 % à Lille au second tour de la présidentielle, mais son score décroît ensuite à raison d'environ 1 point par kilomètre selon une régularité assez frappante, et Marine Le Pen se porte en tête dans les communes situées à plus de 30 kilomètres du cœur de l'agglomération lilloise.

1. Ces calculs ont été effectués en s'appuyant sur la base de données communales GÉDÉON de la société ADN, que nous remercions chaleureusement.

Graphique 61. Le vote en faveur d'Emmanuel Macron et Marine Le Pen dans la grande couronne francilienne au second tour de l'élection présidentielle de 2017 en fonction de la distance aux gares RER et Transilien

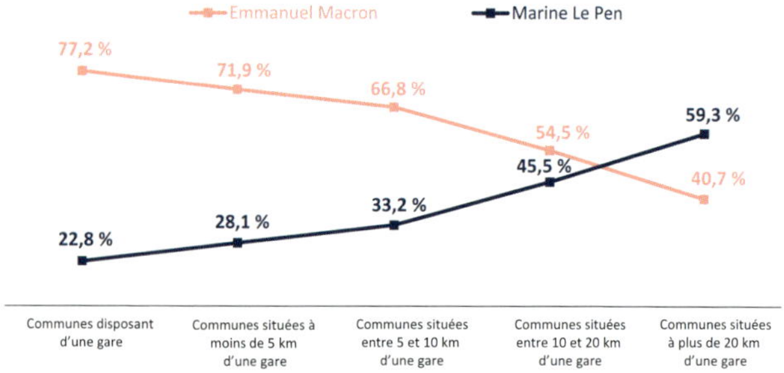

Menton, Calais, Mayotte : l'impact de la crise migratoire sur le vote FN

Parallèlement aux facteurs structurants que sont le dynamisme économique et la proximité du cœur d'une agglomération, les flux migratoires influencent également les comportements électoraux. On a constaté, dans un chapitre précédent, que la modification progressive des équilibres ethnodémographiques depuis une trentaine d'années dans certains départements n'était pas sans lien avec le vote FN. Sur une échelle de temps plus brève, ce dernier a également été dopé localement par la crise migratoire.

On sait qu'à l'occasion de la montée en puissance de la crise des migrants depuis 2015 différentes portions du territoire national ont été soumises à une très forte pression migratoire. C'est le cas, par exemple, dans les Alpes-Maritimes, à la frontière italienne. De nombreux migrants arrivés sur les côtes du sud de l'Italie remontent la péninsule et se concentrent à Vintimille, avant d'essayer de passer en France pour gagner ensuite la Grande-Bretagne ou les pays d'Europe du Nord. La situation n'est certes pas comparable à celle qui a prévalu à Calais, mais le climat a incontestablement changé dans la région et la question de la maîtrise des flux migratoires s'y pose avec beaucoup plus d'acuité. Alors qu'à l'échelle de l'ensemble du département des Alpes-Maritimes Marine Le Pen voyait son score s'éroder de 2,1 points entre 2012 et 2017, dans la plupart des communes concernées, la hausse était sensible (de 7 à 12 points).

Tableau 24. 2012-2017 : Évolution du vote Le Pen à proximité de la frontière italienne dans les Alpes-Maritimes

Communes	% M. Le Pen - 1er tour 2012	% M. Le Pen - 1er tour 2017	Évolution
Communes frontalières			
Menton	25,7 %	32,5 %	+ 6,8 pts
Castellar	23 %	34 %	+ 11 pts
Communes proches de la frontière			
Castillon	33 %	44,6 %	+ 11,6 pts
Sainte-Agnès	30,8 %	40,7 %	+ 9,9 pts
Lucéram	30,1 %	38,4 %	+ 8,3 pts
Peille	29,9 %	37,9 %	+ 8 pts
Alpes-Maritimes	23,5 %	21,4 %	– 2,1 pts

Comme on peut le voir sur le tableau ci-dessus, cette poussée s'est opérée à la fois dans les communes frontalières (Menton et Castellar), mais aussi dans des communes situées en retrait. Face au renforcement du dispositif policier à Menton et sur la côte, les migrants et les passeurs empruntent des itinéraires de montagne détournés, passant par la vallée de la Roya. Dans plusieurs des communes de cette vallée, la hausse du vote frontiste a également été significative, comme à Fontan (37 %, + 10,3 points), Tende (30,3 %, + 7,6 points) ou Sospel, située à la frontière (34,2 %, + 7,4 points). Tous les villages ne sont pas, pour autant, concernés par cette hausse du vote FN car il existe également une tradition de gauche ancrée localement et des réseaux de soutiens aux migrants se sont organisés, autour notamment de la figure du paysan militant pro-migrants Cédric Herrou. La hausse a ainsi été inférieure à 3 points à Breil-sur-Roya, à Saorge et à La Brigue.

À l'autre extrémité du territoire national, Calais est le point d'aboutissement de nombreuses routes migratoires et le point de passage obligé pour la Grande-Bretagne. De par ce statut particulier, Calais et toute la région ont subi ces dernières années une pression migratoire très importante avant que soit entrepris le démantèlement de la fameuse « jungle » à la périphérie de la ville, celle-ci ayant induit son lot d'affrontements avec les forces de l'ordre et le développement d'une petite délinquance de survie[1]. Après la destruction par les autorités de cet immense campement, un autre camp à Grande-Synthe, ouvert

1. Voir à ce sujet, par exemple, Jérôme Fourquet et Sylvain Manternach, « Calais : miroir français de la crise migratoire européenne », note de la Fondapol, mars 2017.

par la municipalité de cette ville et Médecins du Monde, verra sa population croître très rapidement. Dans le Calaisis, la progression de Marine Le Pen entre 2012 et 2017 sera portée par ce contexte particulier : + 8,4 points à Grande-Synthe, + 11,2 à Marck, + 11,5 à Calais et + 14,8 à Fréthun, commune où se situe l'entrée du tunnel sous la Manche. Avec 57,4 % au second tour, Calais sera la grande ville de France à accorder son meilleur score à la candidate frontiste[1].

La métropole n'a pas le monopole de l'immigration clandestine. Certains départements d'outre-mer sont également concernés au premier chef. Ainsi, Mayotte, déjà historiquement exposée par l'arrivée massive d'immigrants clandestins venus des îles voisines de l'archipel des Comores, dont l'île d'Anjouan, subit une pression migratoire redoublée depuis qu'elle est devenue le 101e département français en 2011 (ce changement de statut ouvrant droit au RSA pour les résidents de l'île).

Mayotte est aujourd'hui le département qui compte la plus grande proportion d'étrangers, (devant la Guyane), ce qui y rend la situation sociale explosive. Au cours du premier semestre 2016, Mayotte a ainsi été le théâtre d'une grève générale qui a paralysé l'île pendant plusieurs semaines, mais a aussi suscité de nombreuses

1. L'impact localisé de la crise migratoire sur les comportements électoraux ne s'observe pas qu'en France. En décembre 2018, un parti d'extrême droite, Vox, obtenait, pour la première fois en Espagne depuis la chute du franquisme, un résultat important lors d'élections locales en Andalousie, région particulièrement exposée à l'arrivée des embarcations des clandestins. Le mouvement Vox arriva même en deuxième position dans la circonscription d'Alméria située sur la côte.

violences[1]. Confrontés à une pression migratoire grandissante et à une délinquance en forte croissance, des collectifs villageois ont procédé à des expulsions *manu militari* de Comoriens, parfois en situation régulière, vivant sur leurs communes dans un habitat précaire (surnommé « case ») qui sera détruit à cette occasion. Ces opérations de « décasages » se sont déroulées sur la côte ouest de Mayotte. La candidate frontiste Marine Le Pen, dont le score passe spectaculairement sur l'île de 2,8 % des suffrages en 2012 à 27,2 % en 2017, aura ainsi progressé de près de 25 points pour terminer deuxième derrière François Fillon.

Cette poussée inégalée ailleurs en France a fait l'effet d'un tremblement de terre. Et c'est sur la côte ouest que la hausse a été la plus massive. Cette côte au vent, où débarquent les *kwassa-kwassas*, ces barques empruntées par les Comoriens au péril de leur vie, est nettement moins urbanisée que la côte est, qui abrite les principales villes et administrations du département. Il semble bien que la pression migratoire et la multiplication des actes délictueux sur ces terres agricoles aient alimenté tant la série d'expulsions du premier trimestre 2016 que le vote en faveur de Marine Le Pen au premier tour de l'élection présidentielle 2017, avec des hausses dépassant souvent les 28 points alors qu'elle n'a pas atteint les 20 points sur la côte est. Les positions de la leader frontiste sur la question migratoire et sa dénonciation du laxisme supposé des autorités, en métropole comme dans les outremers, ont manifestement trouvé un écho favorable auprès de la population mahoraise. On constate le même phénomène en

1. En plus des affrontements violents entre bandes rivales, des barrages sauvages et du racket sur les automobilistes, plusieurs « chasses aux Blancs » (*n'zungus*) ont été recensées.

Guyane où, dans un contexte également marqué par une forte pression migratoire et une flambée de l'insécurité, Marine Le Pen est passée au premier tour de 10,5 % en 2012 à 24,3 % en 2017.

8

Après le big-bang : un nouveau paysage politique

L'élection présidentielle de 2017 a provoqué un véritable big-bang politique. Mais à l'instar des séismes majeurs, elle n'est que la résultante de mouvements tectoniques qui travaillaient souterrainement depuis des années. Si, comme on l'a vu, ce scrutin a mis en évidence l'état de fragmentation du pays, il a également contribué à redessiner la physionomie de l'archipel français, des îles émergeant quand d'autres disparaissaient quasi intégralement dans les flots.

La ligne Siegfried a disparu

De l'affrontement Est-Ouest au clivage centre périphérie

Le département de la Sarthe constitue un bon terrain pour observer les mutations qui ont affecté le paysage électoral au cours des dernières décennies. Située aux marges de la France de l'Ouest, la Sarthe a fait l'objet de l'attention particulière d'André Siegfried, qui lui consacra plusieurs développements dans *Le Tableau politique de la France de l'Ouest*[1], mais aussi de Paul Bois, dans son magistral *Paysans de l'Ouest*[2].

Les deux auteurs ont mis en lumière une frontière politique coupant le département en deux selon un axe sud-ouest/nord-est, la partie ouest du département étant acquise à la droite quand l'est votait à gauche. Siegfried a convoqué des facteurs comme le poids de la noblesse, de la religion catholique et le mode dominant de propriété du sol (grande propriété *versus* petite propriété) pour expliquer cette opposition électorale franche et persistante entre des terroirs pourtant distants de quelques kilomètres seulement. Bois, de son côté, a enrichi le modèle en y introduisant une variable historique, l'attitude des populations locales lors de la Révolution puis de la chouannerie. L'historien a ainsi montré qu'il existait une opposition entre les cantons de l'ouest, où la population essentiellement paysanne et relativement prospère accepta mal que des citadins et des bourgeois achètent la majorité des biens nationaux (terres des nobles et du clergé mises en vente lors de la Révolution), et les cantons du sud-est, où cohabitaient une paysannerie pauvre et de nombreux artisans et ouvriers ruraux en contact fréquent avec les citadins. Ces différences expliquent, en bonne partie, pourquoi les campagnes de l'ouest de la Sarthe basculèrent dans le camp de l'insurrection vendéenne quand les cantons de l'est et du sud-est demeurèrent fidèles à la Révolution. Ces affrontements sanglants et ces troubles persistants ont constitué ce que l'auteur a appelé un « traumatisme historique », qui aura imprimé sa marque sur la très longue durée.

1. Paris, Armand Colin, 1913 ; réimp. Bruxelles, Éditions de l'université de Bruxelles, 2010.

2. Paris, Flammarion, 1971.

Siegfried avait, en effet, constaté que l'opposition entre les « Bleus » et les « Blancs », apparue lors de la Révolution, s'observait encore au plan électoral au début de la IIIe République. Bois fit le même constat pour la IVe République ! Or, si l'on poursuit leur travail et qu'on se livre à une analyse du vote aux législatives de 1978, on constate que le paysage électoral était toujours figé dans le même schéma à la veille des années 1980. Près de deux cents ans après les guerres de Vendée, la ligne de front passait toujours au même endroit dans la Sarthe. Ainsi, si l'on prend l'exemple du vote pour le PC en 1978, ce dernier se cantonnait pour l'essentiel à l'est de la ligne tracée par Siegfried quand l'écrasante majorité des communes situées à l'ouest de cette ligne demeurait hermétique à la formation de gauche revendiquant le plus clairement l'héritage révolutionnaire.

Lors de l'affrontement gauche droite au second tour de l'élection présidentielle de 1981, cette topographie électorale sarthoise confirma, pour l'essentiel, sa validité. Ce ne serait plus le cas onze ans plus tard, lors du référendum sur Maastricht. La géographie des votes à ce scrutin ne s'organise plus du tout selon cette matrice historique, et les votes « oui » et « non » sont dispersés de part et d'autre de la ligne Siegfried. Pour autant, ces votes présentent une cohérence géographique répondant à un autre clivage émergent.

Comme le montre la carte ci-dessous, dans la Sarthe comme au plan national, l'opposition centre/périphérie a pris une dimension structurante lors de ce scrutin fondateur, annonçant les réalignements électoraux et sociologiques en cours.

Le Mans, principale ville du département, fut l'épicentre du vote « oui », qui arriva également en tête dans la majeure partie des communes de la première

Carte 23. Score des candidats PCF au premier tour des législatives de 1978 (en pourcentage des votants)

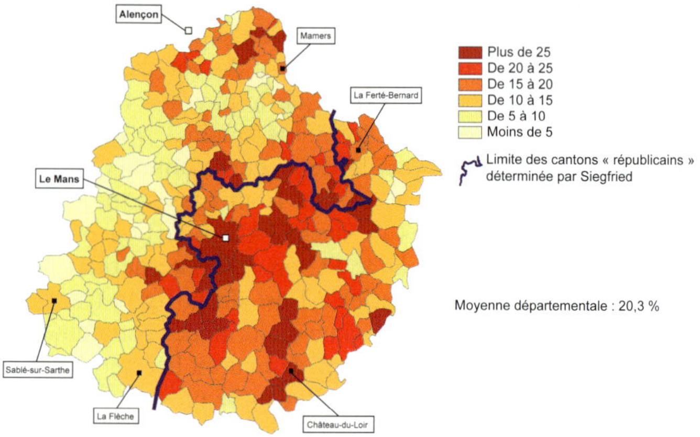

Sources : *Ouest France*.

couronne mancelle. Passé un rayon de 10 kilomètres, le rapport de force s'inverse avec une légère avance pour le « non ». À plus de 20 kilomètres du Mans, ce vote gagne en intensité, avec de nombreuses communes affichant un « non » à plus de 60 %. Dans les confins sarthois, les petites enclaves urbaines se détachent, confirmant à leur échelle l'existence du clivage urbain/rural. Le « oui » est ainsi en tête à Mamers et dans sa périphérie, à La Ferté-Bernard, à La Flèche, ou bien encore dans les communes du nord de la Sarthe composant une partie de l'agglomération d'Alençon, chef-lieu du département voisin de l'Orne.

Au fil des scrutins, cette opposition entre centres urbains abritant une population diplômée de cadres et de classes moyennes acceptant la poursuite de la

Carte 24. Rapport de force entre le « oui » et le « non » lors du référendum de 1992 sur le traité de Maastricht (en pourcentage des exprimés)

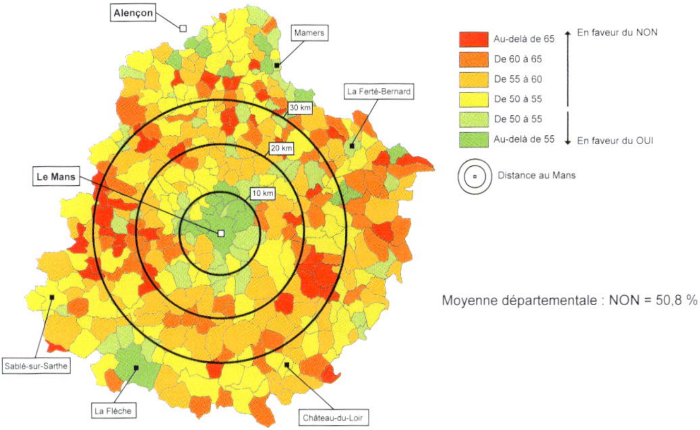

Sources : ministère de l'Intérieur.

construction européenne et s'adaptant au nouveau cadre de l'économie globalisée *versus* des territoires périurbains et ruraux peuplés d'ouvriers, d'employés et d'agriculteurs, plus attachés au cadre national perçu comme plus protecteur face aux mutations économiques subies, va devenir de plus en plus prégnante et supplanter la vieille opposition est/ouest en tant que clivage principal. Ce fut le cas lors du second tour de l'élection présidentielle de 2002, puis lors du référendum sur le Traité constitutionnel européen de 2005.

Au second tour de l'élection présidentielle de 2017, la ligne Siegfried avait cette fois complètement disparu, l'opposition Macron/Le Pen s'organisant plus que jamais sur la logique centre/périphérie, comme le montre la carte ci-dessous. Le candidat d'En Marche !

Carte 25. Score de Marine Le Pen au second tour de l'élection présidentielle de 2017 (en pourcentage des exprimés)

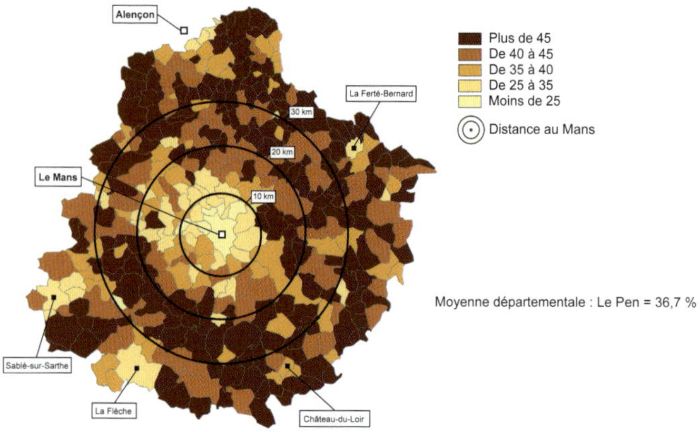

Sources : ministère de l'Intérieur.

domine très nettement au Mans et dans la première couronne. Entre 10 et 15 kilomètres, le rapport lui est toujours favorable, mais passé les 20 kilomètres, le vote Le Pen devient très puissant, se renforçant encore à plus de 30 kilomètres, les enclaves urbaines de la périphérie alençonnaise, de Mamers, La Ferté-Bernard, Château-du-Loir, La Flèche et Sablé se distinguant de leur environnement rural comme lors des scrutins évoqués précédemment.

La fragilisation du tissu économique en zone rurale et périurbaine

Si Marine Le Pen a été largement battue dans la Sarthe, avec un score de 36,7 %, elle a néanmoins considérablement amplifié les résultats de son père, qui n'avait recueilli que 15,6 % des voix sarthoises quinze ans plus tôt au second tour de 2002. À l'instar de l'essayiste américain Thomas Franck, qui s'interrogeait sur les causes du basculement idéologique de son Kansas natal[1], le Sarthois que je suis peut se demander : « Qu'est-il donc arrivé à la Sarthe ? »

La formation d'un nouveau clivage structurant la géographie électorale locale peut être analysée comme la mise en conformité du paysage politique sarthois avec la nouvelle réalité économique et sociale du territoire. Le fait que la matrice historique, ouest du département catholique et conservateur *versus* est de la Sarthe déchristianisé et acquis à la gauche, ait perduré de la période révolutionnaire au début des années 1980 indique qu'en dépit des événements historiques et des évolutions démographiques, économiques et sociales intervenues les structures profondes du département étaient demeurées relativement stables durant une longue période.

Les mutations vont prendre une tout autre ampleur à partir du début des années 1980, avec notamment l'essor de la périurbanisation autour de l'agglomération mancelle. Parallèlement, comme d'autres territoires, la Sarthe va être confrontée à un violent mouvement de désindustrialisation, phénomène qui aura des conséquences directes et indirectes profondes pour la population locale. En nous en tenant aux vingt dernières années (1997-2017), nous avons comptabilisé la fermeture de près de trente sites industriels dans le département, ce

1. Thomas Franck, *What's the Matter with Kansas ? How Conservatives won the Heart of America*, New York, Henry Holt and Co, 2004.

qui représente plusieurs milliers d'emplois directs perdus, sans compter les emplois indirects et les pertes de recettes fiscales et commerciales pour les territoires concernés. Le Mans a payé un lourd tribut avec la fermeture d'un important site de Philips, auquel il faut ajouter la fonte des effectifs de l'usine Renault, jadis le premier employeur de la ville. Mais, comme le montre la carte suivante, la « Sarthe périphérique », pour reprendre la formule de Christophe Guilluy, n'a pas non plus été épargnée : le nord du département (Mamers, Fresnay et la périphérie d'Alençon) a, par exemple, été durement frappé par la chute de Moulinex.

En 2009, c'est l'usine Framatome de la Ferté-Bernard qui ferme ses portes. Au sud du département, les nombreuses usines (sous-traitance automobile, plasturgie, agro-alimentaire) qui constituaient l'armature de ce tissu industriel rural ont également mis la clé sous la porte, entraînant des graves conséquences sociales comme dans la petite ville du Lude qui a vu disparaître ses trois usines en l'espace d'à peine dix ans. Ces événements ont contribué à dévitaliser des territoires entiers et à nourrir une colère sourde et un sentiment d'abandon et de déclassement. Et cela d'autant plus que, dans le même temps, l'agriculture, autre pilier économique local, subissait à bas bruit un plan social sans précédent. Entre 1988 (soit quatre ans avant Maastricht) et 2014, le nombre d'exploitations agricoles dans le département est passé de 14 000 à 5 150, soit une chute de 63 % ! La création d'emplois dans le secteur tertiaire n'a pas compensé cette saignée intervenue en vingt ou trente ans et bon nombre des nouveaux emplois ont été créés dans l'agglomération mancelle.

Moins de deux ans après l'élection présidentielle, cette nouvelle géographie économique, sociale et donc politique de la Sarthe, non plus structurée de part et d'autre de la traditionnelle ligne Siegfried mais selon une logique centre périphérie, s'est également manifestée à l'occasion du mouvement des « gilets jaunes ». Les points de blocage et de rassemblement étaient répartis tant à l'ouest qu'à l'est du département, mais dans des zones rurales ou dans la très grande périphérie mancelle. Dans la Sarthe comme ailleurs, ce mouvement a d'abord rencontré un écho dans les milieux populaires et la petite classe moyenne résidant à bonne distance des centres urbains. La très forte dépendance à la voiture et le sentiment de déclassement, voire d'abandon, ont constitué le carburant principal de ces événements qui ont moins pénétré les grandes agglomérations. Ce mouvement aux racines profondément politiques est venu illustrer une nouvelle fois l'obsolescence du vieux cadastre électoral hérité de l'histoire de longue durée, et le caractère de plus en plus prégnant des nouvelles lignes de faille articulées autour du phénomène de métropolisation.

Ainsi, d'après les données de l'Ifop, la part de Français se définissant comme « gilets jaunes » s'établissait à 14 % dans les grandes agglomérations mais grimpait ensuite en moyenne à 19 % dans un rayon de 20 à 30 km d'une grande ville, puis à 26 % à une distance de 40 à 50 km, pour atteindre 28 % à une distance de 50 à 60 km, la proportion de « gilets jaunes » dans ce périurbain éloigné étant deux fois plus importante que dans les agglomérations.

Carte 26. 1997-2017 : fermetures d'usines/nombre de salariés dans la Sarthe

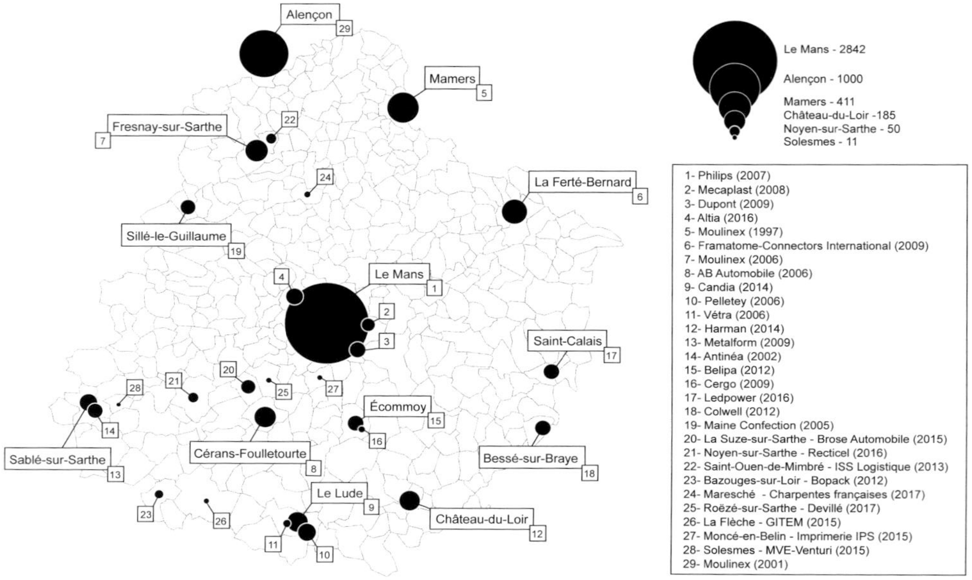

Sources : presse locale.

Les Insoumis : une coalition électorale durable ?

Le cas sarthois met bien en évidence l'ampleur des bouleversements socio-économiques et idéologiques survenus aux cours des trente dernières années, le scrutin de 2017 prenant acte de ce basculement. À rebours, la lecture rapide de certains résultats pourrait entretenir l'idée d'une certaine permanence au plan national, dont témoignerait, par exemple, le score du candidat des Insoumis, qui a renoué avec le niveau historique du PC.

Mélenchon n'est pas l'avatar de Marchais

Pour trouver un candidat situé à la gauche du PS et ayant franchi la barre des 15 % (Jean-Luc Mélenchon a obtenu 19,6 % des voix au premier tour en 2017), il faut remonter à l'élection présidentielle de 1981 et à Georges Marchais[1]. Si les scores de l'un et l'autre sont relativement proches, la géographie de ces deux votes diverge pour autant en plusieurs points.

Comme le montre la carte suivante, Georges Marchais avait enregistré ses meilleurs résultats dans quatre grandes régions où l'influence du communisme était alors très importante. Il s'agissait d'abord des terres industrielles nordistes, avec les départements du Nord, du Pas-de-Calais, de la Somme et de l'Aisne, auxquelles on peut ajouter les Ardennes, l'Oise et la Seine-Maritime. Deuxième bastion, la ceinture rouge de Paris avec les départements de Seine-Saint-Denis et du Val-de-Marne. Les campagnes rouges du Limousin et des bordures du Massif central constituaient sa troisième zone de force, avec les départements de

1. Il avait obtenu 15,3 % des voix.

l'Allier, de la Haute-Vienne, de la Creuse, de la Corrèze, de la Dordogne et du Cher. Enfin, les départements d'un vaste Midi rouge, courant de Perpignan à Marseille, offrirent également de très bons résultats à Georges Marchais. Ce dernier était en revanche à la peine dans toutes les régions historiquement catholiques : le Grand Ouest (à l'exception des Côtes-d'Armor), l'Alsace, la Savoie, le sud du Massif central et les Pyrénées-Atlantiques. Bref, en 1981, alors même que le déclin du catholicisme et du communisme était bien amorcé, la géographie électorale était encore très clairement structurée et organisée par ces deux pôles religieux et idéologiques qui avaient imprimé leurs marques sur le temps long.

Ce n'est plus le cas aujourd'hui, et si la moyenne nationale de Mélenchon en 2017 est relativement proche de celle de Marchais en 1981, les deux cartes diffèrent assez nettement. La comparaison de la géographie de ces deux votes est intéressante en ce qu'elle dit les mutations économiques, sociales, et *in fine* électorales que la France a connues depuis 1981. Certes, certains fiefs communistes figurent encore parmi les départements ayant placé Jean-Luc Mélenchon au plus haut. C'est le cas de la Seine-Saint-Denis, du Val-de-Marne, de la Seine-Maritime, ou bien encore de la Haute-Vienne, de la Dordogne, de l'Hérault et des Bouches-du-Rhône. Mais certains bastions manquent à l'appel dans les Hauts-de-France et en Champagne-Ardenne. À l'inverse, le candidat de la France insoumise obtient des scores significatifs en Loire-Atlantique, où la tradition communiste est pourtant faible. Ces divergences nous amènent à la conclusion que le vote Mélenchon ne saurait être défini comme une réminiscence du vote communiste.

Carte 27 A. Scores de Georges Marchais et de Jean-Luc Mélenchon au premier tour des élections présidentielles de 1981 et 2017 (en pourcentage des exprimés)

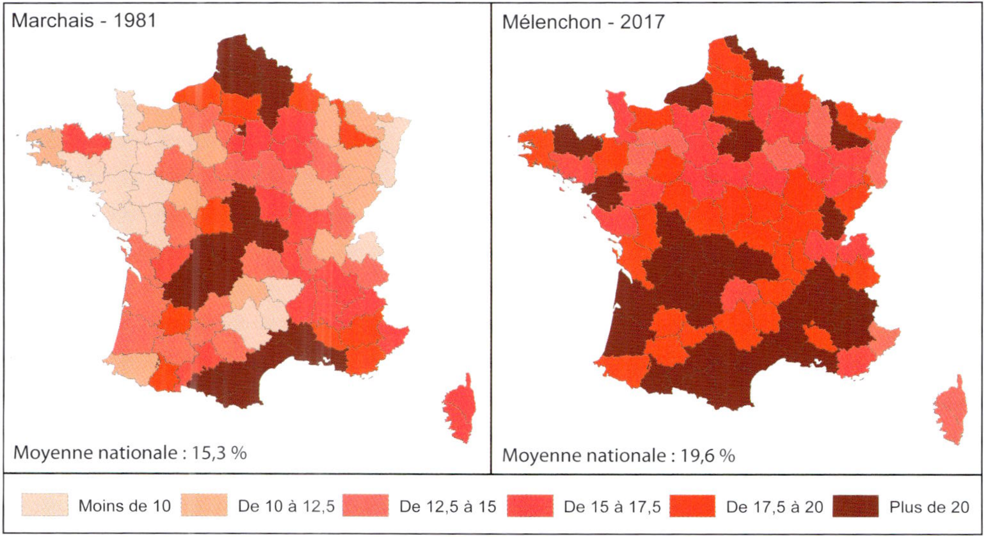

Sources : ministère de l'Intérieur.

Carte 27 B. Évolution entre les scores de Marchais en 1981 et de Mélenchon en 2017 (en points des exprimés)

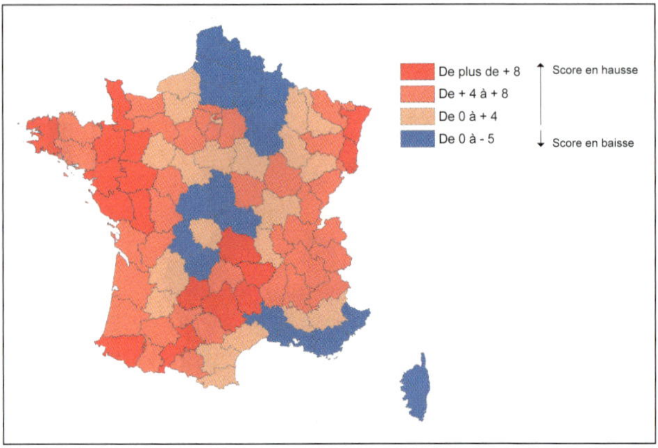

Sources : ministère de l'Intérieur.

Les écarts entre les niveaux des votes Marchais en 1981 et Mélenchon en 2017 mettent en évidence le principal ressort de la dynamique de Jean-Luc Mélenchon lors de cette campagne, à savoir sa capacité à capter toute une partie de l'électorat socialiste : 26 % des électeurs de François Hollande au premier tour de 2012 ont voté pour lui. On voit ainsi, sur la carte 27 B, qu'il amplifie très fortement le score de Georges Marchais dans tous les départements de l'ouest de la France : + 12 points en Ille-et-Vilaine, + 10 points dans le Maine-et-Loire et en Mayenne. C'est le cas également en Alsace (+ 10 points dans le Bas-Rhin), mais aussi dans le Sud-Ouest : Haute-Garonne (+ 8 points), Pyrénées-Atlantiques (+ 9 points), Aveyron (+ 10 points) et Lozère (+ 11 points). Ce basculement d'une partie de l'électorat socialiste vers la France insoumise coïncide avec une autre évolution, inscrite sur un temps plus long : on remarque, en effet, que la plupart de ces régions (Grand Ouest, Pyrénées-Atlantiques, sud du Massif central et Alsace) sont des territoires de tradition catholique. Et, à mesure qu'au cours des trente dernières années la pratique religieuse y refluait, la gauche socialiste y est montée en puissance. L'avenir dira si cette mutation franchira un nouveau cap, avec l'affirmation d'un ancrage de la gauche radicale dans ces terres historiquement catholiques.

Parallèlement à cette percée dans ces régions historiquement réfractaires au communisme, on note que Jean-Luc Mélenchon n'est pas parvenu à retrouver l'étiage du vote Marchais de 1981 dans toute une série de bastions historiques du PC. C'est vrai dans le bloc ouvrier du Nord : – 4 points dans le Pas-de-Calais et la Somme, – 5 points dans l'Aisne. C'est le cas également dans le centre du pays, où l'on avait affaire à un communisme rural : – 3 points dans l'Allier, – 2 points en Haute-Vienne, par exemple. De la même façon, le niveau d'aujourd'hui est un peu plus faible dans les Bouches-du-Rhône et le Var (– 2,5 points), les Alpes-Maritimes (– 1 point), la perte étant plus lourde dans le Gard (– 3,5 points). Cela renvoie aux mutations socio-économiques qu'ont connues ces territoires : désindustrialisation et paupérisation dans le Nord, déclin de la petite propriété paysanne dans les campagnes rouges du centre de la France, et tertiarisation du littoral méditerranéen, qui ont fait disparaître les bases sociales sur lequel le PC s'appuyait. Ainsi, à l'issue de sa campagne dynamique, Jean-Luc Mélenchon est parvenu à reprendre une partie du terrain perdu par le PC mais n'a pas enrayé le processus de déclin historique du communisme au profit d'une montée du Front national, notamment dans certains de ses bastions traditionnels du nord et du sud du pays.

De l'art de plumer la volaille socialiste

À cette restauration imparfaite de l'héritage communiste, le candidat des Insoumis est parvenu à associer des pans entiers de l'électorat socialiste, constituant ainsi un alliage électoral inédit. Profitant d'un contexte particulier marqué par l'affaiblissement du PS à la fin du quinquennat Hollande, Jean-Luc Mélenchon (ancien cadre socialiste) est en effet parvenu à mettre en œuvre le fameux mot d'ordre du communiste Albert Treint : « Plumons la volaille socialiste. » L'analyse des dynamiques électorales au cours des derniers mois de la campagne révèle, en effet, que ses performances dans les débats télévisés lui ont permis de prendre l'ascendant sur son rival socialiste.

Pourtant, au lendemain du second tour de la primaire de la gauche, Benoît Hamon avait bénéficié d'un élan manifeste consécutif à sa victoire. À la fin du mois de janvier, il était crédité de 18 % d'intentions de vote dans le *rolling poll* de l'Ifop, quand Jean-Luc Mélenchon était passé sous la barre des 10 %. Mais cet effet de souffle s'estompa très rapidement et, en une semaine, le candidat socialiste céda 3,5 points que son rival de gauche ne récupéra qu'en partie (+ 1,5 point). Le rapport de force entre les deux concurrents resta ensuite stable durant pratiquement un mois et demi. Comme le montre le graphique suivant, le croisement des courbes ne s'opéra qu'un mois plus tard, à la suite du 19 mars, date à laquelle Jean-Luc Mélenchon organisa un grand rassemblement des sympathisants de la France insoumise, place de la République à Paris, et surtout au lendemain du débat du 20 mars sur TF1, au cours duquel il fit montre de son talent de débatteur et prit clairement l'ascendant sur son jeune rival.

Graphique 62. L'évolution des intentions de vote au premier tour

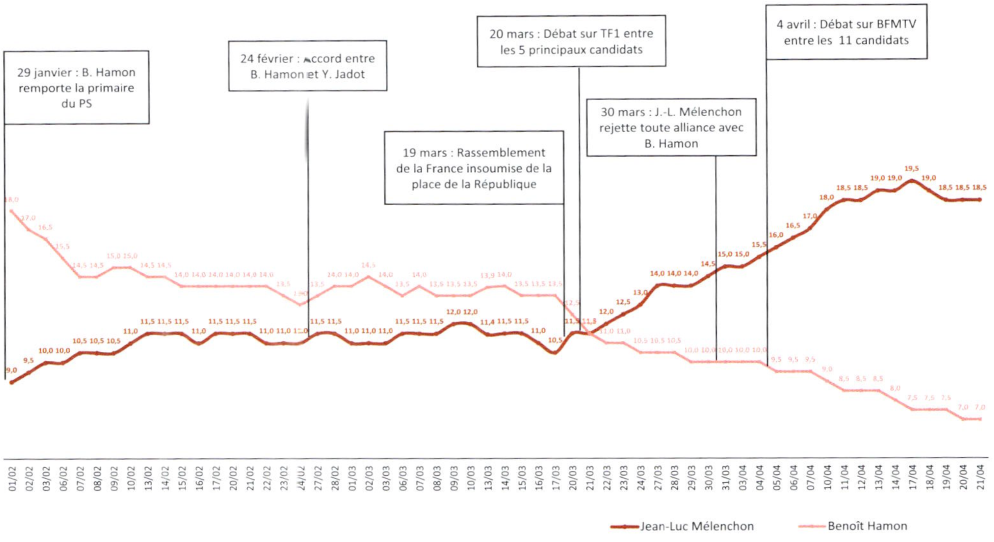

Sources : Ifop.

Ce dernier ne parvint jamais à reprendre la main, et Jean-Luc Mélenchon conforta sa dynamique. Il creusa même l'écart par la suite en adressant, le 30 mars, une fin de non-recevoir à la demande d'alliance formulée par le candidat du PS, signifiant ainsi qu'il était désormais le candidat principal de la gauche, puis à l'occasion du second débat télévisé organisé par les chaînes d'information en continu le 4 avril, où il surclassa nettement son rival. C'est après cette date que Benoît Hamon allait enfoncer le plancher symbolique des 10 % et glisser progressivement vers son score terminal de 6,3 %, quand Jean-Luc Mélenchon flirtait avec la barre des 20 % et rattrapait François Fillon, ce qui contribua encore à alimenter sa dynamique à gauche.

L'analyse des structures sociologiques de l'électorat mélenchoniste en 2012 et 2017 fait apparaître des évolutions intéressantes, qui illustrent l'agrégation d'une part significative de l'électorat PS au noyau originel composé par la gauche radicale et communiste. Alors qu'en 2012 c'est parmi les ouvriers qu'il réalisait son meilleur score

Graphique 63. 2012 – 2017 : Le vote Mélenchon par catégorie socioprofessionnelle

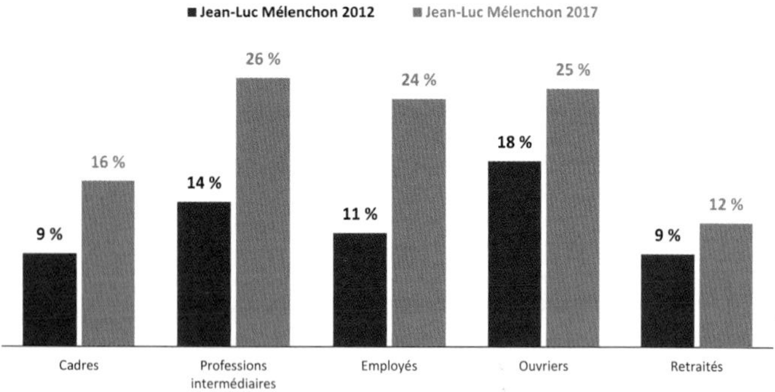

(18 % contre 11 % parmi les employés et 14 % auprès des professions intermédiaires), son assise sociologique s'est élargie et « moyennisée » en 2017. Jean-Luc Mélenchon obtient ainsi quasiment le même score auprès des catégories populaires (ouvriers et employés) qu'au sein des classes moyennes, et enregistre un résultat non négligeable parmi les cadres (16 %). C'est dans les classes moyennes et chez les employés qu'il a le plus progressé (respectivement : + 12 et 13 points contre + 7 points chez les ouvriers), catégories constituant le socle traditionnel de l'électorat socialiste.

Une coalition électorale hétéroclite

Si le vote Mélenchon en 2017 est donc assez peu typé en termes de catégories socioprofessionnelles, il l'est en revanche en termes de proximité syndicale. Le candidat de la France insoumise a d'abord été soutenu par le salariat syndicalisé : 31 % parmi les proches d'une centrale syndicale contre 19 % seulement parmi ceux n'exprimant aucune préférence syndicale. Il recueille ainsi 19 % des voix des salariés proches de la CFDT, et cette proportion grimpe à 34 % parmi les sympathisants de FO et à 48 % parmi ceux de la CGT. La forte implication des proches de la centrale de Montreuil dans la campagne de Jean-Luc Mélenchon se lit, par exemple, dans les bons résultats obtenus par ce dernier dans les villes cheminotes comme Saint-Pierre-des-Corps en Indre-et-Loire (36,7 %), Avion dans le Pas-de-Calais (34,6 %), Longueau dans la Somme (30,4 %), ou encore Sotteville-lès-Rouen en Seine-Maritime (28,1 %) ou Migennes dans l'Yonne (26,7 %)[1].

1. En revanche, sa prise de position en faveur d'une sortie du nucléaire semble lui avoir aliéné des voix cégétistes dans les communes abritant des centrales nucléaires, autres bastions

Parallèlement à cette clientèle issue des bastions cégétistes traditionnels, le candidat des Insoumis, qui a ajouté à son programme tout un volet écologiste, a manifestement capté une part de l'électorat contestataire et néorural. Ainsi, par exemple, alors qu'il obtenait en moyenne 19,7 % dans le département de l'Aveyron, son score était plus élevé sur le plateau du Larzac, qui avait été le théâtre d'une intense mobilisation de la gauche alternative dans les années 1970 : le candidat des Insoumis atteignit ainsi 23,4 % à La Couvertoirade, 24 % à Millau, 24,3 % à Sainte-Eulalie-de-Cernon et 24,5 % au Caylar. Le record fut obtenu à la Roque-Sainte-Marguerite (37,5 %), commune dont dépend le village de Montredon, qui avait été l'épicentre du mouvement, et où vivent encore de nombreux acteurs de cette lutte qui entretiennent la mémoire et l'état d'esprit frondeur. Et tout se passa, au fond, comme si un processus similaire à celui qui avait mis le Larzac des années 1970 en ébullition s'était développé dans le bocage nantais autour de Notre-Dame-des-Landes. Dans ce terroir rebelle, en effet, le candidat des Insoumis recueillit 30,6 % des suffrages exprimés en 2017, et il semble qu'il ait bien capitalisé sur son opposition affichée à ce projet. Non seulement son score dans la commune contestataire fut très supérieur à sa moyenne départementale (30,6 % contre 22 %), mais il y progressa nettement plus par rapport à 2012 que dans l'ensemble de la Loire-Atlantique (+ 15,5 points contre + 10,3 points). De la même manière, il obtint 29,2 % dans la commune corrézienne de Tarnac, commune d'accueil d'un milieu contestataire d'ultra-gauche[1].

---

traditionnels de la CGT. Il n'obtient ainsi que 11,3 % à Fessenheim (Haut-Rhin), 11,9 % à Paluel (Seine-Maritime) et 12,1 % Dampierre (Loiret) et Saint-Vulbas (centrale du Bugey dans l'Ain).

1. Le 11 novembre 2008, 10 personnes sont arrêtées à Tarnac et mises en garde à vue (dont Julien Coupat, considéré comme le

Les jeunes diplômés précaires vivant dans le cœur des grandes villes constituent une autre composante importante de la coalition électorale que Jean-Luc Mélenchon est parvenu à rassembler[1]. À Paris, le leader de la France insoumise atteignit ainsi 23,8 % dans le XIe arrondissement, 28,4 % dans le XVIIIe, 30,7 % dans le XIXe et 31,8 % dans le XXe. Si l'Est parisien, en marge duquel se déroula le mouvement Nuit debout au printemps 2016, est souvent décrit comme un « boboland », la composition sociologique de la population varie fortement d'un quartier à l'autre avec, certes, une forte présence de cadres, de salariés de la culture, de la communication et du spectacle, d'étudiants, mais aussi de familles beaucoup plus modestes, dont une part significative est issue de l'immigration. Ce patchwork sociologique eut sa traduction électorale. Dans l'Est parisien, les bureaux de vote où Jean-Luc Mélenchon atteignit ses scores les plus élevés correspondent pour l'essentiel à des quartiers d'habitat social ou affichant un prix au mètre carré moins élevé. Un des cas les plus symptomatiques est le XVIIIe arrondissement.

Le candidat de la France insoumise surperforme dans les bureaux de vote situés le long du périphérique (où sont implantés de très nombreux immeubles de logements sociaux), mais aussi à l'est d'un axe constitué par les boulevards Barbès et Ornano, qui marquent une frontière symbolique et économique. À l'ouest de cette ligne, le prix de l'immobilier est nettement plus élevé (de 8 500 à 9 500 euros/m^2) que dans l'autre partie de l'arrondissement

---

« leader » du groupe), dans le cadre d'une enquête sur le sabotage d'une ligne TGV.

1. Ce groupe social des jeunes diplômés précarisés a également constitué le fer de lance des candidatures Sanders aux États-Unis et Corbyn en Grande-Bretagne.

(moins de 7 400 euros/m²), et c'est Emmanuel Macron qui y prend l'ascendant, notamment dans le quartier très prisé de Montmartre. À l'est de cet axe, on trouve les quartiers de Barbès et de la Goutte-d'Or, à forte population issue de l'immigration. C'est dans ce quartier que se situe le bureau de vote ayant le plus voté pour Jean-Luc Mélenchon dans la capitale : 49,6 % dans le bureau n° 56[1].

La population issue de l'immigration constitue, en effet, une autre composante significative de l'électorat mélenchoniste. Les scores de l'Insoumis en banlieue en témoignent. C'est le cas notamment à Aulnay-sous-Bois. Alors qu'il ne franchit pas le seuil de 25 % dans le cœur de cette ville, il passe systématiquement la barre des 40 % au nord de la frontière symbolique qui divise la commune. Jean-Luc Mélenchon occupe une position hégémonique dans tous les bureaux de vote situés dans les quartiers de grands ensembles du nord de la ville, avec un score dépassant même les 50 % dans les bureaux de vote de la cité des 3 000/cité de la Rose-des-Vents. C'est dans ce quartier que, deux mois avant le premier tour, avait éclaté « l'affaire Théo », du nom de ce jeune qui avait été grièvement blessé lors d'un contrôle de police. François Hollande s'était rendu au chevet de Théo Luhaka, mais cela n'avait absolument pas bénéficié au candidat du PS : comme le montrent

1. Les symboles ne s'arrêtent pas là. François Fillon a obtenu son plus haut score parisien (soit 73,2 %) dans le bureau n° 4 du XVIe arrondissement, situé à proximité de l'endroit où l'implantation d'un centre d'accueil pour SDF avait suscité un véritable tollé. Le bureau n° 4 du IIIe arrondissement, au cœur du Marais, au centre de Paris, a accordé quant à lui le pourcentage le plus élevé à Emmanuel Macron (49,4 %). Et c'est dans le bureau n° 46 du XIIIe arrondissement (abritant la caserne Kellermann de la Garde républicaine) que Marine Le Pen enregistre son meilleur score (16,5 %) dans la capitale.

les deux cartes suivantes, c'est Jean-Luc Mélenchon qui capta l'essentiel des voix socialistes dans les cités, la géographie et l'intensité du vote en sa faveur étant les copies quasi conformes du vote Hollande en 2012.

Carte 28. Score de François Hollande à Aulnay-sous-Bois au premier tour de l'élection présidentielle de 2012 (en pourcentage des exprimés)

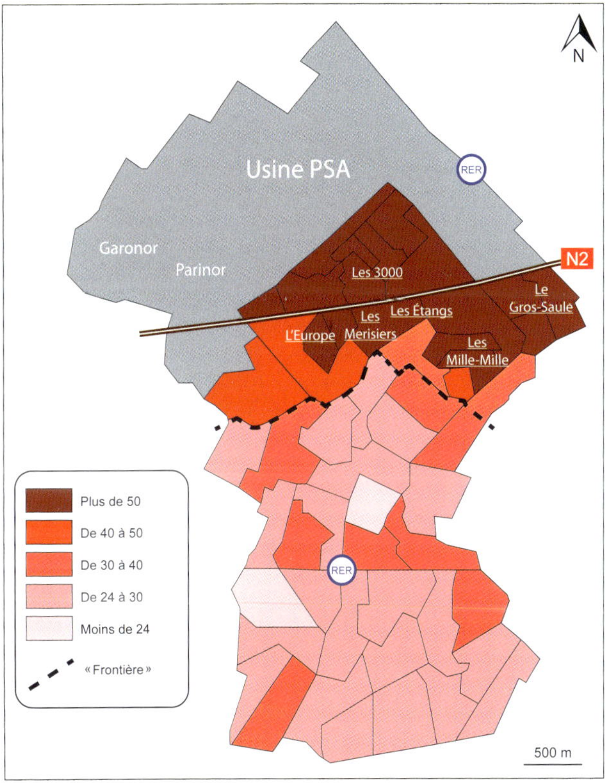

Sources : ministère de l'Intérieur.

Carte 29. Score de Jean-Luc Mélenchon à Aulnay-sous-Bois au premier tour de l'élection présidentielle de 2017 (en pourcentage des exprimés)

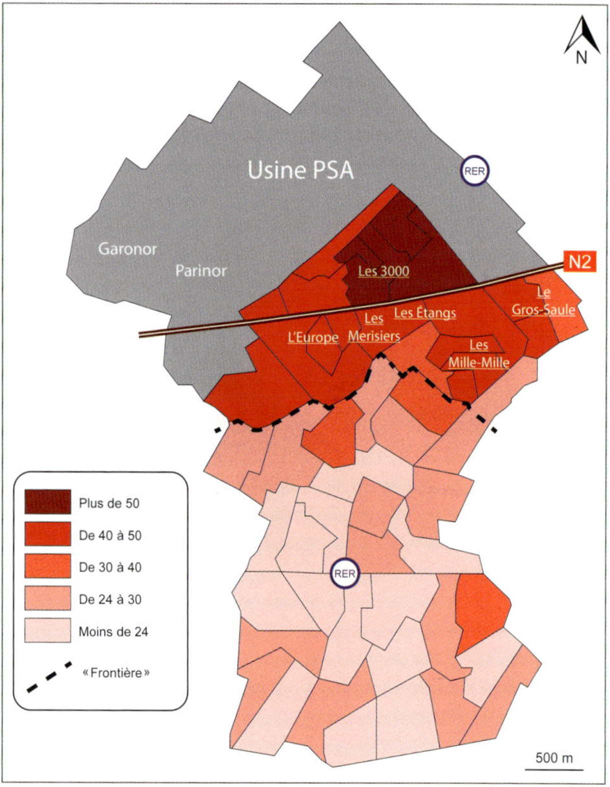

Sources : ministère de l'Intérieur.

Habitants des banlieues, intellos précaires, jeunes diplômés peinant à s'intégrer sur le marché du travail, ouvriers et employés syndiqués, néoruraux, la coalition rassemblée derrière Jean-Luc Mélenchon était donc fort hétéroclite et très diversifiée culturellement, alors que la stratification éducative segmente puissamment désormais la société française au plan électoral, Marine Le Pen étant soutenue prioritairement par les moins diplômés quand Emmanuel Macron recrute au contraire l'essentiel de ses partisans dans les couches les plus éduquées. À rebours, donc, de cette tendance dominante, le candidat des Insoumis a bénéficié d'un même niveau de soutien dans toutes les strates de la pyramide éducative, ralliant ainsi 20 % des suffrages des personnes n'ayant pas le bac, soit un niveau identique à celui que l'on observe parmi les bacheliers (22 %), les titulaires d'un bac + 2 (20 %) et d'un diplôme supérieur à bac + 2 (16 %).

Cette répartition équilibrée entre les différentes strates est-elle un phénomène durable, le programme porté par le candidat ayant permis l'agrégation de différents segments de la population dans un bloc idéologiquement cohérent ? Est-elle, au contraire, le fruit de circonstances particulières ayant abouti, le temps d'un scrutin, à une coagulation par défaut de groupes socioculturellement diversifiés ? Il n'est pas aisé de répondre. Les prochains scrutins permettront de juger de la solidité de l'agrégation de ces différents groupes sociaux autour de la vision du monde affichée par les Insoumis. On constate toutefois que de sérieux tiraillements se font sentir au sein de cette famille politique à propos de l'immigration et de la construction européenne…

Ces différences de sensibilités étaient d'ailleurs perceptibles dès le second tour de l'élection présidentielle. Dans les métropoles, le vote France insoumise a d'abord émané des classes moyennes, des diplômés et des personnes issues de l'immigration. C'est le cas, par exemple dans des villes comme Roubaix et Tourcoing dans l'agglomération lilloise. À plusieurs dizaines kilomètres de là, dans le bassin minier et la région de Maubeuge, le vote Mélenchon avait atteint la même intensité mais en recrutant dans des milieux sociologiques très différents : celui des catégories populaires non issues de l'immigration. Or, comme le montre le tableau suivant, les reports sur Emmanuel Macron ont été bien plus faibles dans ces territoires que dans l'agglomération lilloise. Inversement, Marine Le Pen a nettement moins bien progressé entre les deux tours à Roubaix et Tourcoing qu'à Waziers, Aulnoye-Aymeries et Auby.

Bien entendu, les électeurs mélenchonistes n'ont pas dessiné à eux seuls les trajectoires d'évolution d'entre deux tours (les reports des électorats Fillon et Hamon ayant également joué leurs rôles), mais compte tenu de leur poids relatif dans ces communes, où ils ont représenté de 28 % à 38 % des votants du premier tour (et une proportion nettement plus importante encore des voix « orphelines[1] »), leurs comportements ont nettement influencé les résultats finaux.

Tableau 25. Une évolution contrastée du score des deux finalistes dans les bastions mélenchonistes du Nord…

Communes	Score de J.-L. Mélenchon au 1er tour	Progression d'E. Macron entre les 2 tours	Progression de M. Le Pen entre les 2 tours
Roubaix	35,9 %	+ 53,9 pts	+ 8,5 pts
Tourcoing	28 %	+ 42,9 pts	+ 12,6 pts
Waziers	38,1 %	+ 35,3 pts	+ 18 pts
Aulnoye-Aymeries	31,5 %	+ 34,6 pts	+ 17,7 pts
Auby	33,5 %	+ 34,1 pts	+ 16,3 pts

1. Sont dites « orphelines » les voix des électeurs dont les candidats ont été éliminés à l'issue du premier tour et qui sont donc amenés à se reclasser au second tour.

On retrouve cette ligne de clivage un peu partout en France, comme le montre le cas de la Loire-Atlantique. Les électeurs mélenchonistes de la dynamique agglomération nantaise ont, en effet, massivement pratiqué le front républicain, quand leurs camarades de Trignac, Donges ou Saint-Joachim, communes ouvrières à proximité de Saint-Nazaire, ont semble-t-il davantage traîné les pieds pour voter en faveur du « banquier Macron » et ont été plus nombreux à choisir Marine Le Pen et l'abstention.

Ces comportements divergents au second tour traduisent l'existence d'un clivage sur le rapport à la mondialisation et à l'immigration au sein de l'électorat mélenchoniste. 49 % des électeurs de la France insoumise déclarant avoir voté pour Emmanuel Macron au second tour se définissent comme des perdants et des victimes de la mondialisation, alors que cette proportion atteint 71 % parmi ceux qui ont opté pour Marine Le Pen. L'avenir dira si Jean-Luc Mélenchon et ses lieutenants parviennent à pérenniser cette agrégation inédite de groupes sociologiques et culturels hétérogènes.

Tableau 26. … phénomène que l'on retrouve également, par exemple, en Loire-Atlantique

Communes	Score de J.-L. Mélenchon au 1er tour	Progression d'E. Macron entre les 2 tours	Progression de M. Le Pen entre les 2 tours
Nantes	25,5 %	+ 55,7 pts	+ 6,4 pts
Rezé	29,1 %	+ 54,1 pts	+ 6 pts
Saint-Herblain	24,7 %	+ 50,3 pts	+ 6,9 pts
Trignac	28,7 %	+ 39,5 pts	+ 13,5 pts
Donges	27,8 %	+ 38,1 pts	+ 15,8 pts
Saint-Joachim	29,2 %	+ 37,7 pts	+ 15,8 pts

Solférino ne répond plus

Le PS à la centrifugeuse

Avec 6,3 % des voix, Benoît Hamon a signé la pire performance socialiste de toute la Ve République, déroute de Gaston Defferre en 1969 (5 % des voix) mise à part. Comparée à l'accident industriel qu'avait connu Lionel Jospin le 21 avril 2002, la déflagration est sans commune mesure puisque Benoît Hamon se situe 10 points en dessous de l'étiage de son malheureux prédécesseur. Pour reprendre la formule du candidat des Insoumis, la noix socialiste prise dans le casse-noix Mélenchon-Macron a été littéralement pulvérisée et a laissé s'échapper toute son huile. Jusqu'alors, le PS était parvenu à maintenir dans son giron des segments électoraux sociologiquement et idéologiquement assez hétérogènes en vertu du principe du vote utile dès le premier tour en faveur du parti dominant de la gauche. Cinq ans d'exercice hollandais du pouvoir auront mis à mal cette synthèse, et les fractures profondes qui travaillaient le PS depuis le référendum de 2005 auront refait surface, notamment à l'occasion du vote du CICE et de la loi Travail. La montée en puissance concomitante de Mélenchon et de Macron se nourrira des mouvements centrifuges sur les deux flancs du PS. Mais à partir du moment où le représentant de Solférino aura nettement décroché dans les sondages, perdant ainsi le bénéfice attaché à celui qui représente le « premier parti de la gauche », toutes les vannes sauteront et l'hémorragie sera totale : 48 % des électeurs de François Hollande au premier tour de 2012 opteront ainsi pour Macron, et 26 % pour Mélenchon. Hamon ne parviendra à conserver que 16 % de ce capital électoral.

Cette catastrophe s'explique, certes, par le contexte de 2017 : fin du quinquennat Hollande chaotique, primaire du PS déstructuré et double dynamique Macron/Mélenchon. Mais si l'édifice s'est écroulé de manière aussi spectaculaire, c'est que, de longue date, les fondations étaient vermoulues et travaillées par de puissantes forces centrifuges, comme l'avait montré le référendum de 2005.

Face au tsunami, aucun bastion socialiste n'a résisté en 2017. Tout a été emporté. Hamon ne recueille ainsi que 11 % des suffrages au sein des classes moyennes (contre respectivement 26 % et 27 % pour Mélenchon et Macron), et 9 % parmi les salariés du public. Même parmi les enseignants du public, qui constituaient historiquement le cœur de l'électorat PS, Hamon a été devancé par ses deux principaux concurrents. Circonstance aggravante, seuls les enseignants les plus âgés sont demeurés (un peu plus) fidèles au PS, les 35-50 ans optant clairement pour Macron quand les plus jeunes entrés dans la carrière plaçaient Mélenchon en tête.

Tableau 27. Le vote au premier tour des enseignants du public en fonction de leur âge

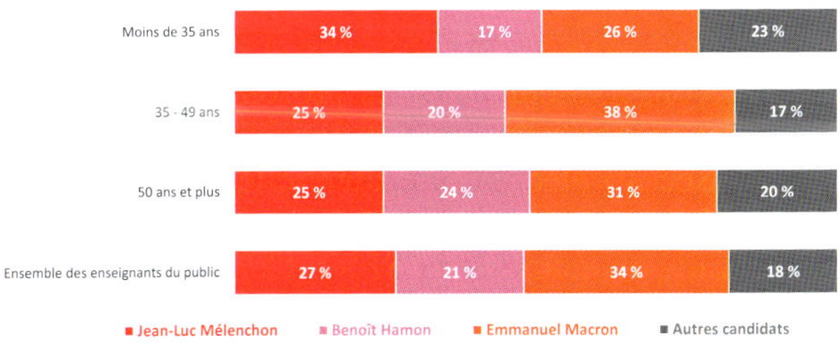

Sources : Ifop.

Dans l'ensemble du salariat, l'analyse du vote en fonction des préférences syndicales illustre la double hémorragie qui a frappé le PS – sur sa gauche et sur sa droite. Parmi les sympathisants de la CGT, Hamon est littéralement laminé par Mélenchon : 7 % contre 48 %. Et parmi ceux de la CFDT, c'est Macron qui se taille la part du lion : 44 % contre 8 % pour Hamon.

Au plan territorial, la situation est à l'avenant. Tous les fiefs sont tombés, qu'il s'agisse des places fortes historiques : Ariège (7,8 %), Aude (6,4 %), Nièvre mitterrandienne (6,5 %), Landes (8,7 %), ou des bastions plus récents conquis soit sur le PC comme la Seine-Saint-Denis (8,4 %, soit 30 points de moins qu'Hollande cinq ans plus tôt), soit sur la droite modérée : Loire-Atlantique (8 %) et Ille-et-Vilaine (8,9 %). En l'espace d'une campagne électorale, l'un des deux piliers majeurs de la vie politique française de ces quarante dernières années s'est effondré.

Defferre 1969 et Hamon 2017 : permanence des moles de résistance socialistes ?

Au lendemain de Mai 68, qui avait engendré un réflexe conservateur dans les profondeurs du corps électoral français, la gauche non communiste partait divisée à l'élection présidentielle de 1969, avec Michel Rocard, candidat du PSU, et Gaston Defferre, portant les couleurs de la SFIO. Ce dernier ne rassembla que 5 % et fut largement devancé par le communiste Jacques Duclos, qui recueillit près de 21 % des voix. Ce rapport de force au sein des gauches n'est pas sans rappeler celui qui s'est dessiné à l'issue du premier tour de la dernière élection présidentielle (Hamon 6 %, Mélenchon 19,9 %). Pour autant, les moles de résistance socialistes sont-ils identiques aujourd'hui à ce qu'ils étaient il y a quarante ans ? Dit autrement, est-ce que les deux Bérézina qu'ont constitué, pour les socialistes, les présidentielles de 1969 et de 2017 ont mis à nu l'ossature structurant la géographie de ce vote ? Et question subsidiaire : cette ossature est-elle demeurée la même ou a-t-elle connu des modifications sensibles ?

En 1969, la carte du vote socialiste apparaît bien clairsemée et structurée autour de quelques rares bastions. On distingue d'abord ce que l'on a appelé les « Bouches-du-Nord », c'est-à-dire les départements des Bouches-du-Rhône et l'ensemble Nord-Pas-de-Calais, départements qui ont toujours fourni des scores significatifs aux socialistes et dont les fédérations faisaient et défaisaient les majorités dans les congrès socialistes. En 1969, l'implantation marseillaise de Gaston Defferre lui conféra une prime supplémentaire dans les Bouches-du-Rhône, et dans le Vaucluse et les Alpes-de-Haute-Provence voisins. Le vote socialiste avait également gardé quelques couleurs dans le Sud-Ouest : Gironde, Landes, Gers, Haute-Garonne, Ariège, Aude et Tarn, et dans le centre du pays : Haute-Vienne, Creuse, Puy-de-Dôme et Nièvre.

Près de quarante ans plus tard, le représentant du PS obtient toujours ses résultats les moins mauvais dans les terres du Sud-Ouest, où l'influence socialiste demeure. C'est le cas aussi de la Haute-Vienne, de la Creuse et du Puy-de-Dôme. En revanche, le décrochage est manifeste, par rapport à 1969, dans le Nord-Pas-de-Calais où est pourtant élue Martine Aubry… qui soutenait Benoît Hamon. Un peu plus au sud se dessine un vaste *no man's land* socialiste courant de la baie

Carte 30 A. Scores de Gaston Defferre et de Benoît Hamon au premier tour des élections présidentielles de 1969 et 2017 (en pourcentage des exprimés)

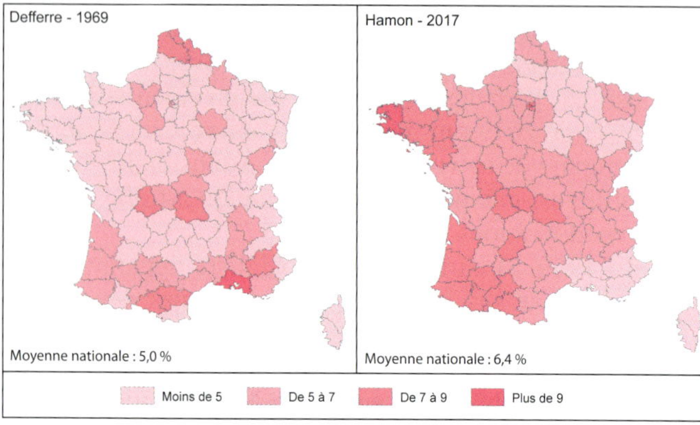

Sources : ministère de l'Intérieur.

Carte 30 B. Évolution entre les scores Defferre-1969 et Hamon-2017 (en points des exprimés)

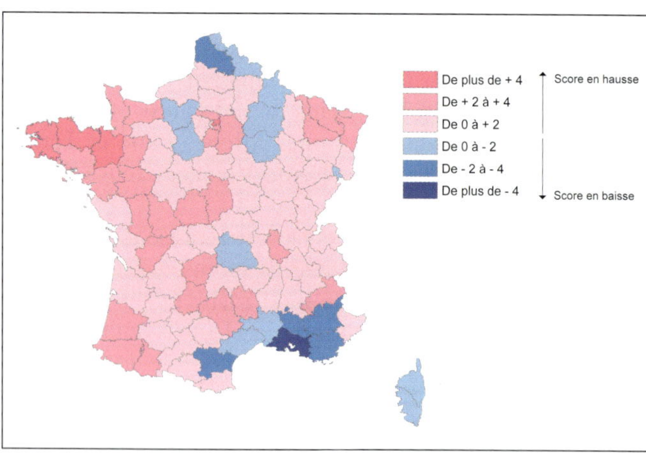

Sources : ministère de l'Intérieur.

de Somme au Haut-Rhin. Si ce département, comme ceux de la Meuse et de la Haute-Marne, n'a jamais fait figure de bastion socialiste, les points d'appui dont avait disposé Gaston Defferre dans les Ardennes et l'Aube ont désormais disparu. Hormis la faiblesse de son score global, l'échec de la candidature de Benoît Hamon se lit également à travers un autre indicateur. Pas moins de 1 020 communes n'ont accordé aucune voix au candidat socialiste, et 1 366 un seul bulletin. Dans 1 593 autres communes, il n'a recueilli que deux voix. De véritables déserts socialistes apparaissent ainsi sur la carte de l'Aisne à la Meuse et des Ardennes ou au nord de la Côte-d'Or et de la Haute-Saône. Dans cette vaste zone où, comme on l'a vu, l'audience frontiste est très prégnante, la présence socialiste, historiquement faible, semble avoir été totalement éradiquée. C'est le cas également dans de nombreuses communes rurales du Pas-de-Calais, de la Somme et de la Seine-Maritime.

Benoît Hamon est également à la peine sur le littoral méditerranéen. Le candidat du PS est en retrait par rapport à Gaston Deferre dans un arc courant de l'Aude au Var et débordant donc le seul cas des Bouches-du-Rhône. À l'instar de ce que l'on a souligné en comparant les votes Marchais et Mélenchon, ces territoires méditerranéens, comme du Nord-Pas-de-Calais, marqués par une culture de gauche, ont connu de profondes mutations, qu'il s'agisse de la désindustrialisation (charbonnage, métallurgie, constructions navales, textile) dans le Nord-Pas-de-Calais, le Gard, les Bouches-du-Rhône et le Var, du déclin de l'agriculture traditionnelle (viticulture) dans le Languedoc, ou de l'immigration dans l'ensemble de ces territoires. Ces bouleversements économiques et démographiques ont modifié significativement la sociologie locale et ont érodé l'assise des gauches (au profit notamment du FN).

Mais ce manque à gagner dans les fiefs historiques a été (un peu) compensé par une progression significative dans l'Ouest, et notamment en Bretagne. La prime au Brestois qu'est Benoît Hamon a sans doute joué à la marge. Mais, plus structurellement, on remarque que la meilleure performance du candidat PS par rapport à 1969 traduit le glissement à gauche de la Bretagne et de certains départements de l'Ouest au cours des trente dernières années, sous l'effet de la chute de la pratique religieuse dans les bastions catholiques bretons et ligériens.

Ainsi, à pratiquement quarante ans de distance, l'ossature fondamentale du vote socialiste, dévoilée pour cause de très basses eaux électorales, apparaît comme sensiblement modifiée. La colonne vertébrale historique, constituée par l'axe Bouches-du-Rhône/Nord-Pas-de-Calais, a été considérablement fragilisée alors que le Grand Ouest, anciennement catholique, fait aujourd'hui figure de point d'appui très important. Dans cette reconfiguration profonde, on note néanmoins un invariant : la persistance d'un ancrage socialiste dans le Sud-Ouest. Ces départements précocement déchristianisés et historiquement peu industrialisés n'ont pas été touchés par les mutations ayant affecté le Midi méditerranéen ou le Nord-Pas-de-Calais et la Picardie. De surcroît, le Sud-Ouest est resté, pour l'essentiel, peu concerné par l'immigration, facteur majeur dans le processus de réalignement électoral.

Ground zero *: le PS au lendemain des législatives*

Deux mois après le choc de la présidentielle, les législatives allaient engendrer un second effet de souffle, les socialistes passant de 300 à 30 députés. Cette séquence électorale cataclysmique faisait suite à une série de scrutins dévastateurs sous le quinquennat de François Hollande. Ainsi, lors des municipales de 2014, le solde net pour le PS s'était établi sur une perte sèche de 114 villes de plus de 10 000 habitants, dont 10 villes de plus de 100 000 habitants. Un an plus tard, en mars 2015, les socialistes passaient de 48 à 26 conseils départementaux, et en décembre de la même année, ils perdaient (sur la base de l'ancien découpage régional) le contrôle de 10 régions. Dans trois d'entre elles (et non des moindres : PACA, les Hauts-de-France et Alsace-Lorraine-Champagne-Ardenne), sous l'effet de l'application de la stratégie de front républicain face au FN, le PS se retira à l'issue du premier tour et il ne dispose donc plus d'aucun conseiller régional dans ces territoires.

Le PS, parti dominant de la gauche, était devenu au fil des ans un parti d'élus. Il tirait sa force de ces très nombreux postes d'élus locaux qui permettaient d'assurer des salaires non seulement aux élus en question, mais à tous ces collaborateurs qui peuplaient les collectivités locales tout en faisant vivre le parti et ses sections sur le terrain. La machine électorale socialiste vivait par et pour cet écosystème comprenant les collectivités locales dirigées par le PS, mais également toutes les structures gravitant autour : sociétés d'économies mixtes, associations subventionnées, agences de communication, consultants, etc. Les débâcles successives subies par le PS auront abouti très concrètement au licenciement de plusieurs milliers d'élus, de collaborateurs et de permanents. Et c'est ainsi toute la substance vive du parti qui s'est trouvée atteinte, obérant toute perspective de rebond. Sur ce vide béant laissé à gauche, la recomposition politique va se poursuivre.

Une droite amputée

Pour reprendre l'expression du politologue de l'Ifop Frédéric Dabi, le premier tour de l'élection présidentielle s'est soldé par un « 42 avril » (c'est-à-dire un double 21 avril). À l'instar du 21 avril 2002, le candidat du PS a été, on l'a vu, sèchement battu dès le premier tour. Mais cela a aussi été le cas de François Fillon, qui portait les couleurs des Républicains. Jamais et la droite et la gauche n'avaient été éjectées ensemble au soir d'un premier tour.

Si l'on considère la relative faiblesse de l'écart qui sépare François Fillon et Marine Le Pen (465 000 voix de retard), on peut avancer que, sans le *Penelopegate* et « l'affaire des costumes », le candidat de droite se serait qualifié pour le second tour. Il n'en demeure pas moins que, même avec un point ou deux de plus, son niveau situait la droite à un étiage extrêmement bas au regard de l'histoire électorale récente. À l'issue d'un quinquennat hollandais raté, François Fillon, qui représentait le principal parti d'alternance, n'a en effet rallié que 20 % des suffrages contre 27,5 % pour Nicolas Sarkozy en fin de mandat en 2012, sans même parler des 31 % pour ce même candidat en 2007. Sans minimiser l'impact électoral des affaires, il convient de souligner qu'au début de l'année 2017, c'est-à-dire avant que le scandale n'éclate, François Fillon tournait autour de 20-22 % des intentions de vote.

La primaire de la droite : une élection censitaire

On peut faire l'hypothèse que la surreprésentation des CSP + et des retraités aisés parmi les votants à la primaire de la droite organisée à l'automne 2016 a joué un rôle significatif dans cet échec. En effet, le candidat qui s'est imposé, François Fillon, était porteur d'une ligne économique et sociale certes en phase avec ces catégories, mais très éloignée du centre de gravité idéologique de la société française et de l'ensemble de l'électorat de droite – et notamment de sa composante salariée, qui s'est massivement détournée du candidat. La spécificité sociologique de l'électorat de la primaire a, dans un premier temps, favorisé le candidat Fillon se présentant comme le Thatcher français, mais l'a au final cantonné dans un créneau beaucoup trop étroit lors de la présidentielle.

L'analyse de la participation à cette primaire met en effet en lumière une mobilisation socialement très marquée. Le nombre de votants à la primaire rapporté à l'ensemble des électeurs de droite et du centre au premier tour de l'élection présidentielle de 2012[1] révèle des disparités considérables d'un territoire à l'autre, comme on peut le voir sur la carte suivante, réalisée par Hervé Le Bras. Dans les communes apparaissant en bleu foncé, la participation tourne autour de 10 %, dans celles en rouge et brun, elle dépasse 45 %, soit une

1. On a calculé ce taux de participation en ramenant le nombre de votants à la primaire au nombre d'électeurs potentiellement concernés par cette primaire, c'est-à-dire ceux qui avaient voté pour des candidats de droite au premier tour de la présidentielle de 2012.

amplitude extrêmement forte. Les grandes villes apparaissent toutes en couleur rouge ou brun, ce qui signifie donc une forte participation. On repère, dans cette catégorie, l'agglomération parisienne, mais aussi Nantes, Rennes, Lille, Reims, Strasbourg, Nancy, Besançon, Dijon, Lyon, Grenoble, Clermont, Poitiers, Toulouse. Ce niveau de participation affecte aussi de plus petites villes comme Narbonne, Carcassonne, Montauban, Niort, Limoges, et beaucoup d'autres. En revanche, la participation baisse rapidement dès qu'on s'éloigne des centres-villes. L'« effet de fief » est d'assez faible ampleur. Pour François Fillon lui-même, il se limite à la Sarthe. Dès que l'on passe en Mayenne ou en Maine-et-Loire, le taux de participation chute. Même situation pour Alain Juppé en Gironde.

Mais l'un des aspects les plus révélateurs de la carte est le constat d'une forte participation tout au long des côtes atlantique et méditerranéenne, avec quelques exceptions. Un filet continu de bureaux à forte proportion de votants part de Hendaye, poursuit le long de la côte aquitaine et le rivage vendéen, encadre toute la Bretagne et toute la Normandie et n'est interrompu en fin de parcours qu'entre les plages du Nord et celles du Pas-de-Calais. Même filet large et continu le long de toute la côte méditerranéenne. Il est plus que vraisemblable que l'on tienne ici l'électorat des personnes âgées jouissant d'un bon niveau de vie. S'y ajoutent aussi des artisans et commerçants en nombre plus important qu'ailleurs, en raison de la présence de cette clientèle de retraités et du tourisme balnéaire.

Pour valider l'hypothèse d'une « participation censitaire » à la primaire de la droite, on peut *zoomer* sur l'Île-de-France. Les différences sont à nouveau très importantes puisqu'on passe, selon les lieux, de moins de 25 % à plus de 60 % de votants parmi les électeurs

Carte 31. Pourcentage de participation à la primaire de la droite et du centre

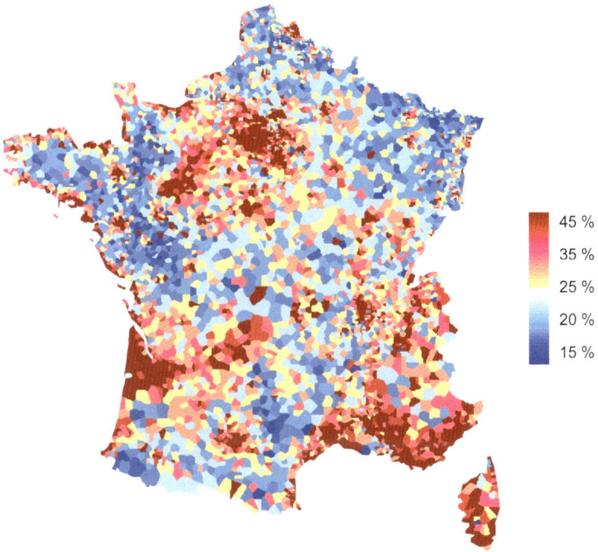

Sources : Jérôme Fourquet et Hervé Le Bras, « La guerre des trois : la primaire de la droite et du centre », note de la Fondation Jean-Jaurès, janvier 2017.

qui avaient choisi un candidat de droite au premier tour de la présidentielle de 2012. Ces contrastes n'obéissent pas à la logique centre/périphérie que laissait supposer la carte à grande échelle, mais à une logique socio-économique. En effet, la carte de la participation à la primaire de droite en Île-de-France ressemble à s'y méprendre à celle des revenus. Plus le revenu médian est élevé, plus la participation a été importante. Parmi les zones les plus mobilisées à l'occasion de ce scrutin, on retrouve l'Ouest parisien, la majeure partie des

Hauts-de-Seine et toutes les communes aisées des Yvelines, de La Celle-Saint-Cloud à Saint-Nom-La Bretèche, à l'exception de l'enclave très pauvre de Trappes, au centre des Yvelines, qui affiche un très faible taux de participation. À l'autre extrémité de la région, en Seine-et-Marne, la participation est presque partout faible, sauf dans la poche aisée de Fontainebleau. Les deux villes importantes, Meaux et Melun, affichent à la fois un revenu plus élevé et une participation plus forte que les communes qui les entourent, sans aucun effet d'entraînement sur elles.

Cette manifeste surreprésentation des catégories les plus favorisées dans l'électorat de la primaire de la droite n'a pas été sans conséquences sur l'orientation de la campagne interne. Les votants à la primaire de la droite étaient nettement plus acquis au libéralisme économique que les électeurs de droite qui n'avaient pas voté à la primaire. Comme l'a montré Jérôme Jaffré[1], qu'il s'agisse de l'augmentation de la durée du temps de travail ou de l'allégement des conditions de licenciement, les votants à la primaire étaient beaucoup plus allants que les électeurs de droite non participants à la primaire, l'écart étant encore plus massif avec l'ensemble des Français.

Compte tenu de la composition sociologique particulière et des orientations idéologiques de l'électorat « primairiste », c'est le programme de François Fillon qui rencontra le plus d'écho. Prenant volontiers des accents thatcheriens et mettant en avant sa volonté de réforme radicale, le Sarthois l'emporta haut la main auprès de ce public particulier.

1. Jérôme Jaffré, « Le corps électoral déformé de la primaire de la droite », note n° 11, *L'Enquête électorale française : comprendre 2017*, février 2016.

Tableau 28. L'adhésion à différentes opinions de différentes catégories de la population lors de la primaire de la droite

Items	Électeurs de droite ayant l'intention de voter à la primaire	Électeurs de droite n'ayant pas l'intention de voter à la primaire	*Écart*	Ensemble des Français
Pense qu'il faut augmenter la possibilité pour les entreprises de licencier	56 %	35 %	***+ 21 pts***	24 %
Pense qu'il faut augmenter le temps de travail légal pour les salariés	71 %	53 %	***+ 18 pts***	38 %
Tout à fait d'accord avec le libellé : « L'État doit faire confiance aux entreprises et leur donner plus de liberté »	52 %	28 %	***+ 24 pts***	22 %

Les classes moyennes et populaires de droite ont déserté

Mais son programme ne pouvait prétendre parler à l'ensemble du corps électoral. Si le *Penelopegate* lui a été fatal, François Fillon a en fait commencé à descendre dans les sondages dès le mois de janvier 2017, à l'occasion notamment de la polémique sur les « gros rhumes », qui continueraient d'être remboursés par la Sécurité sociale, et les « petits rhumes », qui ne seraient plus couverts s'il était élu. À mesure que ses adversaires l'ont attaqué, la nature très libérale de son programme est apparue et a commencé à lui aliéner le soutien des électeurs de droite issus des classes moyennes et populaires. La baisse enregistrée dans les enquêtes d'intentions de vote au début de l'année 2017, toujours avant le déclenchement de l'affaire, s'est en effet essentiellement concentrée au sein de ces catégories sociales.

De la même façon, l'analyse comparée du vote en faveur de Nicolas Sarkozy en 2012 et de François Fillon en 2017 selon les catégories socioprofessionnelles fait ressortir que les pertes les plus importantes concernent les classes moyennes et les milieux populaires. François Fillon cède ainsi, par rapport à son prédécesseur, 7 points parmi les cadres, 9 points auprès des professions intermédiaires et les employés, et 8 auprès des ouvriers (qui avaient déjà peu voté Sarkozy en 2012). Dans le monde du travail, cadres exceptés, la droite n'a recueilli les suffrages que d'un électeur sur dix. Ainsi amputé de ses appuis dans le salariat, François Fillon se retrouva trop gravement handicapé pour pouvoir espérer se qualifier. Son positionnement manifestement trop libéral combiné à la concurrence d'Emmanuel Macron parmi les chefs d'entreprise, les indépendants, les cadres et les classes moyennes, et à celle de Marine Le Pen dans les milieux populaires a réduit aux acquêts l'assise électorale de la droite.

Dans ce paysage sinistré, une catégorie s'est distinguée par un soutien fidèle et constant : les retraités, dont plus d'un tiers ont voté en faveur de François Fillon, qui n'a concédé dans cette catégorie que 3 points par rapport à son prédécesseur. Ces retraités, relativement aisés en majorité, se comportent de façon générale comme les actionnaires de l'entreprise France : ils applaudissent ceux qui proposent des réductions de coûts et de dépenses pour assurer le versement des dividendes (en l'espèce, leurs pensions de retraite), la stabilité financière de l'entreprise garantissant leur capital (en l'espèce, leur patrimoine). C'est ainsi que différents sondages témoignent d'un décrochage très net entre

Graphique 64. 2012 – 2017 : Le vote Sarkozy et Fillon par catégorie socioprofessionnelle

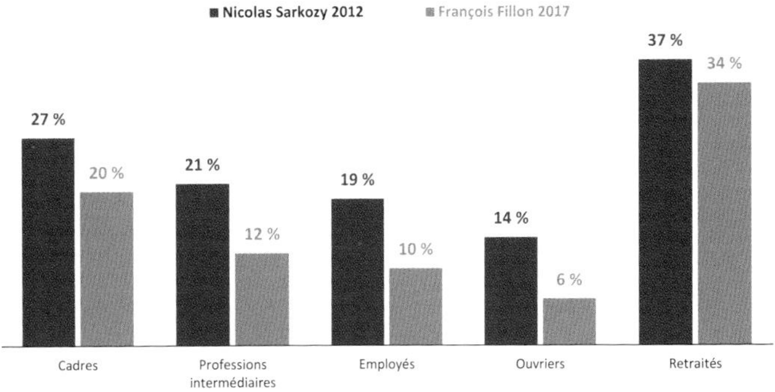

l'opinion des retraités (et *a fortiori* de ceux qui bénéficient d'un assez bon niveau de vie) et le reste de la population sur tous les projets de réformes libérales (marché du travail, indemnisation des chômeurs, dépenses publiques, etc.). Ce groupe social constitue désormais à lui seul une île de l'archipel français.

Au total, l'électorat de François Fillon s'est retrouvé constitué de 52 % de retraités[1] et de 18 % de commerçants, artisans, chefs d'entreprise et cadres. Cette composition sociologique très typée explique qu'en dehors de son fief de la Sarthe le candidat de droite ne soit arrivé en tête que dans des enclaves aisées ou des bastions conservateurs, l'assise géographique de la droite s'étant considérablement rétractée lors de ce scrutin.

1. À titre de comparaison, les retraités ne pesaient que 34 % de l'électorat d'Emmanuel Macron, 24 % de celui de Marine Le Pen et 19 % de celui de Jean-Luc Mélenchon.

9

Les résultats électoraux comme révélateurs de la fragmentation

Par-delà le bouleversement des repères et des équilibres historiques, et accessoirement le dynamitage des forces politiques traditionnelles, les résultats du premier tour de l'élection présidentielle de 2017 ont donné à voir l'état de fragmentation du corps social français, y compris à l'échelle d'un même département. Comme on l'a vu, le duopole Macron-Le Pen a nettement mis en lumière, au plan géographique, l'opposition gagnants-ouverts/fermés-perdants, avec comme trait saillant le clivage centre périphérie. Ce clivage, sur lequel Christophe Guilluy insiste avec raison, est manifeste et renvoie à une ligne de faille majeure, comme l'illustre le cas des agglomérations macroniennes du Nord-Est de la France littéralement encerclées par des périphéries frontistes. Mais au cours de nos pérégrinations, les coups de sonde que nous avons donnés à Compiègne, Carcassonne ou Aulnay-sous-Bois ont montré qu'au sein même d'une ville moyenne (et *a fortiori* d'une agglomération), d'autres lignes de fractures existaient, que différents quartiers aux identités sociologiques, ethnoculturelles et politiques bien marquées se côtoyaient. C'est pourquoi le modèle France périphérique/France des métropoles mérite d'être affiné, en intégrant les lignes de fracture multiples qui parcourent et morcellent l'espace urbain français. De la même façon, l'espace périphérique est divers. Nous verrons ainsi, au travers de quelques monographies régionales et départementales, que les zones rurales et périurbaines n'ont pas voté de manière homogène, cette différence dans les comportements électoraux renvoyant à la diversité de ces territoires relativement à leur histoire et à leur situation économique redessinée par la mondialisation.

Midi rouge et Midi bleu marine : l'altitude comme ligne de partage des raisins de la colère

Un zoom sur les départements littoraux du Languedoc-Roussillon est de ce point de vue des plus instructifs. Les Pyrénées-Orientales, l'Aude, l'Hérault et le Gard, qui constituaient jadis le « Midi rouge », ont affiché en 2017 des scores élevés à la fois en faveur de Jean-Luc Mélenchon mais aussi de Marine Le Pen. Pourtant, loin d'être imbriqués, ces deux votes ont chacun préempté des espaces bien délimités. La ligne de partage des eaux entre ces deux types de vote contestataires est fixée par le relief. Dans ces départements, le vote frontiste est d'autant plus puissant que l'altitude de la commune est faible, alors qu'inversement le vote Mélenchon gagne linéairement en intensité au fur et à mesure que l'altitude augmente. Comme le montre le graphique ci-dessous, le point de basculement se situe autour de 200 mètres.

Il ne s'agit pas, bien entendu, de succomber à un déterminisme géographique primaire. Mais dans cette région, les types de peuplement et la nature des activités économiques sont très fortement indexés sur la situation géographique. Les communes à l'altitude la plus faible correspondent aux villes et villages situés sur la plaine littorale. Or, depuis une quarantaine d'années,

Graphique 65. Présidentielle 2017 : Les votes Marine Le Pen et Jean-Luc Mélenchon en fonction de l'altitude dans les départements littoraux de Languedoc-Roussillon : le FN domine la plaine quand l'arrière-pays préfère la France insoumise

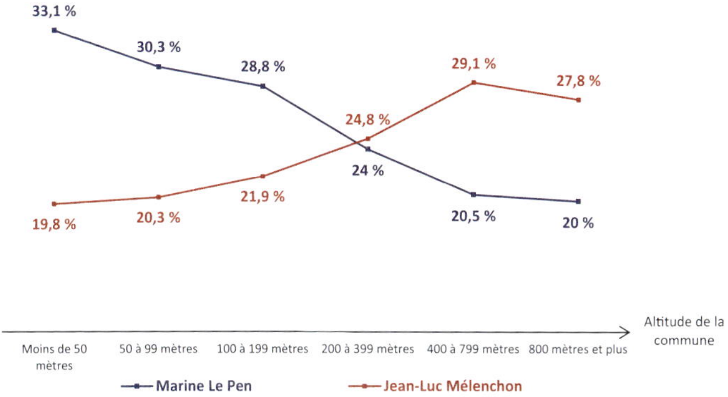

cet espace a été transformé en profondeur sous l'effet d'une très forte urbanisation qui a modifié les paysages et l'activité économique : recul de l'agriculture (et notamment de la viticulture) au profit de l'étalement urbain, avec la construction de zones commerciales et de lotissements pavillonnaires. Mais il n'y a pas que le paysage qui a changé. La sociabilité et les réseaux d'interconnaissance et de pouvoirs locaux ont été bouleversés par l'augmentation de la population et l'arrivée en masse de nouveaux habitants provenant d'autres régions ou de l'autre rive de la Méditerranée. C'est dans ces territoires fortement remodelés où le chômage, l'immigration, les inégalités de richesse et la délinquance sont élevés que le vote FN flambe[1]. À une

1. On notera également que le littoral catalan et languedocien a été l'un des foyers les plus actifs et les plus durs du mouvement

vingtaine ou à une trentaine de kilomètres en direction de l'intérieur des terres, l'ambiance et les paysages changent quand on grimpe, par exemple, sur les contreforts du Conflent, du Minervois ou des Cévennes. Si le taux de chômage y est également élevé, les sociétés locales ayant certes été frappées par le déclin de l'agriculture (qui n'a néanmoins pas disparu), on n'a pas assisté à un bouleversement démographique comparable à ce qui s'est produit sur le littoral. Les « natifs » demeurent majoritaires, la moyenne d'âge est plus élevée, et la densité de la population est nettement plus faible que dans la plaine littorale. Dans ces terroirs pauvres, le poids de la fonction publique et des retraités est prépondérant, alors que la proportion de salariés du privé (principalement dans le tertiaire : tourisme, commerce, construction, etc.) est plus élevée sur le littoral et dans la plaine. Dans cet arrière-pays languedocien et catalan, le PC dispose encore de relais (anciennes communes minières du massif du Canigou ou des Cévennes), tout comme le « PS-canal historique » implanté de longue date dans les campagnes de l'Aude notamment. Dans les zones les plus montagneuses, la tradition de gauche a été nourrie par l'accueil de républicains espagnols puis par la Résistance. À cet héritage ancien s'est ajoutée, à partir des années 1970, l'implantation de néoruraux souvent acquis à la gauche alternative ou radicale. La sédimentation de ces différentes strates a engendré un biotope local très favorable au message porté par Jean-Luc Mélenchon.

L'influence de la Confédération paysanne et de la mouvance altermondialiste est ainsi significative dans ces territoires. Elle se manifeste, par exemple, par

des « gilets jaunes ». Des péages autoroutiers ont ainsi été incendiés à Perpignan, Narbonne, Lézignan et Béziers.

des actions anti-OGM ou anti-gaz de schiste, ou bien encore par le développement d'une agriculture bio et/ou en circuit court. D'une manière générale, le vote Mélenchon en 2017 est très corrélé au vote Bové de 2007. Certes, les niveaux globaux ne sont pas comparables (1,3 % en 2012 pour José Bové au plan national contre près de 20 % pour Jean-Luc Mélenchon en 2017), de telle sorte que la dynamique du candidat de la France insoumise ne s'explique que marginalement par l'apport de l'électorat Bové ; mais ces chiffres indiquent néanmoins que les territoires qui avaient été les plus réceptifs aux paysans du Larzac en 2007 se sont nettement tournés vers Jean-Luc Mélenchon dix ans plus tard. Qu'il s'agisse des luttes locales pour la défense des services publics ou des mobilisations environnementales, l'arrière-pays catalan et languedocien, mais également l'Ariège, les montagnes de l'Ardèche et de la Drôme sont animés par un courant d'opinion beaucoup plus favorable à Jean-Luc Mélenchon que le littoral ou la basse vallée du Rhône, nettement plus frontistes, avec un différentiel de 10 à 13 points pour les scores des deux candidats entre ces deux écosystèmes.

Le cas du département de l'Hérault est, de ce point de vue, assez emblématique. Comme le montre la carte suivante, si l'agglomération montpelliéraine a placé Macron en tête, le reste du département est, pour l'essentiel, coupé en deux, entre communes où Jean-Luc Mélenchon arrive en tête, et celles où Marine Le Pen est en *pole position*. À quelques exceptions près, les communes mélenchonistes sont toutes situées dans l'arrière-pays, au-delà de 200 mètres d'altitude, alors le FN règne en deçà, dans la plaine et sur le littoral. La superposition des votes et de la courbe de niveau est quasi parfaite, jusque dans le détail, avec, par exemple, une Marine Le Pen arrivée première dans les communes situées le long de la vallée de la Lergue (qui remonte au nord entre Clermont-L'Hérault et Lodève) alors que les communes situées de part et d'autre de cette vallée ont placé Jean-Luc Mélenchon en tête. Dans la plaine, du Biterrois aux portes de Montpellier, le vote FN domine sans exception, et les quelques communes qui se distinguent lui échappent de très peu. Jean-Luc Mélenchon arrive en tête à Pézenas avec 24,1 % des suffrages, mais Marine Le Pen le talonne de très près (23,7 %).

Carte 32. Candidat arrivé en tête au premier tour de l'élection présidentielle de 2017 dans l'Hérault

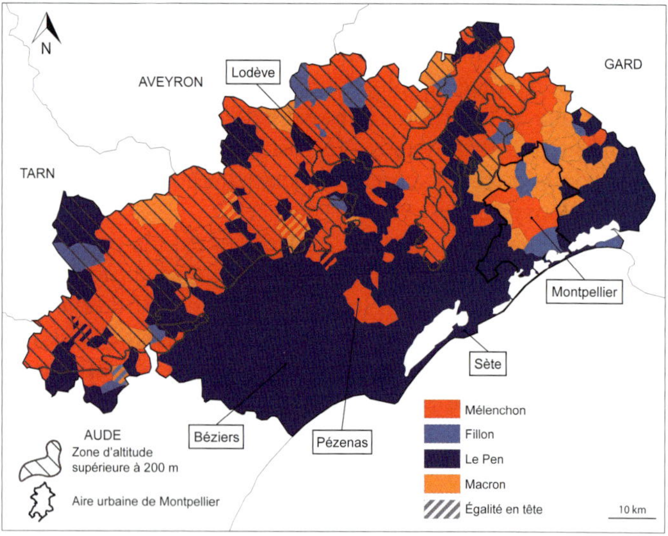

Sources : ministère de l'Intérieur.

Les deux espaces s'opposent terme à terme. La plaine et le littoral sont les territoires les plus densément peuplés, alors que la densité est beaucoup plus faible dans le Minervois, le Lodévois et le pays de Thomières. L'arrière-pays héraultais correspond à des paysages de garrigues et de causses, alors que la plaine et le littoral demeurent les pays de la vigne. Toutefois, on l'a dit, du fait du recul historique de la consommation de vin en France, ce territoire a vu sa surface viticole être considérablement réduite au cours des dernières décennies, ce phénomène s'accompagnant par ailleurs d'une urbanisation très importante pour répondre à la pression démographique. Ces transformations profondes des paysages, mais aussi de l'activité économique dominante et de la population ont complètement déstabilisé ce territoire, qui vote très fortement en faveur du FN (après avoir voté pour le PC puis pour le PS) alors que les collines et les Causses de l'arrière-pays, où les mutations ont été moins profondes, sont demeurés fidèles à la gauche.

Les deux cartes ci-dessous font clairement apparaître un lien entre la déprise agricole et un vote FN élevé. C'est dans les communes où la vigne a le plus reculé que le vote Le Pen atteint ses plus hauts niveaux. L'arrachage des vignes est le symptôme des difficultés économiques d'une filière, et plus globalement de toute l'économie locale, car l'activité viticole pèse encore beaucoup. Mais dans cette région, historiquement de monoculture viticole, l'arrachage des vignes revêt également une forte charge émotionnelle et politique. Elle vient douloureusement symboliser le déclin de toute d'une région et nourrir la nostalgie d'un âge d'or révolu, « où il y avait du travail et où le travail de la vigne payait ». Ces campagnes d'arrachage sur le terroir biterrois produisent, au fond, le même effet sur les populations locales que l'arrêt des hauts-fourneaux en Lorraine.

C'est tout un pan de l'histoire et de la fierté locales qui est ainsi mis au rebut.

Toute cette histoire est émaillée de luttes sociales, avec en point d'orgue la révolte des vignerons de 1907, qui enflamma tout le Languedoc. Du fait de la surproduction liée à de nouvelles méthodes de culture et des conditions climatiques favorables, les cours du vin s'étaient effondrés, entraînant dans la misère toute la population de la région qui protestait contre la chaptalisation (ajout de sucre dans le vin pour augmenter le degré d'alcool) et les importations de vins en provenance d'Algérie. Face à des manifestations rassemblant des centaines de milliers de personnes, Georges Clemenceau

Carte 33. La région biterroise a été la plus concernée par les arrachages de vignes...

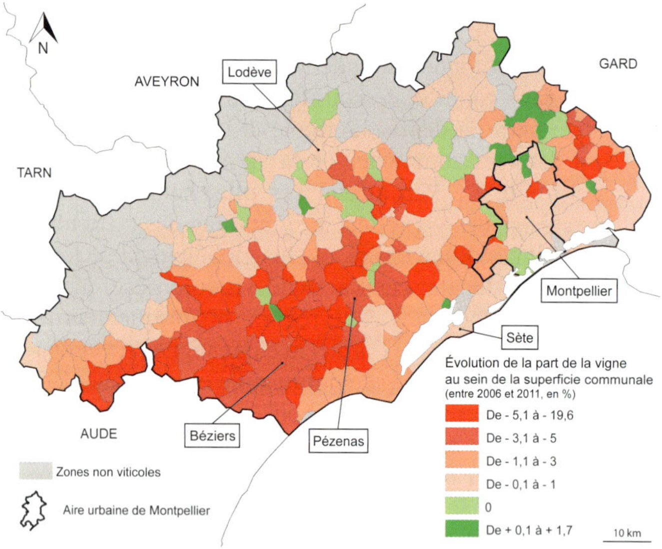

Sources : observatoire viticole de l'Hérault.

Carte 34. ... et c'est également dans cette zone que le vote FN est le plus élevé

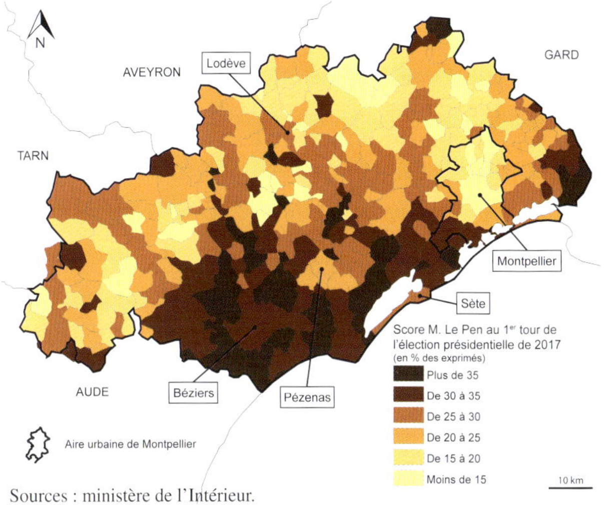

Sources : ministère de l'Intérieur.

avait envoyé la troupe pour ramener l'ordre. C'est dans ce contexte que le 17e régiment d'infanterie, composé de conscrits héraultais, avait mis crosse en l'air avant de sympathiser avec les manifestants dans les rues de Béziers, en juin 1907.

Cette révolte « des gueux du Midi » et ce fait d'armes des soldats du 17e RI hantent encore l'imaginaire collectif[1]. Il rejaillit sporadiquement, et les militants du Comité régional d'action viticole (CRAV), qui recourent à l'action clandestine pour défendre les intérêts des vignerons, se revendiquent de cette mémoire. D'autant

1. Sous la mandature de Robert Ménard, la mairie de Béziers a par exemple inauguré une fresque rappelant cet épisode historique.

que, plus d'un siècle après la révolte, le climat social reste tendu dans le vignoble biterrois, où les militants du CRAV s'en prennent épisodiquement à des sociétés de courtage ou à des usines d'embouteillage et des sites de stockage pour protester contre l'importation de vins, non plus algériens comme en 1907, mais espagnols.

La problématique est restée la même, mais la colère a changé de couleur politique. Dans un contexte d'économie globalisée, contrairement à d'autres terroirs viticoles plus prestigieux qui bénéficient pleinement de l'ouverture des frontières pour exporter à prix d'or leurs productions, le vignoble héraultais, et plus particulièrement biterrois, moins renommé, souffre[1]. Ces difficultés alimentent localement un vote FN déjà puissant dans cette zone, alors qu'il est, on l'a dit, nettement plus contenu dans l'arrière-pays qui, économiquement et sociologiquement, a été moins bouleversé.

C'est ainsi que, en fonction des trajectoires et des évolutions des différents territoires, les orientations politiques diffèrent : on ne discerne aucune unité idéologique et électorale dans cet « Hérault périphérique ». Le cœur battant du département est lui aussi fragmenté. Si la plupart des communes de l'aire montpelliéraine ont placé Emmanuel Macron en tête, à Montpellier *intra-muros*, c'est Jean-Luc Mélenchon qui est arrivé devant, du fait d'un vote massif des quartiers populaires (La Paillade, La Mosson) en sa faveur, quand Macron s'imposait dans les quartiers plus aisés. Dans ce paysage héraultais très disputé, François Fillon n'émerge quasiment nulle part, hormis quelques communes rurales et certaines villes situées sur le littoral : La Grande-Motte

1. On notera que, dans le même département, le terroir des Terrasses du Larzac, réinvesti par des néovignerons et disposant d'une image porteuse, vote moins massivement pour le FN.

(34,7 %) et Lattes, dans l'agglomération montpelliéraine, où il devance de justesse Emmanuel Macron (25,1 % contre 24 %).

Calvados utile *versus* bocages périphériques

À plusieurs centaines de kilomètres de là, le département du Calvados offre également un bon exemple de fragmentation électorale et sociologique avec des zones de force bien délimitées pour chaque candidat. L'une des différences avec le cas héraultais réside dans le fait que Jean-Luc Mélenchon n'est pas parvenu à s'imposer sur un large territoire alors qu'inversement François Fillon a réussi à arriver en tête dans certaines parties de ce département. Les deux finalistes ont, quant à eux, chacun occupé un espace assez étendu dans le Calvados.

À l'instar de nos observations précédentes, le candidat d'En Marche ! s'est emparé de la partie la plus urbanisée du département. Il est en tête à Caen (29,6 %), socialement moins fragilisée que Montpellier, et dans l'agglomération caennaise, y compris dans les couronnes périurbaines. À cette zone centrale densément peuplée s'adjoignent des points d'appui secondaires, qui correspondent aux sous-préfectures et aux villes moyennes : 28 % à Bayeux, 25,3 % à Vire, et de justesse à Lisieux (22,6 %). Alors que les villes moyennes héraultaises (Béziers, Sète, Frontignan) avaient placé en tête Marine Le Pen, celles du Calvados où chômage, insécurité et immigration sont moins élevés se comportent comme la ville-centre, Caen. Autre différence avec le département languedocien : François Fillon se classe premier dans un nombre significatif de communes du Calvados. Ces communes forment des espaces relativement compacts, ce qui confirme que cette position de tête est sous-tendue par un écosystème et une sociologie localisés. Le fief de Fillon correspond en effet pour l'essentiel à la Côte fleurie, enclave touristique et balnéaire aisée. Le candidat des Républicains s'impose ainsi très nettement à Deauville (45,4 % contre seulement 21,8 % pour Macron), à Trouville (32,6 %), à Cabourg (31,6 %), et encore à Touques (31,2 %). André Siegfried notait, à propos du littoral du Calvados : « Le matin du vote, l'électeur ne sait pas le plus souvent où ira sa voix, et ce ne sont pas seulement les petits verres ou les écus, mais aussi les mouvements collectifs et impossibles à prévoir du dernier moment qui décident – réellement à pile ou face – du sens de son bulletin. C'est, jusqu'à l'absurde, l'absence de toute direction, à tel point qu'on peut dire, sans exagérer, que, politiquement, cette partie de la côte bas-normande n'existe pas[1]. »

Le développement d'une industrie touristique et la valorisation du littoral auprès d'une clientèle fortunée en France et à l'étranger depuis plusieurs décennies ont totalement changé la donne et ont fait de la Côte fleurie un bastion sociologique de premier ordre de la droite. En 2017, la domination de François Fillon s'étend depuis la côte dans l'intérieur des terres sur une distance d'une vingtaine de kilomètres dans une bonne partie du pays d'Auge. Réside ici un électorat âgé et aisé, ce territoire se caractérisant par des prix du foncier élevés du fait de son attrait touristique mais aussi d'activités comme l'élevage de chevaux. Cette population de commerçants, d'hôteliers et de restaurateurs, d'éleveurs et d'agriculteurs est restée fidèle à la droite, et l'offensive macronienne a été contenue

1. *Tableau politique de la France de l'Ouest*, *op. cit.*

au sein de cette bourgeoisie conservatrice et traditionnelle.

À l'ouest de l'agglomération caennaise, Fillon est également en tête sur la côte, mais moins systématiquement. Le Pen s'impose ainsi d'une courte tête dans les ports de pêche : 27,5 % contre 26,7 % pour Fillon à Port-en-Bessin, 29,6 % (contre 28,9 %) à Grandcamp-Maisy[1]. À l'instar de leurs collègues britanniques qui ont voté massivement pour le Brexit, on peut penser que les pêcheurs normands ont opté pour la candidate tenant le discours le plus hostile à Bruxelles, imposant quotas de pêche et réglementations. On retrouve dans d'autres régions françaises un vote FN élevé dans les communes où la pêche pèse encore d'un poids important dans l'activité locale. Ces ports sont, de façon générale, plus populaires et industrieux que les communes balnéaires voisines, dans lesquelles la droite traditionnelle dispose de nombreux soutiens.

En regardant la carte, on parvient à la conclusion qu'Emmanuel Macron et François Fillon se sont partagés le « Calvados utile ». À Macron l'agglomération

1. Au second tour, ces ports de pêche, comme certains de leurs homologues bretons, confirmeront leur tropisme frontiste. Marine Le Pen atteindra ainsi 45,7 % à Grandcamp-Maisy et 40,7 % à Port-en-Bessin (pour une moyenne départementale de 32,9 % dans le Calvados). En Bretagne, elle recueillera 28,3 % au Guilvinec (contre 22,7 % en moyenne dans le Finistère) et 34,9 % à Loguivy-de-la-Mer (contre 26,5 % en moyenne dans les Côtes-d'Armor) par exemple. On mesure là aussi l'ampleur des changements sociologiques et électoraux intervenus, dans la mesure où Siegfried avait mis en évidence le fort ancrage à gauche des ports qui constituaient, sous la IIIe République, l'un des principaux points d'appui du camp républicain dans un Ouest très conservateur.

Carte 35. Candidat arrivé en tête au premier tour de l'élection présidentielle de 2017 dans le Calvados

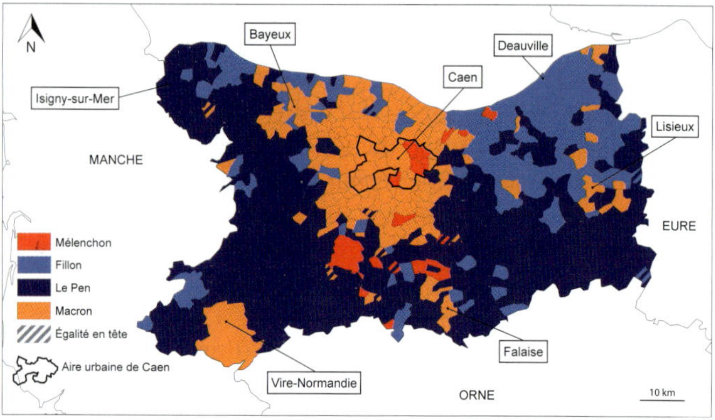

Sources : ministère de l'Intérieur.

caennaise et les villes secondaires, à Fillon la côte touristique et le pays d'Auge. Signe de la valeur de ces territoires, c'est dans ces zones que le prix de l'immobilier est le plus élevé. En revanche, le prix du mètre carré est souvent deux fois moins élevé à mesure que l'on s'éloigne de Caen et des zones économiquement et touristiquement les plus dynamiques. Sur tous ces territoires moins valorisés, situés sur les marges du département, Marine Le Pen arrive en tête. C'est le cas notamment sur la façade ouest du département autour de la baie d'Isigny, où les chasseurs de gibiers d'eaux sont nombreux, mais aussi dans le bocage virois ou dans le sud-est du département. Dans ces communes agricoles excentrées, les scores en faveur du FN sont élevés. C'est le cas également dans les quelques anciennes communes minières isolées que compte le département, où Marine Le Pen surclasse Jean-Luc

Mélenchon : 33 % contre 27,2 % à Saint-Germain-le-Vasson, 30 % contre 26,6 % à Potigny, et 29,1 % contre 19 % à Saint-Rémy-sur-Orne. Si le candidat des Insoumis ne parvient pas à s'imposer dans ces communes marquées par la mémoire des luttes ouvrières, il arrive en tête dans la banlieue populaire de Caen : 30,8 % à Hérouville-Saint-Clair, 31 % à Colombelles et 27 % à Mondeville, où était implantée jadis la Société métallurgique de Normandie (SMN). Ainsi, en fonction de l'histoire et de la géographie, les mutations sociologiques et démographiques n'ont pas produit les mêmes effets dans les différentes communes ouvrières d'un même territoire, ces évolutions contrastées renforçant la fragmentation.

Stations balnéaires pour personnes âgées et Bretagne centrale : les points de résistance à la vague macronienne

À quelques encablures du Calvados, la Bretagne présente de prime abord un aspect électoralement beaucoup plus homogène. Emmanuel Macron y a obtenu son meilleur score régional avec 29 % des voix (devant l'Île-de-France : 28,7 %), et il a relégué ses deux poursuivants locaux (François Fillon et Jean-Luc Mélenchon) à près de 10 points chacun. Conformément à ce que l'on a observé ailleurs, le candidat d'En Marche ! surperforme dans les grandes villes : 33,2 % à Quimper, 31,9 % à Rennes et 30,4 % à Saint-Brieuc. Mais le niveau est encore plus élevé dans les communes aisées situées dans la périphérie immédiate de ces grandes villes (la « ceinture dorée ») et qui n'abritent pas de quartiers populaires menaçant son score global. Ainsi, si l'on considère, par exemple, l'agglomération rennaise, Emmanuel Macron atteint 40,7 % à Pacé, 38,3 % à Cesson-Sévigné ou bien encore 37 % à Betton ou à Chantepie. Mais, plus globalement, il s'impose dans la quasi-totalité des agglomérations, et bien au-delà des limites de l'aire urbaine. En Ille-et-Vilaine, à quelques rares exceptions, toutes les communes situées dans un rayon de 20 à 30 kilomètres de Rennes l'ont placé en tête.

Parallèlement à cette domination sans partage de la Bretagne des villes et des couronnes périurbaines, la majeure partie des campagnes bretonnes se sont également données au futur Président, y compris le fief conservateur du Léon, dans lequel Fillon accuse un retard sensible – comme à Plouarzel (28,5 % contre 19,8 %), Ploudalmézeau (27 % contre 21,5 %) ou à Landéda (30,3 % contre 18,9 %). À l'autre extrémité de la région, le bocage situé aux confins de la Mayenne, campagnes constituant un autre point d'appui

Carte 36. Candidat arrivé en tête au premier tour de l'élection présidentielle de 2017 en Bretagne

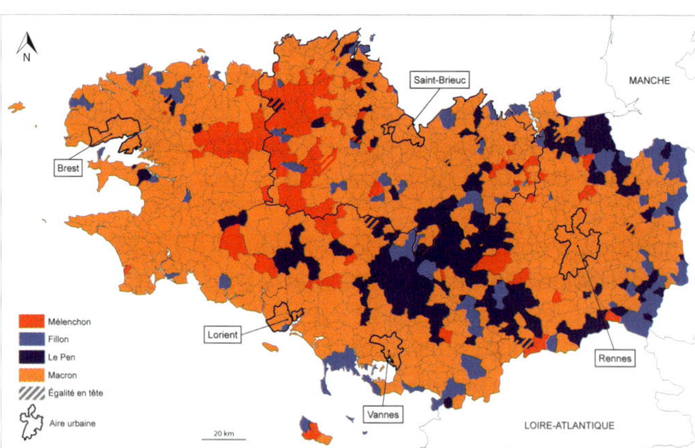

Sources : ministère de l'Intérieur.

traditionnel de la droite, a un peu mieux résisté pour ce qui est des communes rurales ; mais les petites villes ont placé Macron nettement devant Fillon : 34,2 % contre 24,8 % à Vitré, fief de Pierre Méhaignerie, 29 % contre 20,8 % à Fougères, et 28,4 % contre 23,8 % à Argentré-du-Plessis. Le ralliement de ce qu'il reste de la droite démocrate-chrétienne a permis à Emmanuel Macron d'obtenir de bons résultats dans ces zones acquises à la droite depuis André Siegfried. Mais, parallèlement à cet apport, il a également pu compter sur le soutien de toute une partie du PS local, formation dominant la ville politique bretonne depuis une vingtaine d'années. Cela s'est traduit, comme on l'a vu, par des scores élevés dans les agglomérations, mais aussi par des *pole positions* fréquentes dans certains terroirs bretons de gauche. Ainsi, par exemple, en pays bigouden, Emmanuel Macron arrive en tête à Plozévet avec 30,5 % de voix. Cette commune rurale avait fait l'objet d'une vaste enquête sociologique au début des années 1960, et Edgar Morin y avait finement analysé les transformations multiples faisant passer Plozévet d'une civilisation rurale à la société de consommation[1]. Le sociologue liait la montée en puissance progressive de la gauche à ces mutations économiques et culturelles. Ce processus diagnostiqué précocement s'est accéléré au cours des décennies suivantes, et Plozévet, comme de nombreux terroirs bretons, est devenue très favorable au Parti socialiste. Ségolène Royal obtint ainsi 36 % des voix au premier tour en 2007, et François Hollande 40,5 % en 2012. En 2017, le candidat représentant le parti à la rose, bien que finistérien, ne rassemblait que 10,8 % des voix, la majeure partie de l'électorat socialiste bigouden

1. Edgar Morin, *La Métamorphose de Plozévet, commune de France*, Paris, Fayard, 1967.

ayant rallié Macron. De la même manière, le vaste bloc de communes de gauche, situé à cheval entre l'ouest des Côtes-d'Armor et du Morbihan et l'est du Finistère, que Jean-Jacques Monnier a appelé « le 6e département breton[1] » apparaît comme significativement réduit sur la carte. Jean-Luc Mélenchon parvient à virer en tête dans le cœur de cette zone, principalement dans les Côtes-d'Armor, mais il est fortement concurrencé par Emmanuel Macron, jusque et y compris dans les fiefs du communisme breton : 24,8 % contre 22,9 % à Macron à Belle-Isle-en-Terre, mais 24,3 % contre 26,9 % à Macron à Callac.

Une partie de ces terroirs pauvres, enclavés et en déclin démographique, a donc résisté à la vague macronienne, à l'inverse de la Bretagne dynamique des villes et des campagnes prospères (moins de 5 % de chômage dans les bassins d'emploi de Vitré et de Fougères). Une autre zone se détache sur la carte, non pas pour avoir apporté son soutien à Jean-Luc Mélenchon, mais pour avoir placé Marine Le Pen en tête. Située également dans l'intérieur, mais plus à l'est de la précédente, elle recouvre plusieurs dizaines de communes du nord du Morbihan, avec quelques excroissances aux confins des Côtes-d'Armor et de l'Ille-et-Vilaine. L'histoire culturelle et politique de ce territoire diffère sensiblement de

1. Jean-Jacques Monnier, *Le Comportement politique des Bretons*, Rennes, Presses universitaires de Rennes, 1994. Pour Monnier, la vaste zone du Centre-Bretagne, précocement déchristianisée et acquise à la gauche, est un territoire sociologiquement, culturellement et politiquement homogène qui constituerait « le 6e département breton », Monnier, en bon Breton, considérant que la Loire-Atlantique fait partie de la Bretagne, cette région comprendrait administrativement pour lui cinq départements, mais six au plan électoral.

celle du bloc de gauche voisin. Il s'agit de communes traditionnellement conservatrices, concentrant de nombreuses usines agro-alimentaires. Ce maillon essentiel du modèle économique breton a été durement éprouvé par la crise ces dernières années, avec de nombreuses fermetures de sites. Cette zone est assez peu peuplée et, globalement, Marine Le Pen y réalise un de ses meilleurs scores en Bretagne. Pour autant, cette région était depuis l'origine demeurée extrêmement hermétique au vote FN. Que Marine Le Pen soit parvenue à arriver en tête dans cette zone relativement étendue constitue une première. Cela signifie que, dans la très macronienne Bretagne, certains territoires souffrent plus que d'autres et se situent en marge d'une relative prospérité régionale. Les résultats électoraux en portent la trace, et le développement d'un vote FN puissant dans certaines portions du territoire breton renseigne sur la dualité croissante du modèle économique de la région.

Mais il est d'autres lignes de fracture. On a évoqué, plus haut, la persistance d'un vote communisant dans un Centre-Bretagne en déprise démographique, il faut maintenant, pour prendre la pleine mesure du kaléidoscope breton, mentionner le cas de certaines communes balnéaires ayant placé François Fillon en tête. Le phénomène est moins massif que sur la Côte fleurie dans le Calvados, mais il n'en est pas moins réel dans une partie du golfe du Morbihan et dans la région de Saint-Malo. Sur la majeure partie du littoral breton, c'est en revanche Emmanuel Macron qui s'est imposé. L'existence d'une économie balnéro-touristique ne produit donc pas un résultat électoral univoque, et il reste à comprendre quel facteur a fait pencher la balance pour un candidat plutôt que pour l'autre. Dans un écosystème assez similaire, il semble que la composition socio-démographique ait joué un rôle des plus significatifs.

Comme le montre le tableau suivant, dans le golfe du Morbihan, les communes fillonistes se caractérisent toutes par les proportions les plus élevées de retraités, alors que cette proportion est un peu plus faible dans les communes macronistes qui affichent, en revanche, un taux de cadres et de professions intellectuelles plus important.

Tableau 29. Scores de Fillon et Macron au premier tour et composition de la population de certaines communes morbihanaises

Communes	% de F. Fillon au 1er tour	% de E. Macron au 1er tour	Écart Fillon/ Macron	% de 65 ans et plus	% de cadres et de prof. intellec.
La Trinité-sur-Mer	47,3 %	23,2 %	+ 24,1 pts	48,7 %	6,7 %
Carnac	37,3 %	24,6 %	+ 12,7 pts	41,4 %	4,8 %
Saint-Gildas-de-Rhuys	38,7 %	27,8 %	+ 9,9 pts	49,9 %	3,8 %
Quiberon	33,1 %	24 %	+ 9,1 pts	42,2 %	3,3 %
Larmor-Plage	33,4 %	33 %	+ 0,4 pt	37,5 %	10,7 %
Arradon	31,6 %	36,2 %	– 4,6 pts	39,1 %	12,7 %

On retrouve le même schéma dans la région de Saint-Malo : on compte plus de 42 % de retraités à Saint-Briac et à Dinard, où Fillon devance Macron de respectivement de 10 et 6 points, alors qu'à Saint-Lunaire et Cancale, où l'écart entre les deux candidats n'est que de 2 à 3 points, la proportion de personnes âgées s'établit à 33 et 34 %. On prend à nouveau la mesure de la place centrale qu'ont occupée les retraités aisés dans l'électorat filloniste.

La mosaïque alsacienne

À l'instar des autres territoires étudiés, l'espace alsacien apparaît divisé. Les logiques à l'œuvre ressemblent assez à celles qu'on observe dans le Calvados, avec notamment une très faible assise mélenchoniste. Comme dans le département normand, l'« Alsace périphérique » a opté pour Le Pen, quand l'« Alsace intégrée » s'est partagée entre Fillon et Macron. Ce dernier arrive en tête dans les zones les plus urbanisées : agglomération strasbourgeoise, Mulhouse, mais aussi Colmar, Saverne et Sélestat de justesse : 22,9 % contre 22,8 % pour Le Pen. La capacité de la candidate frontiste à pénétrer certains espaces urbains alsaciens s'observe également dans l'agglomération mulhousienne, qui se caractérise par la désindustrialisation et une forte présence immigrée, et où la majorité des communes ont placé Le Pen en tête. C'est le cas également dans l'Alsace périphérique. Les vallées vosgiennes, la plaine d'Alsace comme l'Alsace bossue ont plébiscité Le Pen. On notera, au passage, que ce phénomène concerne tant les terroirs catholiques que protestants[1]. Dans cet océan bleu marine émergent certains espaces particuliers. Hormis les agglomérations macroniennes, on distingue ainsi les zones où les travailleurs transfrontaliers sont nombreux, dans le nord de l'Alsace, autour de Wissembourg à la frontière allemande, et dans le Sundgau, à l'extrémité sud de la région, à la frontière suisse.

1. Sur l'implantation du catholicisme et du protestantisme en Alsace, voir notamment Richard Kleinschmager, « L'Alsace », in *Géopolitiques des régions françaises*, t. 1. *La France septentrionale*, Paris, Fayard, 1986.

Dans cette zone, les salariés travaillant dans l'agglomération bâloise sont légion. Comme leurs homologues de Wissembourg travaillant en Allemagne, ils jouissent de salaires élevés et bénéficient pleinement de l'ouverture des frontières. Ces caractéristiques se traduisent par un vote soutenu en faveur de la droite libérale et limite l'audience frontiste dans ces terroirs historiquement acquis à la droite. On constate un phénomène assez similaire dans les riches communes rurales aux marges de l'aire strasbourgeoise. Enfin, un autre terroir opulent apparaît sur la carte : il s'agit du vignoble alsacien. La majeure partie des communes situées sur la fameuse Route des vins a placé François Fillon en tête (et dans quelques cas Emmanuel Macron). Alors que, on l'a vu, le terroir viticole héraultais vote massivement FN, tel n'est pas le cas en Alsace. Nul déterminisme, donc. C'est que les situations économiques d'une région à l'autre diffèrent en effet sensiblement. En Alsace, l'activité viticole se porte bien et les vignerons ont su valoriser leurs productions qui assurent à ces communes d'appréciables retombées économiques, elles qui bénéficient déjà des revenus générés par un tourisme dynamique. Ces communes sont restées « dans leur jus », a-t-on envie de dire, elles offrent l'image d'une Alsace éternelle et prospère, sérénité inclinant au vote conservateur. Mais aussitôt qu'on s'éloigne de quelques kilomètres, l'ambiance change et le vote frontiste devient dominant : les campagnes alsaciennes sont cette fois moins riantes.

Carte 37. Candidat arrivé en tête au premier tour de l'élection présidentielle de 2017 en Alsace

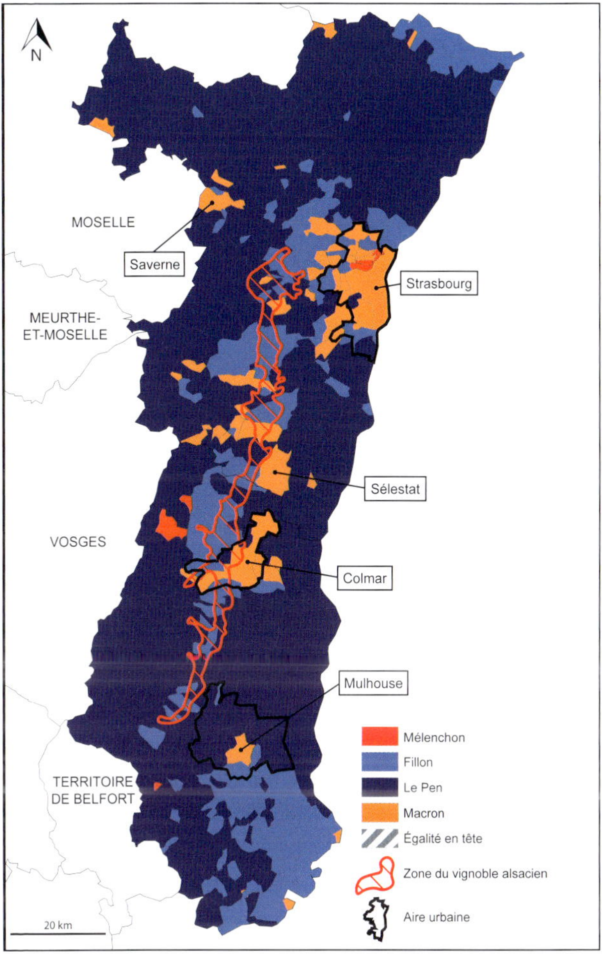

Sources : ministère de l'Intérieur.

10

De quoi le macronisme est-il le nom ?

À l'issue de cette radiographie en « 3D » du corps électoral et des différents *zooms* régionaux auxquels nous nous sommes livrés, les contours de l'électorat macronien apparaissent plus clairs. Il convient néanmoins d'approfondir l'analyse pour tenter d'identifier les ressorts intimes de cette nouvelle expression politique. À quoi Emmanuel Macron doit-il son succès ? Une fois écartés les aspects contingents que nous avons traités précédemment (affaiblissement du PS à l'issue du quinquennat de François Hollande, « affaires Fillon », ralliement de François Bayrou et double volonté de faire barrage au FN et de renouveler le personnel politique), il apparaît que la candidature d'Emmanuel Macron a en fait joué un rôle de catalyseur.

Selon le *Larousse*, un catalyseur est une substance qui provoque ou accélère la vitesse d'une réaction chimique par sa seule présence ou par son intervention. Poursuivons sur le registre de la métaphore chimique. Depuis le début des années 1990, les prémices d'une réaction avaient été observées. Cette réaction consistait en une convergence progressive des classes supérieures et diplômées de gauche et de droite sur le thème de l'intégration européenne et de la nécessaire adaptation du modèle social français pour permettre une pleine immersion de notre pays dans la mondialisation. Ce processus avait été enclenché par le référendum sur Maastricht en 1992, puis soutenu par le référendum de 2005 sur le traité constitutionnel. Mais toutes les conditions expérimentales n'étant pas réunies, cette « réaction » s'effectua à un rythme très lent pendant des années. L'environnement est devenu progressivement plus propice et, en 2017, l'élément Macron a été introduit dans le protocole. Il a pleinement joué son rôle de catalyseur et la réaction s'est subitement produite.

Cette « réaction » a notamment très bien opéré dans un segment de l'électorat présentant des caractéristiques particulièrement favorables : les expatriés et les Français de l'étranger, pleinement disposés à adhérer au message macronien d'ouverture au monde et d'adaptation aux contraintes de la globalisation.

Le catalyseur ayant joué son rôle, et la réaction s'étant produite, deux résultats ont pu être observés de près. D'abord le « précipité » (c'est-à-dire la formation d'un sel ou d'une structure solide au sein d'un liquide). Cette structure correspond à l'électorat d'En Marche !, dont nous devons analyser le cœur chimiquement le plus pur, qui est composé des élus et des militants. Il nous faut ensuite observer la modification des équilibres généraux de la « solution » (au sens chimique du terme) dans laquelle la réaction s'est produite. Cette solution, c'est la société française, dont le métabolisme, historiquement régulé par le clivage gauche/droite, semble se reconfigurer autour de l'opposition haut contre bas ou, pour le dire autrement, autour d'un clivage de classes subitement réactivé.

Emmanuel Macron, candidat de la diaspora française

Expatriés et exilés fiscaux : nouveaux huguenots et émigrés de Coblence

À l'instar des huguenots fuyant la France au lendemain de la révocation de l'édit de Nantes, le mouvement d'expatriation des personnes fortunées, des cadres dirigeants, des créateurs d'entreprise ou des professionnels de la finance s'est considérablement amplifié au cours des dernières années. Symptôme de l'ampleur de cet exode des forces vives et des fortunes françaises, la plupart des candidats à une élection font désormais la tournée des capitales étrangères pour lever des fonds. De manière très pragmatique, ces professionnels de la politique toujours en quête de subsides pour financer leur campagne ont pleinement intégré cette réalité nouvelle et s'en vont chercher l'argent là où il se trouve. Lors de la primaire de la droite, par exemple, les différents candidats se sont rendus, chacun à leur tour, à Londres et à New York. Mais c'est Emmanuel Macron qui, en s'appuyant sur des têtes de réseaux et des contacts dans le milieu de la finance et de la banque d'affaires, s'est livré au quadrillage le plus systématique de la riche communauté des expatriés français pour collecter les fonds nécessaires au lancement de son jeune mouvement, puis à sa campagne électorale. Il s'est notamment rendu à Bruxelles, où Olivier Duha, l'ex-président de Croissance Plus, patron d'une entreprise de télémarketing et expatrié dans la capitale belge, l'a fait bénéficier de son carnet d'adresses en organisant un petit déjeuner de *fund raising*. À New York, c'est un autre expatrié connu, et transfuge de la droite, Renaud Dutreil, l'ex-dirigeant de LVMH en Amérique du Nord et désormais à la tête d'un fonds de *private equity*, qui a organisé pour lui une réunion de ce type. Mais c'est à Londres, où le gisement de donateurs potentiels était le plus important, qu'En Marche ! suscita le plus de bienveillante attention. Emmanuel Macron et le trésorier de son association de financement ne firent ainsi pas moins de six déplacements à Londres pour collecter des fonds auprès des expatriés français travaillant à la City, ayant créé leur start-up ou ayant fait franchir le *Channel* à leur patrimoine[1].

Cette stratégie déployée en direction des expatriés a été payante. 59 % à Düsseldorf, 57,2 % à San Francisco, 55 % des suffrages exprimés à Boston ou Washington, ou bien encore 51,4 % à Londres : dès le premier tour, les Français expatriés ou binationaux ont massivement voté pour Emmanuel Macron, qui recueille au total 40,4 % des voix au premier tour dans cet électorat. À l'image des émigrés de Coblence pendant la Révolution, ces riches exilés ont, certes, quitté la France, mais n'ont pas renoncé à jouer à distance un rôle politique. Leur soutien électoral et financier a pesé de tout son poids dans la victoire de Macron. Ces compatriotes résidant à l'étranger, et notamment dans les pays développés, vivent de plain-pied dans la mondialisation. À leurs yeux, Emmanuel Macron est sans conteste le candidat le plus à l'aise avec cette économie globalisée dont il maîtrise les codes. Ses scores auprès d'eux montrent

1. D'après *Marianne*, avec 800 000 euros de dons, la levée de fonds au Royaume-Uni aura rapporté plus que la collecte dans les dix plus grandes villes de province (voir « La campagne présidentielle de Macron financée pour moitié par un club de moins de mille personnes », 2 décembre 2018).

qu'ils se sont massivement reconnus en lui et qu'ils ont soutenu le discours et le programme macroniens, parce qu'ils étaient faits pour parler aux cadres et aux milieux d'affaires et financiers. On constate d'ailleurs que, dans plusieurs pays, dès le premier tour, les scores ont été plus élevés dans les villes abritant des places financières (métropoles dans lesquelles une partie des expatriés français est employée dans ce secteur) que dans les autres agglomérations. Emmanuel Macron enregistre ainsi un score de 45,6 % à Zurich contre 32,7 % à Genève, 59 % à Düsseldorf et 58,7 % à Francfort contre 50 % à Berlin, et cet écart s'observe également au Canada, avec un résultat de 48,2 % à Toronto contre 36,1 % à Montréal, par exemple.

On soulignera également que, même si le leader d'En Marche ! est arrivé largement en tête au premier tour dans les différents pays européens, des écarts assez marqués existent selon les pays. Le candidat défendant l'intégration européenne enregistre, en effet, ses meilleurs résultats dans les pays du nord du continent : 57 % à Munich et 52,2 % à Amsterdam, par exemple, contre seulement 34,1 % à Athènes, 33,6 % à Lisbonne, 33 % à Naples ou bien encore 31,9 % à Séville. Les Français résidant dans les pays du sud de l'Europe, qui ont subi les politiques d'ajustement structurel demandées par les instances européennes, ont manifestement été moins sensibles que leurs concitoyens vivant dans les États du Nord, bons élèves de la zone euro, à l'idéologie macronienne.

Spécificités du vote
de certains groupes d'expatriés

L'analyse détaillée des résultats émanant du corps électoral des expatriés permet, par ailleurs, de faire apparaître les tropismes idéologiques de différents groupes sociaux ou ethnoculturels dont les comportements électoraux ne sont pas forcément décelables quand, dans l'Hexagone, ces groupes sont soit numériquement trop faibles pour être isolés statistiquement, soit trop dispersés géographiquement. C'est le cas, par exemple, des fonctionnaires du Quai d'Orsay. Pour tenter d'approcher le vote de ce groupe, nous avons isolé les 40 pays dans lesquels moins de 200 ressortissants français ont voté au premier tour de l'élection présidentielle. Ces pays très divers (les îles Fidji, le Salvador, l'Ouganda, le Sri Lanka ou la Mongolie, par exemple) se caractérisent tous par l'étroitesse de la communauté française résidant sur place, communautés dont, au regard des faibles effectifs de votants, on peut penser qu'elles sont majoritairement – voire essentiellement – composées par le personnel diplomatique. Ce panel n'est donc pas chimiquement pur, mais il permet d'approcher les orientations des fonctionnaires du Quai. Au sein de cette catégorie d'expatriés, Emmanuel Macron arrive largement en tête avec 34,7 %, suivi par François Fillon (25 %), Jean-Luc Mélenchon (17,5 %), Benoît Hamon (9,6 %, soit 3 points de plus que la moyenne nationale, les fonctionnaires étant restés un peu plus fidèles au PS que le reste de la population), et enfin Marine Le Pen (8,2 %), dont le positionnement nationaliste séduit peu dans ces milieux.

D'autres fonctionnaires en poste à l'étranger ont manifestement été plus sensibles au discours frontiste : les militaires. On observe, en effet, un vote Le Pen anormalement élevé chez les Français de l'étranger à Djibouti, où est implantée l'une des principales bases militaires françaises. On repère également la trace de la présence de militaires français dans le détail des résultats aux Émirats arabes unis. Marine Le Pen n'obtient que 4,9 % en moyenne dans les bureaux de vote de Dubaï, mais son score est nettement plus élevé (12,6 %) à Abu Dhabi, où est située une base abritant 900 militaires. Ces derniers sont nettement minoritaires parmi les expatriés français, mais leur présence pèse significativement sur les scores dans cet émirat[1].

Tableau 30. Le vote des Français de l'étranger au premier tour de l'élection présidentielle dans certains pays

	Ensemble des expatriés	Djibouti	Liban
Macron	40,4 %	20,2 %	16 %
Fillon	26,3 %	21,6 %	**61 %**
Mélenchon	15,8 %	16,3 %	6,6 %
Le Pen	6,5 %	**27,2 %**	12,3 %

1. Le tropisme frontiste des militaires est confirmé par les résultats dans certaines villes de garnison. Marine Le Pen atteint ainsi, au premier tour, 33,7 % des suffrages exprimés à La Cavalerie sur le plateau du Larzac, où est stationnée une unité de la Légion étrangère, contre une moyenne départementale de 16,2 % dans l'Aveyron. De la même façon, alors qu'elle enregistre déjà un résultat élevé de 28 % dans la Marne, son score explose à Mourmelon-le-Petit (43 %), Mourmelon-le-Grand (44 %) et Suippes (47,1 %), communes abritant des camps et des régiments de l'armée de terre. L'armée de l'air n'est pas en reste : 46,4 % à Ventiseri (base aérienne de Solenzara) en Haute-Corse (contre 27,2 % de moyenne départementale), la Garde républicaine non plus : 35,2 % dans le bureau de vote n° 10 de Nanterre, où ne votent que des membres de cette unité et leurs familles, contre 10,4 % sur l'ensemble de la ville.

Le tableau ci-dessus fait par ailleurs ressortir un « survote » massif en faveur de François Fillon au Liban. On peut penser que le candidat conservateur doit cette prime à la communauté chrétienne franco-libanaise, traditionnellement favorable à la droite : cette population[1] a certainement été sensible au plaidoyer appuyé du candidat des Républicains en faveur des chrétiens d'Orient et à sa dénonciation du péril islamiste. L'analyse détaillée par bureaux de vote vient valider l'hypothèse et démontrer la persistance de clivages ethnoreligieux et idéologique au pays du Cèdre, ces clivages se retrouvant au sein de la communauté française (dont nombre de ressortissants sont binationaux et non pas expatriés). Le vote Fillon est ainsi extrêmement massif dans les bureaux de vote situés à Beyrouth-Est (partie chrétienne) alors que l'écart avec Macron est moins important à Beyrouth-Ouest (partie musulmane de la ville). On constate également que ces quartiers ont davantage voté Mélenchon, et nettement moins Le Pen, que les bureaux situés en zone chrétienne. Le clivage s'observe également dans le reste du Liban, avec un survote pour Fillon et Le Pen à Jounieh, fief maronite, tandis qu'à Saïda et Tripoli, en zone musulmane, Macron et Mélenchon résistaient davantage.

On retrouve des ressorts similaires en Israël, où l'électorat des Français de l'étranger compte de très nombreux binationaux. Ayant voté à 80 % en faveur de Nicolas Sarkozy lors des précédents scrutins, ces Franco-Israéliens ont de nouveau plébiscité la droite en 2017 (60 % pour François Fillon), mais un tiers d'entre eux ont opté pour Emmanuel Macron.

1. Représentant environ 9 000 votants.

Tableau 31. Le vote des Français de l'étranger au premier tour de l'élection présidentielle en Israël

	Ensemble des expatriés	Israël	Jérusalem
Macron	40,4 %	30,9 %	31,7 %
Fillon	26,3 %	**60,4 %**	**57,1 %**
Mélenchon	15,8 %	1,6 %	2,5 %
Le Pen	6,5 %	1,1 %	1 %

Les candidats Mélenchon (payant son soutien affiché à la cause palestinienne) et Le Pen (dont le parti demeure perçu par beaucoup comme antisémite) sont totalement marginalisés. L'analyse des résultats en Israël et à Jérusalem[1] permet de mieux approcher le vote de la communauté juive française, mais il faut conclure avec prudence, la population franco-israélienne étant traditionnellement plus à droite et assez logiquement plus sensible aux tensions entre Israël et les pays arabes que la population juive vivant en France, dont une bonne fraction est assez peu « communautaire[2] ».

Ailleurs dans le monde, les prises de position des différents candidats en matière diplomatique ont eu parfois un impact significatif. François Fillon, assumant sa détermination à engager un dialogue constructif avec Vladimir Poutine, a ainsi obtenu pas moins de 44 % de voix parmi les Français vivant en Russie. De la même façon,

1. La ville sainte ayant un statut international particulier, le Quai d'Orsay décompte les résultats séparément du reste d'Israël.

2. Voir, par exemple, à ce sujet, Jérôme Fourquet et Sylvain Manternach, *L'An prochain à Jérusalem ?*, Paris, Éditions de l'Aube et Fondation Jean-Jaurès, 2016.

la déclaration d'Emmanuel Macron assimilant la colonisation française de l'Algérie à un crime contre l'humanité, si elle a suscité une levée de boucliers dans certains milieux en France, s'est aussi révélée très rentable électoralement au sein de la communauté franco-algérienne.

Tableau 32. Le vote des Français de l'étranger au premier tour de l'élection présidentielle dans les pays du Maghreb

	Ensemble des expatriés	Algérie	Tunisie	Maroc
Macron	40,4 %	**51,9 %**	36,8 %	31,6 %
Fillon	26,3 %	11,1 %	19,2 %	**28,9 %**
Mélenchon	15,8 %	25,6 %	32,1 %	25,8 %
Le Pen	6,5 %	2,1 %	3,3 %	4,1 %

Alors que son score oscille autour d'un tiers des voix au Maroc et en Tunisie, Emmanuel Macron en réunit près de 52 % en Algérie.

Tous ces chiffres témoignent également de l'audience résiduelle du FN dans cette partie du corps électoral et, à l'inverse, d'un tropisme mélenchoniste assez marqué – tropisme que l'on constate aussi en France, nous l'avons vu, dans les quartiers où la population issue de l'immigration maghrébine est nombreuse.

On note enfin un survote en faveur de François Fillon au Maroc, qui traduit la présence significative de retraités français aisés au sein du corps électoral. On observe en effet des écarts très marqués selon les villes, avec des scores particulièrement élevés à Marrakech et à Agadir[1], communes très touristiques où habitent de nombreux retraités français, et des résultats nettement moins bons

1. Ville dont dépend électoralement Essaouira.

pour François Fillon à Fès, Rabat ou bien Tanger, où résident davantage de binationaux. De la même façon, Fillon obtient un score très élevé (44,7 %) parmi les ressortissants français installés à l'île Maurice, lieu de villégiature prisé. À l'instar de ce que l'on avait observé sur le littoral breton, ces retraités aisés confirment qu'ils sont bien le fer de lance de l'électorat filloniste.

Concurrence Macron/Fillon
pour le contrôle des strates les plus aisées
de l'électorat mondialisé

Certains segments des expatriés étaient jusqu'à présent, pour des raisons sociologiques, la chasse gardée de la droite traditionnelle. Il en allait ainsi, par exemple, dans les pays producteurs de pétrole, où la grande majorité des communautés françaises est constituée de

Tableau 33. Fillon et Macron au coude à coude parmi les expatriés du secteur pétrolier

	% Fillon	% Macron
Émirats arabes unis	**40,3 %**	37 %
Angola	**38,8 %**	37,6 %
Bahreïn	**37,8 %**	36,9 %
Nigeria	**37,3 %**	**37,1 %**
Gabon	**35,7 %**	24,8 %
Koweït	**32,9 %**	30,6 %
Qatar	30,8 %	**37,3 %**
Arabie saoudite	30,5 %	**38,5 %**

cadres et d'ingénieurs[1] travaillant chez Total ou pour d'autres majors ou des sociétés parapétrolières. Or, en 2017, si François Fillon a obtenu parmi ses meilleurs scores dans ces pays, Emmanuel Macron a souvent fait jeu égal avec lui, démontrant qu'une part importante de cet électorat aisé a délaissé la droite pour En Marche !.

De la même façon, la communauté française expatriée en Asie, où les cadres bancaires, industriels et commerciaux sont nombreux, a certes réservé de bons scores à François Fillon, mais c'est Emmanuel Macron qui y est arrivé en tête. Dans certains pays, l'écart a été amplifié notamment au Japon, en Corée du Sud et à Taïwan, où le profil des expatriés est sans doute plus diversifié, avec une proportion significative de jeunes diplômés travaillant notamment dans le secteur des nouvelles technologies et des start-up.

Tableau 34. Macron devance Fillon en Asie

	% Macron	% Fillon
Singapour	**47,2 %**	37,1 %
Hong Kong	**45,8 %**	39,1 %
Chine	**43,7 %**	32,8 %
Japon	**40,2 %**	19,8 %
Taïwan	**38,5 %**	21,6 %
Corée du Sud	**38,2 %**	23,1 %

À l'appui de cette hypothèse, on notera qu'en Californie, dans les trois bureaux de vote de Palo Alto, cœur névralgique de la Silicon Valley, Emmanuel Macron a été plébiscité dès le premier tour par 59 % des expatriés

1. Auxquels il faut ajouter les conjoints.

contre seulement 22 % pour François Fillon. Le candidat voulant faire de la France une *start-up nation* recueille également 50,8 % à Bangalore, fief de la *high-tech* et de l'informatique indienne, contre une moyenne de 30,6 % dans ce pays. Le candidat de la droite obtient le même score en Inde (30,4 %), mais est très nettement distancé à Bangalore (26,8 %).

De la même manière, un *zoom* sur la Suisse (pays abritant le plus important contingent de Français de l'étranger ayant voté : 66 000 suffrages) permet de prendre la mesure de la forte concurrence électorale qui a opposé Emmanuel Macron et François Fillon, chacun des deux candidats ayant capté un segment sociologique particulier. Le candidat de la droite a manifestement conservé le soutien majoritaire de l'électorat très aisé et retraité, dont une partie a néanmoins soutenu son rival. François Fillon arrive ainsi en tête dans les bureaux de vote du centre de Genève et de la ville huppée et résidentielle de Nyon, en bordure du lac Léman. Emmanuel Macron, l'ancien banquier de chez Rotschild, a été de son côté massivement choisi par les cadres bancaires et financiers, puisqu'il frôle la barre des 50 % au premier tour dans les bureaux de Bâle et de Zurich.

Tableau 35. Le vote Macron et Fillon dans certains bureaux de vote suisses

Ville	% Fillon	% Macron
Genève-Centre (9 bureaux)	**40,2 %**	30,6 %
Nyon (6 bureaux)	**40,2 %**	32,6 %
Zurich (6 bureaux)	30,3 %	**47,7 %**
Bâle (2 bureaux)	25,4 %	**48,3 %**

Les expatriés : une île grandissante au sein de l'archipel français

Au total, le nombre d'électeurs français inscrits auprès de nos ambassades ou consulats a crû de manière exponentielle ces dernières années. Même si une partie de cette hausse vertigineuse s'explique sans doute par la simplification des procédures administratives, la croissance de ce corps électoral témoigne de l'immersion de la France dans la globalisation. Lors de l'élection présidentielle de 2002, on ne recensait que 385 000 Français dits « de l'étranger ». Cette proportion a grimpé à 822 000 en 2007, puis à 1 043 000 en 2012, pour atteindre 1 264 000 en 2017, soit une progression de 228 % en quinze ans quand, sur la même période, l'ensemble du corps électoral n'augmentait que de 15 % ! L'existence de cette population nombreuse et en croissance rapide hors de nos frontières participe, bien sûr, du processus d'archipelisation de la société française. Défendant un modèle ouvert et prompt à faire l'apologie des bienfaits de l'intégration de la France dans le système économique globalisé, Emmanuel Macron est apparu comme le candidat naturel des expatriés, fantassins de la mondialisation.

Retour du clivage de classe et constitution d'un bloc libéral-élitaire

Le retour du clivage de classe

Un an après son élection, Emmanuel Macron bénéficiait, selon le baromètre Ifop-Fiducial pour *Le Journal du dimanche,* d'une cote de satisfaction de 44 %, alors que celle de François Hollande n'était, un an après son élection, que de 25 % et celle de Nicolas Sarkozy de 36 %. Au-delà de son image personnelle et de sa capacité à incarner la fonction présidentielle, le différentiel de popularité dont jouissait alors Emmanuel Macron par rapport à ses prédécesseurs s'expliquait d'abord par sa capacité à s'abstraire en partie de la loi d'airain du clivage gauche/droite. Historiquement, le schéma était simple, et la structuration de l'opinion dans les mois suivant une présidentielle était réglée comme un mécanisme d'horlogerie : après un état de grâce très fugace, la confrontation gauche/droite reprenait immédiatement ses droits et le nouveau Président ne pouvait compter sur aucune indulgence de la part de l'opposition. Dans le même temps, le Président commençait à enregistrer une érosion des soutiens dans son propre camp.

Ce double mécanisme a semblé complètement neutralisé au cours de la première année du mandat d'Emmanuel Macron. Ce dernier a su conserver d'abord le soutien plein et entier des sympathisants de LREM qui, en avril 2018, se déclaraient satisfaits de son action à 93 %. Parallèlement, en vertu de son positionnement central et de sa volonté d'appliquer des « mesures et de gauche et de droite », Macron ne subissait pas, un an après (les choses s'étant considérablement gâtées ensuite), la désapprobation unanime des électorats des oppositions. Lors des deux derniers quinquennats, les électeurs du PS en 2008 et de l'UMP en 2013 s'étaient très rapidement forgé un avis : le Président menait la politique de son camp, il n'y avait rien de bon à en attendre, et il convenait de s'y opposer sans état d'âme. Ce réflexe conditionné s'est trouvé clairement inhibé en ce début de quinquennat, et une part non négligeable des électeurs des oppositions a continué de soutenir le nouveau Président qui déroutait et brouillait les repères.

Si, contrairement à ses prédécesseurs, Macron est parvenu à conserver le soutien plein et entier de sa base tout en jouissant un temps de l'appui d'une frange non négligeable (environ un tiers) des électorats PS et des Républicains, l'analyse de sa popularité fait ressortir de manière saillante un phénomène que l'on n'avait pas observé lors des deux quinquennats précédents.

On constate en effet une très forte polarisation en termes de classes sociales. Un an après son élection, 59 % des cadres se disaient satisfaits contre seulement 34 % des ouvriers, soit un écart de 25 points ! Ce différentiel n'était que de 9 points à la même période de son quinquennat pour François Hollande et d'un point pour Nicolas Sarkozy. Autrement dit, si Emmanuel Macron a réussi à entretenir le brouillage du traditionnel clivage gauche/droite en agrégeant durablement autour de lui un vaste bloc central amalgamant d'anciens électeurs de gauche, de droite et du centre, le terme de la première année de son mandat est également marqué par le retour en force d'un autre clivage, le clivage de classe, que d'aucuns croyaient totalement dépassé. Ainsi, alors que l'affrontement horizontal entre gauche et droite perd en lisibilité, l'antagonisme vertical entre la base et le sommet de la société a été politiquement réactivé lors de ce quinquennat, comme en témoignera spectaculairement la crise des « gilets jaunes ».

La constitution d'un bloc libéral-élitaire

La victoire d'Emmanuel Macron à la présidentielle, puis sa décision de faire entrer des personnalités de droite dans son gouvernement et la très large victoire de La République en marche aux législatives ont créé un effet de souffle sans précédent sur la vie politique française dont la marginalisation du PS et l'affaiblissement des Républicains sont les signes les plus éclatants. À l'évidence, d'ailleurs, le paysage politique n'est pas encore complètement stabilisé.

À gauche, Benoît Hamon essaie de rassembler les débris du PS et des écologistes pour créer une nouvelle structure, tandis que le « PS-maintenu » (comme on parlait de la « SFIO-maintenue » après le congrès de Tours et la création du Parti communiste français) se cherche un avenir. Au centre, miracle du macronisme, les radicaux de gauche et de droite sont en voie de réunification quarante ans après leur divorce… quand toute une partie de l'UDI cherche à rendre lisible une posture d'« opposition constructive ». À droite, la situation est également instable, une partie des cadres et des électeurs demeurant à l'évidence sensibles au macronisme d'inspiration libérale. Et si le big-bang survenu lors de la présidentielle n'a pas encore fait sentir tous ses effets, il n'en demeure pas moins vrai qu'un vaste bloc réformiste s'est constitué autour d'Emmanuel Macron. D'après les sondages, le Président est toujours soutenu par l'électorat centriste ainsi que par une part importante de l'électorat de centre gauche qui s'était rangé derrière lui lors de la présidentielle. Il a néanmoins enregistré des pertes dans les rangs des électeurs PS, dont une partie de ceux qui l'avaient soutenu ne se retrouve pas dans sa politique de réforme libérale. Ces défections sont compensées par l'arrivée de renforts provenant de la droite. Ces va-et-vient ont abouti à la constitution d'une coalition modérée et libéral-européenne amalgamant centre gauche, centre, centre droit, et une partie de la droite. Alain Juppé rêvait de « couper les deux bouts de l'omelette » : c'est Emmanuel Macron qui semble en voie d'y réussir en bâtissant ce qu'on pourrait appeler le « bloc libéral-élitaire ».

Cette appellation voudrait attirer l'attention sur le fait que cette coalition nouvelle présente une double cohérence : idéologique (réformiste libérale) et sociologique avec, on l'a vu, un soutien venant des catégories les plus aisées de la population. Dans ces milieux, tout se passe comme si Emmanuel Macron avait occasionné un *coming out* libéral de la bourgeoisie et des classes moyennes supérieures de gauche, qui purent ainsi faire leur jonction avec leurs homologues de centre droit. Cette division de façade reposait sur des références partisanes héritées du passé, alors que sur des sujets majeurs (réformes libérales du système économique, poursuite de l'intégration européenne, progressisme sociétal) une bonne partie de la bourgeoisie de gauche et de droite pensait au fond la même chose.

Dans ce nouveau paysage idéologique et sociologique, gauche et droite n'ont pas vocation à disparaître. Mais leur espace respectif a été clairement reconfiguré à la baisse du fait de l'émergence du bloc macronien. Toute la question est désormais de savoir quel est le degré de solidité et la capacité de ce « bloc libéral-élitaire » à maîtriser et à surmonter ses contradictions internes dans la durée.

LREM, la victoire du parti des premiers de cordée

La victoire de La République en marche : une illustration du phénomène de rotation des élites...

Le profil des candidats de La République en marche lors des législatives en juin 2017 permet de confirmer et de préciser l'analyse relative à l'émergence d'une force politique nouvelle représentant les intérêts des strates les plus favorisées de la société. En termes d'âge comme de répartition hommes/femmes, la large victoire de LREM en juin 2017 a, certes, permis de donner à l'Assemblée nationale une autre physionomie, beaucoup plus féminine et rajeunie par rapport aux précédentes mandatures. De la même façon, des représentants de la société civile sont entrés en force dans l'hémicycle et ont pris la place de professionnels de la politique.

Il s'agit là de changements incontestables. Pour autant, les travaux de Luc Rouban sur le profil des candidats LREM aux législatives[1] montrent que, derrière ce changement de visage de l'Assemblée, nous avons en fait assisté, en vertu d'une logique chère à Vilfredo Pareto, au remplacement d'une élite par une autre. Alors que l'on comptait 55 % de députés venus du secteur public et 45 % du privé dans l'Assemblée élue en 2012, le ratio était totalement inversé parmi les candidats de LREM : 60 % issus du privé et 40 % du public. L'étude du profil des candidats du parti présidentiel fait, de la même façon, ressortir une très forte surreprésentation des chefs d'entreprise, notamment dans les domaines de la gestion des ressources humaines et de la communication, qui comptaient pour 17 % du total. À cela s'ajoutent les cadres supérieurs ou dirigeants d'entreprise (20 %) et les professions libérales (12 %). Au total, selon Luc Rouban, 69 % des candidats étaient issus des classes supérieures, contre seulement 23 % des classes moyennes et 8 % des catégories populaires. Si diversification sociale il y a eu, c'est donc au sein des catégories favorisées qu'elle s'est produite : les élus,

1. Luc Rouban, « Le profil des candidats investis par La République en marche : un renouveau limité », note n° 39, vague 15 de *L'Enquête électorale française : comprendre 2017*, juin 2017.

les professionnels de la politique et les fonctionnaires de catégorie A ont été remplacés par les cadres du privé, les chefs d'entreprise et les professions libérales. Mais, comme le montre le graphique ci-dessous, l'ouverture sociale et l'accès des classes moyennes et populaires à l'Assemblée ne se sont pas accrus, bien au contraire.

Ces deux catégories ne représentaient que 31 % des candidats du parti présidentiel contre 44 % des députés dans la précédente mandature. Même si, comme on l'a vu, le recrutement des partis politiques, et notamment du PS, est de moins en moins « populaire », Luc Rouban note que ces partis traditionnels ont tout de même permis à certains candidats d'origine modeste ou moyenne de progresser socialement en étant investis puis élus. Avec la mise en place de procédures de sélection et de recrutement direct, sans qu'il soit nécessaire d'en passer par la case du militantisme, procédures adoptées par LREM, on favorise *de facto* les personnes dotées d'un important capital social, économique et culturel. La mobilité sociale ascendante par le biais

Graphique 66. Le poids des différentes catégories socioprofessionnelles parmi les députés élus en 2012 et les candidats de LREM en 2017

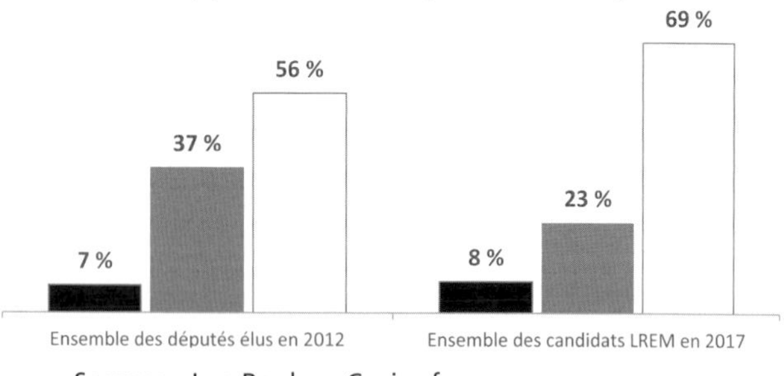

Sources : Luc Rouban-Cevipof.

du militantisme politique traditionnel s'en trouve fortement amortie.

... et de l'accélération de la césure avec le peuple

À ce recrutement sociologiquement très homogène faisant la part belle à l'univers des managers et des patrons d'entreprise du groupe majoritaire, le non-cumul des mandats a ajouté ses effets. Cette décision législative, entrée en vigueur au moment où émergeait une nouvelle force politique comptant dans ses rangs de nombreux novices en politique, a en effet abouti à la mise sur orbite de députés qui, pour un certain nombre d'entre eux, semblent assez déconnectés du terrain et des réalités quotidiennes des Français, réalités quotidiennes que les députés « cumulards » de par leur mandat local (souvent de maires), ou de par l'enracinement ancien dans leur circonscription, appréhendaient nettement mieux.

Les premiers mois du quinquennat d'Emmanuel Macron ont ainsi été émaillés de propos de certains représentants de la majorité présidentielle dénotant une méconnaissance des difficultés quotidiennes d'une partie importante de la population. Ces sorties maladroites ont été reprises en boucle avec délice dans les médias et les réseaux sociaux, alimentant au passage une rhétorique délétère pour le nouveau Président : « Macron, Président des riches ». Ainsi, le 13 décembre 2017, une députée LREM se confiait de manière anonyme au journal *L'Opinion,* auquel elle expliquait : « Je vais moins souvent au restaurant, je mange pas mal de pâtes. J'ai ressorti des vêtements de la cave et je vais devoir déménager. » Dans cet article, le journal précisait que cette députée était passée d'un salaire de 8 000 euros par mois, en tant que cheffe d'entreprise, à 5 372 euros, montant de ses indemnités de frais de mandat… « Pour certains, la question de tenir jusqu'au bout va se poser », continuait sans vergogne la députée LREM. Deux mois plus tard, le 9 février 2018, le député Bruno Bonnell, fondateur de plusieurs entreprises dans le numérique, dont Atari et Infogrames, déclarait sur *RMC,* à propos de la polémique sur l'opération promotionnelle sur le Nutella organisée par une grande enseigne : « On n'entend que ça, le "pouvoir d'achat" ! Comme si la vie se résumait au pouvoir d'acheter. » Dans le même ordre d'idées, Julien Denormandie, secrétaire d'État auprès du ministre de la Cohésion des territoires, expliquait sur France Inter le 30 janvier 2018 : « C'est à peu près une cinquantaine d'hommes isolés en Île-de-France [qui dorment dehors], pour être très précis », déclaration qui provoqua un véritable tollé.

Parfois, ce ne sont pas les propos mais les silences et même les absences des députés LREM qui sont pointés du doigt en ce qu'ils témoigneraient d'une forme de mépris vis-à-vis de la « France d'en bas » et des élus locaux. Alors que, pour les députés représentant le « vieux monde politique », les assemblées annuelles des associations départementales des maires étaient un rendez-vous incontournable car on pouvait y rencontrer et échanger avec tous les élus d'un territoire, dans plusieurs départements (Sarthe, Puy-de-Dôme, etc.), les députés marcheurs ont fait l'impasse sur cet événement de la démocratie locale. Leur absence ou leur présence fugace ont été du plus mauvais effet auprès des relais d'opinion locaux que sont les maires ruraux, et l'information a été largement relayée par la presse locale. Cette attitude peut en partie s'expliquer par un manque de « métier politique » de la part de ces élus novices. Mais elle renvoie également sans doute, d'une part, à la mise en place du non-cumul des mandats, qui distend mécaniquement le lien entre le député, élu de la nation, et son territoire et, d'autre part, à un moindre intérêt pour la vie politique locale dans les rangs de LREM, Emmanuel Macron ayant lui-même déclaré en 2015 que devoir en passer par un mandat de député pour faire de la politique à haut niveau était un « *cursus honorum* d'un ancien temps ».

Le manque de connexions des représentants du parti majoritaire avec la réalité du terrain est sans doute également à l'origine de certaines décisions controversées prises par le gouvernement. Il en va ainsi, par exemple, de l'annonce de la baisse de 5 euros du loyer mensuel des locataires HLM (pour compenser la baisse des APL, dont bénéficient bon nombre des personnes résidant dans un logement social). Cette baisse des loyers se traduit mécaniquement par une diminution des ressources des offices HLM, dont la situation financière est pour une bonne partie d'entre eux fort précaire. Cette décision a immédiatement suscité une levée de boucliers du côté des bailleurs sociaux, qui ont annoncé qu'ils allaient devoir reporter ou annuler certains projets de construction ou de rénovation. Or, dans de nombreux territoires, les offices HLM jouent un rôle moteur sur le marché local de la construction : les projets qu'ils mettent en chantier représentent une part importante du chiffre d'affaires des entreprises de BTP et des artisans du cru. Les municipalités s'appuient, par ailleurs, fortement sur eux pour rénover les quartiers sensibles ou mener des programmes de construction de nouveaux logements, que les promoteurs privés ne pourraient ou ne voudraient pas lancer seuls. Tous les maires de ville moyenne connaissent cette réalité. Mais, du fait du non-cumul des mandats et d'un recrutement des candidats LREM ayant fait la part belle aux cadres du privé, cette connaissance fine du tissu local fait cruellement défaut à la majorité présidentielle. Les effets de cette déconnexion d'avec la réalité de la gestion concrète d'une commune sont également apparus au grand jour à propos de la réforme de la fiscalité locale, comme l'illustrent les propos de cet élu municipal d'Eymoutiers, petit bourg de Haute-Vienne : « La députée En Marche !, on l'a croisée une fois, on a dû lui expliquer pourquoi la suppression de la taxe foncière était une catastrophe pour les petites collectivités. Elle ne comprenait pas où était le problème[1]. »

Si l'on élargit la focale et que l'on considère maintenant non plus les députés LREM, mais les adhérents du mouvement, on constate qu'à rebours de la communication initialement adoptée lors du lancement du parti, qui était très axée sur la démocratie participative et la proximité avec les citoyens, le processus de césure socioculturelle identifié dans les rangs du PS s'est clairement amplifié.

La fondation Terra Nova a réalisé une grande enquête sur les adhérents de LREM[2]. Il en ressort notamment que la marque de fabrique de ce nouveau parti est la concentration inédite de diplômés du supérieur : 81 % des adhérents sont dans ce cas contre seulement 28 % des Français et 64 % des membres du PS (d'après une enquête du Cevipof réalisée en 2011). L'émergence de ce nouveau parti vient ainsi illustrer de manière paroxystique le phénomène de la stratification éducative à l'œuvre dans notre société et le développement d'un

1. « Avec Macron, c'est encore la campagne qui va trinquer », *Libération*, 15 mars 2018.

2. Bruno Cautrès, Marc Lazar, Thierry Pech et Thomas Vitiello, « La République en marche : anatomie d'un mouvement », fondation Terra Nova, 2018.

entre-soi au sein des couches les plus éduquées. 44 % des membres de LREM, soit pratiquement un sur deux, disposent d'un diplôme de niveau grande école, doctorat ou master 2, et 66 % d'un niveau égal ou supérieur à la licence, cette proportion n'étant que de 16 % dans la population française. Légitimée par ses diplômes, cette élite scolaire aspire à diriger le pays. Protégée par son capital culturel et son haut degré d'employabilité, elle est parfaitement à l'aise avec l'agenda de flexibilisation du marché du travail et de réformes du modèle social auquel une grande partie de la population, moins diplômée, demeure attachée. De la même façon, se recrutant très majoritairement dans la strate la plus éduquée, les adhérents de LREM se caractérisent, d'après l'enquête de Terra Nova, par un tropisme pro-européen très marqué, qui est loin d'être partagé dans les autres catégories de la population.

Conclusion

Les géographes définissent un archipel comme un ensemble d'îles relativement proches les unes des autres, la proximité se doublant le plus souvent d'une origine géologique commune. Cette image permet décidément de bien rendre compte des processus en cours au sein de la société française. Celle-ci se compose désormais, en effet, de différents groupes ayant leur propre mode de vie, des mœurs bien à eux et parfois une vision du monde singulière. À l'image des îles d'un archipel, ces populations vivent à l'écart les unes des autres, tout en entretenant bien sûr des rapports entre elles. De la même manière, à l'instar de ce que l'on constate dans les Cyclades ou les Antilles, par exemple, ces îles partagent certes des traits culturels communs, mais présentent chacune une forte singularité. Au fil du temps, l'insularité a ainsi altéré la matrice commune, et chaque fragment de territoire émergé a développé ses propres spécificités.

Ce processus d'autonomisation est à l'œuvre depuis plusieurs décennies dans la société française, et les îles et îlots sont apparus au fil du temps. Toutefois, si dans certaines de ces îles, ou plus exactement sur une partie du territoire de certaines d'entre elles, des phénomènes de repli identitaire sont à l'œuvre, la tendance dominante est bien celle dont rend compte le terme « archipelisation » : des interactions régulières relient en effet les différentes populations des îles et îlots. Elles partagent par ailleurs un certain nombre de références communes, ce qui ne serait plus le cas dans une société communautarisée.

La société française n'a jamais été homogène, d'un point de vue culturel ou sociologique. Ainsi, par exemple, au lendemain de la Première Guerre mondiale, près de 70 % des parents vivant en Bretagne, en Corse ou en Alsace parlaient à leurs enfants dans la langue régionale[1]. De la même manière, le clivage entre populations rurales et citadines, en termes de mode de vie, est demeuré très marqué jusqu'aux années 1960. Pour autant, comme on l'a vu au travers du choix des prénoms, il existait un référentiel culturel commun, et la matrice catho-laïque assurait autour de ses deux pôles un puissant effet d'agrégation par-delà les différences de classe ou régionales. Du fait des évolutions profondes que nous avons retracées dans ce livre, ce système intégratif s'est délité puis disloqué au cours des dernières décennies, favorisant le processus d'archipelisation. L'analyse anthroponymique centrée sur les prénoms permet de bien saisir la dynamique de fragmentation dans laquelle notre société est entrée car, ainsi que le rappelaient fort justement Philippe Besnard et Guy Desplanques, « un prénom doit permettre à son acquéreur de se distinguer des autres et, plus exactement, de marquer ses distances avec ceux dont il entend se distinguer, mais, en même temps, d'affirmer sa ressemblance avec ceux auxquels il s'identifie ou dont il

1. Voir François Héran, Alexandra Filhon et Christine Deprez, « La dynamique des langues en France au fil du XXe siècle », *Population et Sociétés*, n° 376, février 2002.

souhaite se rapprocher[1] ». Avec la multiplication sans fin du nombre de prénoms et la persistance ou le regain d'intérêt pour des prénoms identitaires (que sa référence soit régionale, nationale ou religieuse), nous touchons bien au cœur du processus d'archipelisation.

La recherche effrénée de manifestations de communion nationale et le mantra du vivre-ensemble

Le constat qui s'impose est donc bien celui d'une fragmentation progressive. Certes, en juillet 2018, au soir de la victoire des Bleus, des foules extrêmement bigarrées ont fait la fête un peu partout en France. Mais, comme lors du carnaval au Brésil, cet épisode a été vécu plus ou moins consciemment comme une parenthèse enchantée par une société qui n'est pas dupe, qui sait au fond d'elle-même qu'elle est très divisée. La liesse de 1998, quand le pays avait fêté la « bande à Zidane » et les vertus de la France « black-blanc-beur », a été rejouée, mais l'on a confusément senti à cette occasion que ce *remake* sonnait en partie faux. Interrogés à chaud sur l'état du pays quelques jours seulement après la victoire des Bleus, les Français ne semblaient en effet déjà plus être en communion avec l'« *united colors*[2] ». Seuls 8 % des sondés estimaient, en effet, que « les différentes catégories sociales et communautés pratiquent au quotidien le vivre-ensemble en se côtoyant et en échangeant les unes avec les autres », quand 35 %

1. Guy Desplanques et Philippe Besnard, *Un prénom pour toujours : la cote des prénoms, hier, aujourd'hui et demain*, *op. cit.*

2. Slogan de la marque Benetton, qui fut très en vogue dans les années 1980 et 1990.

pensaient que « les différentes catégories sociales vivent les unes à côté des autres sans trop de tensions mais sans véritablement se côtoyer[1] ». Mais 57 % étaient plus pessimistes encore, puisqu'ils optaient pour la proposition : « Des tensions existent entre les différentes catégories sociales et communautés qui vivent de manière séparée. » Un autre chiffre issu de cette enquête indiquait un changement de climat radical par rapport à 1998 : la proportion de ceux qui pensaient que la victoire des Bleus pouvait « améliorer les relations entre les Français issus de l'immigration et les Français non issus de l'immigration » est passée de 54 % en 1998 à seulement 24 % en juillet 2018. La France de Mbappé n'est plus celle de Zidane…

En 1998, une majorité de la population croyait en la capacité intégratrice de la société française. Mais vingt années se sont écoulées depuis, émaillées par les émeutes de 2005, les attentats de 2012 (Merah), de 2015 et 2016, le tout sur fond de repli identitaire de quartiers entiers. Certes, comme nous l'avons montré, une partie de la population issue de l'immigration est engagée dans un parcours d'intégration, mais les phénomènes précédemment cités pèsent incroyablement lourd et nourrissent une angoisse profonde jusqu'au plus haut sommet de l'État. Interrogé par les journalistes Gérard Davet et Fabrice Lhomme, François Hollande déclarait ainsi : « Comment peut-on éviter la partition ? Car c'est quand même ça qui est en train de se produire : la partition[2]. » Deux ans plus tard, lors

1. Enquête Ifop pour *Atlantico* réalisée *on line* du 18 au 19 juillet 2018 auprès d'un échantillon national représentatif de 1 006 personnes.

2. Gérard Davet et Fabrice Lhomme, *« Un président ne devrait pas dire ça… »*, Paris, Stock, 2016.

de la passation de ses pouvoirs à Christophe Castaner, Gérard Collomb, ministre de l'Intérieur sur le départ, affinera le diagnostic : « En France, il y a un séparatisme. Il y a des quartiers qui sont sous la loi des narcotrafiquants et des islamistes. Aujourd'hui, les Français vivent côte à côte ; demain, ils pourraient vivre face à face. »

Dans une société archipelisée, ces représentations anxiogènes rencontrent un écho certain, comme en témoignent les succès de librairie des livres d'Éric Zemmour ou de Michel Houellebecq, dont le livre *Soumission* sortit, hasard du calendrier, en janvier 2015, à l'heure de l'attaque contre *Charlie* et l'Hyper Cacher de la porte de Vincennes. Face à ce spectre d'une balkanisation plus ou moins violente du pays, la société française cherche à se rassurer sur la persistance d'une certaine unité, notamment au travers de grands moments de communion collective.

Ce fut le cas en juillet 2018. L'espace d'une soirée en l'honneur des Bleus, les Français firent la fête tous ensemble avec d'autant plus d'ardeur qu'ils ressentaient confusément l'ampleur des fractures divisant le pays. Les pouvoirs publics et les médias entonnèrent à l'unisson l'ode à la France rassemblée, comme ils l'avaient fait lors de la mort de Johnny Hallyday. À cette occasion, tout le faste républicain et la puissance cathodique avaient été convoqués en vue de la canonisation du rocker élevé au rang d'icône nationale. Mais si le chanteur disposait d'une incontestable aura et de très nombreux fans, il était tout simplement impossible de lui faire jouer le rôle de ciment de la société française : d'après les données de l'Ifop, 50 % des Français n'apprécient pas l'artiste, qui demeure clivant sociologiquement (56 % des ouvriers l'apprécient contre seulement 43 % des cadres), et dont les fans sont surreprésentés dans sa génération (53 % des seniors l'apprécient contre seulement 42 % des moins de 35 ans).

Funérailles de Johnny Hallyday, hommage au colonel Arnaud Beltrame, victoire des Bleus, chaque occasion est bonne pour tenter de ressouder la communauté nationale. De la même manière, le recours répétitif à l'expression de « vivre-ensemble » dans le discours officiel et médiatique sonne comme une imprécation visant à conjurer le mauvais sort et à masquer le processus d'archipelisation à l'œuvre au sein de la société. Signe révélateur, on relèvera d'ailleurs que la première occurrence de cette expression est attribuée à Françoise Gaspard[1], maire socialiste de Dreux, lors des municipales de 1983, scrutin qui, on l'a vu, a marqué l'irruption de la question migratoire et identitaire dans le débat public, et du FN sur la scène électorale.

De la difficulté à agréger électoralement de nouvelles coalitions sociologiques

Le processus de recomposition politique initié à l'occasion de l'élection présidentielle a, certes, produit de puissants effets : effondrement du PS, fragilisation de la droite, émergence d'une force centrale transgressant le vieux clivage gauche/droite et renforcement des extrêmes, mais il n'est pas encore arrivé à son terme. Cette recomposition a été stoppée net, comme une réaction chimique est interrompue avant d'avoir atteint un point d'équilibre. La situation qui prévaut est donc hautement instable. Au regard des séries statistiques de l'Ifop, l'érosion rapide de la popularité d'un président un an après son élection est somme toute désormais un

1. Voir *L'Express* n° 3508 du 26 octobre 2018.

phénomène classique. Mais, habituellement, cette disgrâce précoce se produisait dans un paysage politique structuré par l'opposition gauche/droite. Cette configuration traditionnelle permettait le déclenchement d'un rassurant effet de balancier au profit de l'opposition. Notre système politique n'étant plus pour l'heure organisé autour d'une opposition duale entre deux forces principales, le décrochage présidentiel qui a frappé Emmanuel Macron nous a fait rentrer dans une période de crise au sens où l'entendait Antonio Gramsci : « La crise est le moment où l'ancien ordre du monde s'estompe et où le nouveau doit s'imposer en dépit de toutes les résistances et de toutes les contradictions. Cette phase de transition est justement marquée par de nombreuses erreurs et de nombreux tourments[1]. »

Dans une société archipelisée où n'opère plus de clivage déterminant, rendant possible l'agrégation des différents groupes sociaux en blocs politiques à vocation majoritaire, l'issue des compétitions électorales devient de plus en plus incertaine[2]. La tenue, à

1. Antonio Gramsci, *Cahiers de prison*, t. 1, Paris, Gallimard, 1996.

2. Toutes les démocraties occidentales sont concernées par ce phénomène. L'Allemagne, souvent citée en exemple par les milieux dirigeants français pour sa stabilité politique, est elle aussi confrontée aux conséquences électorales et politiques de l'archipelisation. Du fait du déclin de la pratique religieuse, les catholiques, qui constituaient le cœur de l'électorat de la CDU-CSU, sont désormais beaucoup moins nombreux et âgés. De son côté, la classe ouvrière syndiquée votant massivement pour le SPD a vu son périmètre se restreindre. Le monde du travail allemand est de plus en plus dual et de nombreux salariés de la sous-traitance ou des services ne bénéficient pas des conventions collectives et des salaires élevés en vigueur dans les grands groupes industriels. Parallèlement, l'essor des couches diplômées s'est traduit par la

quelques semaines d'écart, de la présidentielle puis des législatives, couplées au scrutin majoritaire à deux tours, permettent certes de dégager une large majorité à l'Assemblée nationale au profit du parti présidentiel. Pour autant, le mécanisme dysfonctionne de plus en plus car ce mode de scrutin, taillé pour un paysage politique bipolaire, n'est plus adapté à la fragmentation de l'électorat. Pour tenter de permettre à notre système politique de retrouver un certain équilibre – et il faut savoir que la tâche sera très ardue dans la société archipelisée qui est la nôtre –, trois pistes peuvent être envisagées.

Première option, imposer définitivement le nouveau clivage gagnants-ouverts/perdants-fermés en lieu et place du vieux clivage gauche/droite. C'est ce qu'aura tenté de faire la majorité présidentielle, dans la perspective des élections européennes de mai 2019, en mettant en scène, à l'échelle du continent, l'affrontement entre les « progressistes », emmenés par Emmanuel Macron, et les « nationalistes-populistes », incarnés par le couple Orban-Salvini. Mais ce nouveau clivage n'a pas acquis pour l'heure la même force et la même capacité intégrative que possédait jadis le clivage gauche/droite. On l'a par ailleurs noté : ce dernier fait de la résistance et divise en deux le camp des « gagnants de la mondialisation » comme celui des « perdants ».

Deuxième option, sans doute plus réaliste : instiller une dose plus ou moins forte de proportionnelle dans le mode de scrutin aux élections législatives,

---

montée en puissance du parti écologiste (Die Grünen) dans les grands centres urbains quand, sur fond de crise migratoire, le mouvement d'extrême droite AfD s'implantait dans l'Allemagne périphérique, l'ex-Allemagne de l'Est se caractérisant par la persistance d'un mouvement endémique, Die Linke, lointain héritier du parti communiste est-allemand.

afin d'assurer une meilleure représentation des différentes îles de l'archipel et tendre ainsi vers un système encourageant et favorisant la négociation et la discussion entre les différentes composantes de la société, ce que ne permet absolument pas le modèle actuel : certains courants politiques, représentant pourtant près d'un cinquième du corps électoral chacun (Insoumis et FN), ne disposent que d'une poignée de députés quand l'alliance LREM/Modem en aligne pratiquement 350… Ce décalage patent nourrit l'abstention, qui atteint des records, scrutin après scrutin.

Si l'introduction d'une dose de proportionnelle peut ainsi constituer une adaptation institutionnelle pour tenir compte de l'archipelisation du pays, le recours plus régulier au référendum peut lui représenter une troisième option permettant parallèlement d'apporter une réponse au sentiment de dépossession que ressent toute une partie de la population. Beaucoup de Français ne se reconnaissent en effet plus dans les choix et les débats définis par une élite qui n'est plus à l'écoute et ne comprend plus le reste du corps social. Dans ce contexte, il n'est pas surprenant que la principale revendication politique du mouvement des « gilets jaunes » se soit justement cristallisée sur le référendum d'initiative citoyenne (RIC).

Un scénario à l'italienne n'est pas envisageable dans l'immédiat, dans la mesure où nos institutions et notre système électoral confèrent une grande stabilité à la majorité présidentielle. Mais pour filer la comparaison italienne, on pourrait proposer la formule suivante : Emmanuel Macron = Renzi + La Ve République. Après avoir été élu, le jeune et télégénique dirigeant démocrate italien qui incarnait l'espoir de *l'establishment* européen, véritable coqueluche des médias, a rapidement été balayé par l'histoire. Certes, le processus de dislocation de la société française n'est pas encore parvenu au degré de maturité qu'a atteint celui qu'on observe chez nos voisins transalpins. Mais il est bel et bien en cours, et nous en constatons déjà les effets au plan politique, le mouvement des « gilets jaunes » présentant ainsi une certaine ressemblance avec le Mouvement italien 5 étoiles à ses débuts. Dès lors, les prochains scrutins pourraient receler bien des surprises. La puissance de nos institutions parviendra-t-elle à endiguer la vague populiste et à dégager une majorité stable ?

Renouvellement générationnel et poursuite de la fragmentation

Si l'on ne considère plus l'issue des prochains scrutins mais que l'on se place à une échéance de dix à vingt ans pour prendre en compte le processus de renouvellement générationnel, processus dont on a mesuré la puissance et l'impact, les effets désintégrateurs et déstabilisants apparaissent plus nets encore. Le basculement anthropologique déjà enclenché risque, en effet, de conduire à une accentuation des fractures entre les différents groupes. On pense notamment au fossé grandissant entre une majorité de la population engagée dans un processus de sécularisation définitif et des groupes (musulmans, évangéliques, catholiques conservateurs) marqués par un *revival* religieux et porteurs, en matière de mœurs (sexualité, procréation, etc.), d'une vision orthogonale au système des valeurs *mainstream*.

On a vu, par exemple, que c'est au sein de « la France qui vient », c'est-à-dire des jeunes générations, que l'écart entre le groupe démographique majoritaire et la population musulmane sur la question de la virginité des femmes avant le mariage était le plus élevé. Ainsi, au gré du renouvellement des générations, la fragmentation devrait s'amplifier et certains équilibres devenir de plus en plus instables.

Il en va de même au plan électoral. Les 65 ans et plus constituent en effet la quille qui assure la stabilité de l'édifice électoral. Au premier tour de l'élection présidentielle de 2017, 65 % d'entre eux ont voté pour l'un des deux candidats de gouvernement (Emmanuel Macron et François Fillon) contre seulement 26 % pour Jean-Luc Mélenchon et Marine Le Pen. Dans la génération suivante, celle des 50-64 ans (qui constitue, avec la génération précédente, l'essentiel des *baby-boomers*), le rapport de force est tout juste équilibré entre les deux paires de candidats : 42 % contre 42 %. La tendance s'inverse ensuite au sein des 35-49 ans : 36 % pour Macron + Fillon *versus* 47 % pour Mélenchon + Le Pen, ces derniers confortant encore leur avance par 49 % contre 35 % auprès des moins de 35 ans. D'aucuns se rassureront en voyant dans ce tropisme protestataire l'expression de la radicalité traditionnelle de la jeunesse, appelée à s'estomper avec l'âge… Mais les travaux de Louis Chauvel viennent obérer cette vision optimiste. Dans son dernier ouvrage[1], le sociologue montre comment, dans un contexte de faible croissance économique, la massification de l'accès à l'enseignement supérieur a abouti à la diminution de la « rentabilité sociale » des diplômes. Avec un même diplôme, les générations qui arrivent aujourd'hui sur le marché du travail ont accès à des emplois moins rémunérés et moins prestigieux que leurs aînés. De la même manière, dans les principales métropoles françaises, là où se concentre la majeure

1. Louis Chauvel, *La Spirale du déclassement. Essai sur la société des illusions*, Paris, Éditions du Seuil, 2016.

partie des diplômés, la hausse des prix de l'immobilier a produit un processus de « repatrimonialisation », à l'origine d'une forte inégalité entre les jeunes diplômés disposant d'un patrimoine familial[1] et les autres.

La classe moyenne est concernée au premier chef par ces mouvements de fond. Mais leurs effets ne sont pas encore pleinement visibles dans la mesure où la fraction la plus âgée de ces classes moyennes, celle qui a eu la chance de s'insérer sur le marché du travail à des postes correspondant à ses diplômes et d'acquérir un logement avant l'envolée des prix de l'immobilier, n'y est pas exposée. Pourtant, il est inévitable que, au gré du renouvellement des générations, l'édifice social et politique tout entier de la France s'en trouve demain affecté.

Fragmentation au cœur même de l'archipel et autonomisation des îles périphériques

Pour clore cette exploration de l'archipel français, revenons sur le cas particulier de la région francilienne.

Nous serions presque tentés de dire que l'Île-de-France constitue un archipel à elle seule. C'est en effet en son sein que les différentes logiques de fragmentation s'exercent avec le plus d'intensité. La hausse de l'immobilier et les choix d'implantation du logement social y ont, en effet, induit une stratification résidentielle sans précédent, qui fait notamment sentir ses effets en

1. Dans le même ordre d'idées, l'économiste Thomas Piketty a mis en évidence un processus de reconcentration des revenus et surtout des patrimoines sur une strate très étroite de la population, le fameux « centile d'or », mouvement initié depuis une trentaine d'années (voir Thomas Piketty, *Le Capital au XXIe siècle*, Paris, Éditions du Seuil, 2013).

matière éducative avec de très fortes disparités selon les établissements scolaires. Cette ségrégation sociale est accentuée dans certains territoires par le développement d'une économie souterraine endémique, liée au trafic de drogues qui alimente la dérive de quartiers entiers. En Île-de-France, la fragmentation sociale, particulièrement criante, s'accompagne et s'articule avec une diversité ethnoculturelle qui ne s'observe pas à une telle échelle dans les autres îles. Sas d'entrée et principal pôle d'activités et d'attractivité de l'archipel, l'Île-de-France abrite d'importantes communautés maghrébine, juive, portugaise, africaine, mais aussi asiatique et, depuis peu, du sous-continent indien. Cette grande diversité est source de tensions (les équilibres démographiques de certains quartiers évoluent au gré de l'arrivée ou du renforcement de tel ou tel groupe et du départ de tel ou tel autre[1]), mais aussi de brassages et de mélanges. Ainsi, parmi les femmes issues de l'immigration africaine, la proportion de couples mixtes est nettement plus élevée que ce que l'on observe pour les Afro-Américaines, pourtant plongées depuis bien plus longtemps dans le *melting-pot* états-unien.

Principal poste de commandement de l'archipel français, l'Île-de-France et son port, Paris, attirent et concentrent non seulement des populations issues de rivages lointains, mais aussi une bonne partie des élites. Ces dernières communiquent et entretiennent des relations privilégiées avec les autres villes-monde. Mais dans leur propre île, elles résident dans de vastes quartiers dédiés, au sein desquels elles vivent en autarcie

1. Dans une société multi-ethnique, le poids relatif des différents groupes devient un enjeu crucial, les individus cherchant à vivre dans un territoire où leur groupe est majoritaire ou du moins suffisamment nombreux.

et où elles pratiquent l'entre-soi et le grégarisme. Plus généralement, si de par son dynamisme l'île-capitale irrigue financièrement l'ensemble de l'archipel, ses classes dirigeantes semblent isolées. Hormis la fréquentation de quelques grands comptoirs (Lyon, Bordeaux, Nantes, Toulouse, etc.) ou d'agréables îles de villégiature, les réalités et les aspirations des habitants des très nombreuses îles populaires ou périphériques semblent de plus en plus leur échapper, comme le reconnaît, par exemple, avec une lucidité certaine Raphaël Glucksmann : « Quand je vais à New York ou à Berlin, je me sens plus chez moi culturellement que quand je me rends en Picardie. Et c'est bien ça le problème[1]. »

Tout se passe même comme si une grande partie des élites avait d'ores et déjà fait une croix sur des pans entiers de l'archipel, possessions peu attractives et peuplées par une population aux mœurs et au mode de vie d'un autre temps[2]. En proie à une situation économique assez fragile, du fait de leur éloignement des principales routes commerciales mondiales, ces îles populaires ou périphériques ressentent intuitivement ce dédain et cette morgue. Sur ce terreau prospèrent un sentiment d'abandon et une colère sourde. Bonnets rouges en Bretagne, nationalistes en Corse, cette dissidence électorale favorise ponctuellement la résurgence endémique de quelques îlots. Mais dans une bonne partie de l'archipel (et sur les pourtours les plus éloignés de l'île-capitale),

1. Raphaël Glucksmann, in *Le 28 minutes* d'Arte, 21 octobre 2018.

2. La phrase suivante, prononcée par le porte-parole du gouvernement Benjamin Griveaux est de ce point de vue assez révélatrice : « Wauquiez, c'est le candidat des gars qui fument des clopes et qui roulent au diesel. Ce n'est pas la France du XXIe siècle que nous voulons », *Le Journal du dimanche*, 28 octobre 2018.

c'est le Rassemblement national qui s'enracine. C'est ainsi que, depuis une trentaine d'années, de nombreuses îles de l'archipel français s'autonomisent politiquement et obéissent de moins en moins aux injonctions de l'île-capitale et de ses élites.

Certes, le scénario qui verrait les îles et les provinces les plus éloignées proclamer leur indépendance ne semble pas pour autant à l'ordre du jour. La perspective d'une submersion du centre politique de l'archipel semble également à écarter : le principal mouvement protestataire, le Rassemblement national, encercle l'île-capitale et ses principaux comptoirs sans pour autant être suffisamment puissant pour s'en emparer. De ce point de vue, le mouvement des « gilets jaunes » a été particulièrement révélateur non seulement du processus d'archipelisation à l'œuvre mais également de l'impuissance des périphéries à menacer le cœur du système français. Et si cette jacquerie en jaune fluo a fortement mobilisé la France rurale et périurbaine, si les « gilets jaunes » sont parvenus à occuper les ronds-points, les rocades et les péages autoroutiers, soit autant de symboles de l'écosystème de l'étalement urbain dans lequel ils vivent, la vague n'a pas véritablement pénétré ni trouvé de soutiens dans les métropoles.

Les actions de blocage ont ainsi concerné pour l'essentiel les périphéries, et les manifestations organisées à Paris étaient très majoritairement composées de provinciaux, comme en témoigne le profil des personnes interpellées à cette occasion.

Au cœur de l'île-capitale, les élites se rassurent face à l'impuissance de leurs adversaires. Ce faisant, elles pensent pouvoir s'en remettre à l'exercice traditionnel de l'autorité sans avoir à tirer les conséquences de la venue au monde d'une France aux contours et aux ressorts nouveaux : une nation multiple et divisée.

Table des matières

DEUXIÈME PARTIE

L'« archipelisation » de la société française

TROISIÈME PARTIE

Recomposition du paysage idéologique et électoral

RÉALISATION : NORD COMPO À VILLENEUVE-D'ASCQ
IMPRESSION : GIBERT CLAREY A CHAMBRAY-LES-TOURS (37)
DÉPÔT LÉGAL : SEPTEMBRE 2020. N° 146269-3 (21050274)
Imprimé en France